rowohlt
BERLIN

**UTE KÄTZEL**

# DIE 68erinnen

*Porträt einer rebellischen
Frauengeneration*

**Rowohlt · Berlin**

*Für Gudrun, C. C. und Fritz*

1. Auflage März 2002
Copyright © 2002 by Rowohlt · Berlin
Verlag GmbH, Berlin
Alle Rechte vorbehalten
Umschlaggestaltung any.way,
Cathrin Günther/Walter Hellmann
(Fotos: Susanne Schwarz/Jürgen Henschel/
Bilderdienst Süddeutscher Verlag)
Fotos auf dem Titelbild (von links nach rechts):
*obere Reihe:* Sigrid Fronius, Christel Kalisch
(geb. Bookhagen), Annette Schwarzenau, Friederike
Hausmann (geb. Dollinger), Sarah Haffner
*untere Reihe:* Sigrid Fronius, Susanne Schunter-Kleemann,
Dagmar Przytulla (geb. Seehuber), Elsa Rassbach
Satz Minion PostScript, QuarkXPress 4.1
bei UNDER/COVER, Hamburg
Druck und Bindung Franz Spiegel Buch, Ulm
Printed in Germany
ISBN 3 87134 447 8

Die Schreibweise entspricht den Regeln
der neuen Rechtschreibung.

# Inhaltsverzeichnis

## ANHANG

Verletzte junge Frau während der Demonstration gegen den Schah-Besuch vor der Deutschen Oper am 2. Juni 1967 in Berlin

# Vorwort

Die Bewegung von 1968 ist zwar in der Öffentlichkeit immer wieder ausführlich diskutiert worden. Doch der Anteil der Frauen wird dabei meistens verschwiegen. Die Debatte kreist um den «Mythos '68», um intellektuelle Diskurse zur «Kritischen Theorie», zur «Frankfurter Schule» und um '68 als «antiautoritäre Bewegung». Selbst diejenigen, die 1968 als Kulturrevolution bezeichnen, verlieren kein Wort über ihr wichtigstes Ergebnis: Die Rolle der Frauen hat sich geändert und mit ihr die Gesellschaft als Ganzes.

«Frauen waren der revolutionärste Teil dieser nur etwas revolutionären Bewegung», resümiert Sarah Haffner, Malerin und Berliner 68erin, in diesem Buch. Tatsächlich wollten die Frauen nicht nur die Gesellschaft verändern, sondern in erster Linie sich selbst und ihre eigene Rolle, im Gegensatz zu den meisten Männern. Diese Veränderung wurde von den 68erinnen angestoßen, jedoch erst durch die Neue Frauenbewegung der siebziger Jahre vollends ins gesellschaftliche Bewusstsein gerückt.

Die Frauen der Revolte von '68 lehnten sich auf gegen Diktate von Weiblichkeit, die Frauen unterordnen und aus der Öffentlichkeit und damit aus der Politik fern halten sollten. Sie rebellierten in einem umfassenden Sinne gegen weibliche Rollenklischees und gegen Autoritäten schlechthin.

Sie waren nicht nur Mitläuferinnen, fotogene Models, sexy Demonstrantinnen, kurz, schmückendes Beiwerk, wie es viele Berichte auch heute noch allzu gerne suggerieren. Ganz im Gegenteil waren die 68erinnen an allen politischen Debatten und an allen Aktionen beteiligt, oft im Wortsinne federführend: «Wir waren Akteurinnen und nicht etwa die Anhängsel von irgendwelchen Revolutionären oder gar die ‹Bräute der Revolte›», betont Susanne Schunter-Kleemann.

Die Frauen, die hier ihre Geschichte erzählen, stehen für ganz verschiedene Facetten der Bewegung von 1968. Doch ihnen allen ist gemeinsam: Sie machten politisches Handeln zu ihrem persönlichen Hauptthema, *und* sie rebellierten gegen die traditionelle Frauenrolle. Einige von ihnen trugen den Aufstand sogar noch in die Bewegung selbst hinein: Es kam zur «Revolte in der Revolte». Manche behaupten sogar, der Aufstand der Frauen habe zum Ende der Bewegung von 1968 geführt.

Um Geschichte zu begreifen, brauchen wir Menschen, deren Lebenswege wir verfolgen können. «Die Theorien waren sauber und adrett», befindet Christel Kalisch von der Kommune 2. Doch das Leben lässt sich nicht in Schubladen pressen. Daher werden in diesem Buch nicht nur Gemeinsamkeiten der 68erinnen sichtbar, sondern auch die Unterschiede und die daraus resultierende Vielfalt der Persönlichkeiten und Perspektiven.

Die Frauen erzählen ihr Leben auf sehr unterschiedliche Weise, mal anekdotisch, mal sachlich, fast distanziert, mal wie im inneren Dialog. Durch die Lebensläufe und die sehr persönliche Erzählweise entsteht ein atmosphärisch dichter Blick auf 1968 aus weiblicher Sicht. So werden Entscheidungen besser nachvollziehbar, aber auch Brüche und Widersprüche sichtbar. Für diese Herangehensweise sprach ein weiteres: Nur sehr wenige 68erinnen, deutlich weniger als ihre männlichen Mitstreiter, haben autobiographische Berichte über diese Zeit verfasst.

Mit allen hier vorgestellten Frauen habe ich ausführliche lebensgeschichtliche Interviews geführt. Die daraus entstandenen Porträts beginnen mit dem jeweiligen biographischen Hintergrund. Den Hauptteil bilden die Schilderungen darüber, warum sich die Frauen der Protestbewegung anschlossen und welchen persönlichen Anteil sie selbst daran hatten. Abschließend resümieren die Frauen, welche Auswirkungen ihr Engagement gehabt hat.

Alle porträtierten Frauen hatten damals einen Bezug zu Berlin, wo der Schwerpunkt der Untersuchung lag. Denn die Stadt kann durchaus als Hauptstadt der Revolte gelten. Hier fanden wichtige Ereignisse statt, und die ganze Bandbreite der Bewegung wurde hier sichtbar.

Das Buch ist in drei Themenbereiche gegliedert: «Politik», «Weibliche Identität» und «Sexualität und Neue Lebensformen». Ich habe die Frauenporträts dem Bereich zugeordnet, in welchem die Frauen hauptsächlich aktiv waren und Anstöße für die Bewegung gaben.

Im Kapitel über «Politik» kommen diejenigen Frauen zu Wort, die sich mit unterschiedlichen Schwerpunkten im SDS oder dessen Umkreis engagierten, wie Sigrid Fronius, von Mai bis Oktober 1968 die erste Frau als Asta-Vorsitzende an der Freien Universität Berlin. Susanne Schunter-Kleemann, die damals als Hochschulreferentin im SDS tätig war, beschreibt, wie auch sie, ohne es zu wollen, radikalisiert wurde: «Ich war eigentlich ein ganz liebes Mädchen damals. Aber als ich feststellte, ich bin Verfassungsfeindin, nur weil ich bestimmte Dinge ausspreche, die ich als unerträglich empfinde, war das für mich eine einschneidende Erkenntnis.» Elsa Rassbach beteiligte sich als Amerikanerin in Berlin nicht nur bei den amerikanischen SDS, sondern auch als Aktivistin gegen den Vietnamkrieg. Elke Regehr gehörte zu den geachteten und bislang noch zu wenig wahrgenommenen Künstlerinnen der Revolte.

Hier sprechen Frauen darüber, wie sie sich am Aufbau der Kinderläden beteiligten. Die Krankenschwester Annette Schwarzenau interessierte sich nicht für «diese theoretischen Dinger», wollte aber «etwas Praktisches gegen Sauereien unternehmen» und beteiligte sich am «Kinderkacke-Attentat» auf das Berliner Pressehaus. Hedda Kuschel war eine der Initiatorinnen der Kinderbetreuung beim Internationalen Vietnam-Kongress. Sie gehörte zu den Frauen, die auch an militanten Aktionen beteiligt waren.

Im Kapitel über «Weibliche Identität» werden Frauen porträtiert, die in erster Linie sich selbst und ihre Rolle als Frau verändern wollten. «Weibliche Identität» war für die meisten 68erinnen ein «Problem», denn so wie ihre Mütter wollten sie auf keinen Fall leben oder in irgendeiner Weise dem Klischee von Weiblichkeit entsprechen. Aber eine neue, positive Frauenidentität musste erst geschaffen werden: «Wir waren keine Opfer. Wir wollten ausprobieren, welche Macht wir haben», betont Helke Sander. Sie gründete zusammen mit anderen im Januar 1968 den «Aktionsrat zur Befreiung der Frauen», den viele als Vorstufe der Neuen deutschen Frauenbewegung betrachten und aus dem die ersten Berliner Kinderläden hervorgingen.

Die Kinder- und Reproduktionsfrage war all diesen Frauen wichtig, doch gaben sie ihr nicht den gleichen politischen Stellenwert. Frigga Haug betont, ihr habe es viel bedeutet, «eine eigene Identität zu finden, statt Kinderpolitik zu machen». Sie wurde zur Gegenspielerin von Helke Sander im Aktionsrat. Die Malerin Sarah Haffner war ebenfalls im Aktionsrat aktiv. Sie malte einige sehr bekannte politische Kunstwerke dieser Bewegung und lebte stets im Konflikt zwischen Malerei und Politik.

Für das Kapitel über «Sexualität und neue Lebensformen» bietet Berlin außergewöhnlich viele wegweisende Beispiele. Hier wurde die Kommunebewegung gegründet, hier gab es die wohl bekanntesten Kommunen der damaligen Zeit, die Kommune 1 und die Kommune 2, und auch die Kommune 1 Ost in Ost-Berlin. Für Frauen, die in diesem Abschnitt zu Wort kommen, war die Form des Zusammenlebens ein zentrales Thema.

Gretchen Dutschke-Klotz spricht zum ersten Mal über ihren eigenen Anteil an der Bewegung und darüber, warum sie sich später zurückgezogen hat. Sie initiierte die erste Berliner Kommunegruppe, aus der sich die bekanntesten Kommunen entwickelten. Dagmar Przytulla war Mitbegünderin der legendären Kommune 1, und Christel Kalisch lebte in der Kommune 2, die für ihre psychoanalytischen Gruppensitzungen bekannt wurde.

Erika Berthold aus Ost-Berlin war 1969 Mitgründerin der Kommune 1 Ost. Im Sommer 1968 war sie festgenommen worden, wegen einer Flugblattaktion gegen den Einmarsch in Prag. Karin Adrian lebte zeitweise in einer Berliner Großkommune, bis sie entnervt forderte, «dass diese Leute wieder gehen». Für kurze Zeit spielte sie bei Hoffmanns Comic Teater, aus dem die Gruppe Ton Steine Scherben hervorging.

### Das neue Frauenbild

Auch die Fotos in diesem Buch belegen, dass die 68erinnen in der vordersten Reihe dabei waren, und bei Demonstrationen und militanten Auseinandersetzungen wurden sie nicht etwa von der Polizei geschont. Im Verlauf der Jahre wurden allerdings viele Fotos von Frauen, die in der Zeit um 1968 in Zeitungen und Zeitschriften abgedruckt worden waren, aus den Fotoarchiven, vor allem den Pressearchiven, aussortiert. Die Suche nach historischen Abbildungen gestaltete sich daher schwierig.

Außerdem galt damals Fotografieren als «bürgerlich» und wurde weder im privaten noch im politischen Leben häufig praktiziert. Von vielen

Aktionen gibt es daher kein Foto, und auch das Privatleben ist nur äußerst spärlich dokumentiert. Interessanterweise wurden manche Aktionen zwar nicht fotografiert, wohl aber gefilmt. Das neue Medium übte eine große Faszination aus und war noch nicht so verpönt wie das Fotografieren. Die Recherche in Filmarchiven brachte daher einige Überraschungen.

So ist in diesem Buch zum ersten Mal ein «Foto» der legendären «Tomatenrede» von Helke Sander zu sehen. Es handelt sich dabei um einen Ausschnitt aus einem Fernsehbericht. Die «Tomatenrede» hat einen hohen symbolischen Stellenwert in der Debatte um 1968, weil sie für viele als Geburtsstunde der neuen Frauenbewegung gilt.

Fotos dienen häufig als «Sinnbilder der Revolte», die, je nach Standort, einen bestimmten Eindruck erzeugen sollen. Viele Fotos präsentierten Frauen in einer Form, die einem weiblichen Rollenklischee entsprach. Von Blättern wie «Stern», «Spiegel», aber auch «Konkret» wurden die Frauen der Revolte vorzugsweise als hübsch, langhaarig und vor allem sexy darge-stellt.

Die Frauen machten sich gleichwohl die gängigen Klischees für eigene Aktionen zunutze, wie zum Beispiel eine Gruppe Hamburger Studentin-nen, die am 12. 12. 1968 aus Protest im Gerichtssaal demonstrativ ihre Blu-

*Protestaktion Hamburger Studentinnen im Gerichtsverfahren gegen Ursula Seppel (2. v. r.), Hamburg, 12. 12. 1968*

sen auszogen. Halb nackt sangen sie die «Ballade von den asexuellen Richtern»: «Und wir zeigen unsere Brüste für jeden», und «wir werden ihn brechen, den Terror der Justiz und der Polizei!»

Der Anlass für diese Aktion war vergleichsweise nichtig. Die Studentin Ursula Seppel hatte sich wegen Hausfriedensbruchs zu verantworten, weil sie zuvor angeblich eine Gerichtsverhandlung gegen einen Genossen gestört hatte. Diese «Busenaktion» sollte die Befangenheit des Gerichts aufzeigen. Sie ging durch die gesamte Presse und verschaffte den Frauen eine Aufmerksamkeit, die sie wohl sonst nie erreicht hätten.

Das Auftreten der Frauen, das nicht nur symbolisch, sondern tatsächlich rebellisch war, wirkte für viele APO-Männer in erster Linie irritierend. Sie reagierten mit stereotypen Vorwürfen als bewährtem Mittel. Doch die Frauen spielten den Ball gekonnt zurück: «Wir sind frustriert und penisneidig», schrieben die Frauen des Frankfurter Weiberrates auf ihr berühmtberüchtigtes «Schwänzeflugblatt». Sie präsentierten abgehackte Penisse führender SDSler und Vertreter der Kommune 1 unter der Losung: «Befreit die sozialistischen Eminenzen von ihren bürgerlichen Schwänzen».

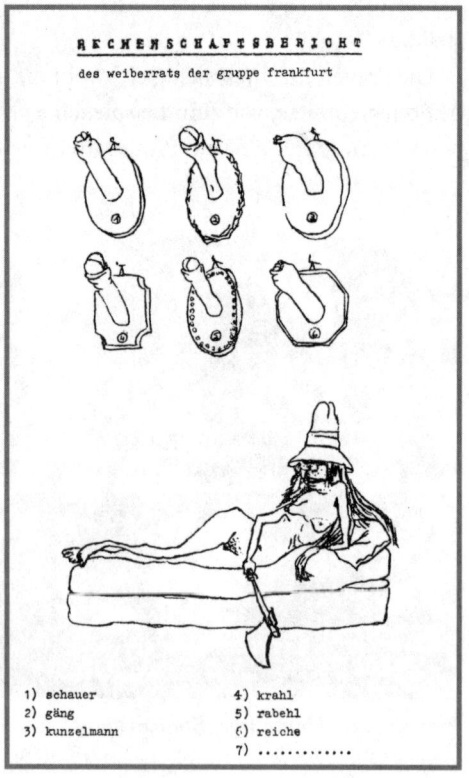

*«Schwänzeflugblatt» des Frankfurter Weiberrates, als Abrechnung mit den SDS-Genossen verteilt bei der 24. SDS-Delegiertenkonferenz am 20. 11. 1968 in Hannover*

## Die Revolte in der Revolte

Viele Frauen betonen, dass sie sich als Teil eines Kollektivs verstanden, auch wenn sie eigene Wege gingen. Die Bewegung von 1968 bot ihnen einen Ort der Identifikation, da sie weit mehr umfasste als nur die intellektuellen Diskurse der Studenten an den Universitäten. Zwar gab es bereits in der APO Untergruppen mit unterschiedlichen politischen Schwerpunkten, die sich in den Folgejahren zum Teil heftig bekämpften. Doch 1968 standen gemeinsame Aktionen noch im Vordergrund. Diese wiederum schufen die Möglichkeit, sich immer wieder zu begegnen, sodass das Persönliche sehr stark mit dem Politischen verknüpft war.

Die verschwiegenen und tabuisierten NS-Verbrechen waren – nicht nur für die Frauen – ein wichtiger Anstoß für politisches Handeln. Politik, Gesellschaft und nicht selten die eigenen Eltern übten sich in einer grandiosen Verdrängung. Der Vietnamkrieg bot die Möglichkeit, Krieg endlich zum Thema zu machen.

Besonders die Frauen, die nach traditionellem Rollenverständnis zu Mitgefühl erzogen worden waren, standen in einem enormen emotionalen Zwiespalt, der stark zur eigenen Politisierung beitrug. Viele 68erinnen betonen, dass die moralische Empörung über den Krieg in Vietnam weit mehr Ansporn zur Teilnahme an Aktionen und Demonstrationen war als Theorien über den Imperialismus.

Für viele Frauen spielte der Sozialistische Deutsche Studentenbund (SDS) eine wichtige Rolle innerhalb der Bewegung. Er war zwar eine Organisation der Studenten, entwickelte sich aber vor allem nach dem 2. Juni 1967 zum Sammelbecken für die gesamte APO. Zweifellos waren Männer in der Überzahl, und einige von ihnen dominierten. Der SDS war also einerseits ein Spiegel der patriarchalischen Gesellschaft, doch andererseits war er egalitärer als das gesamte politische Umfeld.

Einzelne Frauen wurden durchaus gefördert, wobei das Alter und die vorhandene politische Erfahrung eine wichtige Rolle spielten. Frauen hatten in der Bewegung von 1968 bereits eine Position inne, die ihnen im sonstigen politischen Leben der westdeutschen Demokratie, ob nun in Gewerkschaften, Kirchen, Parlamenten oder gar der Regierung, verwehrt war. Deshalb übte der SDS eine enorme Anziehungskraft auf viele Frauen aus. Gleiches gilt für die gesamte Bewegung der außerparlamentarischen Opposition.

Wer mitreden wollte, musste jedoch eine bestimmte Rhetorik beherrschen, die um Begriffe wie Kapitalismus, Internationalismus, die Bedeutung der Arbeiterbewegung und eine weltweiten Revolution kreiste. Nur verhältnismäßig wenige Frauen fühlten sich dazu in der Lage oder waren daran interessiert.

Die gesellschaftliche Benachteiligung der Frauen war allerdings kein gleichberechtigtes Thema, weder im SDS noch in der APO. Frauenpolitik galt als «konterrevolutionär» und «kleinbürgerlich». Nur wenige der 68erinnen vertraten daher dieses Thema offensiv innerhalb der Bewegung, und sie erhielten dafür nur wenig Unterstützung von den anderen Frauen.

Ein positives weibliches Rollenmodell existierte damals noch nicht. Daher identifizierten sich viele Aktivistinnen nicht als Frauen, sondern – vermeintlich geschlechtsneutral – als Menschen. Weder Frauenunterdrückung noch Frauensolidarität waren zentrale Anliegen für sie. Wohl aber galt Rebellion gegen Autoritäten als ein allgemeines Ziel der Bewegung, das sie sich zu Eigen machten. Indem sie gegen Autoritäten in ihrem gesamten Umfeld rebellierten, überschritten sie zunächst unbewusst auch die engen Grenzen der traditionellen Frauenrolle.

Über diesen Prozess setzte bei einigen, keineswegs bei allen, überhaupt erst ein Bewusstsein dafür ein, als Frauen gegen zusätzliche Autoritätsstrukturen und Hierarchien kämpfen zu müssen. Das bezog sich nicht nur auf die Gesellschaft ganz allgemein. Selbst die vermeintlich gleich gesinnten «Genossen» entpuppten sich als «Autoritäten», indem sie die spezifischen Anliegen der Frauen nicht ernst nahmen und sogar abwerteten. Als Folge davon bildeten einige Frauen ein Bewusstsein ihrer besonderen Lage aus und gründeten auf der Suche nach Mitstreiterinnen Frauengruppen.

Die traditionelle Frauenrolle wurde von den 68erinnen zwar einhellig abgelehnt. Aber die klassische Rollenaufteilung blieb in vielen Köpfen fest verankert: Heirat und Kinderkriegen galten, wenn auch unbewusst, als Standardziel. Das kam nicht von ungefähr, denn das Frauenleitbild der 60er Jahre propagierte die so genannte Hausfrauenehe: Eine Frau sollte heiraten, Kinder bekommen, und der Ehemann hatte das Recht, ihr eine berufliche Tätigkeit zu verweigern. Gesetze zementierten also die Nachrangigkeit der Frau hinter dem Mann in der Ehe. Die restriktiven Folgen dieser traditionellen Frauenrolle erlebten viele Frauen an den Biographien ihrer eigenen Mütter. Manche Mütter hatten sogar dagegen rebelliert, wenn auch erfolglos.

Dieser Sackgasse konnte eine Frau nur entkommen, indem sie das traditionelle Frauenleben umging. Doch sobald sie Mutter wurde, konnte sie diesem Dilemma nicht mehr ausweichen. Nur vergleichsweise wenige Frauen beantworteten diesen inneren Konflikt schon 1968 mit einer feministischen Frauenidentität. Die Mehrzahl der Frauen löste den Konflikt auf andere Weise: Einige verweigerten die Mutterrolle, oder sie suchten Entlastung in den neu entstehenden Wohngemeinschaften. Eine dritte Möglichkeit war, die Kindererziehung anders zu gestalten und aus den Problemen ein Politikum zu machen. Nicht zufällig entstanden gerade in dieser Zeit die Kinderläden.

Als äußerst zwiespältiger Aspekt der Bewegung von 1968 stellte sich gerade für die Frauen die sexuelle Revolution heraus. Eine «Befreiung» hatte insofern tatsächlich stattgefunden, als sich nun auch Frauen anders verhalten konnten, als es von ihren Müttern verlangt worden war. Dazu gehörte der positivere Umgang mit der eigenen sexuellen Lust und die Möglichkeit, Erfahrungen mit mehr als einem Sexualpartner zu sammeln.

Die sexuelle Revolution bot allerdings keinen Freiraum für Frauen, die den Käfig traditioneller Geschlechterbeziehungen verlassen wollten. Lesbische Erfahrungen fanden zwar statt, wurden aber nicht offensiv zum Thema gemacht, wie es mit heterosexuellen Erfahrungen durchaus der Fall war.

Die so genannte sexuelle Befreiung bedeutete für viele Frauen eine neue Form der Bevormundung, die in scheinbar gesellschaftskritischen Sprüchen ihren Ausdruck fand: «Wer zweimal mit derselben pennt, gehört schon zum Establishment.» Vielen Frauen wurde nun vorgehalten: «Wenn du nicht mit mir schläfst, bist du 'ne Bürgerliche.» Die Antibabypille, die seit 1961 auf dem deutschen Markt war, verstärkte diesen Druck erheblich. Es bestand fast schon ein Zwang, die Pille zu nehmen.

Mit den Folgen ungewollter Schwangerschaften mussten die Frauen vielfach alleine fertig werden. Einen Ausweg boten die «schrecklichen Abtreibungen», wie es Helke Sander nannte, die illegal, unter oft lebensbedrohlichen Umständen stattfanden. Nicht selten kamen sie auf Druck des potenziellen Vaters zustande.

Die Abtreibungserfahrungen bewirkten einen enormen Solidarisierungsschub unter den Frauen der linken Bewegung. Es kommt daher nicht von ungefähr, dass die von Alice Schwarzer im Juni 1971 initiierte Kampagne gegen den Abtreibungsparagraphen 218 einen so großen Zulauf hatte. Frauen der Bewegung von 1968, die vielleicht lange geglaubt hatten, kaum Gemeinsamkeiten als Frauen zu haben, erkannten nun, dass sie vielfach die gleiche leidvolle Erfahrung mit Männern der linken Bewegung gemacht hatten: Sie mussten die Folgen der sexuellen Revolution alleine tragen. Den Ausdruck der Linken, «Zusammen mit den Männern», stellten viele nun zum ersten Male gründlich infrage und entdeckten auf diesem politischen Weg weitere Gemeinsamkeiten mit Frauen.

Bisher bestimmen häufig allein Männer die Art und Weise, wie über 1968 gesprochen wird. Sie erklären oft ausschließlich ihre eigenen Geschlechtsgenossen zu Protagonisten. Das geht so weit, dass sie selbst dann Männer heroisieren, wenn es keinen oder nur wenig Anlass dazu gibt. Frauen sind allenfalls in Nebenrollen vertreten, sogar diejenigen, die eine wichtige Rolle im SDS und in der Gesamtbewegung spielten.

Frauen tragen aber bisweilen selbst zu dieser Schieflage bei. Denn oft spielen sie ihren eigenen Anteil herunter, selbst wenn sie Anlass dazu hätten, ihre Führungsrolle zu betonen, weil sie etwas völlig Neues gemacht haben.

Dieses Buch über die 68erinnen zeigt, wie sehr Frauen dazu beitrugen, diese Republik zu verändern, sie demokratischer, weniger autoritär und weniger patriarchalisch zu gestalten. Doch wird auch deutlich, dass nicht alle Ziele der 68erinnen erreicht wurden. Sie hatten viele Kämpfe zu bestehen und gewannen daraus persönliche Stärken. Doch sie mussten auch mit Verletzungen fertig werden, die damit einhergingen, in vielerlei Hinsicht Vorkämpferinnen zu sein.

Die 68erinnen eroberten neue Lebensformen und Politikbereiche, die den Rollenvorstellungen der 50er und 60er Jahre zuwiderliefen. Sie brachen Tabus, revolutionierten das Private und hatten damit weit mehr Einfluss auf die Veränderung der Gesellschaft als viele hochtheoretische Reden.

Durch die verschiedenen Lebenszusammenhänge und durch deren Reflexion ergibt sich ein neues Bild der Ereignisse von '68. Diese Porträts führen zugleich über diese Zeit hinaus. Sie zeigen, dass die Frauen ihre einmal begonnene politische Aktivität in anderen Bereichen fortsetzten, auch später Politik und Gesellschaft mitgestalteten und dies heute noch tun.

# POLITIK

**Sigrid Fronius in ihrem subtropischen Garten in Coroico, Nor Yungas, Bolivien, September 1999**

*«Als Frau stand ich nicht unter dem Zwang,*
*jemand sein zu müssen»*

# SIGRID FRONIUS
### Asta-Vorsitzende der Freien Universität Berlin

Ich bin 1942 als Deutsche in Kronstadt, Rumänien, geboren. Meine Eltern waren nicht, wie die meisten Deutschen dort, evangelisch, sondern Baptisten. Mein Vater hatte sich vom kaufmännischen Angestellten bis zum Fabrikdirektor hochgearbeitet, doch nach dem Zweiten Weltkrieg wurde Rumänien kommunistisch, die Fabrik verstaatlicht und mein Vater wieder zum kleinen Angestellten.

Er war ein stiller, fleißiger und mütterlicher Vater. Im Winter legte er unsere Hemden auf den Kachelofen, damit sie schön warm waren, und hatte Spaß daran, mit uns Kindern zu spielen. Meine Mutter war eine schöne und intelligente Frau, die sich jedoch nie entfalten konnte. Sie lehnte ihr Dasein als Hausfrau und Mutter ab und kannte wenig Freude. Wir Kinder litten unter ihren Depressionen.

Mich hat sie vor den Männern gewarnt und mir geraten, gut zu prüfen, bevor ich mich binde. Ich prüfte so gut, dass ich mich bis heute nicht gebunden habe. Aufgrund ihres baptistischen Glaubens lehnten meine Eltern «weltliche» Freuden ab. Ich musste gegen Enge und Sparsamkeit anleben und im Laufe meines Lebens erst lernen, großzügig zu sein, Freude zuzulassen und auch mal über die Stränge zu schlagen.

Die Siebenbürger hatten sich während des Zweiten Weltkrieges den deutschen Truppen angeschlossen, und die meisten Männer standen geradezu Schlange, um Soldaten auf seiten der Nazis zu werden. Mein Vater jedoch entzog sich dem Kriegsdienst. Er war nie Soldat und hatte auch nichts Soldatisches an sich. Insofern habe ich lange Zeit nicht gewusst, wer Hitler war oder was in Deutschland passiert ist. Nazideutschland und die Nachkriegszeit dort empfand ich stets als Zeit vor meiner eigenen Geschichte und damit weit weg.

Ich war die jüngste von vier Schwestern und als Kind recht wild. Durch die älteren Schwestern waren meine Eltern schon einiges gewöhnt und ließen mir mehr Freiheit. Als Klassenbeste wurde ich aufgefordert, zu den Pionieren, also zur kommunistischen Jugendorganisation, zu gehen. Ich empfand es als Auszeichnung. Außerdem mochte ich das Leben in den Ferienlagern und im «Pionierpalast».

Aber ich stand mit meinem Leben in kommunistischen Jugendgruppen im Widerspruch zum baptistischen Glauben meiner Eltern und zum Deutschsein an sich, weil die Deutschen und erst recht die Christen in Rumänien den Kommunismus ablehnten. Aber letztlich bin ich auf meine Weise damit klargekommen. Durch mein ganzes Leben zieht sich diese Erfahrung, einer Minderheit anzugehören, sei sie politischer, kultureller oder nationaler Art. Es ist eine spezielle Lebenserfahrung, und ich finde sie sehr bereichernd.

1955 gehörten wir zu den ersten deutschen Familien, denen die Ausreise aus dem kommunistischen Rumänien erlaubt wurde. Da meine Familie väterlicherseits in Österreich lebte, gingen wir dorthin. Diese Jahre waren eine ökonomisch schwierige Zeit, und wir «Flüchtlinge» lebten ziemlich ärmlich. Meine Mutter, die dachte, in Deutschland sei alles besser, schickte mich 1957 zu meiner ältesten Schwester, die in der Nähe von Stuttgart verheiratet war.

Bis zu diesem Punkt hatten mich immer die Entscheidungen anderer aus dem Gewohnten herausgeschleudert. Nach dem Abitur habe ich zum ersten Mal meine eigenen Entscheidungen getroffen. Die erste bezog sich auf mein Studium. Aus Bescheidenheit dachte ich zunächst, Volksschullehrerin werden zu müssen und in Stuttgart zu studieren. Doch bei der Vorstellung, in einem schwäbischen Dorf zu unterrichten, beschlich mich ein Gefühl von Enge. Die gleiche Enge spürte ich, wenn ich daran dachte, dass ich meine Jugendliebe eines Tages heiraten müsste.

Meine zweite wichtige Entscheidung bestand darin, nicht gleich zu studieren, sondern ein halbes Jahr durch Europa zu trampen. Ich habe mir die Freiheit genommen, nicht sofort auf Karriere zu setzen, sondern erst einmal die Welt kennen zu lernen. Das war 1962, und ich erinnere mich noch gut, wie wir – meine ältere Schwester und ich – mit einem schweren Koffer losgezogen sind. Ich war in Italien, Schweden, Belgien, Frankreich und dazwischen immer wieder in der Schweiz, um für mein Studium zu jobben.

Auf der Tramptour durch Italien verliebte ich mich in einen jungen Mann, dessen Eltern Anarchisten waren und wegen Franco aus Spanien nach Belgien geflüchtet waren. Auch er war Anarchist, diskutierte liebend gern und fühlte sich stets gedrängt, wohlerzogene oder fromme Leute zu provozieren. Ich hingegen war mit dieser gutbürgerlichen Bildung ausgestattet worden, also mit klassischer Musik, Kirchenchor und Tangotanzen und obendrein gänzlich unpolitisch. Doch es faszinierte mich, ihm zuzuhören.

Eines Nachmittags saßen wir auf einer Marmorbank in einem verwilderten Garten in Florenz, und er las mir – auf Spanisch – die Rede von Fidel Castro aus Havanna vor. Zwar verstand ich den wörtlichen Inhalt der Rede nicht, doch durch die Art, *wie* Antoine diese Rede vorlas, erschien Fidel Castro vor meinen Augen und diese Stimmung von Aufbruch und Befreiung und die Begeisterung, von nun an «alles anders und besser zu machen». Ich war zutiefst glücklich.

Bei einem Schulausflug nach Berlin hatte ich «frische Luft» geschnuppert und beschlossen, dort zu studieren. Im Herbst 1962 begann ich mit dem Studium an der Freien Universität in den Fächern Geschichte und Französisch. Weil ich einen gewissen Willi, den ich auf unserem Abiturausflug kennen gelernt hatte, wiedersehen wollte, ging ich eines Abends zu einer Veranstaltung des Argument-Clubs. Willi war an diesem Abend zwar nicht da, wohl aber Wolfgang Fritz Haug. Er sprach über Marxismus und Freud und eine für mich völlig neue Weise, die gegenwärtige Gesellschaft zu betrachten.

Antoine, der spanische Anarchist, hatte mich mit seinem rebellischen Verhalten und seiner Wut angesichts der Ungerechtigkeit auf der Welt zu überzeugen versucht, doch ich blieb ablehnend und voller Bedenken. Nun hörte ich die gleichen Argumente, doch mit wissenschaftlicher Logik vorgetragen, und ich war überzeugt, ja begeistert.

Während meiner ersten Studiensemester war mir die Mitarbeit im Argument-Club äußerst wichtig. Wir, rund 30 jüngere und ältere Studentinnen und Studenten, trafen uns ein- bis zweimal pro Woche, saßen um einen riesigen Tisch, lasen und diskutierten Aufsätze und Bücher. Diese Arbeitskreise müssen 1963 begonnen haben. Wolfgang Fritz Haug war Universitätsassistent und sammelte Material für seine Zeitschrift «Das Argument», die er zusammen mit dem Argument-Club herausgab.

Wir haben schwierige Texte gelesen, von Marx, Horkheimer und Lukács. Einen Schwerpunkt bildete die Auseinandersetzung mit dem Faschismus. Wir studierten Hannah Arendts Texte zur autoritären Persönlichkeit und die Bücher verschiedener Philosophen und Soziologen. Einen weiteren Schwerpunkt bildete Freuds Psychoanalyse. Es gab einen Sexualitätsarbeitskreis, in dem wir Bücher von Wilhelm Reich lasen.

Wir sprachen über die Wichtigkeit des Orgasmus. Doch mir fiel nicht auf, dass ich selbst, wenn ich mit meinem Freund schlief, keinen Orgasmus hatte. Das eigene Erleben war getrennt von dem, was wir im Argument-Club diskutierten. Nach den Sitzungen saßen wir bis spät in die Nacht in der Kneipe. Damals lief der Film «Viva Maria», und ich erinnere mich, dass wir ihn wochenlang analysierten. Das Ergebnis dieser Diskussion war, dass Revolution-Machen auch Spaß bedeuten kann.

Wolfgang Fritz Haug und Wolfgang Lefevre habe ich wegen ihrer Intelligenz besonders geliebt und viel von ihnen gelernt. Von den Frauen kann ich mich nur an Sigrun Anselm erinnern. Sie war weiter als ich, machte wichtige Redebeiträge und schrieb Artikel für das «Argument». An die Namen der anderen Frauen kann ich mich nicht erinnern, nur an ihre Gesichter. Sie waren so still wie ich. Ich weiß nicht, wie diese Männer die anderen Frauen behandelt haben, mich jedenfalls haben sie gefördert. Ich wurde gebeten, Buchrezensionen für das «Argument»-Heft zu schreiben, und in den Vorstand gewählt, als ich es mir selbst noch nicht zutraute.

Eine der Sitzungen im kleinen Kreis der Argumentler habe ich in reger Erinnerung. Wolfgang Haug hatte uns, seine Schüler, aufgefordert, gegen ihn zu rebellieren, um uns damit von ihm zu emanzipieren. Ich sah und spürte, wie die Männer um Anerkennung kämpften, manche mutig, andere eher angepasst. Ich selbst stand daneben, als ginge mich das alles überhaupt nichts an, als wäre ich incognito und nur zum Beobachten da. Ich war nicht so ehrgeizig und nicht in diesen Konkurrenzkampf verstrickt wie die Männer.

Inzwischen lebte ich mit Jürgen Werth vom Argument-Club zusammen. Unser Engagement verband uns sehr, doch ich hielt es nicht aus, nach den langen Sitzungen noch bis morgens um vier Uhr in der Kneipe zu sitzen und zu diskutieren. Auch war ich diejenige, die sich mehr um den Haushalt kümmerte und all die Kleinigkeiten erledigte. Ich fühlte mich, was das Praktische betraf, von Jürgen allzu oft im Stich gelassen und begann an ihm herumzukritisieren.

Ich war frustriert und zickig, und eines Nachts, als er wieder nach vier Uhr nach Hause kam, fauchte und keifte ich. Das Interessante war, dass ich mich zugleich keifen *hörte* und dachte: «So keifen eingesperrte Ehefrauen.» Doch so wollte ich nicht sein. Ich erkannte, dass ich meine Beziehung zu wichtig nahm. Ich war abhängig von diesem Mann. Doch ich wollte ihm seine Aktivitäten nicht verbieten. Die Lösung bestand darin, dass ich mich ebenso intensiv engagierte.

Ich beschloss, bei den Wahlen zum Studentenparlament für den SDS zu kandidieren, und ich kann mich noch gut an die Aufregung erinnern, als Susanne Kleemann und ich unsere Vorstellungsreden im Audimax der FU hielten. Es war ein großer Schritt vom Arbeitskreis im Argument-Club zum Mikrophon im Henry-Ford-Bau, um dort vor so vielen Studenten zu reden.

Als neues Mitglied im SDS begann ich im Hochschularbeitskreis mitzuarbeiten. Bis zu jenem Jahr, es muss 1965 gewesen sein, hatten Studentengruppen wie der SHB, der Sozialistische Hochschulbund, und der LSB, der Liberale Studentenbund, die Mehrheit im Studentenparlament und stellten den Asta. Die Anhänger des SDS bildeten noch eine Minderheit in der Studentenschaft.

Nach wenigen Monaten schon wurde ich 1966 Hochschulreferentin im Asta. Der Asta kümmerte sich um studentische Interessen wie das Essen in der Mensa und Formalien bei der Immatrikulation. Er kümmerte sich um ausländische Kommilitonen, führte kulturelle Veranstaltungen durch und veröffentlichte den «FU-Spiegel», eine studentische Zeitschrift. Die Studentenschaft erhielt für den Asta Geld vom Staat, um sich in Demokratie zu üben. Meine Aufgabe war es, das Hochschulreferat zu leiten.

Wir organisierten Veranstaltungen im Henry-Ford-Bau und leisteten Aufklärungsarbeit. Eines der Themen war die Notstandsgesetzgebung. In der ganzen Literatur wird nie erwähnt, wie viel Zeit wir «radikalen» Studenten mit Vorträgen und Diskussionen verbrachten und eben nicht auf der

Straße. Anhand kluger und interessanter Beiträge von Studenten, Assistenten und Professoren haben wir unser Gesellschaftsbild neu definiert.

Es ging um die Frage, was Demokratie wirklich sei und unter welchen Bedingungen sich Demokratie, die mehr sein sollte als nur zu wählen, verwirklichen lasse. Dabei kamen mehr und mehr die marxistische Analyse und die kritische Theorie zur Diskussion. Allmählich konnten wir die Mehrheit der Studenten von unseren Positionen überzeugen. Diese Veranstaltungen nannte man Teach-ins.

Im SDS und in den Teach-ins an der Hochschule erarbeiteten wir uns zum einen eine Gesellschaftskritik, die die Hochschulreform in einen gesellschaftlichen Zusammenhang stellte, zum anderen diskutierten wir verschiedene Aktionsformen und ihre Legitimität. Vom heutigen Standpunkt aus wirkt das alles sehr harmlos. Doch die Universitätsverwaltung reagierte dermaßen überzogen auf unsere Veranstaltungen und Aktionen, dass sie auf diese Weise selbst die besten und anschaulichsten Beweise für unsere These von der autoritären Gesellschaft lieferte.

*Sigrid Fronius (auf dem Podium) bei der Studentenversammlung «Enteignet Springer», Berlin 1967*

Zum Beispiel sollte Rudi Dutschke – ich weiß nicht mehr, weswegen – von der Universität verwiesen werden. Im solidarischen Kampf für ihn politisierten sich viele Studenten. Viele wurden durch die Unverhältnismäßigkeit der Mittel und die Repression des Staatsapparates, der Universitätsverwaltung und mancher Professoren nach links gedrängt und radikalisiert.

Die Ereignisse des 2. Juni 1967 sind dafür das beste Beispiel. Sie setzten eine Dynamik in Gang, die viel größere Kreise einbezog als nur die Berliner Hochschulen. Ein Rad kam ins Rollen, und wir arbeiteten fast nur noch hinterher. Durch den Tod von Benno Ohnesorg sprang die Bewegung auf Westdeutschland über. Die ersten Wochen nach dem 2. Juni machten wir Aufklärungsarbeit und kämpften gegen die Springer-Presse, die vollkommen falsche Tatsachen über die Ereignisse verbreitet hatte. Es entwickelte sich eine intensive Zusammenarbeit mit den Teilen der Presse, die nicht springerhörig war.

Es gehörte zu meinen Aufgaben als Hochschulreferentin, Interviews zu geben und die Position der Studenten in der Öffentlichkeit zu erklären. Als Professoren sich weigerten, die Ereignisse in ihren Seminaren zu diskutieren, bildeten die empörten Studenten Gegenseminare, die wir schließlich in der Kritischen Universität zusammenfassten. Ich war Initiatorin und Koordinatorin dieser Kritischen Universität zusammen mit einer Vielzahl von Studentinnen und Studenten.

Der SDS hatte sozusagen zwei Beine. Das eine wurde durch die Hochschulgruppe und die Leute im Asta und im Studentenparlament gebildet. Das andere Bein waren die Arbeitskreise Dritte Welt, Gesellschaftskritik, Notstandsgesetzgebung und noch einige weitere, die außerhalb der Uni die Veranstaltungen und Demonstrationen organisierten. Der SDS konnte viel freier agieren, während der Asta alle Studenten zu vertreten hatte und an Mehrheiten gebunden war. Zwar wurde auch der Asta immer radikaler, musste seine Politik jedoch vor der gesamten Studentenschaft rechtfertigen und deren Zustimmung einholen.

### «Die sexuelle Revolution hat uns alle überfordert»

In dieser Zeit begannen wir nicht nur unser Studium, sondern auch unser Privatleben zu verändern. Wenn ich mich mit meiner Mutter vergleiche, sehe ich, welche Möglichkeiten wir Frauen in der 68er Zeit hatten. Wir mussten nicht heiraten, Kinder bekommen und eine Reihe von Verpflichtungen übernehmen. Wir wohnten in Wohngemeinschaften und praktizierten die sexuelle Revolution oder das, was wir dafür hielten. Wir hatten eine Freiheit, die viele andere Generationen nicht hatten.

Ohne dass es das Konzept «Wohngemeinschaft» schon ausdrücklich gab, lebten wir in diesen großen Berliner Altbauwohnungen zusammen.

Auch alte Berliner wohnten da zur Untermiete. In der Potsdamer Str. 118 z. B. wohnte Maxe, ein sechzigjähriger Bild-Zeitungs-Verkäufer, Berta, eine alte Berlinerin, Jochen und Jürgen vom Argument-Club und ich. Wenn einer von den alten Leuten auszog, zog dafür ein Student oder eine Studentin ein. Wir kauften gemeinsam einen Kühlschrank, weil sich sonst keiner so etwas leisten konnte. So fing es mit den Wohngemeinschaften an.

Später wohnte ich mit Susanne Kleemann und Peter Schunter zusammen. Da war unser Anspruch schon größer. Peter hatte eine vierjährige Tochter, und wir teilten uns den Kinderdienst. Mir fiel dieser Dienst schwer, denn ich ging gerne zu Veranstaltungen oder zum Tanzen. Irgendwann fragte mich die Kleine weinerlich: «Sigrid, wer hat heute Dienst?» Diese Frage ging mir unter die Haut. Das war nicht gut für das Kind und für mich auch nicht. Ich nahm seit vielen Jahren die Pille, weil ich mich nicht reif fühlte für ein eigenes Kind und für das Kind von anderen schon gar nicht.

Ich zog aus und in die nächste Wohngemeinschaft am Cosima-Platz. Von den acht Wohnungen im Haus waren sechs mit Wohngemeinschaften belegt. Wir hatten eine schöne Küche, kochten gemeinsam, aßen im Berliner Zimmer, sahen dort fern, diskutierten und nahmen gemeinsam an Aktionen teil. Wir waren stets gut informiert, und wenn man nach Hause kam, gab es immer jemanden zum Plaudern.

Von 1969 bis 1973 lebten in unserer WG – zufällig – nur Frauen. Es war eine prima Alternative zur Familie und wir mussten nicht Kinder bekommen, nur um der Einsamkeit zu entfliehen. Unser Leben war voller Begeisterung und Sinn. Privates und politische Aktion waren eng miteinander verbunden.

Für jene, die verheiratet waren und Kinder hatten, war es schwer, wenn sie es uns gleichtun wollten. Diese Intensität des Rund-um-die-Uhr-politisch-tätig-Seins war mit Familie, Partnerschaft und Kindern nicht vereinbar. Mir war damals nur am Rande bewusst, wie viele Frauen zu Hause bleiben mussten, die gerne mitgemacht hätten. Ihre Männer waren schon eher dabei.

Ich bemerkte lange nicht, dass Frauen in der Gesellschaft und auch bei den Linken diskriminiert und oft als Sexual-Objekt behandelt wurden. Man wies ihnen minderwertige Aufgaben zu, und sie waren nur «die Freundin von». In meinem Fall war es allerdings andersherum. Ich wurde gefördert und für fähiger gehalten, als ich mich selber einschätzte. Deshalb motivierte mich selbst der Tomatenwurf auf Genossen vom SDS, die sich weigerten, einen Redebeitrag von Helke Sander zu diskutieren, nicht, einer Frauengruppe beizutreten.

Ich selbst nahm Frauen damals oft als «Freundin von» wahr, wenn ich nur mit ihren Männern zu tun hatte. Mit aktiven Frauen arbeitete ich hingegen sehr gerne zusammen. Wir waren jung, unerfahren und begeistert, da machte ich mir keine Gedanken, ob jemand männlich oder weiblich war. Im Asta waren mehrere fähige Frauen, vor allem die Sekretärinnen, ohne die nichts gegangen wäre, und wir waren eine sehr fröhliche Truppe.

Eine Identität als Frau hat man im Verhältnis zu den Männern, sonst ist man einfach Mensch. Damals war zum Beispiel Mini Mode, und auch ich habe diese kurzen Kleidchen getragen, wie alle anderen Frauen, obgleich sie nicht praktisch waren. Wie viele andere färbte ich die Haare wasserstoffblond, doch geschminkt habe ich mich nicht.

Ich verliebte mich oft, war meinem jeweiligen Freund stets treu und litt, wenn die Beziehung auseinander ging. Später als Asta-Vorsitzende war ich umschwärmt und hatte mehrere Romanzen. Ich war weder schön noch sexy, doch fühlte ich mich ausreichend attraktiv. Ich musste mich nicht anstrengen, um die Aufmerksamkeit der Männer auf mich zu ziehen. Ich erlebte Freundschaften, ja Respekt und Verehrung. Ich dachte damals nicht in den Kategorien Mann–Frau.

Die Mädchen meiner Generation waren noch verpflichtet, als Jungfrau in die Ehe zu gehen. Das Thema Sexualität war weitgehend tabu. Meine Sexualaufklärung in der Schule bestand in dem Ratschlag, einem Mann nicht zu erlauben, den Arm um meine Schulter zu legen. Auch sei es sicherer, keine Stöckelschuhe zu tragen, um die Männer nicht zu provozieren. Erst mit 20 Jahren erfuhr ich mit großer Erleichterung, dass Sex vor der Ehe moralisch nicht verwerflich sei, und ich begann, die Pille zu nehmen.

Es fiel mir damals schwer zu unterscheiden, ob ich verklemmt war oder nicht so interessiert an Sex wie mein jeweiliger Freund. Die sexuelle Revolution hat uns alle überfordert. Wir gingen schnell miteinander ins Bett, doch dort geschah nicht viel Aufregendes. Am Anfang war es schön, wenn ich verliebt war, doch bald ließ mein Interesse nach. Ich glaube, viele waren unfähig, die Sexualität wirklich zu genießen. Und das ist wohl heute noch so. Die Presse, die immer Aufmacher braucht, hat die sexuelle Revolution groß aufgemacht. Aber es gab keine Orgien, keine geilen Böcke, die sich ausgetobt haben. Die sexuelle Freiheit war für uns alle neu.

Am 8. Mai 1968 wurde ich vom 20. Konvent zur Asta-Vorsitzenden gewählt und war es ein halbes Jahr lang. Es war das erste Mal, dass an der FU eine Frau in dieses Amt gewählt wurde. Die Genossen haben mir zugeredet, ich solle das machen, und das habe ich eigentlich als sehr schön in Erinnerung, dass sie mir das zugetraut haben. Meiner Erinnerung nach habe ich ziemlich viel Öffentlichkeitsarbeit gemacht und wurde sehr viel eingeladen. Ständig waren Sitzungen, und wir hatten viele Veranstaltungen vorzubereiten. Immer wieder war die Presse da, man wurde dauernd gefilmt und interviewt und hat auch selbst Artikel geschrieben.

Hochschulpolitik und Gremienarbeit waren relativ einfach gewesen. Doch jetzt musste ich als Asta-Vorsitzende selbst Entscheidungen fällen. Wir saßen immer zu neunt zusammen und mussten beschließen, ob wir uns bestimmte Zwänge vom Rektorat auferlegen lassen wollten oder nicht, ob wir besetzen oder in anderer Form protestieren sollten. Es gab erfahrene und nicht so erfahrene Leute und eine sehr intensive Zusammen- und Beratungsarbeit mit denjenigen, die hauptsächlich im SDS arbeiteten. Wir haben diese beiden Beine, also den SDS als politische Studentengruppe und den Asta als Organ der Studenten, der Bürokratie gegenüber immer sehr geschickt benutzt und sehr bewusst und gekonnt taktiert.

Zu unseren Aktionen gehörte auch das Mittel der Rektoratsbesetzung. Eine hatte zum Ziel, ein Gespräch mit dem Rektor der Freien Universität, Harndt, zu erzwingen. Nach einer Vollversammlung zogen mehrere hundert Studenten zum Rektorat und ich an ihrer Spitze. Es befand sich in einer kleinen Villa mit Garten ringsherum. Als wir dort auftauchten und ich die Glastür zu dem ebenerdig gelegenen Sitzungssaal öffnen wollte, versuchte eine Sekretärin von innen abzusperren.

Da habe ich mit meinem Stöckelschuh die Fensterscheibe eingeschlagen, durch den Rahmen gegriffen und die Tür aufgemacht. Dass ich vor dieser verschlossenen Tür nicht Halt gemacht habe, war wichtig, um diese Aktion voranzubringen. Die Sekretärin lief erschrocken weg, und wir waren drin im Haus. Bald kam die Polizei und versuchte uns wieder herauszudrängen.

Die Polizei umzingelte das Rektorat, und wir verbarrikadierten uns mit

*Die Asta-Vorsitzende Sigrid Fronius bei ihrer Festnahme, nachdem die Besetzung des Rektorates der FU Berlin durch Studenten gewaltsam von der Polizei aufgelöst worden war, 10. Juli 1968*

Schreibtischen und Schränken. Wir wollten den Studenten, die nach Akten suchten, Zeit verschaffen. Die Polizei arbeitete sich vom Keller hoch, schaffte die Möbel beiseite und war schließlich im oberen Stock. Sie begann, uns einzeln zu verhaften.

Dabei entstand dieses Bild, wo sie mich die Treppe runterführen. Sie setzten uns in das Polizeiauto, und die Studenten draußen versuchten, es mit einem Sit-in am Wegfahren zu hindern. Der Fahrer fuhr aber so scharf an, sodass sie doch wegspringen mussten. Auf dem Polizeirevier saßen wir, rund dreißig Studenten, vor dem Fernseher und warteten auf die Abendschau. Die Polizisten waren nett zu uns, wir wurden kurz ausgefragt, und dann durften wir nach Hause.

Meine Erfahrungen mit der Polizei waren immer harmlos. Bei einer Demo versuchte z. B. ein Polizist inmitten eines Getümmels jemanden zu verhaften. Da packte ich ihn von hinten, obwohl ich kaum um ihn herum kam, so dick war er, und hielt ihn so lange fest, bis sich der Demonstrant befreit hatte. Ich habe zwar gesehen, wie andere verhaftet und geprügelt wurden, doch ich bin nie schlecht behandelt worden.

Oft wurde eine Demo am Ku'damm nicht genehmigt, doch wir haben erst recht demonstriert. In dem Moment, wo die Polizei anfing mit Knüppeln auf uns zuzurennen, blieb ich stehen und guckte sie mir an. Alle rannten an mir vorbei, und keiner kam auf die Idee, dass ich auch dazugehöre. Das hat mich sehr beeindruckt. Es ist ja ein bekanntes Phänomen, dass man Fliehenden hinterherrennt und die anderen nicht mehr sieht.

*Asta-Vorsitzende der Freien Universität Berlin*    31

Der Ku'damm war ein wichtiger Ort für Demonstrationen, und irgendwann fing die Polizei an, Wasserwerfer einzusetzen. Das galt als regelrechtes Vergnügen, zu dem sogar die Westdeutschen angereist kamen und sich amüsierten. Sobald der Wasserwerfer näher kam, rannten alle in diese verglasten Cafés. Dann liefen sie wieder auf die Straße. Das ging hin und her und war für fast alle nur noch ein Spaß.

Ich habe in meinem Leben eine Tendenz, intensiv dabei zu sein und mich dann plötzlich zurückzuziehen. Ich habe ein Gespür dafür, wann ein Höhepunkt überschritten ist. Nach einem halben Jahr als Asta-Vorsitzende legte ich im Oktober 1968 mein Amt nieder. Ich konnte mich mit den Institutsbesetzungen und immer gleichen Aktionen nach 1968 nicht mehr identifizieren. Auch hatte ich von diesem Rund-um-die-Uhr-Wirbeln genug.

Ich wollte morgens zu Hause bleiben, ein Buch lesen, nachdenken und in die Tiefe gehen. Ich erinnere mich an ganz euphorische Momente am Schreibtisch, als ich Marx las, Freud und später Mao Tse-tung. Zusammenhänge – vorher unklar und nebulös – waren mit einem Mal deutlich zu erkennen, als wäre ich kurzsichtig gewesen und kriegte nun eine Brille.

Die Frage nach den Bündnispartnern stand auf der Tagesordnung. Die Arbeit in den Stadtteilen hatte begonnen, es gab die Zeitung «883», Schüler- und Lehrergruppen entstanden. Frauen und Eltern organisierten sich und gründeten Kinderläden. Gleichzeitig wurden die Aktionen immer radikaler. Nach den Eiern und Tomaten wurde das Steine-Werfen diskutiert. Andere warfen Bömbchen oder bereiteten den Kampf mit den Waffen vor. Ich ging nicht mehr zu allen Demonstrationen.

Durch das marxistische Gesellschaftsbild war die Arbeiterklasse in unser Blickfeld geraten, «das Proletariat», wie man damals sagte. Herbert Marcuse, einer unserer viel gelesenen Vorbilder, hatte auf einer Veranstaltung im Henry-Ford-Bau dargelegt, dass die Arbeiter nicht mehr revolutionär seien und dass alle Dienstleistenden ein Interesse daran hätten, den Kapitalismus abzuschaffen, also auch wir.

Der französische Mai 1968 und die Fabrikbesetzungen in Italien hatten unseren Hoffnungen auf Revolution Aufwind gegeben. Beim Kampf gegen die Notstandsgesetze hatten Gewerkschaften und Organisationen «erwachsener Leute» an der Spitze der Proteste gestanden. Es gab nicht mehr nur die Studentenbewegung, wie noch vor wenigen Jahren, es gab die APO, die außerparlamentarische Opposition.

Ich hatte all dies nur aus der Perspektive unseres kleinen Asta in der Garystraße in Dahlem erlebt, auf dem Campus und auf dem Ku'damm. Doch nun wurde ich von der IG Metall und der IG Chemie eingeladen, um in den Gewerkschaftsschulen über die Ideen und Erfahrungen der Studenten zu referieren und an der Ausbildung Gewerkschaftsjugendlicher teilzunehmen. In dieser Zeit gab es eine Energie, die uns alle getragen hat.

Im Frühjahr 1969 beschloss ich, in eine Fabrik arbeiten zu gehen. Das war damals keineswegs *in*, und ich nehme für mich in Anspruch, damit etwas Neues gemacht zu haben. Peter Schneider und Rüdiger Minow kamen auf die gleiche Idee, und wir trafen uns erstaunt im gleichen Betrieb. Ich arbeitete bei Bosch in der Prüfungsabteilung und wurde bald Stichprobenprüferin. Ich musste nicht im Akkord arbeiten und hatte viel Zeit für Gespräche mit meinen Kolleginnen. Alles, was ich in der Fabrik erlebte, schrieb ich in ein Tagebuch.

Ich fühlte mich wohl und hatte ein gutes Verhältnis zu den Frauen und zum Vorarbeiter. Während ich in der Firma die Teile von Fotoapparaten auf technische Fehler überprüfte, lief der Prozess gegen mich, weil ich zwei Jahre vorher die Fensterscheibe im Rektorat eingeschlagen hatte. Horst Mahler verteidigte mich. Ich erhielt zwei Monate auf Bewährung, weil mir das Gericht zugute hielt, dass ich aus edlen Motiven gehandelt hatte.

Nachdem mehrere Zeitungen von diesem Prozess berichtet hatten, wussten meine Kolleginnen, dass ich eine radikale Studentin war. Ich ging an diesem Morgen mit Bangen zur Fabrik. Doch die Frauen waren mir keineswegs böse und sagten zu mir: «Werd ja nicht Arbeiter, Kindchen! Schau, dass du fertig studierst. Du hast die Chance, also mach es.»

Bei Bosch wurde ich gekündigt, nachdem Flugblätter vor der Fabrik verteilt worden waren. Danach ging ich zu Siemens. Auch dort arbeitete ich als Stichprobenprüferin. Inzwischen bestand unsere Gruppe aus sieben Leuten, drei Frauen und vier Männern. In den Ferien fuhren wir in den Harz, um unsere Erfahrungen und Vorstellungen zu diskutieren. Das Ergebnis war das «Harzer Papier», gute 20 Seiten, die viele Studenten lasen und motivierten, ebenfalls in die Fabrik arbeiten zu gehen. Wir, die Erfahrenen, schulten die Neuen.

Bald arbeiteten mehr als hundert Studenten in verschiedenen Berliner Firmen, bildeten Betriebsgruppen und verteilten Flugblätter und Betriebszeitungen. Irgendwann hörte ich, dass der Vorstand der IG Metall in

Frankfurt beschlossen hatte, mich aus der Gewerkschaft auszuschließen. Anstatt Berufsverbot zu erhalten, bin ich also aus der IG Metall ausgeschlossen worden. Offenbar hielten sie mich für so wichtig, dass sie sogar im Vorstand über mich diskutierten.

Im «Harzer Papier» hatten wir den Studenten im Betrieb als einen Lernenden gesehen und bestenfalls als einen, der interessierten Arbeitern hilft, ihre Interessen besser zu vertreten. Da stand nichts von Führungsanspruch und Arbeiterpartei. Und schon gar nichts von Avantgarde. Doch aus unserer relativ bescheidenen Haltung wurde bald etwas anderes.

### «Weg von den verrauchten Zimmern und endlosen Sitzungen»

In dieser Umbruchphase habe ich Männer aus meiner politischen Umgebung das erste Mal negativ erlebt. Das war wohl Ende 1970. Da war ein neues Element in die Geschichte getreten. Es ging jetzt um die Frage, ob man erst praktische Erfahrung sammeln muss, um daraus eine politische Linie zu entwickeln – was mir der natürliche Weg erschien –, oder ob man von Beginn an eine politische Linie haben muss, um daran die Praxis zu orientieren. Doch schon bald redeten uns grosskopferte Studenten ein: «Wir brauchen diese Linie sofort!» Mit viel Vehemenz wurden uns die Lehren aus der Geschichte der deutschen und russischen Arbeiterbewegung vorgetragen, und die lauteten: «Wir müssen die Avantgarde von den Massen trennen und eine Avantgardepartei gründen.» Die Studentenbewegung war endgültig vorbei.

Bei einem entscheidenden Treffen waren wir etwa vierzig Leute. Die Auseinandersetzung war hitzig und dauerte zwei Tage. Am Abend des zweiten Tages haben wir uns in zwei Gruppen aufgespalten: die einen bildeten die AO, die Aufbauorganisation für eine neu zu gründende KPD. Wir anderen, die Spontis, machten eine Weile weiter wie bisher, doch die Ideen der AOler und MLer infizierten auch uns. Das Ergebnis dieses Prozesses Ende 1971 war die Proletarische Linke / Parteiinitiative (PL/PI), auch PLIPI genannt.

Ich war die einzige Frau im Vorstand dieser «proletarischen» Parteiinitiative und fühlte mich wohl unter diesen Jugendlichen und Nicht-Intellektuellen. Doch gleichzeitig fühlte ich mich zunehmend fehl am Platz als so genannter Kader in dieser PLIPI, die ich mit aufgebaut hatte. Von einem Tag auf den andern bin ich schließlich ausgetreten, wegen der Männer und ihrer Politik. Denn was da ablief, war zu deutlich Machtgehabe. Ich *sah* die Lust in ihren Augen, wenn sie ihre Überlegenheit, ihre Macht über einen von der «Masse» ausspielen konnten. Ich kann mich aber auch nicht daran erinnern, dagegen protestiert zu haben. Wie damals aus dem Asta trat ich nun aus der PLIPI aus.

Doch diesmal fühlte ich mich sehr alleine. Wieder hatte ich Zeit zum Lesen und zum Nachdenken. Besonders Rosa Luxemburgs Schriften über ihr privates Leben und ihr Leiden an dem rigiden männlichen Verhalten – begründet mit den Anforderungen der Revolution – hatten es mir angetan. Ich konnte nachfühlen, was es heißt, in einem intensiven politischen und menschlichen Zusammenhang zu stehen, dann aber von einem Tag auf den anderen nicht mehr dazuzugehören und diese Heimatlosigkeit zu erleben.

Seit meinem Engagement im Asta 1967 hatte ich nicht mehr studiert. Das waren gute sechs Jahre. In dieser Zeit hatte ich beschlossen, nicht Gymnasial-, sondern Hauptschullehrerin zu werden. Ich dachte, es sei edler, Arbeiterkinder zu unterrichten als die Kinder von Bürgerlichen. Im Rahmen des PH-Studiums musste ich ein Schulpraktikum absolvieren und wurde in eine Berliner Hauptschule geschickt. Diese Begegnung mit Schule und Schulkindern war schrecklich. Besonders die Buben waren ekelhaft. Sie beschimpften die Lehrerin als «alte Fotze» und ärgerten die Mädchen. Der Unterricht bestand nur aus Kampf. Als ich mich auf eine Referendarstelle bewarb, gab es in ganz Berlin keine einzige freie Stelle, und ich war erleichtert.

Zwar hatte ich die Idee, eines Tages in den Schuldienst zu gehen, noch nicht aufgegeben, doch in diesem Frühjahr 1973 war ich froh, frei zu sein und Pläne schmieden zu können. Ich wollte in die Dritte Welt. Klaus Meschkat, der zur älteren Generation der Studentenbewegung gehört, lebte damals in Chile und arbeitete – mit den dortigen Gewerkschaften – an einem Mitbestimmungsmodell. Es war die bewegte Zeit unter Präsident Salvador Allende.

Ich kam im August 1973 in Chile an, einen Monat vor dem Putsch Pinochets, bei dem Allende und Tausende seiner Anhänger umgebracht worden sind. Ich lebte mitten in Santiago, im Haus einer Sozialistin, und war Zeugin der brutalen Ereignisse. Ich schrieb lange Briefe. Meine ausführlichen Schilderungen waren in Deutschland für Radiosendungen und die Arbeit der Solidaritäts-Komitees von Nutzen.

Drei Monate nach dem Putsch in Chile ging ich nach Argentinien, wo nach dem Ende einer Militärdiktatur demokratische Aufbruchstimmung herrschte und die Rückkehr von Perón euphorisch gefeiert wurde. Doch dann setzte auch dort die Repression ein, und viele Menschen wurden umgebracht oder verschwanden. Ich sammelte Dokumente, interviewte Leute, erstellte Listen von Ermordeten und Verschwundenen für amnesty international und half Flüchtlingen aus Chile, Brasilien und Uruguay, mit solidarischen Organisationen in Europa Kontakt aufzunehmen.

Während der anderthalb Jahre, die ich in Buenos Aires und Córdoba lebte, nahm ich an zahlreichen Veranstaltungen teil und sammelte Material für ein Buch. Danach reiste ich durch Bolivien, Ekuador und Kolumbien. Zurück in Berlin, schrieb ich mein Buch über die Peronistische Arbeiterbewegung, «Nicht besiegt und noch nicht Sieger». Es wurde im RotbuchVerlag veröffentlicht.

Schon in den ersten Wochen nach meiner Rückkehr in Berlin – es war im Frühling des Jahres 1975 – stieß ich auf die Frauenbewegung. Frauen aus meiner WG praktizierten Karate, nur mit Frauen, unterrichtet von einer Karatelehrerin. Ich ging mit und war begeistert. Ich muss zugeben, dass ich eine totale Spätzünderin bin, was die Frauenbewegung betrifft.

Mein späteres Engagement in der Frauenbewegung begründete sich nicht am Protest gegen die Männer, sondern an meiner Begeisterung für die Frauen, für *eine* bestimmte Frau, meine Karatelehrerin. Sie war lesbisch, und ich habe mich in sie verliebt. Ich liebte sie viele Jahre, und bis heute fühle ich tiefe Zuneigung zu ihr. Von dieser Frau habe ich sehr viel gelernt. Sie öffnete mir die Augen über das Patriarchat und die Herrschaft der Männer.

Mit anderen Frauen zusammen gründete ich 1976 die Frauenzeitschrift «Courage». Schließlich wohnte ich mit Frauen, arbeitete mit Frauen und liebte eine Frau. Männer waren zu einem Randphänomen geworden und nur noch als kritisches Thema präsent. Doch wie vor einigen Jahren aus der PLIPI bin ich von einem Tag auf den anderen aus der «Courage» ausgestiegen. Wir machten uns mit Stress und chaotischer Arbeitsweise kaputt. Das Arbeitsklima war mies. Es gab Machtspiele und Manipulation, diesmal unter Frauen. Ich kämpfte, doch ohne Erfolg.

Wenn man in einer Organisation und für sie bis zur totalen Erschöpfung arbeitet, verschwindet die eigene Identität hinter dem Markenzeichen, das man trägt. Wo man auch hinkommt, wird man als Repräsentant geschätzt und wahrgenommen, als Asta, PLIPI oder «Courage». Doch fällt diese Bezeichnung von einem ab, so fühlt man sich wie gestorben. Ich fühlte mich wie ein Geist, als ich 1978 durch die Flure an der Sommeruni für Frauen lief. Alle, die noch nicht wussten, dass ich ausgestiegen war, grüßten mich mit diesem Blick: «Aha, die Sigrid von der ‹Courage›. Nein, ich war nur noch die Sigrid, und die fühlte sich leer und frei.

Ich wollte nur noch weg von diesen verrauchten Zimmern und endlosen Sitzungen. Ein Angebot, bei der «taz» mitzuarbeiten, schlug ich aus. Ich wollte lieber Step tanzen, Karate trainieren, um die Krumme Lanke joggen und meine Freundschaften pflegen. Marta Schwediwy und ich schrieben an einem Buch «Selbstverteidigung für Frauen» und machten Fotos dazu. Ich hatte wieder Zeit zum Lesen – Matriarchat statt Marx – und gab Frauen-Kurse an der Volkshochschule.

Nach diesem kreativen Jahr bekam ich – mit 37 Jahren und ohne jede Anstrengung – meinen ersten gut bezahlten Job als Pädagogische Leiterin beim DED. Während dieser Zeit von 1979 bis 1982 lebte ich drei Identitäten gleichzeitig: Ich war die Linke im Dritte-Welt-orientierten DED, ich war die Frauenaktivistin, und ich wurde zunehmend eine Spirituelle. Ebenso geheim wie meine Meditationskurse hielt ich die Tatsache, dass ich einer Auswanderer-Gruppe angehörte, bestehend aus Frauen, die eine Landkommune gründen wollten.

Der Zufall wollte es, dass mich, einen Tag nachdem unsere Gruppe auseinander fiel, die Einladung erreichte, ein Grundstück in Bolivien zu kaufen. Das war das Zeichen. Ich sah ein Dia, auf die Wand eines Berliner Zimmers geworfen, ein Landhaus inmitten von Palmen, mit Veranda und Hängematte sowie einem Garten voller Blumen. Ich verliebte mich in ein Grundstück und in eine Landschaft und wollte nichts wie hin.

Im Herbst 1983 bin ich mit Sack und Pack hierher nach Bolivien gezogen, vor allem mit Büchern über alternative Heilmethoden und Landwirtschaft. Erst lebte ich von meinen Ersparnissen, dann fanden sich Gäste ein, und ich begann mit dem Vermieten, erst ein Häuschen, dann mehrere. Heute betreibe ich ein kleines Hotel, fernab vom Stadtgetriebe. Jeden Tag höre ich meine Gäste voll Begeisterung ausrufen: «Du lebst ja im Paradies!»

Die Häuschen befinden sich in einem großen Garten mit Schwimmbad, eigenen Quellen und hohen, alten Bäumen. Die Landschaft ist paradiesisch, die Gesellschaftsstrukturen leider nicht. Doch ich hatte Glück: der letzte faschistische Diktator war gerade abgesetzt, als ich nach Bolivien kam, und seither herrschen hier demokratisch gewählte Regierungen. Viele meiner politischen Freundinnen und Freunde dachten, die Sigrid geht wegen Che Guevara nach Bolivien und um die arme Bevölkerung zu revolutionieren. Doch das stimmte nicht. Mich zog die Sehnsucht nach Stille dorthin, nach eigenem Rhythmus, nach körperlicher Betätigung und Natur. Diese Sehnsucht kann ich nun täglich stillen.

Mein Verständnis von Politisch-Sein hat sich gewandelt. Zwar bin ich immer noch gegen den Kapitalismus und für eine gerechte und humane Gesellschaft, in der die Menschen nicht entfremdet arbeiten, sondern kreativ sein können. Doch mein Beitrag und mein Weg dahin sind anders. Ich probiere das einfache und langsame Leben selber aus. Ich wirke – politisch – im Kleinen, auf 10 Hektar Land und mit Menschen, deren Nachbarin, Chefin, Kollegin, Gastgeberin und Freundin ich bin. Ständig stehe ich vor neuen Herausforderungen. Kein Tag ist wie der andere.

Nach den ersten Jahren, da ich mit Einrichten, Gärtnern, Hund und Hühnern, Meditation und Lektüren, Backofen und Heilpflanzen, Bauen und Reparaturen beschäftigt war sowie mit zahlreichen Besucherinnen und Gästen, traf mich wie der Blitz aus heiterem Himmel die heftige Liebe zu einem 20 Jahre jüngeren Mann. Diese Liebe hielt gute zwei Jahre an. Drei weitere Jahre schrieb ich an einem Buch, in dem ich meine romantischen Erfahrungen und meine persönliche Entwicklung schildere, die ich dieser Beziehung verdanke. Das Buch, mein zweites, trägt den Titel «Im Überfluss» und wartet auf seine Veröffentlichung.

Meine nächste Herausforderung hieß Carlos, ein fast völlig gelähmter junger Mann, dem ich in zweijähriger therapeutischer Arbeit zu einem neuen Leben verhalf. Heute ist Carlos selber ein Helfer. Die nächste Herausforderung war die schwerste: ein deutscher Nachbar, der sich in den Kopf gesetzt hatte, für seinen Mitsubishi eine Straße durch meinen paradiesischen Garten zu bauen. Dieser Kampf gegen Korruption, Lüge und Gewalt dauerte vier Jahre und kostete all meine Energie. Doch ich habe gewonnen. Mein Garten war gerettet.

Im Sommer 2000 nahm ich auf Einladung von Elisabeth Meyer-Renschhausen an einer von ihr organisierten Konferenz «Kleinstlandwirtschaft und Gärten» in Berlin teil. Dort konnte ich vor ökologisch engagierten Leuten meinen Garten vorstellen, jedoch vor allem von ihnen lernen. Ich bin mit der Phantasie zurückgekehrt, meinen ursprünglichen Traum von der Landkommune mit meinen indianischen Angestellten und Nachbarn zu realisieren. Meine und die Energien meiner Arbeiter flossen in den Bau eines Gewächshauses, Hühnerstalls und einer Gemeinschaftsküche. Wir legten wieder einen Gemüsegarten an und pflanzten Mais, Kartoffeln und Yucca. Nun sind wir mit dem Bau eines Tagungs- und Workshopraumes beschäftigt. Doch die größte Herausforderung wird darin bestehen, all dies gemeinsam zu bewirtschaften.

Ich würde mich als eine ganz typische, ganz euphorische und begeisterte 68erin bezeichnen. Ich fühle mich nach wie vor revolutionär. Damals hatten wir es eilig, denn wir dachten, die Revolution stehe kurz bevor. Heute, im Jahr 2001, kann das niemand mehr behaupten. Es mag auch mit meinen 60 Jahren zusammenhängen, dass ich meine, sich *Zeit zu nehmen* sei eine der wichtigsten Voraussetzungen für Veränderung. Damals wollten wir «kaputtmachen, was uns kaputtmacht», doch die Herrschenden sind im Kaputtmachen einfach besser. Wir werden es ihnen nie gleichtun.

Ich konzentriere mich auf das Kreativ-Sein und versuche, meine Visionen zu leben. Die Subkultur, die Frauenbewegung, die Landkommunen, die alternative Technologie und Medizin sowie die Experimente spiritueller Gruppen haben schon viele Lebensräume erschaffen, an denen unsere Visionen sichtbar sind.

Wir haben 1968 einen Sprung gemacht, das Lebensfeindliche am Kapitalismus entdeckt und eine Reihe von Ketten gesprengt. Die Frauenbewegung mobilisierte gegen das Patriarchat und schuf weitere Freiheitsräume. Die spirituelle Bewegung reicht noch tiefer. Sie hilft Schätze heben und gibt Klarheit und Kraft, um sich zu wehren und das Leben kreativ zu gestalten. Wir können andere nur mit dem gewinnen, was wir selber leben.

Annette Schwarzenau, September 2000

*«Nicht diese theoretischen Dinger,*
*etwas Praktisches unternehmen»*

# ANNETTE SCHWARZENAU

## und das «Kinderkacke-Attentat» auf das Berliner Pressehaus

Ich wurde am 1943 in Bünde geboren. Mein Vater war Stadtverordneter und frühstücksmäßiger Bürgermeister in Schwelm in Westfalen und betrieb ein Uhren- und Optikergeschäft, und meine Mutter war die Managerin des Geschäftes.

Ich ging auf das Gymnasium, wie alle meine drei Geschwister, bin aber aus Protest von der Schule abgegangen, weil ich Schillers Auffassung der heiligen Johanna so nicht akzeptieren konnte. Ich hatte meine eigene Vorstellung, die mit der von Schiller nichts zu tun hatte, und kriegte eine Sechs in dieser Nacherzählung. In dem Moment war für mich die Schule erledigt. Danach habe ich bei meinem Vater eine Optikerlehre gemacht. Ich habe dann bald meinen Mann geheiratet und bin mit ihm sogar ein bisschen verwandt. Wir kannten uns schon als Kinder.

Mein Mann war genau wie ich in der Familie der Doofe, weil auch er kein erfolgreicher Schüler war. Geheiratet habe ich ihn aus Solidarität, weil wir beide in der gleichen beschissenen Lage waren. Gegen diese ganzen geistigen Größen in unserer Familie bildeten wir eine Art Bollwerk. Er wurde auch Optiker und Uhrmacher dazu, und ich habe in Tübingen Krankenpflege gelernt. Ich wurde dann sehr schnell schwanger, was gar nicht geplant war, und 1966 wurde mein Sohn geboren.

Zu der Zeit lebten wir in Tübingen, und dort gab es den SDS, in dem ich als Krankenschwester, ebenso wie mein Mann als Optiker, eigentlich gar nichts zu suchen hatte. Aber es interessierte uns. Der Krieg in Vietnam und diese Anti-Springer-Kampagne, in der es hauptsächlich darum ging, dass Springer die Menschen manipulierte, waren die Gründe. Ich fand das spannend, und es war mal etwas ganz anderes als nur diese Krankenhausgeschichten. In unserem Freundeskreis waren eigentlich nur Studenten aus dem Tübinger SDS, und ich werde nie vergessen, wie der olle Ernst Bloch da war mit seinem Hörrohr und seiner Pfeife.

Trotzdem fand ich diese Zeit in Tübingen öde, vor allem weil ich die tollen Geschichten von meinen Geschwistern aus Berlin hörte. Um mehr davon mitzukriegen, habe ich den «Extra-Dienst» abonniert, und da hieß es, man solle Fritz Teufel in den Knast schreiben. Also habe ich ihm so dies und das geschrieben und gefragt, ob er mir den Text der «Internationale» schicken kann, und daraufhin hat er mir einen ganz wunderbaren Brief geschickt. Das war überhaupt so meine Herangehensweise, nicht diese theoretischen Dinger, sondern etwas Praktisches unternehmen.

Zur Zeit der Anti-Springer-Kampagne hat mir mein Mann, als Optiker und Uhrmacher, Anti-Springer-Plaketten zu Ohrringen umgearbeitet. Solche Sachen fand ich richtig gut an ihm. Aber privat lief eben diese bürgerliche Geschichte mit Mann und Kind ab, und es war mein größtes Problem, mich auf das Muttersein zu konzentrieren.

Ich war erst zweiundzwanzig Jahre alt und hatte eigentlich geplant, eine spezielle Krankenpflegeausbildung in England zu machen, um als Krankenschwester in ganz Europa arbeiten zu können. Wenn ich arbeitete, war mein Sohn bei einer Tagesmutter untergebracht. Denn in Tübingen gab es keine Kindergärten. Doch irgendwie ging das alles trotzdem nicht, ein kleines Kind haben, arbeiten und auch noch politisch aktiv sein wollen, obwohl wir damals keine Hemmungen hatten, ihn alleine zu Hause zu lassen.

Meine Schwester Bärbel war mit Bahman Nirumand verheiratet, der das Buch über den Schah von Persien und vor allem über die Machenschaften des persischen Geheimdienstes SAVAK geschrieben hat. Soweit ich mich erinnere, wurde er selbst vom Geheimdienst beschattet. Es war ihm total wichtig, in Deutschland Informationen über den Schah und sein Regime und auch über den schrecklichen Analphabetismus in Persien zu verbreiten.

Jedenfalls wurde dieses Buch in unserem Elternhaus redigiert, und ich erinnere mich, dass wir Korrektur lesen mussten, Kommas einfügen und solche Sachen. Es war eine sehr spannende Zeit. Wer von den Studenten hier wusste denn damals schon etwas über Persien! Das änderte sich schlagartig durch dieses Buch, und da Nirumand auch Rudi Dutschke und Co. kannte, bekam der Schah-Besuch in Berlin eine hohe Brisanz. Von Regierungsseite wurde der Besuch natürlich generalstabsmäßig vorbereitet. Ich kenne die Ereignisse des 2. Juni 1967 in Berlin hauptsächlich aus den Erzählungen meiner Eltern und meiner Geschwister, weil ich selbst nicht in Berlin war.

Dass ich mich mit der Zeit so stark engagiert habe, hatte in keinster Weise mit dem Verhalten meiner Eltern während des Faschismus zu tun. Es war vielmehr so, dass sie als gläubige Christen immer wahrhaftig sein wollten und keinerlei Schwiemeleien ertragen konnten. Als guter Christ sagte mein Vater immer: «Das Schlimmste sind die Pharisäer, die fromm reden und nicht handeln.» Die moralische Einstellung kam bei mir aus dem Christentum und der Erziehung meiner Eltern. Aber ich hatte auch einfach Lust darauf, etwas gegen Sauereien zu unternehmen, welcher Art auch immer.

Mein Vater verreiste im Grunde nicht gerne. Als dann der Schah-Besuch näher rückte, hat er mit einem Mal zu meiner Mutter gesagt, «eigentlich sollten wir doch nach Berlin fahren! Die Kinder müssen ja demonstrieren, und wir können auf die Enkelkinder aufpassen.» Meine Mutter hat sich sehr gewundert, hat aber gesagt, «pack die alte Hose ein!» Sie waren auch im Audimax und haben zum ersten Mal diese ganze Stimmung mitgekriegt, Vietcong-Fahnen und Klatschen, und meine Mutter fand das alles sehr beeindruckend.

Dann kam der Morgen des 2. Juni, als vorm Rathaus Schöneberg der Schah empfangen wurde. Als mein Vater unruhig wurde, sagte meine Mutter: «Geh zum Rathaus Schöneberg. Du hältst es hier sowieso nicht aus. Aber zieh die alte Hose an!» Meine Geschwister waren woanders im Einsatz. Er stand da und um ihn herum lauter demonstrierende Studenten. An den Hamburger Reitern waren die «Jubelperser» mit ihren Dachlatten und schlugen auf die Demonstranten ein. Es ging hin und her, bis schließlich mein Vater, als aufrechter Demokrat und Christ, sagte: «Passen Sie mal auf! Sie sind hier in Deutschland, und diese Studenten haben das Recht zu demonstrieren. Nu' packen Sie mal Ihre Latten weg.» Da haben die «Jubelperser» voll auf meinen Vater draufgehauen.

Dieses Bild, wie ein grauhaariger Herr unter der Latte regelrecht zu Boden geht, ist immer in diesen Filmen über den 2. Juni zu sehen. Zum Glück ist ihm äußerlich nichts passiert, aber innerlich! Dieser Schlag auf den Kopf, dieses undemokratische Verhalten und dass «unsere deutsche Polizei» nicht gegen diese «Jubelperser» vorgegangen ist, hat ihn zutiefst erschüttert. Als er wieder nach Hause kam, hat er sofort die goldene Ehrennadel der CDU zurückgeschickt.

Als ich damals in Tübingen vom Tod Benno Ohnesorgs erfuhr, war ich geschockt und entsetzt. Das hat mich mehr aufgeregt als Vietnam. Danach haben wir den Berliner Bürgermeister Heinrich Albertz sehr verachtet, wegen der Art und Weise, wie er darauf reagierte. Das hat sich Jahre später aber völlig geändert, und Albertz wurde eines meiner Vorbilder.

Weihnachten 1967 hörte ich von meiner Schwester Bärbel, dass in der Berliner Gedächtniskirche eine Aktion mit Rudi Dutschke geplant war. Was sie dort vorhatten, fand ich hochgradig spannend, und gleichzeitig hörte ich, dass das ZDF an Weihnachten den Tübinger Gottesdienst übertragen würde, während die ARD in Berlin zugange war. Also habe ich zu meinen Tübinger Genossen gesagt: «Leute, daraus müssen wir was machen!»

Alle fanden die Idee großartig. Dann ging ich zum Küster und sagte, «ich habe Großfamilie, und wir möchten gerne oben auf der Empore in der ersten Reihe sitzen.» Da meinte der: «Wenn Sie rechtzeitig da sind, kriegen Sie sicher noch Platz.» Also habe ich zu den Genossen gesagt: «Wir malen Transparente unter dem Motto: ‹Nur beten ist Mord›. Die werden eingerollt und unter dem Wintermantel versteckt. Um halb vier gehen wir generalstabsmäßig oben an die beiden Brüstungen, und sobald die vorletzte Zeile der vierten Strophe kommt, von ‹Vom Himmel hoch›, entrollen wir die Transparente. Denn da laufen die Fernsehkameras.»

Ich fand das unheimlich aufregend. In unserer kleinen Wohnung hingen die ganzen Wände voll mit Transparenten. Ich hatte damals eine Handnähmaschine und habe auch noch eine Vietcong-Fahne genäht. Denn die Genossen wussten ja nicht, wo wir wohnen. Also habe ich ihnen gesagt: «Da, wo am Heiligen Abend in der Köllestraße eine Vietcong-Fahne aus dem Fenster hängt, müsst ihr hingehen».

Es kamen sogar einige ganz wichtige Genossen aus der Frankfurter SDS-Zentrale, die davon gehört hatten, aber im Grunde nicht recht glauben wollten, dass das gut geht. Der Vater des einen saß im Bundestag, und er war recht ängstlich. Also habe ich gesagt: «Wenn du Angst hast, gehst du vor der Kirche mit Philipp spazieren.» Plötzlich wollten andere auch lieber draußen Flugblätter verteilen.

Wir haben unsere Aktion dann wie abgesprochen durchgezogen, und alles wäre wunderbar gewesen, wenn nicht ein paar von diesen bekloppten Christen, die sich gestört fühlten, auf uns losgegangen wären. Wir hatten die Transparente an Holzstäben festgemacht. Doch in diesem Gedränge fielen sie hinunter und den anderen, unten sitzenden Christen natürlich auf den Kopf.

Es ist den Leuten weiter gar nichts passiert, aber das Dumme war, dass das ZDF unsere Aktion bei der Übertragung einfach weggelassen hat. Von der Berliner Aktion in der Gedächtniskirche gibt es Fernsehaufnahmen, von unserer Aktion nicht. Als wir jedoch aus der Kirche herauskamen, hatten wir es mit furchtbar wütenden Menschen zu tun. Wir brachten Philipp ins Bett und fanden es insgesamt doch eine ziemlich gelungene Aktion.

Eine Woche später stand morgens um elf ein Bulle vor meiner Tür und meinte, er müsse jetzt mal reinkommen, denn er habe gehört, ich sei die Rädelsführerin dieser ganzen Aktion gewesen. Dann wurde ich sogar vorgeladen. Aber ich habe das Ding genossen, und zum Schluss wurde alles eingestellt. Wir haben sogar anschließend mit den Pfarrern diskutiert. Jedenfalls war das meine erste eigenständige politische Aktion, und die Anregung dazu kam durch diesen guten Berlin-Tübingen-Kontakt.

### «Privatheit war überhaupt nicht angesagt»

Meine Geschwister waren ja schon in Berlin, und dann beschlossen wir, auch dorthin zu gehen, einmal, weil Revolution angesagt war, und zum anderen, weil es Betriebskindergärten gab. Und ich erinnere mich noch, dass ich an einem Mittwochabend in Tübingen losgefahren bin und Donnerstagmorgen in Berlin ankam, als gerade der Vietnam-Kongress stattfand.

Kurz darauf zogen wir nach Berlin. Als wir am Flughafen Tempelhof ankamen, holte uns Nirumand ab. «Wir müssen aber noch warten», meinte er, «Rudi kommt auch gleich. Der hat die gleiche Strecke. Wir nehmen ihn mit.» Ich kriegte vor lauter Ehrfurcht kaum Luft und dachte, «da kommst du in Berlin an, und sofort sitzt du mit Rudi Dutschke in einem

Auto.» Aber es wurde dann doch erst einmal weniger erfreulich. Denn mein Mann und ich mussten gleich arbeiten gehen.

Er hatte eine Optikerstelle in Zehlendorf, und ich arbeitete gleich um die Ecke im Behringkrankenhaus, wo Philipp in den Kindergarten ging. Er war knapp zwei Jahre alt und eben manchmal auch krank. Einmal rief ich bei Genossen an, die studierten, und sagte: «Philipp hat Fieber, und ich muss arbeiten. Spätschicht kann man nicht so schnell umstellen. Könnt ihr nicht auf ihn aufpassen?» Und sie haben abgelehnt. Damals, als ich richtig zur Arbeit gehen musste und noch dazu pünktlich sein, wollte ich nicht einsehen, dass geistige Arbeit auch Arbeit ist, und war sehr enttäuscht.

Kaum waren wir in Berlin, da gingen schon diese Ostergeschichten los, nachdem Rudi Dutschke angeschossen worden war. Wir haben heftig mit demonstriert und das Kind allein zu Hause gelassen. Ich weiß noch, dass ich mit meinem Mann von Zehlendorf aus zur Demo gefahren bin, und beim Springer-Haus waren Brände gelegt. Wir waren erst vierzehn Tage in Berlin, kannten uns überhaupt nicht aus, mussten aber immer wieder abhauen und sind einfach mit irgendwelchen Leuten in die U-Bahn eingestiegen, irgendwo wieder ausgestiegen, und da brannte schon wieder etwas.

Mein Mann war Pazifist und hatte gerade den Wehrdienst verweigert. Beim Steineausbuddeln und Steineschmeißen hat er sich aber sehr stark beteiligt. Bis dahin hatte ich ihn immer für einen Opportunisten und Feigling gehalten, und deshalb war ich sehr stolz, dass er nun anständig loslegte. Ich selbst habe davon abgesehen, nicht aus moralischen Gründen, sondern weil ich einfach nicht werfen kann.

*Annette Schwarzenau mit Ehemann und Sohn, Automatenfoto mit dem Anstecker «Enteignet Springer», Tübingen 1967*

Das war grauenhaft damals. Diese Mischung aus Wut, Trauer und Hilflosigkeit ließ einen Sachen machen, die man sonst nie fertig gebracht hätte. Ich weiß noch, dass ich meinen Bruder Eckhard und seine damalige Frau Ina Siepmann sah, wie sie auf den Barrikaden standen und auch mit herumzündelten. Ich glaube, das war der Tag, an dem Ina politisiert wurde. An dem Punkt hat sie sozusagen alles verloren, was sie an Knebeln in sich hatte. Ich kannte sie vorher nur als eine Bügeleisen schwingende Hausfrau, und das war wohl der Umschwung zur Revolutionärin oder wie auch immer man das bezeichnen soll.

Militante Aktionen, wie sie Leute wie Ina später gemacht haben, habe ich abgelehnt. Aber zum Beispiel bei der «Schlacht am Tegeler Weg» war das etwas anderes. Da habe ich zwar nicht selber Steine geschmissen, weil ich nicht zielen kann, sie aber ausgebuddelt. Bei dieser Demo habe ich zum ersten Mal mit einem gefärbten Ei geworfen und sogar einen echten Bullen getroffen.

Dann streikten die Ingenieurschulen, und wir meinten, wir müssten da auch mitmachen. Katharina Hammerschmidt, die inzwischen tot ist, war in unserem Kinderladen. Sie und ich gingen also zu dieser Demo. Plötzlich standen lauter Bullen um uns herum. Also schlugen wir den Leuten in unserer Gruppe vor: «Wir rufen jetzt eins, zwei, drei, und bei vier stoßen wir durch!» Alle waren dafür. Aber wer stieß durch? Nur Katharina und ich! Mit einem Mal standen wir mittendrin in einem Pulk von Bullen und kriegten furchtbar Dresche.

Bei einer anderen Demo habe ich einem Pferd mit einer Spritze in den Arsch gestochen. Natürlich war in dieser Spritze nichts drin, aber solche Sachen habe ich durchaus gemacht. Aber Steine auf Menschen zu werfen, das habe ich irgendwie nicht fertig gekriegt. Das alles, was in Berlin ablief, hat uns unheimlich interessiert. Das Ende des Prager Frühlings haben wir nicht so ernst genommen. Ich glaube, wir fanden es in Ordnung, dass die Sowjets Prag besetzt haben, damit der Spuk dort aufhört. Wir waren zwar schon ein bisschen unruhig, aber letztendlich haben wir gedacht, «das muss jetzt niedergemacht werden». Schrecklich, denke ich heute.

Mein Kind ging in den Betriebskindergarten und war todunglücklich. Wenn ich mittags nach der Frühschicht kam, um ihn abzuholen, war er an einer Pritsche festgebunden. Von irgendwoher hörte ich, dass Kinderläden eingerichtet werden sollen. Wir wohnten in Steglitz und haben uns mit den entsprechenden Leuten in Verbindung gesetzt. Ich habe Philipp aus dem Betriebskindergarten rausgenommen und in den Kinderladen getan. Außerdem ging ich ab sofort nur noch halbtags arbeiten. Denn man musste ja im Kinderladen Dienst machen.

In der folgenden Zeit waren wir nacheinander an mehreren Kinderläden beteiligt. Die anderen Eltern waren Studenten, und deshalb mussten immer wir die Mietverträge in den Kinderläden unterschreiben. Wir galten als reich, weil wir arbeiteten. Dabei hatten wir auch kein Geld. Und dann erinnere ich mich noch an so andere wahnsinnige Sachen. Dreimal in der Woche gab es Gemeinschaftsabende, wo wir zum Beispiel Wilhelm Reich lasen. Dieser Reich war damals ungemein angesagt.

Die Kinder haben wir in der Zeit wahrscheinlich immer alleine zu Hause gelassen. So lief das damals. Mein Mann und ich gingen auch zusammen zu diesen Kommunediskussionen, wo darüber geredet wurde, wie die Privatheit aufgehoben werden könnte. Als Ergebnis sollten wir alle zusammen in eine Riesenkommune ziehen. Es wurde sogar ernsthaft darüber diskutiert, ob Klotüren ausgehängt werden sollen.

Sonntagnachmittag mussten wir zusätzlich noch gemeinsam mit den Kindern etwas unternehmen. Und wehe, man hatte mal keine Lust! Privatheit war überhaupt nicht angesagt. Mich hat das irgendwann ziemlich angekotzt, vor allem diese Kommunediskussion. Ich war die Erste, die gesagt hat, «ich mach das nicht mit», weil ich keine Lust darauf hatte, überhaupt nichts mehr für mich haben zu dürfen. Dann gab es noch diese Forderung, dass alle zusammen in einem Zimmer pennen sollten. Das war kein Problem für mich, solange es nicht mich betraf. Viel schwieriger war für mich, dass ich Ruhe haben musste, weil ich Nachtdienst hatte.

Der «Stern» hat ja damals einen ganz bösen Artikel über die Kinderläden geschrieben. Es gab bereits den «Zentralrat der Kinderläden», wo ich als Delegierte von Steglitz mitarbeitete. Von diesem Zentralrat weiß ich nicht mehr viel. Ich glaube, es waren immer Jan Raspe und die Leute von der Kommune 2 da. Jan machte damals in gewisser Weise Kinderladenarbeit, und die K 2 spielte überhaupt eine große Rolle in diesem Zentralrat. Sie waren sozusagen die Revolutionärsten von allen. Jedenfalls war da dieser «Stern»-Artikel, und es wurde gesagt, «das können wir doch nicht auf uns sitzen lassen, dass der ‹Stern› ungestraft eine solche Schweinerei verbreitet!»

Wir beschlossen also, eine Aktion im Berliner Pressehaus zu machen, und zu der Zeit war ich noch voll bei der Kinderladenarbeit dabei. Da ich nun mal eine Art berufliches Verhältnis zu durchgekackten Windeln hatte, habe ich einen Vorschlag gemacht, der dann auch durchgeführt wurde. Jeder Kinderladen sammelte drei Tage lang Kackwindeln, und mit diesen Säcken und den Kindern an der Hand machten wir ein «Go-in» im damals ganz neu erbauten Pressehaus an der Urania.

Diese Sache mit dem Go-in kam, soweit ich mich erinnere, von den anderen, aber die Idee mit der Kinderkacke stammte von mir. Wer einmal in der Psychiatrie gearbeitet hat, weiß, wie wirkungsvoll Kacke an den Wänden ist! Dieses «Go-in» muss Ende 1968, Anfang 1969 gewesen sein. Ich weiß noch, dass es ein Nachmittag im Winter war. Jeder hatte einige blaue Müllsäcke dabei, und wir haben vergnügt die Scheiße aus diesen Windeln an die frisch gestrichenen Wände geschmiert.

Der Chefredakteur war vollkommen durcheinander. Sie mochten wohl auch nicht die Bullen holen, weil wir ja die Kinder dabeihatten. Jedenfalls war irgendwann unsere Aktion zu Ende, doch der Chefredakteur lud uns ein hereinzukommen, und zu seiner Sekretärin sagte er: «Was gibt man denn so Kindern? Kauf doch mal was ein!» Wir haben ihm gesagt, wie unglaublich wir das fanden, was der «Stern» über die Kinderläden geschrieben hatte. Immerhin sind wir mit ihm in eine Diskussion gekommen, und wir mussten niemals Schadensersatz bezahlen.

Aus dieser Kinderladenzeit gibt es ein schönes Foto von meinem Sohn auf dem Einband eines Buches über die Kinderläden. Vorne auf dem Einband sieht man ein Kind auf dem Sofa liegen, und hinten stehen gleich drei Kinder auf den Tasten des Klaviers. Der in die Kamera schaut, ist mein Sohn Philipp. In diesem Buch gibt es auch ein Zitat aus dem Protokoll unseres Steglitzer Kinderladens, das ich geschrieben habe.

Ich war damals unheimlich stolz, dass etwas von mir in einem richtigen Buch steht, wo noch dazu mein Sohn Philipp Immanuel auf dem Titelbild zu sehen ist. Andererseits war es wirklich schrecklich, was den Kindern damals alles erlaubt wurde. Die Kinder kamen morgens rein, stellten sich irgendwo drauf, zum Beispiel auf das Klavier, gelangten so an die Regale und schmissen alle Puzzles und alle Autos auf die Erde. Abends sammelten wir das mit viel Mühe wieder zusammen. Mir hat dieser Stil nicht gefallen. Darum habe ich irgendwann gesagt: «Ich mach nicht mehr mit!» Das Ende vom Lied war, dass ich zwar weiterhin einmal die Woche Dienst hatte, aber ich habe an keiner Diskussion mehr teilgenommen. Für meine Einstellung wurde ich ziemlich verachtet.

Wenn man jeden Tag das Elend im Krankenhaus erlebt, das Elend der Patienten zum einen, die Chefarzthierarchien und die Probleme mit der Kollegenschaft zum anderen, wenn man also jeden Tag diesen realen Konflikten und dieser Kleingeistigkeit ausgesetzt ist, wird man empfindlich. Für mich war das, was in den Kinderläden lief, eine andere Art von Kleingeistigkeit. Außerdem glaube ich, dass es einfach überhaupt nicht mein Ding war, verantwortlich erziehungsmäßig tätig zu sein. Mir sind die Kinder schnell auf die Nerven gegangen.

Zu den Versammlungen an der Uni bin ich auch schon mal gegangen, habe aber davon nicht so viel kapiert, weil ich mich sonst nicht in diesen Kreisen bewegte. Deshalb habe ich auch nicht persönlich darunter gelitten, wie dort mit Frauen umgegangen wurde. Auch mit diesem «Aktionsrat zur Befreiung der Frau» hatte ich nichts zu tun, außer dass ich Abtreibungen organisierte, so, wie ich immer praktische Sachen machte. Den «Tomatenwurf» fand ich in Ordnung, und wahrscheinlich war es schon so, dass in den Studentenkreisen die Männer ziemlich dominierten. Aber ich hatte mich ja inzwischen von dieser Frauenarbeit im Kinderladen befreit und auch diesen anderen Überbau nicht mitgemacht.

An anderen Frauen in der Bewegung habe ich mich nicht orientiert. Das war nie meine Welt. Ich hatte meine Kolleginnen aus dem Krankenhaus. Die waren mir wirklich wichtig und mit denen gab es eine große Solidarität. Unter uns Krankenschwestern war das Verhältnis in Ordnung, und die Männer hatten damit nichts zu tun. In unseren Wohngemeinschaften war so etwas wie Frauensolidarität auch nicht nötig. Größere Konflikte gab es jedenfalls nicht.

Meine Liebesbeziehungen waren damals natürlich chaotisch. Schon in Tübingen verliebte ich mich für kurze Zeit in einen Studenten. Der war aber schwul, und ich habe das damals gar nicht kapiert. In Berlin war es dann ja sowieso angesagt, hin und wieder mit Freunden zu schlafen. 1971 oder 1972 habe ich mich von meinem Mann getrennt. Diese Grundeinstellung, nicht mehr einen auf Ehefrau machen zu wollen, ist bei mir voll zum Tragen gekommen. Aber ich hatte ein wahnsinnig schlechtes Gewissen.

Die sexuelle Revolution fand ich schon in Ordnung. Denn man muss

doch bedenken, wie wir erzogen waren. Meine Mutter hatte mir noch bei-
gebracht, «das mit diesen Männern ist zwar ekelhaft, aber man muss es
ertragen». Ja wirklich, und so habe ich es am Anfang auch praktiziert und
empfunden. Es gab durchaus schöne Geschichten mit Männern, aber bei
mir persönlich kam die sexuelle Revolution erst zum Erfolg, nachdem ich
vierzig Jahre alt geworden war.

Ich habe zwanzig Jahre gebraucht, bis ich gemerkt habe, was gut für
mich ist, und ich endlich einen Orgasmus hatte. Die sexuelle Befreiung
lässt sich eben nicht ausrufen und dann ist sie da. Im Grunde fand ich
eigentlich den geschlechtlichen Teil der Männer ziemlich lange ekelhaft
und konnte nichts damit anfangen, außer wenn sie mich streichelten und
lieb waren. Aber diese Bumserei fand ich völlig blöd, traute mich aber
nicht, es zu sagen. Ich könnte jedenfalls nicht sagen, dass ich dabei selber
größere sexuelle Glücksgefühle erlebt hätte.

### «Wegen der Revolution in den Wedding»

Eine wichtige berufliche Sache war für mich dieser «Haubenkampf», in
dem wir Krankenschwestern dafür gekämpft haben, keine Haube mehr
tragen zu müssen. Losgegangen ist es bestimmt schon 1968, aber ich bin
erst Anfang 1969 voll eingestiegen, als ich noch im Behringkrankenhaus
war. Wir hatten Flugblätter gemacht, mit den Kolleginnen gesprochen und
versucht, sie zu agitieren. Zwanzig Jahre Haube machen die Haare ganz
schön kaputt. Ganz abgesehen davon hat uns die Haube natürlich sowieso
wahnsinnig geärgert. Man konnte sich niemals gemütlich anlehnen. Aus
Protest haben wir dann die Haare toupiert, damit man die Haube dahinter
gar nicht mehr gesehen hat.

In der Zeit bin ich in die ÖTV eingetreten. Später war ich im Bezirks-
vorstand. Doch mit dem Haubenkampf hatte die ÖTV nichts zu tun. Aber
der Rat der Bürgermeister hat sich damit beschäftigt. Im Sommer 1969
wurde der Beschluss gefasst, dass jeder Schwester in den städtischen Krankenhäusern freigestellt wird, ob sie Haube trägt oder nicht. Ich kam gerade aus dem Urlaub zurück, setzte wie immer die Haube auf, als eine Kollegin sagte: «Bist du bekloppt! Wir haben doch gesiegt.» Ich weiß noch, wie
sehr ich mich gefreut habe. Mit der Umsetzung war das allerdings in vielen Krankenhäusern gar nicht so einfach.

Politisch gab es in dieser Zeit neue Konstellationen, und die allgemeine

Devise hieß jetzt auch für die Studenten: «Rein in die Betriebe und ran an die Arbeiterklasse!» Mein Mann und ich gehörten ja nun nach Meinung der Genossen bereits zur Arbeiterklasse. Es gab auch den Beschluss, in den Arbeiterbezirk Wedding zu ziehen und dort einen neuen Kinderladen aufzumachen, nichts Elitäres für Studenten, sondern für die ganzen türkischen Kinder mit.

Wir haben das prompt in die Tat umgesetzt. Mein Mann und ich hatten als westdeutsche Arbeitnehmer zuvor über den sozialen Wohnungsbau eine wunderschöne Neubauwohnung in Steglitz zugewiesen bekommen, die wir nun aus politischen Gründen aufgeben mussten. An einem grauenhaft kalten Tag, Silvester 1969/70, zogen wir bei minus 20 Grad um. Unseren Umzug in den revolutionären Wedding bewerkstelligten wir mit dem Auto der Genossin Gisela Hengstenberg aus dem Familienclan der Firma Hengstenberg-Senf. Philipp hatten wir vorher genau erklärt, dass man wegen der Revolution in den Wedding ziehen muss.

Als wir ankamen, schlief er schon, und wir legten ihn neben den Ofen. Wir packten aus, und dann kam Mitternacht, Silvester im Wedding! Es donnerte und ratterte, und die Knallerei ging weniger in die Luft als quer über die Straßen. Und da machte Philipp die Augen auf und sagte: «Jetzt ist Revolution!» Das war eine wunderbare Geschichte. Er war ungefähr dreieinhalb Jahre alt, und es war wirklich eine bestechende Logik, «wir sind im Wedding, es kracht, also klar, jetzt ist Revolution!»

Als Nächstes habe ich meine Stelle im Behringkrankenhaus gekündigt, damit ich in das Arbeiterkran-

*Annette Schwarzenau mit Ehemann und Sohn am Strand von Langeoog, 1969* kenhaus Rudolf Virchow in den Wedding wechseln konnte. Ich habe mir bewusst die Chirurgie ausgesucht, um den Machenschaften des Kapitals während des Nachtdienstes auf die Schliche zu kommen. Denn ich wollte an Informationen gelangen, wie die Sicherheitsbestimmungen in den Betrieben verletzt werden, und wir meinten, dass solche Vorfälle absichtlich verheimlicht werden. Doch dort lagen nur 38 ältere Damen mit Oberschenkelhalsfraktur! Da war natürlich für die revolutionäre Bewegung überhaupt nichts zu holen.

Wir bewegten uns in der folgenden Zeit durch verschiedene politische Bereiche. Nach der KPD/ML (KPD/Marxisten-Leninisten) kam die KPD/AO (KPD/Aufbauorganisation), die Proletarische Linke/Partei-Initiative (PL/PI), der KB (Kommunistischer Bund), der KBW (Kommunistischer Bund Westdeutschland) und die KPD/ML (Neue Einheit). Das waren alles Maoisten. Ich kannte mich damals total gut aus in diesen ganzen K-Gruppen. Jedenfalls hatte dieser KBW eine Frauenunterabteilung, in der ich mitmachte, zusammen mit Marianne Herzog und Traute Klier-Siebert, die früher Betriebsärztin im Max-Bürger-Krankenhaus war. An diese beiden Frauen erinnere ich mich noch gut.

Ich weiß noch, dass wir uns oft im Wedding in unserer kalten Wohnung getroffen haben. Dort wohnten wir aber nur ein halbes Jahr, weil der Badeofen explodierte. Außerdem stellten wir fest, dass alle anderen Genossen mit ihren Wohngemeinschaften in wunderbar beheizten Wohnungen in Moabit wohnten. Das war dann alles relativ frustrierend. Also zogen wir wieder um, dieses Mal in eine nette Wohngemeinschaft in Schöneberg.

Als wir aus dem Wedding weggingen, haben wir einen neuen Kinderladen in der Regensburger Straße aufgemacht. Der war einigermaßen problemlos, außer dass ständig die Läuse ausbrachen. Aber das war eigentlich ganz normal. Jedenfalls hatte ich dann irgendwann endgültig die Schnauze voll von diesen Kinderläden, sodass ich zu meinem Mann gesagt habe: «Du machst das. Ich will davon nichts mehr hören! Ich kümmere mich jetzt um die Krankenhauspolitik.»

Zusammen mit anderen Krankenschwestern machte ich bei einem Projekt mit, das im soziologischen Institut vom Soziologen Volkholz in Gang gebracht wurde. Dann haben wir in verschiedenen Krankenhäusern Rote Zellen gegründet. Ich war in der Roten Zelle Virchow. Wir wollten eben überall Sauereien aufdecken.

Zum 1. Januar 1971 habe ich in der gynäkologischen Abteilung im Albrecht-Achilles-Krankenhaus angefangen, welches meine langjährige Wirkungsstätte wurde. Im Virchow hatte ich keine Haube getragen. Doch als ich im Albrecht-Achilles ohne Haube auf die Station kam, sagte die Stationsschwester: «Sie sind doch Vollschwester. Also müssen Sie 'ne Haube tragen!» Sag ich, «nee, ich muss keine Haube tragen. Das habe ich mit der Oberin besprochen. Denn es gibt einen Beschluss vom Rat der Bürgermeister, wonach ich keine tragen muss.»

Dann kam der Chefarzt, und die Schwestern waren total nervös. Schwester Johanna, so eine ganz liebe, kam auf mich zu und gab mir so ein Hütchen, das die Patienten im OP aufhatten, so viel Angst hatte sie, dass er mich ohne das Ding sieht! Doch der hat nie einen Ton zu mir und ich hab nie einen zu ihm gesagt. Das mit der Haube war wirklich mehr eine Sache der Schwestern, und das kann man heute fast nicht mehr erklären. Ich blieb jedenfalls konsequent, und dann griff das schnell über. Am Schluss war es nur noch die olle Johanna, die eine Haube trug.

Ich würde sagen, dass meine Politisierung durch die Kinderladen-Leute, den KBW, die Soziologen, die mir das ideologische Rückgrat vermittelt haben, und die Rote Zelle Krankenhaus geschah. Aber wirklich politisch gedacht und gearbeitet habe ich erst in der Gewerkschaft Anfang der siebziger Jahre. 1971 kam ich gleich in den Abteilungsvorstand der ÖTV und wurde Vorsitzende der Abteilung Krankenpflege.

Wie haben die ganzen alten Oberinnen aus dem Vorstand weggeputscht. In den Gremien der ÖTV kriegten wir von ihnen diesen ganzen Westberliner Antikommunismus nur so um die Ohren gehauen. Dort habe ich Politik gelernt, wie man verhandelt und taktiert. Das alles habe ich nicht ohne einen gewissen Lustgewinn gemacht. In der Zeit hatte ich relativ großen Einfluss auf die Mitarbeiter im Gesundheitswesen, die sich damals gerade erst zusammenfanden. Ich hatte Ideen und keine Angst, in meinen Bereichen vor vielen Leuten zu reden.

Als 1975 oder '76 unser Albrecht-Achilles-Krankenhaus dichtgemacht werden sollte, haben wir die erste Demonstration von Pflegekräften auf dem Ku'damm organisiert. Es war nicht leicht, die ÖTV dafür zu gewinnen, weil dort diese Busfahrermentalität vorherrschte. Aber inzwischen war ich ja schließlich auch wer. Es ist dann tatsächlich gelungen, viele dieser BVGler und Stadtreinigungsleute für unsere Demonstration zu gewinnen. Und wir Krankenschwestern haben bei dieser Gelegenheit die Hauben noch ein letztes Mal hervorgeholt, die wir vorsorglich auf dem Speicher des Krankenhauses für Demo-Zwecke gelagert hatten. Diesmal haben die Schwestern begeistert die Hauben getragen, weil es für unsere Zwecke war und gegen die Senatspolitik.

1972 wurde ich gewissermaßen von der SEW aufgegriffen. Sie haben mich ganz geschickt gefangen, indem sie mich in ihr Mai-Komitee aufnahmen. Damals war die SEW für uns eine echte Möglichkeit, von diesen Schwadronierern wegzukommen, diesen Studenten, die mir höllisch auf den Keks gingen. Wir wollten wirklich etwas für die Arbeiterklasse tun und zählten uns selbst dazu.

*Annette Schwarzenau (2. v. l.) bei einer Demonstration gegen den Militärputsch in Chile, Berlin 1973*

Als ich in die SEW ging, war ich anfangs selbst auch ein bisschen dogmatisch. Doch dann kam 1976 die Sache mit der Biermann-Ausbürgerung und der Kritik der SEW am Streik der West-Reichsbahner. Daraufhin habe ich angefangen, an der SEW zu zweifeln und an diesem ganzen Sozialismus, wie er in der DDR praktiziert wurde.

*Das Kinderkacke-Attentat auf das Berliner Pressehaus* 55

Aber das war ungemein schwer, weil man gleichzeitig so tief drinsteckte. Es war in etwa so, wenn man als überzeugter Katholik auf einmal anfängt, sich von der katholischen Kirche zu entfernen, weil sie einem zu dogmatisch ist. Irgendwie war es wirklich ganz furchtbar, uns in unserer kleinen Gruppe einzugestehen, dass wir alles unerträglich fanden. Da wir Antonio Gramsci, den Theoretiker der italienischen Kommunistischen Partei, mit Begeisterung gelesen hatten, wollten wir einen solchen Euro-Kommunismus in die SEW bringen. Damit sind wir natürlich gescheitert.

Mit der Zeit sind mir diese Dogmatiker und «Freunde des einfachen Weltbildes» immer mehr auf die Nerven gegangen. So nenne ich Leute, die immer politisch korrekt, links und aufrecht sind und immer locker Zitate ablassen. Anfänglich haben sie mich vielleicht sogar beeindruckt. Je mehr ich sie durchschaut habe, desto mehr habe ich sie gehasst. Als ich merkte, dass dieses Schwarz-Weiß-Weltbild für mich nicht mehr zu akzeptieren ist, entwickelten sich bei mir Migräneanfälle, die bis vor wenigen Jahren angehalten haben.

Ich habe diese Beschwerden irgendwann darauf zurückgeführt, dass mein Weltbild komplizierter wurde. Wie gut war es mir noch gegangen, als ich genau gewusst hatte, was gut und was böse war und ich behaupte heute, dass die ‹Freunde des einfachen Weltbildes› vollkommen migränefrei durchs Leben schreiten. Andererseits sind es ja gerade die Widersprüche, die das Leben ausmachen, und es macht klug, sie zu bearbeiten.

Wir gründeten also die Gruppe «Klarheit» und gaben eine Gegenzeitung zur «Wahrheit», der Zeitung der SEW, heraus. Bei der Volksuni im Mai 1980 wurden wir dann ausgeschlossen beziehungsweise sind aus der SEW ausgetreten, von den SEW-Leuten in der Gewerkschaft wurden wir beschimpft, und es wurde uns unterstellt, wir seien alle CIA-Agenten. Weil ich das so schrecklich fand, habe ich schließlich Berlin verlassen und bin nach Hamburg gegangen, weil mich dort niemand kannte.

1968 hatte mich ja eigentlich dazu gebracht, den Marsch durch die Institutionen anzutreten, und ich habe das in gewisser Weise klassisch durchgezogen, von der normalen Krankenschwester zur freigestellten Personalratsvorsitzenden. Über Pflegedienstleitungskurse bin ich Abteilungsschwester und dann Unterrichtsschwester geworden. Nach meinem Weggang aus Berlin habe ich ein Pflegeheim in Hamburg geleitet. Dann bekam ich aus Berlin die Aufforderung der Grünen, Stadträtin in Charlottenburg zu werden. Das habe ich von 1985 bis 1995 gemacht.

Die Zeit als Stadträtin war schon toll. Die Karriere hat mich gereizt, aber auch das Gefühl, in gewisser Weise die «Macht» zu haben, Notwendiges in Gang zu bringen und umzusetzen. Doch dieser Job ist hart, und ich würde ihn auch keiner Freundin empfehlen, wenn sie noch irgendetwas Privates übrig behalten will. Trotz aller Rotationsgeschichten wurde ich von den Grünen immer wieder gewählt, bis es dann für mich genug war. Heute fühle ich mich absolut privilegiert und bekomme eine Pension, weil ich zehn Jahre Stadträtin war. Jetzt nehme ich nur noch freiberufliche Aufträge an, an denen ich Spaß habe, und mache viel ehrenamtliche Arbeit.

Privat hatte ich nach der ersten Trennung von meinem Mann peinlicherweise eine Liaison mit meinem Stationsarzt, und das lief wie im Groschenroman ab. Dann habe ich meinen Mann noch einmal geheiratet, weil mein Sohnes unbedingt wollte und ich mir ein friedliches Leben wünschte. Jahrelang habe ich meinen Mann, Rainer Schwarzenau, mehr oder weniger gezwungen, Revolutionär oder Arbeiterführer zu sein. Irgendwann hatte er die Schnauze voll und wurde nach meiner damaligen Meinung kleinbürgerlich. Das fand ich so unglaublich, dass ich mich natürlich in einen anderen Arbeiterführer verliebte. Mit ihm war ich zehn Jahre zusammen, und danach habe ich mich in Hamburg noch einmal in einen Arbeiterführer verliebt.

Mich von Männern zu trennen fiel mir aber nicht so schwer, wie meinen Sohn zu verlassen. Das war schrecklich für mich und wohl auch für ihn. Schon bei der ersten Trennung war er bei meinem Mann geblieben. Doch das fand ich damals noch halbwegs in Ordnung. Aber bei der zweiten Trennung bin ich davon ausgegangen, dass mein Sohn mit mir auszieht. Doch er hat gesagt, er bleibe lieber bei seinem Vater.

Es war mir damals wichtiger, meine politischen Ansprüche zu realisieren, anstatt wie Millionen anderer Frauen ein Kind alleine großzuziehen. Dann hätte ich meinen Beruf, meine gesellschaftliche und politische Arbeit nicht weitermachen können. Der Preis dafür ist ein unglaublich schlechtes Gewissen, das ich sogar heute noch habe. Wenn mein Sohn Probleme hat, denke ich sofort: «Aha, das hat bestimmt mit mir und seiner Kindheit zu tun!»

Nun werden wir ja alle älter, und diese Arbeiterführer habe ich irgendwann alle zum Teufel geschickt, mit dem Ergebnis, dass ich oft sehr alleine war. Immer wieder habe ich gedacht: «Warum bin ich nicht bei meinem Mann geblieben!» Er ist ein lieber Mensch, eigentlich ein Künstler und gar kein Revolutionär, das war nur meine damalige Wunschvorstellung. Aber mir war er damals einfach nicht interessant genug.

Mich haben zu der Zeit massenhaft Leute verehrt, und ich dachte, das bleibt immer so. Aber das stimmt nicht. Ich habe viele wunderbare alte Freundinnen, die ich seit langen Jahren kenne. Aber das ist nicht das gleiche, wie eine richtig enge Beziehung zu haben, und dabei ist es mir egal, ob es eine lesbische oder eine heterosexuelle Beziehung ist. Seit eineinhalb Jahren habe ich nun wieder eine Beziehung zu einem Mann. Nach anfänglichen Schwierigkeiten werden wir immer vertrauter miteinander, und ich wünsche mir, dass das auch so bleibt. Aber durch mein langes Single-Sein habe ich immer noch ein wenig Angst vor zu viel Nähe und bin auch gar nicht mehr richtig familienfähig.

Ich denke schon, dass ich für mich eine Menge erreicht habe und auch einige Dinge umsetzen konnte, wie eben in der Krankenpflege. Ich habe in meinem Leben auch immer wieder Rückschläge erlebt, und es geht natürlich nicht nur vorwärts. Rückblickend glaube ich, dass sich durch die Kinderläden die Kindererziehung in unserem Land sehr positiv geändert hat. Und wenn ich mir heute unsere ehemaligen Kinderladenkinder anschaue, dann bin ich sehr zufrieden damit. Sie wurden die friedliebendsten, aufgeräumtesten, nicht Drogen nehmenden Jugendlichen, die ich kenne, erstaunlich bei all dem Chaos, dem Irrsinn und diesen vielen Trennungen und Scheidungen, die damit verbunden waren.

Ich war nie eine Feministin. Bei diesen Frauen wurde mir immer zu viel gejammert. Immer sind sie Opfer! Auch der Frauenbereich bei den Grünen ist nicht meine Welt. Sie sind mir zu dogmatisch. Solidarität unter Frauen hingegen ist mir sehr wichtig. So habe ich während meiner Stadträtinnenzeit alle besetzbaren Stellen mit Frauen besetzt. Auf Schönheit und Ästhetik lege ich großen Wert. Ich freue mich darüber, wenn Menschen schön aussehen, und ich lege auch sehr viel Wert auf mein Aussehen.

Für die heute Dreißig- oder Vierzigjährigen bin ich immer die klassische 68erin, wahrscheinlich deshalb, weil ich immer so gerne die Storys von damals erzähle. Mir ist aber vollkommen klar, dass ich durch meine mangelnden Theoriekenntnisse die 68er nicht repräsentiere, ich habe zum Beispiel nie Habermas oder Marcuse gelesen. Ich habe mich moralisch empört über den Vietnamkrieg, hätte aber niemals außenpolitisch argumentieren können.

Die größte Triebfeder der 68er war, dass aufbegehrt wurde gegen das Verdrängen des Faschismus, die Piefigkeit und die Verlogenheit vieler Eltern. Ich habe mit meinen Eltern Glück gehabt, weil sie unseren Aufstand mehr oder weniger akzeptierten. Befremdlich ist für mich, dass Söhne und vor allem Töchter von 68ern heute die 68er Bewegung verunglimpfen. Ich denke da an Bettina Röhl, die Tochter von Ulrike Meinhof, und auch andere journalistisch Tätige, die in ihrer Kindheit zweifellos persönliche Defizite durch die politische Arbeit ihrer Eltern erfahren haben. Sie argumentieren aber hochgradig konservativ und versuchen offenbar so, ihre Aggressionen gegen ihre Eltern aufzuarbeiten.

**Elsa Rassbach, September 2000**

# ELSA RASSBACH

## Aktivistin gegen den Vietnamkrieg

Ich bin 1943 in Detroit in den USA geboren und in Denver, Colorado, aufgewachsen. Die Familie meiner Mutter war dort relativ bekannt. Mein amerikanischer Großvater war in der Baubranche tätig. Meine Mutter ging auf das Wellesley College bei Boston, eines der elitären «seven sisters», die sieben Frauen-Colleges an der Ostküste der USA. Mein Vater war 1939 aus Deutschland emigriert und studierte am Massachusettes Institute of Technology. Soweit ich weiß, haben sie geheiratet, weil ich unterwegs war, und meine Mutter hat auch deswegen das College abgebrochen. Sie hat dann noch fünf weitere Kinder geboren, wovon eines gestorben ist.

Meine Kindheit war von einer Atmosphäre verschiedener Zwiespälte bestimmt. Die Familie meiner Mutter akzeptierte meinen Vater nicht, weil er deutscher Herkunft war und manchmal sogar noch Naziansichten vertrat. Er war in der Hitlerjugend und beim Stahlhelm gewesen, und sein Vater war während der Nazizeit im Vorstand der Firma Bosch in Stuttgart tätig.

Mein Vater versuchte zwar, in Denver eine eigene Firma aufzubauen, was aber sehr schwierig war. Wir hatten deshalb wenig Geld. Die amerikanischen Großeltern, die sehr viel Geld hatten, bezahlten für mich und meine Geschwister die Gebühren für eine exklusive kleine Privatschule, wobei es mir als Kind manchmal peinlich war, mit Kindern von sehr reichen und gut gestellten Familien zusammen zu sein.

Mein Vater war relativ konservativ. Meine Mutter sollte so eine Art Dienstmädchen spielen und nur für ihn und die Kinder da sein. Sie war aber eine sehr kluge Frau und tat sich schwer damit. Diese Probleme zwischen Männern und Frauen spürte ich schon als Kind, und ich wuchs mit diesen Widersprüchen zwischen Deutschland und Amerika und dem Bewusstsein der Unterschiede zwischen Arm und Reich auf.

Als ich zwölf war, ließen sich meine Eltern scheiden. Meine Mutter hatte nun fünf Kinder zu versorgen, und als älteste Tochter musste ich oft bei der Hausarbeit helfen. Mein Vater konnte nur wenig Unterhalt bezahlen. Die Großeltern haben weiterhin geholfen, aber wir mussten sehr sparsam sein. Ich wechselte zur öffentlichen High School und arbeitete ab sechzehn nach der Schule in einem großen Kaufhaus.

Meine Mutter war im Grunde eine Rebellin, sowohl meinem Vater als auch ihren bourgeoisen Eltern gegenüber. Aber es ging ihr damals ziemlich schlecht, und sie war oft deprimiert. Mir wurde klar, dass sie im Grunde keine Chance hatte. Sie ist 1968 im Alter von 46 Jahren an einem Schlaganfall gestorben. Ich habe sie immer bewundert, mir aber schon als ganz kleines Kind vorgenommen, dass ich nie in eine solche Abhängigkeit geraten will.

Ich war in der Episkopalkirche getauft worden, der in den USA oft die wohlhabenden Familien angehören. Nach der Scheidung trat meine Mutter in die Kirche der Unitarier-Universalisten ein. Diese Kirche fühlt sich den Gedanken der Aufklärung verpflichtet, ist sehr sozial eingestellt, und viele ihrer Mitglieder versuchen, die Welt zu verbessern. Sie sind obendrein sehr stark ökumenisch orientiert.

In der dortigen Jugendgruppe habe ich meine ersten politischen Erfahrungen gemacht, indem wir in Colorado für mexikanische Landarbeiter kämpften, die zur Ernte eingesetzt wurden, ständig umherziehen mussten und unter schrecklichen Bedingungen lebten. Das war die Zeit, als die Bürgerrechtsbewegung anfing, und wir beteiligten uns auch in Denver durch Sit-ins gegen Woolworth, weil deren Imbisse in den Südstaaten den Schwarzen den Zutritt verweigerten. Wir gingen rein, besetzten alle Plätze und weigerten uns dann, etwas zu bestellen. Wir haben damals auch schon eine Konferenz über «Utopie» veranstaltet und über freie Liebe diskutiert.

1961 beendete ich die High School. Mit achtzehn ging ich ins Smith College, auch eines dieser «seven sisters» an der Ostküste. Ich bekam ein

Stipendium, und auch mein amerikanischer Großvater hat finanziell geholfen. Zu den ehemaligen Studentinnen des Smith gehörten einerseits ganz radikale und fortschrittliche Frauen, wie die feministische Aktivistin und Autorin Betty Friedan und die Dichterin Sylvia Plath. Aber auch republikanische «First Ladies» wie Nancy Reagan und Barbara Bush waren dort Studentinnen. Smith-College war eine seltsame Mischung aus dem, was wir in den USA «Finishing Schools» nennen, wo Frauen sozusagen «vervollkommnet» werden, um einen «guten Mann» zu finden, und ein sehr intellektueller Ort mit fortschrittlichen Strömungen bis hin zum Feminismus.

An den traditionellen und elitären Männer-Colleges an der Ostküste wie Harvard und Yale waren Frauen vor den 70er Jahren nicht zugelassen. Deswegen hatte die bürgerliche amerikanische Frauenbewegung im 19. Jahrhundert für die Errichtung von Frauen-Colleges gekämpft. Doch in den frühen 60er Jahren war unsere Beziehung zur feministischen Tradition sehr zwiespältig. Es war am Smith sogar «in», Betty Friedans Ideen abzulehnen, weil wir dachten, dass dadurch die Ehemänner unterdrückt werden. Ich erinnere mich an nächtelange Besprechungen mit Freundinnen, in denen wir uns ängstlich die Frage stellten, ob ein Mann eine Frau heiraten würde, die einen Job hat oder nicht mehr Jungfrau ist.

Doch war es sehr befreiend, die intellektuellen Fähigkeiten in einer Welt von Frauen zu entwickeln, ohne Angst zu haben, dass die Männer uns deswegen als «nicht ausreichend feminin» kritisieren könnten. Am Wochenende gab es für uns diese «Dates», diese Verabredungen mit jungen Männern aus den Männer-Colleges, die manchmal ziemlich blöd verliefen. Mit neunzehn habe ich so ein bisschen die Anfänge der Drogen-Szene mitbekommen und Peyote ausprobiert. Ich hatte aber eine sehr intensive und etwas beängstigende Erfahrung, weshalb ich danach eher abgeneigt war, allzu viel mit halluzinogenen Drogen herumzuexperimentieren.

1965 habe ich am Smith College meinen Abschluss in Kunst und Kunstgeschichte mit dem Nebenfach Philosophie gemacht. Im September des gleichen Jahres ging ich mit einem DAAD-Stipendium nach Deutschland und fuhr mit demselben Schiff wie Angela Davis. Sie war auch DAAD-Stipendiatin, ging jedoch nach Frankfurt, ich nach Berlin. Ich wollte ein Jahr bleiben, um mein Deutsch zu verbessern und um die Schriften des Philosophen Hegel im Original zu studieren. Unbewusst ging es mir wahrscheinlich auch darum, mehr über meinen deutschen Hintergrund zu erfahren.

Ziemlich bald bekam ich in Berlin mit, dass verschiedene Aktionen liefen. Ich kann mich noch gut an eine Univollversammlung etwa Ende November 1965 erinnern, bei der gesagt wurde, dass in Berkeley in den USA Sit-ins gewesen wären und dass man das auch hier machen sollte. Am Smith hatte ich mich kaum politisch betätigt und mich sehr intensiv einem ziemlich abstrusen, theoretischen und künstlerischen Studium gewidmet. Deshalb war ich beim großen Marsch von Martin Luther King 1963 in Washington nicht dabei und beteiligte mich auch nicht an den ersten Vietnam-Demonstrationen 1964. Ich war höchstens mal bei einem Teach-in.

In Berlin änderte sich das allmählich. Ich ging zu Demos und zu Veranstaltungen an der Freien Universität, hatte aber sehr gemischte Gefühle. Denn die deutschen Kommilitonen hatten zum Teil eine diebische Freude daran, endlich auf die Amerikaner schimpfen zu können. «Ihr macht in Vietnam genau das, was die deutschen Nazis in Spanien gemacht haben», sagten manche ziemlich selbstgerecht. Damals war ich nicht bereit, dem zuzustimmen. Ich habe sogar oft dagegen argumentiert.

Bei den ersten Demos, als Steine auf das Amerika-Haus geworfen wurden, war ich zwar auch dabei, aber vom Gefühl her mit einem Bein auf der Straße und mit dem anderen auf dem Bürgersteig. Dennoch kam bei mir enorm viel in Bewegung, auch durch die vielen Dokumentarfilme und Fernsehberichte über Vietnam. Ich kann mich noch gut erinnern, wie ich im Frühling 1967 einen ganzen Tag in meinem Zimmer geweint habe, weil ich fürchtete, den Glauben an Amerika zu verlieren, und ich versuchte das mit Zeichnungen und Gedichten zu verarbeiten. Für mich war das ein sehr emotionales Ereignis, als ich mich überzeugen lassen musste, dass das, was in Vietnam geschah, ein sehr großer Fehler der USA war, der vielen Menschen Leid zufügte.

Schon 1966 hatte ich auf einer fünfwöchigen Studienreise in die Sowjetunion einen Schock erlebt, als ich zum ersten Mal erfuhr, dass dort im Zweiten Weltkrieg mindestens zwanzig Millionen Menschen umgekommen sind. Natürlich wurde in den USA sehr oft über den Holocaust geredet, aber eben nicht über die sowjetischen Opfer. Ich war verblüfft, dass ich in Amerika nie etwas darüber gehört hatte, obwohl ich in einem relativ guten College gewesen war. Erkenntnisse wie diese brachten mein Weltbild immer mehr ins Wanken.

Ich hatte weder etwas über die amerikanische Arbeiterbewegung noch gar etwas über den kommunistischen oder sozialdemokratischen Widerstand in Deutschland während der Nazizeit erfahren. In dieser Zeit fing ich an, mich intensiv damit zu beschäftigen. Man kann sich vorstellen, dass die durchschnittlich gebildeten Amerikaner noch viel weniger von diesen Dingen gehört hatten, zumal das absolut kommunistenfeindliche Klima der McCarthy-Zeit von 1950 bis 1954 dazu geführt hat, dass sehr viele historische Bewegungen und sogar historische Tatsachen einfach verschwiegen wurden.

An der FU hatte ich mich nach einem Jahr schon gut integriert und beschloss, noch länger hier zu bleiben. Mein DAAD-Stipendium wurde verlängert, und ich hatte eine Doktorarbeit in Religionswissenschaft begonnen. Für uns Frauen war an der Universität zu dieser Zeit eine sehr einschüchternde Atmosphäre. Es gab nur sehr wenige Professorinnen. Es kamen ständig abfällige Bemerkungen, zum Beispiel darüber, dass in Amerika die Männer das Geschirr abwaschen müssen. Sogar im religionswissenschaftlichen Institut, das als fortschrittlich galt, machten sich die Männer darüber lustig, dass mit Indira Gandhi eine Frau Indien regierte.

Als ich in meinem ersten Jahr im philosophischen Seminar ein Referat über Kierkegaard halten sollte, hatte ich so viel Angst vor den Männern, dass ich am Ende nicht mehr hinging. Damals hätte ich es erst recht nicht gewagt, in einer politischen Vollversammlung an der FU zu sprechen, wo die großen Theoretiker des SDS debattierten. Und die meisten anderen Frauen haben es auch nicht gewagt. Es gab aber eine

*Elsa Rassbach bei der Aufnahmeprüfung an die Deutsche Film- und Fernsehakademie Berlin 1967*

Studentin, Hanna Kröger, die ich sehr bewunderte, weil sie sich von niemandem einschüchtern ließ. Sie konnte gut reden und war nie unterzukriegen. Aber es gab nur sehr wenige Frauen, die so sicher waren wie sie.

Ende 1966 wurde in Berlin eine Kampagne von US-Bürgern gestartet, die sich «US-Campaign to End the War in Vietnam» nannte. Ihr Ziel war die Beendigung des Krieges in Vietnam. Die Protestmärsche waren sehr dezent, alle waren brav gekleidet, und ich war oft mit dabei. Eine Weile lang gingen wir fast jede Woche auf die Straße. Wir waren alle noch erfüllt von dem Glauben, die Amerikaner wären irgendwie die Guten. «Wenn sechzig oder hundert Amerikaner in Berlin, dem ‹Schaufenster der freien Welt›, ganz höflich protestieren», so dachten wir, «dann wird die US-Regierung natürlich zustimmen, dass der Krieg beendet werden muss!»

Zu der Zeit war ich bereits fasziniert von den rebellischen Studenten an der FU, und dann kam diese Demo am 2. Juni 1967. Ich weiß noch, dass ich ziemlich spät kam, und ich erinnere mich an Leute, die Rauchbomben warfen. Man hatte das Gefühl, dass vielleicht etwas passiert. Ich war genau an der Stelle, wo die Polizei ziemlich heftig auf uns draufgehauen hat. Durch die Schläge von Polizisten hatte ich regelrechte Blutergüsse. In dieser Zeit trug ich noch nette, weite Röckchen. Plötzlich lag ich auf dem Boden, um mich herum lauter zerbrochene Brillen. Es war ein großer Schock. Wir mussten wegrennen und hatten das Gefühl, wirklich in Gefahr zu sein. Dann hörten wir, dass ein Student erschossen worden war.

In den Zeitungsberichten hieß es, wir hätten die Polizisten attackiert. Die amerikanische Gruppe, in der ich mitarbeitete, hat sich sofort getroffen, und heraus kam eine Broschüre mit Fotos, in der wir darlegten, dass die deutschen Zeitungen falsch berichtet hatten. Wir dachten damals, dass unsere Augenzeugenberichte als «vertrauenswürdige» Amerikaner beweisen würden, dass in Wahrheit nicht etwa die Studenten, sondern die deutschen Polizisten zuerst angegriffen hatten.

Wir legten diese Broschüre in die Postfächer im Berliner US-Offiziersquartier. Wir hofften, dass die Besatzungsmacht gegen diese unserer damaligen Wahrnehmung nach, «noch nicht genügend entnazifizierte deutsche Polizei und Presse» vorgehen würden. Wir haben gar nicht in Erwägung gezogen, dass die amerikanischen Offiziere vielleicht nicht unsere Freunde sein könnten. Zwar hatten wir damals schon das Buch von Bahman Nirumand über die Machenschaften des CIA im Iran gelesen.

Doch wir hatten immer noch ziemlich viel Vertrauen in die amerikanische Regierung.

Die Broschüre zu den Ereignissen am 2. Juni schickte ich an meine Mutter in Denver, Colorado, die sie an die dortige Zeitung weitergab. Heraus kam ein Artikel mit der Überschrift «Mädchen aus Denver war Augenzeugin der Krawalle in Berlin». Kurz darauf kam das FBI meine Mutter besuchen, um sie über mich auszufragen. Durch Ereignisse wie diese entfremdeten wir uns immer mehr von der damaligen US-Politik.

### «Resist!»

In der amerikanischen Gruppe in Berlin gab es gegen Ende 1967 eine Spaltung. Die einen wollten weiterhin nur sehr dezente Bürgerrechtsaktionen machen. Die anderen wollten noch aktiver werden, weil keine Reaktion auf unsere Demos erfolgte, und das war auch meine Meinung. Wir überlegten, was wir als Amerikaner in Berlin tun könnten, und haben uns entschieden, mit den amerikanischen Soldaten, den GIs, zu arbeiten.

Überall auf der Welt, wo US-Kasernen waren, entstanden zu dieser Zeit Gruppen, in denen Zivilisten mitarbeiteten, um den Widerstand der GIs gegen den Vietnamkrieg zu unterstützen. Es gab spezielle Cafés, wo man über Politik sprach und Rechtsberatung anbot. Wir haben auch Veranstaltungen organisiert und den GIs politische Dokumentarfilme vorgeführt.

Es wurden auch Zeitungen gemacht, und dieses Modell haben wir ebenfalls übernommen. Darin versuchten wir, an das Leben der GIs innerhalb der Kasernen anzuknüpfen. Es kann sein, dass ich schon in der ersten Berliner GI-Zeitung mit dem Titel «Where it's at» mitgeschrieben habe. Aber zu der Zeit war ich noch nicht so sehr im Zentrum wie ab 1969. In unserer Zeitung «Up Against the Wall» gibt es sehr viele Artikel und auch Zeichnungen von mir.

Viele GIs überall auf der Welt desertierten damals. Von Berlin führte ein Fluchtweg nach Paris und ein anderer nach Schweden. In den ersten Ausgaben unserer ersten GI-Zeitung waren verschlüsselte Hinweise. Unter der Rubrik «Urlaub» stand zum Beispiel der Satz: «Viel Spaß mit schwedischen Mädchen». Der deutsche SDS und der Asta haben damals Deserteuren direkt geholfen. Die Motive der amerikanischen Soldaten waren jedoch häufig nicht politisch, zum Beispiel wenn sie Schulden hatten oder vor ihrer schwangeren Freundin abhauen wollten.

*Elsa Rassbach mit dem Schild «Resist» bei einer Protestaktion zur Unter-*
*stützung eines amerikanischen Kriegsdienstverweigerers vor der US-Botschaft*
*in West-Berlin, Auszug aus dem Film «De Opresso Liber» von Carlos*
*Bustamante, 1968*

Ab 1968 konzentrierten wir uns mehr auf die Widerstandsbewegung innerhalb der Armee und empfahlen politisch aktiven GIs, in der Armee zu bleiben. Einige Gruppen in den USA vertraten diese Idee ebenfalls. Es gab sogar eine «Gewerkschaft» für GIs, die gegen den Vietnamkrieg waren, die «American Servicemen's Union».

Wir haben in Berlin damals auch verschiedene Protestaktionen vor US-Kasernen und der amerikanischen Botschaft gemacht, zum Beispiel wenn jemand zur Armee eingezogen werden sollte. Carlos Bustamante, Student an der Filmakademie, hat 1968 für seinen Film über Vietnam mit dem Titel «De Opresso Liber» eine solche Szene gefilmt. Ich war auch dabei und trug ein Schild mit der Aufschrift «Resist», was so viel bedeutet wie «Leiste Widerstand!».

Anfang 1968 wurden wir Mitglieder bei den amerikanischen SDS, die in den USA zu der Zeit eine führende und ziemlich breite Studentenorganisation waren. Die «Students for a Democratic Society», wie sie dort hießen, waren wegen ihrer Aktionen in Berkeley, Kalifornien, und anderen amerikanischen Unis für uns in Berlin ein Vorbild. Teile der amerikanischen SDS unterstützten die Black-Panther-Partei, die uns einmal sogar in Berlin besuchte.

Wir waren ungefähr zwanzig Leute, hauptsächlich Amerikaner, die oft nur ein bis drei Jahre in Berlin blieben, kleine Jobs machten oder studierten. Meistens gab es auch einige GIs, die aktiv in der Gruppe mitarbeiteten, und einige deutsche Studenten. Besonders die Frauen in unserer Gruppe nahmen Jobs in den Kasernenkneipen oder im PX an, dem Supermarkt für GIs, um mit ihnen in Kontakt zu kommen. Aber in den Sitzungen sprachen wir Frauen zuerst sehr wenig.

Wir bekamen manchmal Besuch von den amerikanischen SDS, und etwa Anfang 1968 kam eine Frau zu unserer Gruppe, die in den USA eine große SDS-Funktionärin war. Dort hatte es bereits eine Rebellion der Frauen gegeben. In dieser Sitzung führte sie souverän das Wort, und das hat mich damals einfach umgehauen. Ich kann mich noch gut erinnern, dass ich es wunderbar und schockierend zugleich fand, dass eine Frau so etwas macht. Erlebnisse wie dieses bewirkten, dass wir Frauen innerhalb unserer GI-Arbeitsgruppe in Berlin mehr und mehr das Wort ergriffen. Da unsere Gruppe relativ klein war, ging es leichter, Hemmungen abzubauen, und keiner der Männer trat als der große Philosoph oder Theoretiker auf.

Über Sexualität redeten wir oft, und das war ein sehr heißes Thema. Am Anfang hatte die GI-Arbeitsgruppe ziemlich sexistische Züge. Es wurde sogar der Vorschlag gemacht, wir sollten Pornofilme zeigen, um damit die GIs anzulocken. Solche Ideen wurden allen Ernstes von den Männern vorgebracht, und es dauerte eine ganze Weile, bis man irgendetwas dagegen sagen konnte. Für uns Frauen war diese Arbeit besonders kompliziert. Denn wenn wir in die einschlägigen Bars gingen, um unsere Zeitungen zu verteilen, versuchten die GIs, uns ins Bett zu kriegen.

Wir Frauen diskutierten damals ernsthaft über die Frage, ob wir nicht tatsächlich Vorurteile gegen Schwarze oder gegen Arbeiter hätten. Denn warum sollten wir nur mit den Studenten Beziehungen eingehen und nicht auch mit einem GI, vorausgesetzt, er gefiel uns. Anderseits überlegten wir, ob uns die Soldaten dann vielleicht nur als Sexobjekte oder Lockvögel betrachten und politisch gar nicht ernst nehmen würden. In dieser Zeit hatte ich oft das unangenehme Gefühl, wie unheimlich kompliziert es ist, alles richtig zu machen.

So gegen Ende 1968 bis 1970 trafen wir Frauen aus der GI-Arbeitsgruppe uns einmal die Woche zusätzlich. Wir lasen die neuen feministischen Schriften aus den USA, hauptsächlich aber hatten wir «Consciousnessraising» zum Ziel, was so viel wie «Bewusstseinserweiterung» bedeutet. Das war eine Arbeitsmethode der amerikanischen Frauenbewegung, bei der Frauen in kleineren Gruppen detailliert und offen über die Themen sprachen, die als «privat» angesehen wurden. Oft waren es Probleme, über die Frauen aus Scham nicht sprechen konnten oder wollten.

Wir redeten über unsere Beziehungen, über Konkurrenz unter Frauen, Probleme mit dem eigenen Körper und mit der Sexualität, über Abtreibung oder Vergewaltigung, aber auch über unsere Familien und übers Studium. Es gab damals den Spruch «the personal is the political», was so viel heißt wie «das Persönliche ist das Politische». Gemäß diesem Motto versuchten wir, die politischen Grundlagen dieser so genannten privaten Probleme zu ergründen, und dadurch konnten wir lernen, sie besser anzugeben.

Meine Identität als Frau bestand damals in dem Bestreben, nichts von meiner Weiblichkeit zu verlieren und dennoch die eigene Sprache zu finden, um damit akzeptiert zu werden. Ich wollte als gleichwertig mitmachen, als voller Mensch, und trotzdem sexuell eine Frau sein. Das fand ich aber damals sehr schwierig und finde es heute noch.

Aufgewachsen war ich mit diesen «Dates», bei denen von Mädchen erwartet wurde, einiges zuzulassen, aber im richtigen Moment «nein» zu sagen. Unter diesen Umständen konnte es sogar gefährlich sein, sich der eigenen sexuellen Wünsche bewusst zu werden, denn wenn man ihnen nachging, konnte man sehr leicht als «Hure» angesehen werden, besonders im puritanischen Amerika.

So fand man sich schließlich in einem Spiel wieder, bei dem man als junge Frau eigentlich fast schon hoffte, überrannt und damit herabwürdigend behandelt zu werden. Denn als Frau durfte man nicht «ja» sagen. Und genau das hat sich in den sechziger Jahren sehr geändert. Aber ich hatte das Nein-Sagen so sehr verinnerlicht, dass ich erst im Alter von fünfundzwanzig diesen «inneren Keuschheitsgürtel» überwinden konnte. Dabei half mir die «Consciousnessraising-Gruppe» der Frauen sehr.

In privaten Angelegenheiten wurden die Männer manchmal gezwungen, bestimmte Verhaltensweisen zu ändern, und ich glaube schon, dass es damals so etwas wie Frauensolidarität gab. Andererseits mangelte es auch gelegentlich daran. Mehr aus der Ferne habe ich mitbekommen, wie einige Frauen im SDS Gretchen Dutschke behandelten, und das fand ich sehr unsolidarisch.

Obwohl ich hauptsächlich in der GI-Arbeit aktiv war, stand ich aber mit dem anderen Fuß immer in der deutschen Bewegung, und wir von den amerikanischen SDS spielten dort eine Sonderrolle. Wenn eine Demo war, sollten wir häufig als Amerikaner eine Rede halten. Zum Beispiel sprach ich vom Podium des Vietnam-Kongresses aus über den amerikanischen Widerstand gegen den Vietnamkrieg. Im Sommer 1968 wurde ich als Repräsentantin der amerikanischen Studenten zu Werner Höfers «Internationalem Frühschoppen» im Ersten Deutschen Fernsehen in eine Sendung über die internationale Studentenbewegung eingeladen.

Als Rudi angeschossen wurde, waren wir Amerikaner, wie viele andere auch, regelrecht erschüttert und haben bei den Kämpfen gegen Springer mitgemacht. In meinem Kopf ist dieses Bild, dass wir nachts in der Nähe der Grenze zur DDR herumrannten und überall Feuer gelegt waren. «1968» bedeutet für mich überhaupt den Schock über diese drei Mordanschläge auf Rudi Dutschke, Martin Luther King und Robert Kennedy. Obwohl Rudi überlebte, signalisierte dieser Anschlag für mich einen deutlichen Vertrauensbruch gegenüber dem System.

Ich verbinde mit diesem Jahr aber auch ganz stark diese Straßenkämpfe, wie zum Beispiel vor dem Springer-Verlag, und da war auch dieses Gefühl der Freude, dass man kämpfte und Widerstand leistete, um eine bessere Welt zu gestalten. Es bedeutete aber auch endlose Sitzungen, in meiner WG, in der GI-Arbeitsgruppe, in der Frauengruppe oder wo auch immer. Dort versuchten wir wirklich und ernsthaft, den Keim dieser neuen Welt zu erarbeiten, wenn auch vielleicht zum Teil mit sehr naiven Vorstellungen.

Für mich ist 1968 auch die Zeit der Black-Panther-Bewegung, der antiautoritären Bewegung und der Antikriegsbewegung in den USA und in Europa. Ich sollte sagen in Westeuropa, denn Verbindungen zur Ost-Szene hatten wir kaum. Auch in Japan und anderen Ländern war viel los. Für mich waren besonders diese großen Straßenkämpfe um die «Democratic Convention» in Chicago/USA wichtig, wo es darum ging, eine Antikriegspolitik in der demokratischen Partei durchzusetzen, was aber nicht gelungen ist.

Danach bildeten sich bei den amerikanischen «Students for a Demo-cratic Society» verschiedene Fraktionen, die neue Kampfmethoden und Organisationsformen wollten und heftig miteinander stritten. Das war die Zeit, als der Vietnamkrieg immer mehr ausgeweitet wurde und schrecklich viele Leute in Vietnam umgebracht wurden. Ende 1969 haben sich die amerikanischen SDS gespalten. Heraus kam die Gruppe Weathermen, die ähnlich wie die Baader-Meinhof-Gruppe sofort bewaffnete Aktionen machen wollten. Eine andere Fraktion bildete sich um die Progressive Labor Party, eine maoistische Abspaltung der US-amerikanischen Kom-munistischen Partei, die durch eine marxistisch-leninistische Politik die Massen überzeugen wollte.

Als nach all diesen politischen Schockerlebnissen Steine auf das Ameri-ka-Haus flogen, war ich nicht mehr überrascht und hätte auch nicht gesagt, «wie kann man nur eine Bombe werfen». Denn das Gefühl des Ver-trauensverlusts war sehr stark. Für mich war die Hauptfrage, wie können wir diesen brutalen Vietnamkrieg beenden, und zwar so bald wie möglich.

Aber ich war gegen die Weathermen in den USA und gegen die Baader-Meinhof-Gruppe und später die RAF. Ich fand diese Richtung kontrapro-duktiv, weil sie eher eine reaktionäre Haltung bei den Leuten erzeugte, statt dass sich die Antikriegsbewegung dadurch ausweitete. Und ich war auch nicht von den verschiedenen maoistischen Gruppen in den USA und in Deutschland überzeugt. Denn ich glaubte nicht, dass die Völker, die im Gegensatz zu Russland und China schon eine bürgerliche Revolution erlebt hatten, sich hinter eine autoritäre, kommunistische Partei stellen würden.

Das bedeutete für mich in erster Linie, dass wir zwar von anderen Revo-lutionen lernen konnten, aber auch völlig Neues denken mussten. In unse-rer GI-Arbeit haben wir uns stark auf die demokratischen Traditionen der amerikanischen Revolution gestützt, wie das Recht auf Protest und Ver-weigerung von ungerechten Befehlen, das Recht auf Meinungsfreiheit und eine freie Presse.

### «Eine halbgegorene Frauenrevolution»

Im Frühling 1967 hatte ich mich an der Filmakademie beworben. Ich woll-te nicht mehr nur Theorie studieren und Kunst machen, sondern politi-sche Filme oder Dokumentarfilme drehen. Bei der Aufnahmeprüfung waren nur zwei Frauen dabei, aber achtunddreißig Männer. Für alle war es eine starke Konkurrenzsituation. Nur die Hälfte von uns sollte zum Studium zugelassen werden.

Während der Prüfung haben einige der Männer versucht, uns Frauen abzuschrecken mit Sprüchen wie: «Das ist kein Beruf für eine Frau!» oder: «Wenn du die Kamera anfasst, geht sie kaputt!» Nicht zuletzt wegen Äußerungen dieser Art war für mich die Zulassung zum Studium sehr wichtig, und irgendwann habe ich mir gesagt, «jetzt erst recht!» Trotzdem blieb ich noch ein Jahr an der FU.

Im Herbst 1968 begann ich mit dem Studium an der Filmakademie, und im November fanden dort Sit-ins statt wegen der Notstandsgesetze. Einige Studenten, die daran teilnahmen, kannte ich schon ein bisschen, und ich habe auch mitgemacht. Nach diesen Aktionen wurden alle Beteiligten, insgesamt achtzehn Leute, aus der Filmakademie rausgeschmissen, außer denjenigen, die in ihrem ersten Jahr waren. Dazu gehörte ich.

Nach Helke Sander war ich eine der ersten Frauen an der Filmakademie und auch eine der ersten, die Filme mit einem Frauenbewusstsein machten. Nach meinem Jahrgang wurden immer mehr Frauen zugelassen. Sie haben schließlich durchgesetzt, getrennt von den Männern Kamera zu lernen, weil sie sich nicht mehr deren Sprüchen aussetzen wollten. Oft haben wir in Frauengruppen gearbeitet, einander geholfen, und unsere Frauenfilme wurden mehr und mehr zum Thema.

Ein Beispiel aus dieser Zeit ist mein Film «His-story», den ich teilweise schon 1969 konzipiert habe, aber erst 1972 fertig stellte. Der Umgang vieler Männer mit den Frauen in der Studentenbewegung hatte mich dazu inspiriert, eine Satire zu machen. Im Mittelpunkt des Filmes steht die Inszenierung eines historisch belegten Besuches von Clara Zetkin bei Lenin, bei dem sie über die «Frauenfrage» sprechen wollte. Lenin selbst hat meines Wissens nichts zu diesem Thema geschrieben, es kann ihm also nicht sehr wichtig gewesen sein. Aber es gibt einen Text von Clara Zetkin über diese Begegnung, die den Eindruck vermittelt, dass sie, eine große Theoretikerin der Frauenemanzipation, sich von ihm wie eine kleine Schülerin behandeln ließ und fast gar nicht zu Wort gekommen war.

So ähnlich lief es ja auch in der Studentenbewegung ab, besonders wenn Männer über «Theorie» redeten. Ich habe den Text von Clara Zetkin

*Elsa Rassbach bei den Dreharbeiten zu ihrem Film «Hisstory», Berlin 1972, der über die Stiftung Deutsche Kinemathek in Berlin ausgeliehen werden kann*

wörtlich übernommen, aber das Ganze in einer Studentenwohnung insze-niert, mit dem damals sehr populären Mao-Spruch an der Wand, «Die politische Macht kommt aus den Gewehren». Der Film war nicht nur der Ausdruck meines Frusts über die von Männern dominierte Studentenbe-wegung, die sich heftig gegen feministische Ansprüche wehrte und sich jetzt obendrein auf einen orthodoxen Marxismus-Leninismus stützen wollte. Mich frustrierten auch die Frauen, die das alles hinnahmen, wie ich es selber so oft tat.

Nachdem ich diesen Film fertig gestellt hatte, ging ich 1972 erst einmal zurück in die USA. Dank der Erfahrungen in Berlin war ich eine viel selbstbewusstere Frau als früher. 1973 bekam ich einen Job beim öffent-lich-rechtlichen Fernsehen in Boston, den ich ziemlich schnell ausbauen konnte. Ich entwickelte meine eigenen Stoffe, insbesondere eine Reihe von zehn Spielfilmen zur Geschichte der amerikanischen Arbeiterbewegung von 1845 bis 1945.

Diese Reihe erregte ziemlich viel Aufsehen, weil dieses Thema darin zum ersten Mal in Amerika für ein breites Publikum zugänglich gemacht werden sollte. Sie war auch als Grundlage für einen College-Kurs gedacht und bekam für die Entwicklung relativ viel Unterstützung von öffentli-chen und privaten Stiftungen. 1976 wurde ich Executive Producer und Story Editor und leitete ein Team von WissenschaftlerInnen, Recher-cheurInnen und DrehbuchautorInnen.

Mein Freund Allen, mit dem ich in Berlin in der GI-Gruppe zusammengearbeitet und auch zusammengewohnt hatte, schrieb an seiner Doktorarbeit in Geschichte. Ich bin unter anderem deswegen in die USA zurück, um mit ihm dort zu leben. Aber er konnte es nicht verkraften, dass ich oft achtzig Stunden in der Woche arbeiten musste, und auch, dass ich als Fernsehproduzentin Zugang zu den bekanntesten WissenschaftlerInnen seines Faches bekam. 1974 haben wir uns getrennt. Das war für mich ein großer Vertrauensbruch gegenüber unserem Vorsatz aus der Zeit von 1968, völlig gleichberechtigt miteinander zu leben.

Ende 1977 habe ich meine eigene Firma in New York gegründet, um meine Projekte in Koproduktion mit öffentlich-rechtlichen Sendern zu produzieren. Die Reihe über die Geschichte der amerikanischen Arbeiterbewegung konnte so teilweise verwirklicht werden, trotz erheblicher politischer Widerstände, die immer stärker wurden. Ein Beispiel meiner Arbeit aus dieser Zeit ist der Spielfilm «The Killing Floor» («Das Schlachthaus») von 1984, der nach Cannes eingeladen wurde und mehrere Auszeichnungen bekam. Er beruht auf einer wahren Begebenheit und erzählt die Geschichte eines schwarzen Gewerkschafters während der Rassenunruhen von 1919 in Chicago.

Gerade eine Woche nachdem ich diesen Film fertig gestellt hatte, habe ich im Alter von einundvierzig Jahren meinen Sohn Ben geboren. Ich hatte mich schon lange nach einem Kind gesehnt. Leider ist die Liebesbeziehung mit dem Vater, mit dem ich nur kurz zusammen war, auseinander gegangen, als ich schwanger wurde. Ich habe mich entschieden, das Kind alleine aufzuziehen. Ich schloss mich den Single Mothers by Choice an, einer Organisation älterer, berufstätiger und unverheirateter Mütter, die vielleicht als Erbe der 60er Jahre angesehen werden kann.

Manchmal denke ich heute, dass wir seit der sexuellen Revolution immer mehr wie im mythischen Matriarchat leben, weil unsere «Familien» so oft aus Frauenfreundschaften bestehen. Jedenfalls konnte ich durch die Unterstützung von Frauen meinen Sohn ganz gut allein großziehen. Allerdings konnte ich weniger Filme drehen, als ich es mir gewünscht hätte.

Ich sehnte mich immer wieder nach Berlin, wo ich auch viele Freundschaften habe. 1995 bekam ich ein Angebot, ein Spielfilmdrehbuch in Berlin zu schreiben. Ich kam deshalb mit meinem Sohn hierher, und wir sind geblieben, da sich andere Projekte für mich hier entwickelten. Ich habe in

Deutschland eine Produktionsfirma gegründet, bin aber oft in New York, wo ich auch ein Büro habe.

Zurzeit entwickle ich mehrere Projekte. Wie im Filmgeschäft üblich, kann ich zurzeit nicht sagen, welches davon realisiert werden kann. Denn es werden weitaus mehr Drehbücher geschrieben als Filme gemacht. Ein Spielfilmprojekt geht über eine junge amerikanische Weberin, die um 1840 vom Land in die Stadt geht, um sich das Geld für das einzige College, das damals Frauen zuließ, zu verdienen. Es ist auch ein Film über die Anfänge der amerikanischen Frauenbewegung. Ein anderes Spielfilmprojekt thematisiert Aspekte der Studentenbewegung in Berlin während der 60er Jahre.

Darüber hinaus arbeite ich an einem Video-Dokumentarfilm über meinen deutschen Großvater, der starke autobiographische Züge trägt. Erst als Studentin in Berlin habe ich ihn bei Besuchen in Stuttgart kennen gelernt. 1969 ist er gestorben. In den letzten Jahren erfuhr ich, dass er im engen Kreis um Carl Friedrich Goerdeler war, eine führende Persönlichkeit des konservativen Widerstands gegen Adolf Hitler. Goerdeler wurde nach dem gescheiterten Attentatsversuch vom 20. Juli 1944 hingerichtet.

Gleichzeitig war mein Großvater aber der Kontaktmann der Firma Bosch zu Albert Speer und entwickelte für die Nazis die Fernsehtechnik für Propagandazwecke, aber hauptsächlich für militärische Zwecke. Wie viele andere rebellierende StudentInnen war ich damals noch ganz zögerlich in der Auseinandersetzung mit der NS-Vergangenheit meiner eigenen Familie. Mit diesem Film stelle ich meinem verstorbenen Großvater die Frage, die ich damals nicht zu stellen gewagt hätte: «Warst du ein Widerstandskämpfer oder ein Nazi?»

Ich bin mir heute nicht sicher, ob ich mich als 68erin bezeichnen möchte, aber ich habe viel aus dieser Bewegung gewonnen. Für mich persönlich habe ich eine gewisse Subjektivität erreicht, Autonomie und die Fähigkeit, mich trotz vieler äußerer und auch innerer Widerstände als Mensch und denkende Person, aber auch als sexuelles Wesen zu entfalten. Ich kann mich mit größeren historischen Entwicklungen identifizieren, für etwas kämpfen und zu bestimmten Idealen stehen.

Viele Leute sagen, die 68er-Bewegung sei gescheitert, weil es keine Revolution gegeben hat. Ich bin anderer Ansicht. Meiner Meinung nach hatten wir hauptsächlich das Ziel, den Vietnamkrieg zu stoppen. Doch weil wir so frustriert waren, als wir glaubten, dass wir dieses Ziel nicht erreichen können, sagten immer mehr Leute, «dann müssen wir eben die Revolution machen und die ganze Gesellschaft umgestalten». Auch daraus ist ein Lernprozess entstanden, und wir haben erfahren, dass man die Macht hat, als Widerstandsbewegung tatsächlich etwas zu bewegen.

Das ist ein bleibender Erfolg, der gerade auch in den USA weiterhin eine große Rolle spielen wird. Heutige Kriegssituationen sind allerdings moralisch viel zwiespältiger als damals in Vietnam. Dennoch es ist ein bleibendes Potenzial, dass man nun weiß, wie wichtig es ist, ob das Volk hinter einem Krieg steht oder nicht.

Viele Leute bedauern in den heutigen Diskussionen über die 68er-Zeit, dass die antiautoritäre Bewegung zerfallen ist und zersplittert wurde in die maoistischen Gruppen, die Basisgruppen, die Kinderläden, später die Spontis und die vielen Arbeitsgruppen. Meine These ist aber, dass sich die Frauen in den kleineren Gruppen viel besser entwickeln konnten als innerhalb des großen Kontextes des SDS.

Ich habe diese Zeit als Studentin miterlebt, und ich glaube, wie übrigens viele andere Frauen auch, dass es eine Demokratie für die Männer war. Denn bei diesen großen Univeranstaltungen und im Asta konnten wir Frauen nicht so mitreden wie später in den kleineren Gruppen. Ich kann aber nicht sagen, dass die Bewegung ganz von Männern dominiert war. Die Frauen spielten eine sehr wichtige Rolle, nicht in den großen Organisationen, aber später, in den verschiedenen Gruppen. Trotzdem würde ich selbstkritisch sagen, dass wir Frauen weitgehend eine Politik mitgemacht haben, die von den Männern bestimmt wurde.

Wenn man betrachtet, was die 68er-Bewegung im Westen langfristig bewirkt hat, sind historisch gesehen die Errungenschaften der Frauen fast am wichtigsten. Aber leider hat die 68er-Bewegung nur eine halbgegorene Frauenrevolution bewirkt. Wir Frauen haben immer noch schlechtere Bedingungen, auch wenn wir mehr Freiheiten genießen als unsere Mütter und Großmütter. Wir ziehen sehr oft die Kinder alleine groß und ernähren sie auch alleine.

Womit ich immer noch kämpfe, ist die Unfähigkeit von weit mehr als der Hälfte der Männer, Frauen wirklich als Menschen voll wahrzunehmen. Das habe ich ständig am eigenen Leibe erfahren, und das bleibt auch heute für mich ein ständiger, politisierender Faktor. Früher habe ich nicht immer die Konsequenz daraus gezogen, aber heute glaube ich, dass Frauen ihre Politik nach ganz anderen Maßstäben als die Männer machen müssen. Wir sollten viel mehr nach den Interessen der Frauen handeln, und es käme auch etwas Positives für Kinder und am Ende auch für Männer dabei heraus.

Ich finde, die sexuelle Revolution ist eine der schwierigsten Seiten dessen, was wir gemacht haben, und eine total ungeklärte Sache. Ich würde zwar nicht gerne wie meine Mutter gelebt haben und auch nicht wie meine Großmutter. Ich wäre nicht gerne immer nur mit einem Mann zusammen gewesen. Denn die Liebesbeziehungen, die ich erlebt habe, waren zum Teil auch sehr schön. Aber andererseits finde ich, dass viel zu wenig Bindestoff übrig bleibt in unserer Gesellschaft. Wenn man Kinder hat oder älter wird, schaut man manchmal mit Sehnsucht auf die Generation vor uns, die sich lebenslang gebunden hat.

Für mich sind die familiären Bindungen immer wichtiger geworden und seit über vier Jahren habe ich nun einen festen Freund hier in Berlin. Jedenfalls würde ich sagen, dass es in unserer Generation und auch bei den jüngeren Leuten noch sehr viele politisierende Momente in den Beziehungen zwischen Männern und Frauen und auch in den Liebesbeziehungen gibt.

Andere soziale Ungerechtigkeiten bleiben für mich auch ein wichtiges Thema. Ich stehe der amerikanischen Regierung heute manchmal kritisch gegenüber. Damals wurde die US-Regierung als Nazi-ähnliche Regierung charakterisiert. Bei Demos wurde gerufen «USA-SA-SS». Dieser Vergleich war falsch. Denn wir konnten unsere GI-Arbeit im besetzten Berlin unter den Augen der Sicherheitsdienste durchführen und waren durch demokratische Rechte geschützt.

Die 68er antiautoritäre Bewegung hat die Demokratie sehr kreativ ausgenutzt, ist aber in dem Maße geschwächt worden, wie sie die autoritären politischen Auffassungen zu bewundern begann. Meiner Meinung nach ist der Kommunismus hauptsächlich an der Missachtung der Sehnsucht der Menschen nach demokratischen Rechten gescheitert.

Leider haben wir Frauen in der Demokratie bis jetzt nur Nebenrollen gespielt. Wir sprechen und agieren noch nicht voll mit, wie auch der politische Dialog, bezogen auf die neuesten Ereignisse, zeigt. Der Anschlag auf das World Trade Center vom 11. September 2001 war eine reine Machotat.

Die Phantasien, die dieser Tat Gestalt gegeben haben, waren der Welt der Hollywood-Machospielfilme und Computerspiele entnommen. Ich finde es sehr bedenklich, dass die CIA in den 80er Jahren die Bewegung der fundamentalistischen Islamisten, die mit den Frauen so menschenverachtend umgeht, auch noch unterstützt hat.

Diese Ereignisse werfen für mich einige Fragen auf: Kann es eine Versöhnung zwischen patriarchalen Herrschaftsansprüchen, ob christlich oder islamistisch, und den Menschenrechten der Frauen geben? Können wir unsere Auffassung, dass Frauenrechte Menschenrechte sind, einfach beiseite legen, wann immer es schwierig wird, diese Rechte durchzusetzen, und ein bisschen Sklaverei hier und dort dulden? Ich glaube nicht.

Ich weiß zwar noch nicht, wie wir den Kampf gegen diesen religiösen Patriarchalismus führen sollen. Vielleicht sind Kriege manchmal sogar unumgänglich. Aber der Krieg ist auch der Gipfel der «Männerpolitik», und das kann letztendlich nicht unser Weg sein. Wir müssen neue Wege finden, um unseren Einfluss als Frauen zu erweitern.

**Elke Regehr, Oktober 2001**

# ELKE REGEHR

## Die Zerreißprobe zwischen Kunst und Politik

Ich bin 1935 in Ostpreußen geboren. Meine Eltern waren Bauern und standen den Nationalsozialisten nahe. Ich war das vierte Kind. Mein Vater war in der SS, aber in einer untergeordneten Position. Er war einer von denen, die ab 1940 in Polen ein Gut verwalteten, als sich die Gelegenheit dazu über eine Treuhandgesellschaft der Nazis bot.

Vorher hatte er auf Gütern Landwirt gelernt und war mit seinem eigenen Bauernhof wegen der Wirtschaftskrise erfolglos geblieben. Danach verkaufte er Landmaschinen. Er konnte erst wieder als Bauer arbeiten, als sich diese Möglichkeit in Polen bot. Der polnische Graf, dem das Gut gehörte, wurde vertrieben. Ich wusste als Kind, dass wir eine Familie vertrieben hatten. Später hat mein Vater erzählt, dass er versuchte, sich aus dem, was in Polen geschah, herauszuziehen, indem er sich auf die Reiterei konzentrierte. Er war ein passionierter Reiter und machte in einem der Landkreise die Reiterausbildung für die Hitlerjugend.

Die Mutter fand das alles nicht so gut und hatte ein schlechtes Gewissen. Sie war hin- und hergerissen zwischen meinem Vater und den Polen, mit denen wir dort lebten und mit denen sie als Hausfrau viel zu tun hatte. Sie hat sich eigentlich immer ganz gut mit ihnen verstanden und hat sie oft verarztet, denn meine Mutter wäre gerne Ärztin geworden, was damals für sie nicht möglich war.

Ich erinnere mich daran, dass sich die Nazis bei uns zu Hause als Rabauken gebärdeten, und meine Mutter hat sie gehasst. Aber sie machte zähneknirschend mit und hielt auch selbst bei der NS-Frauenschaft Informationsabende über gesunde Ernährung ab. Sehr viel habe ich davon nicht mitgekriegt. Ich wusste nur, dass es unrecht war, was wir getan hatten, und bekam den mehr oder weniger versteckten Hass der Polen auf uns mit, aber auch ihre Freundlichkeit und Fürsorge besonders mir als Kind gegenüber.

1945 sind wir in den Westen geflohen. Nach der Flucht lebten wir in Düsseldorf, und es ging uns nach einigen Jahren der Armut materiell wieder ganz gut. Mein Vater hat Versicherungen vertreten, weil an Land für einen Bauernhof nicht mehr heranzukommen war. Als Jugendliche stand ich zusammen mit meiner Familie unter großem Anpassungsdruck. Man wollte unbedingt aus dem Flüchtlingsstatus heraus und zu Ansehen kommen. In der Hinsicht empfand ich als Heranwachsende mein Zuhause als eng und im Nachhinein auch deshalb, weil das, was vorher gewesen war, durch grandiose Verdrängungsanstrengungen verschwiegen wurde. Es hat praktisch niemand ausführlich darüber gesprochen, und auch in der Schule wurde es nicht thematisiert. Im Vordergrund stand, materiell wieder auf die Füße zu kommen.

Im Grunde war meine Familie nicht nur geographisch entwurzelt und verirrt, sondern auch psychisch. Als Bauern hatten wir mit Ackerbau und Viehzucht, mit Schlachten und Einmachen zu tun und gehörten zu einer bäuerlichen Kultur. Nach der Flucht gab es keinen Schimmer am Horizont, was denn der Sinn dieses Lebens sein könnte. Wir hatten auch später kaum eine Ahnung, was man eigentlich auf dieser Welt machen sollte außer Geld verdienen, ein Haus bauen, sich schick anziehen, heiraten und Kinder kriegen. Die Schule konnte nur ansatzweise Inhalte vermitteln und Bedürfnisse nach geistiger Orientierung wecken.

Einige der Cousinen und Geschwister suchten einen Sinn bei den Anthroposophen. Mich beeindruckte diese Weltsicht auch eine Zeit lang. Ich fragte mich: «Wer gibt einem einen Hinweis? Wo geht es lang?» Und dann tappte man in die alten Fallen: Liebe und ein guter Mann. Das hatte im Hintergrund aller Interessen auf verschwiegen selbstverständliche Art den höchsten Rang.

1954 machte ich in Düsseldorf Abitur und studierte zunächst ein Semester lang Philosophie und Kunstgeschichte in Tübingen, merkte aber bald, dass mir das Studium zu theoretisch war. Ich wollte Kunst studieren.

Weil freie Malerei meinen Eltern zu riskant war, studierte ich schließlich Kunsterziehung in Stuttgart. Eine Bekannte riet mir, nach Berlin zu gehen, weil dort das Klima freier sei und ich mich als Künstlerin besser entwickeln könnte. Deshalb ging ich 1957 nach Berlin.

Die Künstlerszene, in der ich nun lebte, war bereits eine Gegenwelt, aber es war ebenfalls eine sehr enge Welt. Ich fühlte mich auch da mit meinem Hunger nach Orientierung unzufrieden und hatte nicht das Gefühl, mich wirklich entwickeln zu können. Das Leben in dem Kreis von Freunden um die Akademie spielte sich wie in einem Künstlerghetto ab. Mein Freund war ein Rebell. Ich war ein braves evangelisches Mäuschen und hatte mein eigenes Potenzial zur Revolte an ihn delegiert. Mein Freund lebte weitgehend auf meine Kosten und machte mich zu seiner Mutterfigur. Schon im Studium habe ich heimlich mein Geld mit ihm geteilt. Wie Sonja in Dostojewskis «Raskolnikow» setzte ich mich für arme Sünder ein, allerdings ohne Erfolg.

1961 habe ich Examen gemacht, was mir aber nichts nützte, weil ich nicht damit klarkam, 30 SchülerInnen in Kunst zu unterrichten. Also habe ich mich darauf konzentriert, Porträts zu malen. Das ging sogar ganz gut. Ich annoncierte in Zeitungen und bekam Aufträge von Ärzten, Apothekern und anderen wohlhabenden Bürgern. Ich habe diese Bürgertöchter und -söhne gemalt, saß in teuren Wohnzimmern mit meiner Staffelei auf dem Perserteppich und porträtierte auch die schönen Gattinnen. Ich habe gute Bilder gemalt, und es hätte sinnvoll sein können, aber ich hatte keine Kriterien, um zu bewerten, was ich da tat. Ich konnte mich vom Staub der kulturellen Klischees, der mich bei dieser Arbeit umgab, schlecht befreien.

Immerhin waren die Kinder, die ich malte, interessiert und offen. Ich musste sie ja bei der Stange halten, damit sie sitzen blieben, während ich sie porträtierte, und deshalb haben wir viel miteinander gesprochen. Ich dachte oft, wie schade es ist, dass sie in diese Klischees hinein aufwachsen. Da kamen mir schon die ersten Ideen, dass man das irgendwie ändern müsste, sodass das Milieu des Aufwachsens nicht einem Entwicklungshindernis gleichkommt.

Mit der Zeit wurde mir auch klar: Farbkomposition ist nicht das Einzige, was mich interessiert. Zudem hätte man mit den Trends, die die Kunst damals bestimmten, mitschwimmen müssen, und das bedeutete, abstrakt zu malen, was nicht mein Ding war. Ich fühlte mich in den Galerien, als den Orten, an denen man sich hätte verkaufen müssen, nicht wohl. Die Kunstszene schien mir von Moden beherrscht zu sein.

In dem Künstlermilieu, in dem ich lebte, herrschte zu der Zeit um 1966 schon so etwas wie eine Aufbruchsstimmung. Ein paar Freunde begannen, sich politisch zu interessieren. Es gab dort eine Spanierin, Dolores – ich habe sie gemalt mit einer Broschüre von Che Guevara in der Hand –, die vom Spanischen Bürgerkrieg, von Che und von südamerikanischen Guerilleros erzählte. Man war schon ein bisschen sensibilisiert und hatte auch im Radio das eine oder andere gehört. Aber der Tod von Benno Ohnesorg war wie ein Fanal, ein Startschuss, selbst hinauszugehen, auf die Straße zu den Demos.

Vorher war ich nie bei einer Demonstration gewesen. Es war so eine enge Welt, in der ich lebte. Das Leben spielte sich ab zwischen Besuchen bei diesen und jenen Freunden. Man arbeitete und machte Ausflüge oder feierte Partys, die Frauen machten sich schön, aber in den Gesprächen war Politik weitgehend ausgespart. Politik reduzierte sich damals für mich auf die bunte Tapete aus Zeitungen an den Kiosken. Es gab Diskussionen über Kunststile und -richtungen, über Picasso, Matisse und die großen Genies der alten und neuen Malerei. Das war anregend, und ich habe künstlerisch davon profitiert, aber ich hätte beruflich nicht viel daraus machen können, weil ich eigentlich immer nur daran dachte, ob mein Freund mich liebt. Für Elfriede Jelinek wären wir damals eine Fundgrube gewesen für ihren Roman «Die Liebhaberinnen», dessen Standardsatz lautet: «außer Heinz gibt es nichts».

Die Kubakrise und der Mauerbau waren für mich kaum ein Thema. Was im Juni 1967 geschah, hat mich hingegen sehr bewegt, weil es so nah war. Es wurde nicht nur über die Medien vermittelt, sondern persönlich. Man ging um die Ecke zum Ku'damm und war mittendrin in den Aktionen. Nach den Demos wurde diskutiert, und dann sagte jemand: «Gehst du morgen mit an die Uni? Da ist wieder ein Sit-in.» Es war wie ein Strudel, in den man hineingeriet. Dennoch stand ich erstmalig ein wenig mehr auf eigenen Füßen. Denn das waren keine Unternehmungen zu zweit oder in der Clique, sondern man war eher als Person für sich angesprochen. Meine Beziehung bröckelte, und ich dachte: «Gott sei Dank!»

Dann überlegte ich, was ich selbst in dieser Situation beitragen könnte, und kam auf die Idee, Plakate zu machen. Ich wuchs immer mehr in diese

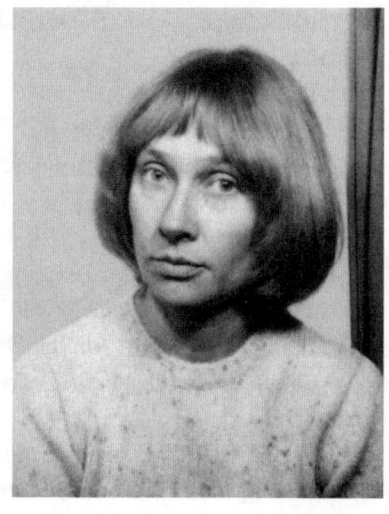

Arbeit hinein. Während man mit
Leuten auf den Demos diskutierte,
wurde man gefragt: «Gehst du mit
zum SDS?» Und dann war ich bald
jede Woche da und machte viele
Arbeitssitzungen mit. Mein großes
Leiden war, dass ich mich nicht traute, zu reden. Das war einer der Gründe, warum ich später in Therapie
ging. Leider Gottes fing ich dann
auch noch an zu rauchen, weil alle
Welt in diesen fürchterlich aufgereg-
ten Situationen qualmte.

Die Atmosphäre war im Grunde widersprüchlich, und das hat mich mit
der Zeit geärgert. Auf der einen Seite hieß es: «Es gibt Klassengegensätze,
weswegen die unteren Schichten nicht am Bildungsprozess teilhaben. Sie
sollen aber beteiligt werden.» Wenn man sich als politologischer Laie an
den Diskussionen beteiligte, wurde man jedoch belächelt. Das hat mir den
Mund beinahe wieder verschlossen.

Es gab aber auch Erfolgserlebnisse, zum Beispiel beim Hungerstreik in
der evangelischen Studentengemeinde. Bei solchen Gelegenheiten wurde
öffentlich im Beisein der Presse diskutiert, und es gab wie immer lange
Rednerlisten. Ich habe mich gemeldet und meine Gedanken zusammen
gehalten, bis ich an der Reihe war. Ich sagte, wie pervers es sei, dass zum
Beispiel im «Spiegel» auf der einen Seite für Sekt geworben werde und auf
der nächsten Seite Napalm-Opfer gezeigt würden. Das entwerte die Bilder
und Berichte von Napalm-Opfern. Der Kapitalismus mache durch den
Primat des Konsums und der Werbung das Entstehen einer stringenten
Moral unmöglich. Damit hatte ich großen Erfolg. Aber Erfolge wie dieser
waren eher selten.

Im SDS war das Klima nicht immer liberal. Dort dominierten einige
wenige «Chefideologen» mit ihrem Soziologenkauderwelsch. Ich habe
mich nicht getraut zu sagen: «Jetzt lasst mich doch auch mal reden, ich
rede wenigstens verständlich.» Es war überhaupt nicht selbstverständlich,

als Frau mitzudiskutieren. Die meisten Frauen saßen oder standen stumm und lauschten.

Ich kann mich noch gut daran erinnern, wie elitär ich die Situation oft empfand, in der sich immer die gleichen «revolutionären Kader» stundenlang ausbreiteten, obwohl sie mit ihren Theorien bei den ArbeiterInnen als ihren Hauptadressaten gar nicht so erfolgreich waren. Für die war deren Gerede unverständliches Zeug. Ich denke heute, dass die Kapitalismuskritik, so wie sie teilweise von diesen meist gut situierten Bildungsbürgersöhnen vorgetragen wurde, eine Revolte mit Inhalten war, die vom Protest in Berkeley in den USA und von der DDR geliehen waren. Das galt aber für viele von uns. Die geliehenen Theorien erlaubten uns, unseren Protest zu formulieren.

Es war ja so einfach, man konnte alles dem Kapitalismus oder dem «System» anlasten. Man brauchte niemanden konkret anzuschauen und schon gar nicht sich selbst. Gretchen Dutschke hat in ihrem Buch über ihr und Rudis «schönes und barbarisches Leben» dankenswerterweise berichtet, dass Rudi in der Zeit nach dem Attentat, als er das Erinnern und Sprechen neu lernen musste, das Marx-Zitat aus der «Deutschen Ideologie» per Versprecher abgewandelt hat. Im Original heißt es: «Die Philosophen haben die Welt nur verschieden interpretiert, es kommt aber darauf an, sie zu verändern.» Rudi hat das Zitat unabsichtlich verändert und formuliert: «es kommt aber darauf an, **sich** zu verändern». Gut, dass Gretchen das herausgegriffen hat.

### «Das Team für revolutionäre Graphik»

1968 habe ich angefangen, Plakate und Aufkleber für die Bewegung zu machen. Es war eine schöne Zusammenarbeit und damals sehr befriedigend für mich, einen bildnerischen Beitrag für etwas zu leisten, das wir als sehr wichtig empfanden, bei dem es um Themen ging, die mich herausforderten. Es gab schon bald eine ganze Clique, die sich im Republikanischen Club traf. Dazu gehörte unter anderen auch Bernd Knoop, ein Fotograf, der seine Werkstatt in Schöneberg am Bülowbogen hatte. Man sah sich und fragte: «Hast du Ideen, Fotos oder Zeitungsausschnitte?» Dann ging ich nachts in die Werkstatt von Bernd Knoop und machte Repros, zum Teil mit seiner Hilfe, dann aber auch alleine.

Ich lernte Helga Reidemeister kennen. Sie hatte ein ästhetisches Empfinden, war ernsthaft in ihrem Engagement und ein gutes Gegenüber. Wenn ich an Helga denke, fällt mir das Großfoto von einem Detail aus einer Zeichnung von Pieter Bruegel ein, das sie eines Tages mitbrachte. Ich habe es heute noch. Es stellt einen Riesenfisch dar, dem der Bauch aufgeschlitzt wird. Aus Bauch und Maul quellen lauter kleine Fische, Muscheln, Würmer, eben alles, was der Vielfraß verschluckt hat. Helga wollte dieses Detail als Sinnbild des Kapitalismus in ein Plakat integrieren. Leider ist daraus nichts geworden.

In der Zeit unserer Zusammenarbeit schleppte sie immer wieder Bücher, Bilder und Fotos an, die wir als Vorlagen benutzen konnten. Oft rief Helga an mit der Nachricht: «Ich habe ein gutes Foto gefunden.» Wir haben dann gemeinsam diskutiert, oft auch zusammen mit ihrem damaligen Mann, einem Architekten, wie man die Ideen am besten zur Wirkung bringt. Dann habe ich montiert, Repros gemacht und das Ergebnis schließlich zur Druckerei gebracht, natürlich immer unter Zeitdruck.

Viele Plakate sind auf diese Weise als Gemeinschaftsproduktion entstanden. Die Entwürfe stammten meistens von uns beiden, die Durchführung machte ich weitgehend alleine. Einmal ging es zum Beispiel um ein, für mein Empfinden, sehr geglücktes Plakat zur 1.-Mai-Demonstration, ein anderes Mal um das Plakat zu einer Veranstaltung, in der es um Griechenland und die Nato ging. Darauf war eine Frau mit verbundenen Augen aus einem Bild von Salvador Dalí zu sehen, in deren langem Oberschenkel Schubladen steckten, auf die wir die Namen der Nato-Mitgliedsstaaten schrieben. Die Frau hielt die griechischen Obristen an Marionettenfäden. Das war ebenfalls eines der gelungenen Plakate.

Wir waren beide auch an ästhetischen Kriterien interessiert. Der Himmel beim 1.-Mai-Plakat musste zum Beispiel so richtig hellblau und transparent sein, als Symbol für Hoffnung und Aufbruch. Wir hatten ästhetischen und konzeptionellen Ehrgeiz und wollten, dass unsere Arbeiten Niveau haben. Es sollte keine billige SEW-Propaganda sein, sondern wirklich Kunst, Kunst fürs Volk. Jürgen Holtfreter, ein Berliner Graphiker, machte gute Montagen, die uns beeinflussten. Er hatte Intelligenz, Witz und Ironie. Manchmal machte er beratend bei uns mit. Eines seiner und unserer Vorbilder war John Heartfield, der durch seine genialen politischen Collagen bekannt ist.

In den Vorbereitungen für den Vietnam-Kongress hieß es: «Wir brauchen noch irgendeinen Hintergrund für die Podiumsdiskussion.» Es stellte sich die Frage, wer das machen könnte, und es sollte natürlich nicht viel kosten. Ich glaube, es ging damals um 200 DM für Papier und Farben. Helga und ich waren inzwischen im SDS bekannt als Team für revolutionäre Graphik, und wir übernahmen diese Arbeit. Zuerst klebten wir riesige Papierbahnen zusammen. Helga wollte ganz locker die Aufschrift in Wandzeitungsmanier draufschreiben. Aber diesmal wollte ich es perfekter haben. Wir haben uns ein bisschen gestritten, und ich habe alleine weitergemacht.

*Plakatwand von Elke Regehr unter Mitarbeit von Helga Reidemeister auf dem Internationalen Vietnam-Kongress in Berlin, 17./18. Februar 1968*

Den Untergrund malte ich in dunklem und hellerem Blau, darauf einen gelben Stern und in gelber und roter Schrift den Satz: «Für den Sieg der vietnamesischen Revolution. Die Pflicht jedes Revolutionärs ist es die Revolution zu machen.» Ich weiß noch, wie ich die ganze Nacht vor dem Kongress rechnete und ausprobierte und malte. Danach fragte mich ein Graphiker vom «Spiegel», wie ich auf die Idee gekommen war, die Schrift schräg nach oben über das Papier laufen zu lassen. Das war wohl damals neu. Später sah man es häufig in der Werbung.

Im SDS fanden sie die große Plakatwand für den Vietnam-Kongress zwar schon gut, aber mit Lob wurde etwas geizig umgegangen. Ich denke heute, es war eher die Tapete, der Hintergrund. Die eigentliche politische Arbeit fand davor statt. Die Konzepte waren dafür verantwortlich, dass die Veranstaltung erfolgreich war. Sicher war das Riesenplakat schön und sorgte für eine anregende, einmalige Atmosphäre, und ab und zu hat Rudi gesagt: «Die revolutionären Künstler sind auch wichtig.» Aber ich fand es auf Dauer weniger gut, quasi die Dekoration für die inhaltliche Arbeit zu machen.

Gelebt habe ich in der Zeit teilweise noch vom Porträtmalen, aber auch vom Verkauf meiner Plakate und Aufkleber. In den Mensen der FU und TU stand ich oft selber mit meinem Tapetentisch und war bei den meisten Veranstaltungen dabei. Mit meinen Plakaten, Aufklebern und Raubdrucken war ich inzwischen bekannt. Die Aufkleber waren Mini-Plakate im Briefmarkenformat. Sie wurden auf perforierte DIN-A4-Blätter gedruckt, sodass man einzelne Aufkleber abreißen und auf Briefe oder sonst wohin kleben konnte, daher der Name «Spucki».

Die Aufkleber waren nicht meine Idee, aber ich habe sie aufgegriffen und bei Knoop in der Werkstatt, oft mit Helga Reidemeister zusammen, umgesetzt. Ich habe sie auch nach Westdeutschland vertrieben. Sie waren dort in Buchhandlungen und an vielen Büchertischen zu haben. Es gab verschiedene Aufkleber, zum Beispiel «Enteignet Springer» oder dieses fürchterlich entstellte Napalm-Opfer mit der Unterschrift: «Der Kapitalismus zeigt sein Gesicht». Wir haben lange diskutiert, ob man das überhaupt machen kann. Das Gesicht war so stark verbrannt und entstellt, dass man nicht mehr wusste, ob es ein Mann, eine Frau oder ein Kind war.

Verschiedene andere Motive waren dabei, natürlich auch das Gewehr in der erhobenen Hand, das beim Aufkleber «Heroisches Vietnam» Verwendung fand. Ich hatte dieses Motiv aus der kubanischen Zeitschrift «Granma» übernommen, die ich abonniert hatte. Auf der Titelseite waren kämpfende Guerilleros mit der Waffe in der Hand abgebildet. Andere Motive übernahm ich aus vietnamesischen und chinesischen Zeitungen, die ich ebenfalls abonniert hatte.

Neben den Porträts, den Aufklebern und Raubdrucken habe ich vom so genannten Künstlerprogramm gelebt. Als Künstlerin konnte man bei einem Programm des Berliner Senats mitmachen, über das man einmal im Jahr einen Auftrag bekam. Zunächst absolvierte ich diese Aufträge in Form von Landschaften und Stillleben. Da ich inzwischen Erfahrungen in Porträtmalerei gesammelt hatte, bekam ich 1967 oder 68 vom Berliner Senat den Auftrag, von zwei bekannten Berliner Künstlern, einem Schauspieler und einem Sänger, anlässlich von Jubiläen Porträts zu machen. Ich habe mir die Stücke angesehen, in denen sie spielten, und kam von meinem damaligen revolutionären Standpunkt aus zu dem Schluss, dass kritische Fotomontagen das Angemessene seien.

Eine der beiden Collagen habe ich «Porträt eines Schauspielers in einer Klassengesellschaft» genannt. Auf dieser Fotomontage im Großformat füttert der Jubilar ein Schwein in kostbarer spanischer Robe, welches das Publikum symbolisiert, mit einem halb verhungerten Kind. In den Zuschauerreihen sitzen die vietnamesischen Napalm-Opfer und die hungernden Kinder der Dritten Welt, zusammen mit den Revolutionären Che Guevara, Fidel Castro, Rudi Dutschke und Frantz Fanon. Sie protestieren mit erhobenen Fäusten gegen die Ungerührtheit und Abgebrühtheit des Kulturbetriebs in der Ersten Welt, angesichts des Elends, das sie durch die Ausbeutung der Dritten Welt mitverursacht hat.

*«Spuckis» von Elke Regehr, teilweise unter Mitarbeit von Helga Reidemeister, 1968–1970*

Das zweite Auftragsbild war ebenfalls eine große Fotomontage. Darauf war der Schah von Persien in einer Loge zu sehen, zusammen mit Farah Diba, US-Präsident Johnson und den damaligen Berliner Senatsfunktionären. In der Loge über ihnen thront der Tod, und unten im Orchestergraben liegen die Opfer einer Politik die sich um Machterhaltung, aber nicht um das Volk kümmert. Während der Sänger mit Blick auf die Herrscherloge singt, wird Benno Ohnesorg auf der Bahre an ihm vorbei getragen. Im Hintergrund singt der Chor der bekannten Mitmacher zum «Völkermord mit Harfenbegleitung». So lautete der Titel der Montage.

Das waren Versuche, Tatbestände synoptisch auf einem Bild zusammenzubringen, die üblicherweise säuberlich auseinander gehalten werden und eben durch die Trennung der Welten Bewusstseinsbildung verhindern. Meine Vermutung ist, dass die Senatsverwaltung den Jubilaren die Bilder gar nicht gezeigt hat. Man ist wahrscheinlich geflissentlich oder auch hilflos darüber hinweggegangen. Jedenfalls kam keine Reaktion. Ich habe die Bilder sicher einigen Freunden gezeigt, aber ich war zu schüchtern, sie auf irgendeine Weise öffentlich zu machen, sodass sie eine Wirkung hätten haben können. Sarah Haffner hat mir einmal gesagt: «Elke, du bist noch aus dem vorigen Jahrhundert.» Ich möchte gerne wissen, wo die Montagen jetzt sind.

In der Berliner Szene hatte ich vorwiegend einen Platz als Graphikerin. Ich hatte einen Anteil daran, dass manches auch von der Presse aufgegriffen wurde. Einige meiner Arbeiten tauchten in den Medien auf, anlässlich der Berichterstattung über die 1.-Mai-Demo, den Vietnam-Kongress oder andere Aktionen.

Im Rahmen der «Kritischen Universität», für deren Vorlesungsverzeichnis ich den Umschlag herstellte, habe ich einen Arbeitskreis organisiert und geleitet über Max Horkheimers Buch «Autorität und Familie» und Wilhelm Reichs «Die Charakteranalyse». Das letztere Buch habe ich als Raubdruck herausgebracht und zu einem niedrigen Preis vertrieben. Mein ehemaliger Freund Erwin Gaigall zeichnete die Charaktermasken für die Umschlagbilder. Im Reich-Arbeitskreis trafen sich keineswegs nur Studenten, sondern tatsächlich ArbeiterInnen, Angestellte und Hausfrauen, und die Seminare fanden entweder in der Uni oder in unseren Privatwohnungen statt.

## «Die Energien verpufften wie in einer Kinorevolution»

Ich wohnte damals in einer Berliner Altbauwohnung. Eine Zeit lang habe ich zwei Guerilleros aus Südamerika bei mir beherbergt. Sie erzählten von einer peruanischen Guerilla-Gruppe, zu der sie angeblich gehörten. Heute bin ich skeptisch, ob das alles stimmte. Der eine von ihnen studierte jedenfalls eifrig Landkarten als Vorbereitung auf den Kampf in Peru. Wenn ich damals auch Sympathien mit dem Guerilla-Kampf in Südamerika hatte, war ich in unserer BRD-Situation jedoch gegen Gewalt.

Als Ulrike Meinhof bei einer Diskussion im Republikanischen Club den Kampf mit Waffen nicht ausschloss, war ich entsetzt. Das hätte ich nicht mitgemacht. Ich war zwar kämpferisch, hatte jedoch nichts mit Gewehren am Hut. Die Gewaltdiskussionen haben mich in schwere Konflikte gebracht. Ich war moralisch engagiert, weil man Menschen verhungern ließ, sie im Krieg tötete und mit Napalm verbrannte. Aber selbst Gewalt anzuwenden, fand ich unmöglich. Auch Steine werfen fand ich kein adäquates Mittel. Kämpfe auf den Straßen gegen Wasserwerfer kamen mir unpolitisch vor.

Jörg Schlotterer vom SDS hat mich einmal als Aktivistin bezeichnet, und darauf war ich damals stolz. Ich hatte ein preußisches Arbeitsethos, und meine Meinung war tatsächlich: «Wenn hier ein Arbeitskreis angesagt wird, dann muss er auch gehalten werden. Und wenn die Leute sagen, sie machen mit, dann müssen die auch mitmachen. Ich opfere aktivistisch Tage und Nächte, und dann wird alles wieder umgeschmissen. Da verpuffen doch die Energien wie in einer Kinorevolution.» Die Anwesenheit der Presse hatte oft einen disziplinierenden Einfluss. Wenn sie da war, haben wir etwas gebracht, und wenn wir wieder unter uns waren, ging es oft drunter und drüber.

In den Liebesbeziehungen war ich damals wie viele Frauen im Konflikt. Ich hatte in meiner ostpreußischen Familie ein Frauenbild mitbekommen, das ich nicht akzeptieren konnte. Man hatte die Dienende zu sein. Männer, die Liebe und die Familie mit Kindern sollten die Hauptsache für eine Frau sein. Ich fand die Einengung, die damit verknüpft war, unerträglich, aber der Gedanke an Heirat und Kind war noch lange als Standardziel im Hinterkopf.

Die Realität in den Beziehungen zu den «Genossen» war alles andere als verlockend, denn die meisten von ihnen waren genauso arrogant wie die meisten anderen Männer und hatten den Anspruch, dass Frauen zu ihrer Bewunderung und in jeder Hinsicht zu ihrer Bedienung da sind, auch sexuell. Ich will jedoch solche Beziehungen nicht allein den Männern anlasten. Dazu gehören immer mindestens zwei.

Es war aber gut, dass es Frauen gab wie Helke Sander und Marianne Herzog, die sagten: «Das müssen wir ändern» und den «Aktionsrat zur Befreiung der Frauen» gründeten, der im Republikanischen Club tagte. Helke Sander initiierte auch die ersten Berliner Kinderläden. Im ersten von ihnen habe ich mitgearbeitet. Das war ein kleiner Laden in einer Seitenstraße in Charlottenburg. Ich habe mit den Kindern der Frauen aus der Bewegung und einigen Kindern aus der Nachbarschaft gemalt.

In unseren Gesprächen bemühten wir uns um pädagogische und psychologische Reflexion. Denn im Aktionsrat wurde die psychische Dimension nicht ausgeklammert, sondern explizit diskutiert. Von den Männern im SDS wurden solche Interessen größtenteils belächelt, als ob man sich nicht ganz auf der Höhe des revolutionären Gedankenguts befände.

Während der Arbeit im Kinderladen entwickelte sich folgerichtig bei mir die Idee, Psychologie zu studieren, weil ich dachte, dass man einen neuen Umgang mit Menschen nicht einfach aus dem Ärmel schütteln kann, sondern genau studieren muss. Für mich war es logisch, sich darauf zu konzentrieren, sich selbst und andere bis in die unbewussten Motivationen hinein kennen zu lernen, da mit Menschen, die unbewusst in autoritären Beziehungsformen gefangen sind, keine Veränderungen gelingen können. In den Kinderläden war ich bis zum Psychologiestudium ab 1970 aktiv und noch ein bisschen darüber hinaus, also vielleicht sogar bis 1971.

Einerseits war es schon gut, was die Frauen thematisierten und dass sie die Konflikte zwischen Männern und Frauen im Kontext der Arbeit in der Bewegung sichtbar machten. Aber ich hatte auch ein wenig den Verdacht, dass es neben der Kritik teilweise auch eine aggressive Form der Anmache war, und fand, dass es nicht genug um die Stärkung der eigenen Position ging. Die Männer standen einfach wieder zu sehr im Mittelpunkt, wenn auch negativ.

Ich habe jetzt in der therapeutischen Arbeit oft Gelegenheit, die Beziehung zwischen Männern und Frauen in den Familien kennen zu lernen. Damals habe ich nur dunkel geahnt, was ich jetzt weiß, dass Frauen nicht viel besser sind als Männer. Sie haben genauso ihre Formen der Unterdrückung, aber versteckt. Sie sind genauso aggressiv und vereinnahmend, vor allem den Kindern gegenüber. Ich wollte nicht einseitig Partei ergreifen müssen, und ich habe mehrfach erlebt, dass man von Frauen zur Solidarität gezwungen werden sollte. Es war mir höchst unsympathisch, dass ich plötzlich nur noch Frauen gut finden sollte.

Im «Aktionsrat» war ich insgesamt nicht so lange. Ich fing eine Therapie an, weil ich mich immer wieder darüber ärgerte, dass ich in den Arbeitsgruppen nicht gut genug reden konnte und für meine Ansprüche zu gehemmt war. Der Fotograf Bernd Knoop erzählte mir von einer Therapiegruppe, und ich beschloss: «Das will ich jetzt machen.»

Die Frage nach der Legitimität von Gewalt war auch in den Therapiegruppen ein Thema. Diese Frage hat auch andere gequält und beschäftigt, und wir haben immer wieder darüber gesprochen, ob man so etwas überhaupt machen kann, Steine werfen oder Polizisten verletzen, oder gar ob man schießen dürfe. Intuitiv war ich dagegen. Diese ganze Gewaltdiskussion hat mich sehr verängstigt. Ulrike Meinhof und Gudrun Ensslin waren als Gäste auch einmal im «Aktionsrat» eingeladen. Als die militante Tendenz deutlich wurde, bin ich ausgestiegen.

Obwohl ich mir damals theoretisch überlegte, dass der Kapitalismus massenhaft tötet und Gegengewalt daher gerechtfertigt sei, war ich dazu Gott sei Dank nicht in der Lage. Ich hatte das Gefühl, dass die ganze Bewegung auf diese Weise nicht viel Zukunft haben würde. Denn wenn man nur die Herrschenden stürzt und sich an deren Stelle setzt, ist noch nicht viel Neues geschehen. Es kommt vielmehr darauf an, sich selbst zu verändern.

Im Großen und Ganzen war mir intuitiv klar, dass zu viel nach außen agiert wurde, dass das Verhältnis von Aktion und Reflexion nicht stimmte. Außerdem war ich total neugierig darauf geworden, was *in* den Menschen abläuft. Bis dahin lautete die These: «Der Kapitalismus und die Klassengegensätze sind die Ursache für die repressiven Beziehungen.» Aber in diesen Gruppen dachte ich nur: «O Gott, das ist ja hier nicht viel besser!» Also wollte ich sehen, was zwischen den Leuten im Detail abläuft, in den Gruppen, zwischen Männern und Frauen, zwischen Frauen und Kindern, zwischen Männern und Kindern. Ab 1970 machte ich eine Ausbildung zur Psychoanalytikerin, die ich 1975 abschloss.

1976 bin ich von Berlin weggegangen. Es ging mir gesundheitlich nicht so gut. Die aufreibende Arbeit in den hektischen Jahren des Umbruchs, den die Studentenbewegung bedeutete, das Zweitstudium und die Therapieausbildung hatten mich Kräfte gekostet. Ich brauchte einen Milieuwechsel. In einer Vorstadt von München eröffnete ich meine psychotherapeutische Praxis. In den achtziger Jahren habe ich mich in München in der Friedensbewegung engagiert und in den Neunzigern im Umweltschutz, jeweils mit Flugblättern, Aktionen, Transparenten und Annoncen, und profitierte dabei von den Techniken, die ich in Berlin gelernt hatte.

Ein paar Jahre habe ich in Gauting bei München in einer Wohngemeinschaft gelebt. Es war ein Versuch, aber es ging nur vorübergehend gut. Meine Beziehungen zu Männern waren immer noch davon geprägt, dass ich mich selbst nicht so wertvoll oder wichtig fand wie die Beziehung an sich oder den Mann. Die letzte Beziehung habe ich mit sechs Ordnern durchgearbeitet. Ich wollte wissen, was sich da abgespielt hat, habe Tagebuch geschrieben und immer wieder reflektiert, was ich mit mir mache und warum ich das immer wiederhole. Dann war ich bei mir angekommen. Ich habe inzwischen drei Analysen gemacht. Die dritte war tief gehend. Langsam konnte ich diese Illusion sein lassen, dass von den Männern das Glück ausgeht. Ich fand mich selbst immer wichtiger.

Ich begann Material in den Therapien zu sammeln, das mir erlaubte, der Frage nach den sozialpsychologischen Ursachen für Gewalt und Destruktivität im Mikrokosmos der Familiengruppen nachzugehen, um sie mit den Erscheinungen in den Makrostrukturen zu verknüpfen. Die Frage, was bei den Menschen bis in die unbewussten Schichten hinein abläuft, ließ mich nicht mehr los. Faszinierend finde ich auch Träume, weil Menschen darin selbsttätig kreativ im Schlaf ihre eigene Situation erkennen und in Bilder kleiden können, und das bedeutet, dass im Grunde das Potenzial für Veränderung in jedem steckt. Es macht mir Spaß, diese Erkenntnis ernst zu nehmen.

Ich würde heute nicht mehr mit einem Partner zusammenziehen wollen, denn ich brauche den Raum und die Ungestörtheit der Prozesse. Aber ich habe Arbeits- und Freundschaftskontakte und intensive Brieffreundschaften. Seit 1997 schreibe ich an meiner Doktorarbeit über die Sozialpsychologie des alten wie des neuen Faschismus und eine Studie über den kanadischen Pianisten Glenn Gould. Dafür kontaktiere ich Leute, die ihn gekannt haben.

Damals habe ich nur gemalt, war ein Augenmensch, ein Farben- und

Formenmensch, konnte mich aber schlecht verbal ausdrücken. Durch das Studium und die therapeutische Ausbildung und Arbeit habe ich besser sprechen und schreiben gelernt. Das war für mich sehr wichtig. Geholfen hat mir dabei das Bild des allseitig entfalteten Menschen, das Marx gezeichnet hat. Wenn du fünfzig Jahre nur in deinem Haushalt lebst, bist du verkrüppelt, wenn du fünfzig Jahre nur malst, bist du auch verkrüppelt, hast du nur noch Augen und kannst nicht reden.

Ich wollte mich allseitig ausbilden und versuchen, mich klarer auszudrücken, und das ist in den Jahren nach dem Umbruch ansatzweise geschehen. Als Malerin habe ich die Welt eher von außen betrachtet, sah nur noch Farbnuancen, Strukturen und Schattierungen. Über die therapeutische Arbeit habe ich auf tieferer Ebene Kontakt zu Menschen und zu mir bekommen. Ich weiß jetzt eher, was in mir und in anderen Menschen vorgeht, und finde das in jeder Therapiestunde immer noch spannend. Gemalt und ausgestellt habe ich zwischendurch dennoch immer wieder.

Ich bin urteilsfähiger geworden, und das halte ich für die Zukunft ganz allgemein für wichtig, dass Menschen einzeln, unabhängig von Ideologien, urteilsfähiger werden. Einfach nur das Alte umzuschmeißen oder Menschen in diese oder jene Richtung zu manipulieren, das hat keine Zukunft. Das ist mein Hauptanliegen. Damit bin ich immer noch beschäftigt und dabei relativ zufrieden. Hier und da erkenne ich schon meine eigene Stimme. Aber es gibt immer wieder Situationen, in denen sie nur schwach vernehmbar ist.

Wenn ich anlässlich von Veröffentlichungen nach meiner Vita gefragt werde, habe ich mich ein paar Mal als 68erin bezeichnet. Ehrlich gesagt weiß ich aber nicht genau, ob ich das so sagen soll. Einerseits bin ich eine 68erin, denn diese Zeit war mein Aufbruch, da habe ich meine eigenen Wege eingeschlagen. Es war der Versuch einer ernsthaften Revolte gegen überlebte Strukturen. Ihren Ausgang nahm sie von einer Gruppe, die von einer Ideologie geprägt war, die unter dem Label «Sozialismus» firmierte.

Andererseits habe ich mich eigentlich damals so gefühlt, als wenn ich vom Regen in die Traufe gekommen wäre, von einer Familie in die nächste. In der Zeit um 1968 war es eben die sozialistisch geprägte «Familie», die Ansprüche an mich stellte, indem sie verlangte: «Sei sozialistisch.» Das hat mich abgeschreckt.

Diese ideologischen Ansprüche treffe ich jetzt auch bei den Jugendlichen wieder, die zu mir kommen, ob aus der rechten oder der linken Szene. Dieser Wechsel von der Primärfamilie in eine Gruppe ist verbunden mit der Gefahr, eine eigenständige, persönliche Revolte zu vermeiden, die zur Identitätsfindung führen könnte. Denn die Gruppe ist selbst wieder mit einem Label versehen, sei es nun «links» oder «rechts». Oder sie steht unter dem Drogendiktat, dem Diktat von Mode, Männern oder Sex. Man kann sich verstecken hinter einer Ideologie, man kann dahinter versteckt werden und als Person verloren gehen, und das ist gefährlich. Insofern bin ich heute ambivalent, wenn ich an diese Bewegung von 1968 zurückdenke.

Damals war eine Auseinandersetzung mit dem Überlebten wahrscheinlich kaum möglich, sofern sie sich nicht innerhalb dualistischer Schemata bewegte. Das hing auch mit der Spaltung Deutschlands in Satelliten des Ost- beziehungsweise West-Blocks zusammen.

Die Bewegung war trotz alledem ein ernsthafter Versuch des Aufräumens, des Umwälzens und des Neu-Findens, wenn ich auch spürte, dass diese Art der Revolte zu stark von einem Zwang zum Agieren nach außen beherrscht war, was kritische Reflexion verhinderte. Sie war zu wenig konstruktiv im Sinne der Überführbarkeit in Verantwortung. Sie war zu sehr gegen etwas gerichtet, und insofern würde ich eher zögern, mich als typische 68erin zu bezeichnen. Aber meine Anfänge gehen auf 1968 zurück.

Als Künstlerin und ehemalige Bauerntochter gefiel mir im Berlin der Studentenrevolte das intellektuell anregende Klima. Die Möglichkeit, einfach von den Demos weg in die Uni zu gehen und dort an Veranstaltungen teilnehmen zu können, fand ich faszinierend. Das war ein Verdienst, dass die Uni, wenn auch nur vorübergehend, geöffnet wurde und die verkrusteten Strukturen aufgebrochen wurden. Dadurch bin ich Büchern näher gekommen, habe gelesen, bin in Bibliotheken gelaufen. Ich hätte das alles schon früher tun können, aber der anregende Kontext, in dem intellektuelle Ausbildung nicht nur bedeutsam, sondern dringend nötig wurde, hatte dafür gefehlt.

Sicher war die Revolte zunächst männlich dominiert durch diese Männergilde Rudi Dutschke, Gaston Salvatore, Christian Semler, Wolfgang Lefèvre, Bernd Rabehl und andere. Sie brachten zwar ein gutes intellektuelles Niveau, gleichzeitig aber den ganzen Ballast autoritärer Gruppenbeziehungen mit ein. Ich fand das so lachhaft, wie Christian Semler vom «Proletariat» und von «den Massen» redete. Das klang so angelesen. Und was ihm nicht in den Kram passte, qualifizierte er als «vulgärmarxistisch» ab. Mich nervten auch diese endlosen Verfahrensdiskussionen in den Veranstaltungen und diese ewigen quälenden Streits um nichts. Das war spürbar Selbstblockade. Jeder kreative Mensch musste dabei denken: «Bitte, wann kommen wir wieder mal zu unseren Themen?»

Mir missfiel auch das rigide Primat der Ökonomie in den Vorstellungen von Menschen und von Gesellschaft. Aus sozialistischer Sicht gehörte die Seele zum «Überbau». Angeblich prägte die Ökonomie allein die Geschichte. Das materielle Sein bestimmte der Theorie nach das Bewusstsein. Die Psyche war für viele Männer des SDS damals eher Weiberkram. Rudi Dutschke war in der Hinsicht eine Ausnahme, weil er in seinen Beiträgen stärker als andere betonte, dass es auf Veränderungen in Richtung auf einen neuen Menschen ankommt.

Die Kinderladenbewegung war sicher ein Verdienst der Frauen. Durch diese Selbsthilfe konnte man den Anspruch realisieren, auch als Mutter eine eigene Entwicklung machen zu wollen und politisch aktiv zu sein. Andererseits kenne ich auch viele geschädigte Kinder aus diesen Kinderläden. Das lag aber nicht an der Idee der Kinderläden an sich, sondern an der falschen pädagogischen Konzeption.

Wenn ich ein Fazit ziehen soll, dann sähe das vielleicht so aus: Sturz der alten Götter und Ankunft beim Subjekt der Geschichte. Das war erst einmal nur als Idee vorhanden, um dann auf dem «langen Marsch durch die Institutionen» realisiert zu werden. Für mich war es ein kulturrevolutionärer Prozess aus dem Hunger heraus, sich Orientierung zu erarbeiten, was denn dieses Leben bestimmen, wohin man sich ausrichten und welches die Prioritäten sein sollen.

Dass man sich dabei zunächst teilweise an Ideologien anlehnte, war verständlich. Aber es war auch eine persönliche Revolte. Ich zum Beispiel habe in meiner Jugend aus Rücksicht auf meine arme kranke Mutter auf jede Revolte verzichtet. 1968 war für mich deshalb auch der Versuch, mit 33 Jahren die Revolte gegen herrschende Elternfiguren nachzuholen. Es war mir wichtig, dass die Revolte keine abgehobene theoretische Angelegenheit war, sondern dass die Verbindung zu den konkreten Männern und Frauen mit ihrem Leiden hergestellt wurde. Und die Verbindung zu den

Kindern war mir besonders wichtig, die eigentlich mit dem Potenzial für ein ganz neues, eigenes Leben auf die Welt kommen, das durch negative Traditionen und Entfremdungen verschüttet wird.

Meine Mutter war noch völlig schicksalsergeben und dachte, dass alles von außen oder von oben bestimmt wird. Fremdbestimmt zu leben ist aber eine Form des Totseins. Dass in der Tradition von Marx 1968 solche Begriffe wie Entfremdung überhaupt ins allgemeine Bewusstsein gerückt wurden, war ein Verdienst, ebenso wie die Erkenntnis, dass Geschichte von Menschen gemacht wird und nicht von Gott oder vom «Schicksal». In der Bewegung gab es Irrtümer, und doch wurden viele neue Wege eröffnet. Es wurde ein Entwicklungsprozess angestoßen, auch bei mir.

Susanne Schunter-Kleemann (geb. Kleemann), Oktober 2001

# SUSANNE SCHUNTER-KLEEMANN
## SDS-Aktivistin

Ich stamme aus einer Familie mit fünf Kindern, habe vier Brüder und bin also deshalb durch eine harte Schule gegangen. Mein Vater war zwar Kaufmann, aber das Wirtschaftswunder ist an uns vorbeigelaufen. Er war schwerhörig und deshalb auch kein begeisterter Kaufmann, sondern musste diesen Beruf ausüben, um die Familie zu ernähren.

Meine Mutter hat trotz der fünf Kinder immer gearbeitet, weil das Geld hinten und vorne nicht reichte. Deshalb waren wir Kinder uns häufig selbst überlassen.

Mit meinen Eltern habe ich mich immer gut verstanden. Sie haben beide gefördert, dass ich wie meine Brüder studieren konnte. Meine Mutter war politisch sehr engagiert und ist Mitte der 60er Jahre in die SPD eingetreten. Mein Vater hat später die APO unglaublich interessiert verfolgt und gehofft, dass etwas in Bewegung kommt.

Meine Mutter stammte aus einer großbürgerlichen Familie und ist wegen Auseinandersetzungen mit ihrer Stiefmutter von Bremen nach Berlin gegangen, wo sie meinen Vater kennen lernte. Obwohl er damals noch verheiratet war, bekamen sie zwei Kinder. Erst viel später hat sie mir erzählt, dass sie am Anfang vom Nationalsozialismus begeistert war.

Für sie war es ein Aufbruch und eine Rebellion gegen die etablierte, satte, bürgerliche Gesellschaft, aus der sie herauswollte. Außerdem konnte sie meinen Vater wohl nur aufgrund der NS-Ehegesetze heiraten. Denn seine erste Frau wollte sich nicht scheiden lassen. Da aber diese neue Beziehung noch mehr Kinder erwarten ließ, wurde die kinderlose erste Ehe gegen den Willen dieser Frau geschieden.

Später hat meine Mutter mir erzählt, dass mein Vater in der SA war. Er selbst hatte es immer geleugnet. Beim Umzug 1996 hatte sie entsprechende Unterlagen gefunden. Also muss er doch irgendwann Nazi gewesen sein. Ich denke aber, er war es nicht aus Überzeugung, sondern aus Opportunismus. Denn eigentlich war er ein ganz unmilitärischer und unsoldatischer Mann und ein ganz liebevoller Mensch.

Schon auf dem Gymnasium lernte ich bei Lehrgängen des Landesjugendamtes Hessen 1959/60 Leute vom SDS kennen und fand sie unglaublich aufregend. Diese Begegnungen haben dazu geführt, dass ich schon in der Schule ein bisschen rebellisch wurde, und meine Entscheidung, Soziologie zu studieren, kam mit Sicherheit durch diese frühen Kontakte zum SDS. Ab 1961 ging ich regelmäßig zu den hessischen Ostermärschen, zu denen neben Kirchen und Gewerkschaften auch der SDS aufrief.

Ich war damals ein ganz liebes Mädchen und mit 21 noch Jungfrau, also im Grunde eine Spätentwicklerin. Meine Freundinnen hatten alle schon erotische Beziehungen, ich aber nicht. Ich musste allerdings zu Hause auch nicht gegen irgendjemanden anrennen, und es gab keine Grenzen. Die ersten beiden Semester studierte ich in Marburg und fuhr häufig am Wochenende nach Hause. Aber ich wollte weiter weg, und zwar nach Berlin in die Großstadt. Außerdem stammten meine Eltern von dort.

Im ersten Semester fühlte ich mich sehr alleine in Berlin, bis ich anfing, in den Argument-Club zu gehen, und dort irgendwann einer zu mir sagte: «Komm doch mal mit zum SDS.» Ganz schnell wurde daraus das Kontrastprogramm zur Uni, wo ich mich ziemlich verloren und orientierungslos fühlte. Die Theorien von Adorno und Habermas, die wir lesen sollten, waren schwer zu verstehen.

Doch der SDS strukturierte die Welt. Die gleichen Studenten, mit denen ich in den Lehrveranstaltungen saß, redeten dort so, dass man die Welt auf einmal besser begriff und die politischen Ereignisse ein bisschen interpretieren konnte. Andererseits hat es mich zum Teil auch geängstigt, welche Folgen es haben konnte, im SDS zu sein. Aber die Faszination war größer, und 1964 bin ich eingetreten.

Das Thema, das uns von Anfang an bewegte, war der Vietnamkrieg. 1965 fing es schon an, dass wir Ausschnitte aus amerikanischen Zeitungen sammelten. Ich konnte ganz gut Englisch und habe übersetzt. Auch die Themen Faschismus und Antifaschismus haben uns sehr beschäftigt. Reinhard Strecker, ein SDSler, sammelte Archivmaterial für eine Dokumentation über Nazis, die nun in hohen Regierungsämtern saßen. Wir haben endlos Karteikarten ausgefüllt und so die Lebensgeschichten von Nazis verfolgt, mit dem Ziel, sie aus ihren Ämtern rauszukriegen.

Zusammen mit Ursel Henning und Sigrid Rüger bin ich sehr früh in die Hochschulpolitik eingestiegen. Angeregt durch die Arbeit im SDS, gingen wir in den Konvent. Das war die Zeit der Auseinandersetzungen über das politische Mandat der Studentenschaft. Dabei ging es unter anderem um die Frage, ob die Studenten in den Räumen der Universität politische Veranstaltungen durchführen dürfen oder nicht.

Bis zu dieser Zeit ging es in der Berliner Studentenschaft sehr brav und angepasst zu, zumal an der Freien Universität das Ideal einer Gemeinschaft der Lehrenden und Lernenden gepredigt wurde. Nach dem Auszug aus der «unfreien» Humboldt-Universität im Osten der Stadt sollte an der «demokratischen Gegengründung» der Freien Universität im Westen ein gemeinsames, freies, akademisches Lernen stattfinden.

Eine der damit verbundenen «Errungenschaften» war die Studentenvertretung, die aber nicht wirklich etwas zu sagen hatte, sondern nur im Sandkasten das Demokratie-Spiel so ein bisschen üben sollte. Doch schon bald haben sich die Studenten bei den Themen, die sie diskutieren wollten, von der Universitätsleitung nicht mehr bevormunden lassen.

Der Konvent, wie das Studentenparlament hieß, war ein größeres Gremium mit fünfzig oder sechzig Leuten. Man konnte sowohl über die Listen der studentischen Vereinigungen als auch als einzelne Person gewählt werden. Zum «Berliner Modell» gehörte, dass studentische Vereinigungen einen privilegierten Status hatten, ähnlich wie die Parteien in der Bundesrepublik auch. Sie waren sozusagen anerkannte Einrichtungen der Universität und hatten das Recht, nach vorheriger Anmeldung Räume der Universität zu nutzen. Es war also in einem gewissen Rahmen durchaus erwünscht, dass die Studenten sich in Vereinigungen organisierten. Allerdings war der SDS die rebellischste von allen. Anfang der 60er Jahre war er aus der SPD ausgeschlossen worden, weil im SDS widerständige und abweichende Positionen zum Godesberger Programm der SPD und zur Wiederaufrüstung vertreten wurden.

Häufig wird kolportiert, dass der SDS damals ein reiner Männerverband gewesen sei. Doch das stimmt nicht. Männer waren zwar immer deutlich in der Mehrheit, aber bei allen Sitzungen waren immer auch viele Frauen dabei. Einige Frauen spielten auf Bundesebene eine führende Rolle, wie Ursula Schmiederer, und auch in den Landesverbänden waren Frauen in führender Rolle aktiv, wie im Frankfurter SDS Annegret Steinhauer und in München Marina Achenbach, um mal einige Frauennamen zu nennen.

Diejenigen, die mich zu politischer Arbeit angeregt haben, waren meistens Frauen. In Berlin war damals Sigrid Rüger *die* Senkrechtstarterin in der Hochschulpolitik, und bald wurde sie studentische Sprecherin im Akademischen Senat. Sie vertrat damit die studentischen Interessen in den Hochschulgremien, wo fast ausschließlich Professoren und fast nur Männer saßen.

Zusammen mit Sigrid Fronius, Ursel Henning, Aglaia Hartig und Sigrun Anselm bildeten wir damals einen Freundinnenkreis im SDS. Sibylle Plogstedt war auch schon aktiv, ebenso wie Hanna Kröger und Ines Lehmann, und es gab noch viele andere aktive Frauen. Es war nun nicht so, dass wir uns nach Männlein und Weiblein getrennt haben, sondern einige Männer und Frauen standen einem näher und andere ferner. Aber ich selbst hatte immer einen Kreis von Frauen, die ich sehr gerne mochte und in dem ich mich aufgehoben fühlte. Viele Frauen beschreiben, wie sehr sie im SDS diskriminiert oder missachtet worden sind. Das habe ich wirklich ganz anders erlebt. Für mich war der SDS ein Verband, in dem ich absolut gefördert wurde.

Später ist auch viel Unsinn über das Verhältnis der Geschlechter im SDS zueinander geschrieben worden. Aber wir sind nicht in irgendwelche Betten gezogen worden, in die wir nicht wollten, sondern haben selbst getan, wozu wir Lust hatten. Viele SDSler waren oft noch von einer traditionellen Ritterlichkeit und haben uns brav nach Hause begleitet. Sie waren zum großen Teil gut erzogene Bürgersöhne und oft eher verklemmt und zurückhaltend. Das Gefühl, nicht gewürdigt oder missachtet zu werden, hatte ich jedenfalls nie.

1965 zog ich zu Sigrid Rüger und wohnte ein dreiviertel Jahr bei ihr. Sie war voll in die hochschulpolitische Tätigkeit eingestiegen, 1964 Sprecherin der Philosophischen Fakultät und 1965 zusätzlich studentische Vertreterin im Akademischen Senat geworden. Sigrid war vier Jahre älter als ich, kam über den zweiten Bildungsweg und hatte das Hessen-Kolleg besucht. Sie konnte sich gut ausdrücken und hatte einen unglaublichen Mut. Als ich noch wirklich Angst hatte, öffentlich etwas zu sagen, hat sie sich schon getraut, zwanzig oder manchmal auch achtzig Professoren alleine gegenüberzusitzen und ihre Position zu vertreten.

Der Akademische Senat war das höchste Ordinariengremium an der FU, wo die Professoren alle wichtigen hochschulpolitischen Fragen besprachen, und insofern saß Sigrid natürlich in der Höhle des Löwen. Es gab noch zwei weitere studentische Sprecher, aber Sigrid war die einzige Frau. Sie war eine unglaublich hübsche und charmante Frau, und am Anfang dachten die Professoren wohl, sie könnten sie um den Finger wickeln. Aber Sigrid hat sich nicht um den Finger wickeln lassen, und deswegen wurde sie später in einer Art und Weise angegriffen, die sie manchmal ziemlich fertig gemacht hat.

Tatsächlich hat Sigrid im Zuge der Auseinandersetzungen um das politische Mandat das Prinzip der Vertraulichkeit in den akademischen Gremien gebrochen. Darauf hatten sich die Studentenvertreter vor ihr immer verpflichten lassen. Sie hat zum Beispiel die Tagesordnung der Sitzungen öffentlich gemacht, was wir dazu benutzten, eigene Parallelveranstal-

*Susanne Kleemann (3. v. l.) und andere aus dem SDS mit Transparent bei der 1.-Mai-Demonstration 1965 in Berlin*

tungen zu diesen Themen machen. Die Professoren haben es Sigrid sehr übel genommen, dass sie sich nicht an die «Spielregeln» gehalten hat.

Es kam dann zu solchen Situationen, bei denen die Professoren über Zwangsexmatrikulation diskutierten und wir Studenten gleichzeitig zu Hunderten vor der Tür saßen und ebenfalls über die Zwangsexmatrikulation diskutierten. Damit haben wir sie ganz schön unter Druck gesetzt, und auf diese Weise trafen sich immer größere Kreisen von Studenten bei unseren Teach-ins.

Am 27. Januar 1965 ließ ich mich zur Gruppenvorsitzenden des SDS an der FU wählen. Dadurch war ich verantwortlich für alles, was an der FU lief, und musste eine ganze Menge koordinieren. Dass ich mit Sigrid Rüger zusammenwohnte, war dafür ideal: Sie saß in den akademischen Gremien, und ich machte die Organisationsarbeit. Dadurch konnte vieles schnell und zügig ablaufen.

Der SDS hatte zehn oder zwölf Arbeitskreise, in denen man thematisch arbeitete. Im Februar 1966 wurde ich zur Leiterin des Arbeitskreises Hochschule gewählt und gehörte damit auch dem Landesbeirat an, in dem die Vorsitzenden der Arbeitskreise saßen. Wir trafen uns einmal wöchentlich, und insofern war ich bei allen wichtigen SDS-Diskussionen dabei, die damals abliefen.

Es war ein sehr aufwühlender und aufregender Lernprozess, weil man oft am Rande der Legalität agierte. Im SDS zu sein war gefährlich, und es gehörte schon etwas Mut dazu, sich dazu zu bekennen. Denn der SDS galt als anrüchig, weil er aus der SPD rausgeschmissen worden war. Außerdem war eine unglaublich antikommunistische Stimmung in der Bevölkerung, besonders in Berlin, und alles, was sich auch nur ansatzweise sozialistisch gebärdete und antikapitalistische Ziele verfolgte, wurde in einer Art und Weise im öffentlichen Klima angefeindet, wie man sich das heute überhaupt nicht mehr vorstellen kann.

Es gab ja auch noch die Mauer, und dahinter waren die Kommunisten. Ständig wurde man verdächtigt, deren «fünfte Kolonne» zu sein, heimlich zu koalieren und verdeckte Verbindungen zu unterhalten. Eigentlich in allem, was man sagte, wurde man der anderen Seite zugerechnet. Da konnte man sich distanzieren, so viel man wollte, es nützte alles nichts.

## «Es war wunderschön, wie die Eier das Amerika-Haus trafen»

Der SDS war ja nun tatsächlich ein Studentenverband, der als Ziel die Errichtung einer neuen, sozialistischen Gesellschaft vor Augen hatte. Diesen Kapitalismus und diese bundesrepublikanische Gesellschaft wollten wir auf keinen Fall. Denn das war in unseren Augen eine Gesellschaft der absoluten Intoleranz, wo einflussreiche Nazis wieder in wichtigen Positionen saßen, und die NS-Verbrechen wurden absolut tabuisiert. Sie waren nicht einmal in den Lehrveranstaltungen an der Universität präsent. Selbst wenn man Politik studierte, wurden diese Themen nicht behandelt.

Aber im SDS, im Argument-Club und in unseren Zeitschriften, wie der «Neuen Kritik» und dem «Argument», wurde die Auseinandersetzung mit dem Faschismus und der faschistischen Vergangenheit der Bundesrepublik intensiv geführt. Uns interessierten auch andere Gesellschaftsentwürfe, natürlich der jugoslawische Weg, die Entwicklung Kubas und auch die Situation in China. Aber es gab im SDS auch Leute, die das sozialistische Lager in Moskau und die DDR zum Vorbild hatten. Spätestens seit 1966/67 gab es Auseinandersetzungen zwischen den verschiedenen Flügeln im SDS.

Die Entwicklung der Bundesrepublik nach rechts, die Planung der Notstandsgesetze, der Vietnamkrieg, das alles waren die Themen, die uns damals zeigten, dass die Demokratie westlichen Zuschnitts, wie wir sie erlebten, etwas sehr Begrenztes war. Wir waren auch nicht der Meinung, dass die Amerikaner, als «die großen Freunde der Bundesrepublik» und unsere «Befreier», nun auch noch die Demokratie in Vietnam verteidigten.

Wir haben sehr gründlich ausländische Zeitungen gelesen, und dort wurden die Folterungen, die amerikanische Soldaten an vietnamesischen Frauen verübten, geschildert. Solche Berichte fand man selten in der deutschen Presse, aber man konnte sie sehr wohl in anderen Zeitungen lesen. Das waren zum Teil unglaublich drastische Berichte, die einen erschütterten.

Es gab zum Beispiel Fotos von großen Grills, die die Amerikaner gebaut hatten. Auf heiß glühende Drähte wurden Frauen gelegt und gefoltert. Oder es gab Beschreibungen von sexueller Folter, wie sie Frauen an Bäumen nackt aufhängten und mit langen Stöcken in die Vagina bohrten oder die Brüste durchspießten. Solche grausamen Geschichten waren Tag für Tag zu lesen, und das war wirklich furchtbar für mich. Informationen über den Krieg und die Foltermethoden der Amerikaner versuchten wir durch Flugblätter an die Öffentlichkeit zu bringen. Doch wir wurden in den Medien als Linksradikale, Spinner und Volksverhetzer behandelt.

Selbst die ersten, noch ganz liebenswürdigen Demonstrationen gegen den Vietnamkrieg und die ersten Versuche, Aufklärung zu betreiben, stießen auf solch großen Widerstand, dass man langsam kapierte: «Aha, wer hier nicht mitschwimmt, gehört automatisch zur anderen Seite!» Insofern würde ich sagen, dass es gar kein selbst gewählter Prozess war, sondern dass man schrittweise zu dem wurde, wozu sie einen machten, nämlich zu einem Linksradikalen. Ich war eigentlich ein ganz liebes Mädchen damals. Aber als ich irgendwann mal feststellte, «ich bin ja schon Verfassungsfeindin, nur weil ich bestimmte Dinge ausspreche», die ich als unerträglich empfinde, war das für mich eine ganz einschneidende Erkenntnis.

Als SDS haben wir sehr früh zu Vietnam-Demonstrationen aufgerufen. Es waren zunächst nur kleine Aktionen. Doch aufgrund der vielen Flugblätter, die wir gemacht hatten, und der Diskussionen und Veröffentlichungen, vergrößerte sich der Kreis immer mehr. Bei einer der ersten großen Vietnam-Demonstrationen, ich glaube 1965, haben wir zum ersten Mal den Ku'damm blockiert und sind dann vor das Amerika-Haus gezogen, um einen Sitzstreik zu machen. Ein Freund von mir hatte Eier gekauft, und wir haben sie geworfen. Es war wunderschön, wie die Eier das Amerika-Haus trafen.

Das ist heute total banal, aber damals hat es einen Aufschrei in der Presse gegeben. Wir sind eine Woche lang als die größten Übeltäter und Kriminellen bezeichnet worden, und es wurde gefordert, man solle uns von der Uni werfen. Willy Brandt, damals Bürgermeister von Berlin, distanzierte sich von uns und entschuldigte sich beim amerikanischen Botschafter.

Dabei war es eine völlig spontane Aktion gewesen. Doch diese harmlosen Eier riefen eine derart massive Gegenreaktion hervor. Dabei sahen doch alle, welche Grausamkeiten und Verbrechen in Vietnam passierten. Schließlich dachte man nur noch: «*Die* spinnen und nicht wir!» Durch diesen Hass, der durch die Medien erzeugt wurde, wurde man schrittweise stabilisiert in Haltungen, die man sich zuerst nur versuchsweise zugelegt hatte.

Man war ja zunächst gar keine Sozialistin. Man wusste ja gar nicht, was das war. Natürlich hatte ich in der Zeit Marx, Engels und Lenin noch gar nicht gelesen, weder in der Schule noch im SDS. Das kam erst viel später. Aber im Grunde wurde einem sofort das Etikett «kommunistisch» angehängt. Dann kam die Notstandsgesetzgebung dazu, mit der sie versuchten, sich nun auch noch eine Verfassung für den Notstand zu schaffen, die es ermöglichte, die gerade neu gewonnene, parlamentarische Demokratie wieder auszuhebeln, sobald eine krisenhafte Situation entstand. Uns wurde damals klar: «So ernst meinen sie es also gar nicht mit der Demokratie!»

Wir müssen beinahe jeden zweiten oder dritten Abend im SDS oder irgendwo auf einer politischen Veranstaltung gewesen sein, und es war immer aufregend und spannend. Ich würde sagen, es war ein kollektiver Lernprozess, der immer größere Kreise zog. Individuelle Emanzipation war hingegen weder praktisch noch theoretisch ein Thema.

Die Versammlungen der Studenten wurden immer größer. Zuerst waren wir nur ein paar Leute, dann waren wir plötzlich tausend, dann sechstausend, und dann gab es ganz große Demonstrationen, auf die nicht nur die bundesrepublikanische Presse reagierte, sondern sogar die Weltpresse. Wir dachten nun wirklich: «Wir sind der Nabel der Welt und das Zentrum der Revolution.»

Es war eine absolute Fehleinschätzung, insbesondere wenn man sieht, wie bald der SDS zusammengebrochen ist. Dann kamen ja noch die verschiedenen proletarischen und kommunistischen Parteiinitiativen Ende der Sechziger und besonders Anfang der Siebziger, die alle eine andere Vorstellung hatten, wie man die Welt revolutionieren sollte.

Diese Strömungsdiskussionen im SDS habe ich zunächst nicht so genau durchschaut, sondern ich habe mich mehr an einzelnen Personen orientiert. Es gab unglaublich viele im SDS, die ich gut fand, zum Beispiel Ulrich K. Preuß, Ulrich Ströhle oder Wolfgang Lefèvre. Rudi Dutschke war eigentlich nur einer unter vielen. Er ist in den Medien als *der Star* aufgebaut worden, und ich fand das eigentlich nicht gut.

Das ganze Studium über habe ich zwar ein Stipendium nach dem Honnefer Modell bekommen, aber ich habe immer nebenher gearbeitet. Denn so viel war das nicht. Am Institut für Bildungsforschung wurde ich 1966 als wissenschaftliche Hilfskraft eingestellt, und ich habe mich sehr intensiv mit dem Thema «Student und Politik» beschäftigt. Was ich selbst in Berlin erlebte, konnte ich auf diese Weise mit dem vergleichen, was damals auf der ganzen Welt ablief. Denn ich bekam die Untersuchungen aus vielen Ländern auf den Tisch, und überall in der Welt fanden Studentenrevolten statt.

Über die amerikanische Studentenbewegung habe ich schließlich meine Diplomarbeit geschrieben. Die dortigen politischen Aktionsformen waren für uns völlig neu, wie Picket-lines, Teach-ins, Sit-ins oder Go-ins. Diese Aktionsformen habe ich, zusammen mit anderen, hier bekannt gemacht. Wir haben damals ziemlich breit über die amerikanische Studentenrevolte geschrieben, die ja im Herbst 1964 begonnen hatte, unter anderem im «FU-Spiegel», unserer damaligen Studentenzeitung an der FU. Ich habe auch auf mehreren großen Veranstaltungen darüber berichtet, was in Berkeley in den USA passiert war. Das war dann sozusagen «mein Thema», und insofern wurde ich von vielen mit der amerikanischen Studentenbewegung in Verbindung gebracht.

Inzwischen hatte sich meine Wohnsituation verändert. Nachdem ich bei Sigrid Rüger ausgezogen war, hatte ich mehrere Monate im SDS-Zentrum am Ku'damm, Hausnummer 140, gewohnt. Der SDS hatte dort eine riesige Etage mit zwei Wohnungen gemietet. Die eine Wohnung war das SDS-Zentrum mit zwei großen Versammlungsräumen und drei Wohnräumen. In der anderen großen Wohnung wohnten ebenfalls Leute aus dem SDS. Es gab stets einen regen Wechsel der Mieter. Zwei oder drei Studentenfamilien wohnten immer dort, dazu einige wechselnde Einzelpersonen.

Anschließend war ich eine Zeit lang Untermieterin bei Ricki Rieck, einem Journalisten, der am Olivaer Platz wohnte. Er war ein enger Freund des Kabarettisten Wolfgang Neuss und hat mir einen schönen Job verschafft. Wolfgang Neuss spielte damals fast jeden Abend in seinem Kabarett am Lützowplatz. Dort habe ich serviert und mir vierzig Mark pro Abend verdient, was für die damalige Zeit sehr viel Geld war. Neuss war damals eine Größe in der Berliner Politszene, und auch Ricki Rieck hatte viele Kontakte zur Kulturszene. Einmal wohnte sogar die amerikanische Sängerin Joan Baez bei uns.

Ende 1967 bin ich mit Sigrid Fronius und Maria Berg in die Potsdamer Straße gezogen, wo wir ungefähr bis Herbst 1969 wohnten. Das war dann

*Susanne Kleemann und Sigrid Rüger vom Berliner SDS beim Lehrgang für Studentenvertreter, Bergkamen 1966*

sozusagen meine «Familie». Michael Ruetz hat dort von uns Fotos gemacht und uns in einem seiner Bücher als «Bräute der Revolution» bezeichnet. Ich finde diesen Begriff ziemlich daneben, weil es so aussieht, als wären wir nur die «Bräute» der Revoluzzer gewesen. Aber wir haben uns weder so gefühlt, noch wurden wir so gesehen. Tatsächlich waren wir selbst Akteurinnen und nicht etwa die Anhängsel von irgendwem.

Sigrid Fronius ist im Mai 1968 zur Asta-Chefin an der FU gewählt worden. Sie war für mich sehr wichtig, und wir mochten uns sehr gern. Wir haben oft über unsere Freunde geredet. Das war die Zeit, in der ich öfter in der Kommune 1 abgestiegen bin. Ich habe Sigrid natürlich über meine Abenteuer berichtet, und sie hatte auch gerade ihre wilde Phase.

Über unser Sexualleben würde ich heute sagen, dass bei allen Beteiligten der sexuelle Notstand herrschte. Denn man hatte eher viel zu wenig Sex, was dazu führte, dass man immer wieder mal mit jemand ins Bett ging. Das waren Situationen, wo man mit Genossen gerade etwas Schönes gemacht hatte und dann auch ins Bett sank, weil dich jemand in den Arm nahm. Zwar sah das nach ganz viel Sex aus, war aber oft eher unbefriedigend.

Und dann gab es für mich Sigrid Rüger. Zwischen uns war es so etwas wie Liebe auf den ersten Blick. Wir haben uns oft umarmt, und einmal gab es eine hocherotische Situation. Aber ich wusste noch überhaupt nichts von Lesbisch-Sein und sie auch nicht. Wir haben uns vielleicht auch nicht getraut. Später hat sie es in einem Brief bedauert, dass sich zwischen uns nichts abgespielt hat. Es ist in meinem Leben leider nicht passiert. Ich bin sehr auf Männer hin orientiert.

Ich bedauere heute, dass ich nicht etwas flexibler bin und noch so im Käfig traditioneller Geschlechterbeziehungen stecke. Auch damals ging der Befreiungsschritt nur so weit, dass wir ohne Hemmungen mit den Männern ins Bett gingen, mit denen es Spaß gemacht hat. Und wenn wir merkten, dass es uns keinen Spaß mehr macht, dann haben wir es eben wieder sein gelassen.

### «Plomsuse muss wieder zur Arbeit gehen!»

Ein Mann, der mich eine Zeit lang sehr interessierte, war Fritz Teufel. Ich fand ihn wirklich prickelnd, wenn es im Bett auch eher enttäuschend war. Das war bei vielen SDSlern so. Wir Frauen wussten das, weil wir uns natürlich über unsere Affären austauschten. Die Männer waren zwar intellektuell oder satirisch gut drauf, aber im Bett oft verklemmt und gehemmt. Sie redeten im Grunde viel mehr darüber, als dass sie es tatsächlich praktizierten.

Kennen gelernt habe ich Fritz Teufel, weil ich ihm ins Gefängnis geschrieben habe. Kurz vor Weihnachten 1967 wurde er freigelassen. Bei einer großen Versammlung im Audimax der FU trat er auf und machte einen sehr witzigen Beitrag. Ich saß auf dem Podium, und er setzte sich neben mich. Von da an sind wir zusammen herumgezogen.

Dann begann dieses Hin und Her mit der K 1. Ich war aber nicht radikal genug – jedenfalls meinten das die Kommunarden –, um mit meiner «bürgerlichen Vergangenheit» zu brechen. Lieber schaute ich mir das Leben in der Kommune erst einmal in Ruhe an. Sie haben mich immer wieder gedrängt, ich solle doch mein Zimmer aufgeben und ganz am Stuttgarter Platz einziehen, doch ohne Erfolg. Nach dem Frühstück in der K 1 zog ich in mein Institut für Bildungsforschung ab und schrieb an meiner Diplomarbeit. Dafür erntete ich oft hämische Bemerkungen, wie «Oh! Plomsuse muss wieder zur Arbeit gehen!» Fritz hatte mir diesen Spitznamen verpasst, als Abkürzung für Diplom-Susanne.

Das Zusammenleben in der Kommune 1 war ein politisches Wohnexperiment, wie es damals viele in Berlin gab. Allen sollte alles gemeinsam gehören. Aber in der K 1 war ein unglaublicher Durchlauf von Leuten, die aus der ganzen BRD hinkamen und sich informieren wollten. Denn sie wurde in vielen Zeitungen erwähnt und war dadurch sehr bekannt. Abends wurde immer groß gekocht, wenn man nicht gerade bei einer Aktion war. Ein oder zwei Leute machten ein wunderbares Essen, meist sehr reichhaltig, weil die jeweiligen Pressevertreter, die tagsüber da waren, für das Essen aufkommen mussten. Entweder luden sie die gesamte Mannschaft in ein Lokal ein, oder sie mussten reichlich für diese Interviews berappen. Sehr bald schon gingen die Fünfhunderter oder auch Tausender über den Tisch. Die K 1 hat sich sozusagen verkauft und wurde nur so zum Medienstar.

Nach dem Frühstück widmete sich die K 1 gewöhnlich der Beratung der nächsten großen Aktion, durch die man wieder in die Presse kommen konnte. Als Erstes wurden alle Zeitungen gekauft und ausgewertet. Alles, was über die K 1 drinstand, wurde ausgeschnitten und schön aufgeheftet. Und dann kam die Planung für den Tag.

Die drei Hauptmacher waren Fritz Teufel, Rainer Langhans und Dieter Kunzelmann, die sehr gleichgewichtig waren, aber auch zueinander in Konkurrenz standen. Eine gewisse Rolle spielte auch Antje Krüger. Sie bereitete alle Happenings mit vor. Zunächst hatte sie wohl eine Beziehung zu Rainer Langhans, die dann aber zu Ende war. Dann war oft Peter Urbach in der K 1, von dem man später wusste, dass er für den Verfassungsschutz gearbeitet hat. Alle anderen Kommunemitglieder waren sozusagen das Fußvolk, und das hat mir zunehmend weniger gefallen.

Von Dezember 1967 bis März 1968 war ich sozusagen Dauergast in der K 1 und wollte Fritz kriegen. Er hat eine ganze Weile mitgespielt, bis ich zu einer Vietnam-Demonstration nach London fuhr. Als ich wiederkam, lag er mit einer anderen Frau im Bett. Das war ein ziemlicher Affront, und damit war für mich die Episode zu Ende.

Politisch gesehen war ich nicht mit allem einverstanden, was die K 1 gemacht hat. Als sie 1967 aus dem SDS ausgeschlossen wurde, habe ich auch für den Ausschluss gestimmt, obwohl ich deren Aktivitäten nicht so schädlich fand wie manche anderen. Aber in der Phase stand der SDS wirklich immer knapp vor einem Verbot, und es gab die Gefahr, dass einzelne Leute von der Uni geschmissen werden. Einzelne hatten bereits Disziplinarverfahren. Außerdem sollte ihm die Förderungswürdigkeit entzogen werden.

Im Namen des SDS Flugblätter ganz chaotischen Inhalts zu schreiben, so wie es die K 1 eben tat, zu Themen, bei welchen der SDS völlig andere Positionen vertrat, brachte ihn mehrmals in eine äußerst schwierige Situation. Aber ich stand eher zwischen den Fronten und fand dieses Aufmüpfige und Freche irgendwie toll, wenn ich auch heute manches nicht mehr so witzig finde. Doch ich war sehr schnell desillusioniert, als ich die Kommune von innen erlebte.

*Susanne Kleemann (2. v. r.) mit Dieter Kunzelmann, Antje Krüger und Rainer Langhans von der K 1 (v. r. n. l.), Berlin 1968*

Wir wussten damals bereits, dass wir vom SDS in den Akten des Verfassungsschutzes vermerkt waren. Denn bei den Demonstrationen waren ständig Fotografen der Polizei präsent. Einmal sammelten wir an der Universität Geld für den Vietcong, obwohl diese Sammlung verboten worden war. Bald erschien die Polizei. Einen Freund von mir haben sie furchtbar verhauen, und er schrie unmittelbar in meiner Nähe wahnsinnig laut auf.

Ich bin daher mit der Sammelbüchse auf die Polizisten los, die ihn festhielten, und habe auf sie eingeschlagen. Dann bin ich weggerannt und alle hinter mir her. Einer brüllte laut: «Halt die fest, das ist eine Hauptjule!» Da wurde mir klar: «Aha, die kennen dich schon.» Ich wurde festgenommen und erkennungsdienstlich behandelt. Doch das Verfahren wurde später eingestellt. Mich hat sehr berührt, als Marianne Herzog mir kürzlich erzählte, dass sie zwei Jahre im Gefängnis war und sagte: «Ich wusste immer, die Gefängnisse sind nicht nur für die anderen gemacht.» Dieses Gefühl der Bedrohung hatte ich eigentlich damals auch, aber ich habe es nicht so ausgesprochen.

Bei jeder Demo sah man die Verfassungsschutzleute auf den Dächern stehen. Sie hatten alles, jeden Namen. Als ich mich später an der Hochschule in Bremen beworben habe und einer politischen Anhörung unterzogen wurde, durfte mein Rechtsanwalt einen Teil der Akten einsehen. In meinem Dossier stand jede Demo, sogar die, an die ich mich selbst nicht mehr erinnern konnte. Man wusste damals, es ist ein Risiko mit den Aktionen verbunden, die wir machen. Trotzdem haben wir uns beteiligt, weil wir das Gefühl hatten, wir kämpfen für eine andere, bessere Gesellschaft.

Als Rudi Dutschke angeschossen wurde, war uns allen klar, das ist ein Ergebnis der Hetze der Springer-Presse. Er war ja nun wirklich als *der Revoluzzer schlechthin* aufgebaut worden. Ich war bei den «Osterunruhen» dabei, die sich eine ganze Woche hinzogen. Von morgens bis abends waren wir auf den Beinen, zogen vor das Springer-Hochhaus, und es war einem alles recht, was diesen «Bild»-Zeitungs-Verleger klein machte.

Denn es war manchmal lebensgefährlich, als Student auf der Straße zu demonstrieren. Wenn man nicht vor der Polizei Angst haben musste, dann vor der Berliner Bevölkerung, die durch die Springer-Presse dermaßen aufgehetzt und aggressiv war. Dadurch entstand unsere Forderung: «Man muss diesen Springer enteignen.»

Gewalt gegen Sachen habe ich damals für richtig befunden, und dass Beate Klarsfeld den Mut hatte, dem damaligen Bundeskanzler Kiesinger eine Ohrfeige wegen seiner NS-Vergangenheit zu geben, war für mich das Allergrößte. Bei der «Schlacht am Tegeler Weg» war ich auch dabei und fand es wunderbar, dass Steine geflogen sind. Die habe ich selber mit ausgebuddelt, werfen konnte ich aber nicht so weit.

Doch bei der RAF hörte es auf. Für irgendwelche klandestinen Aktionen war ich nicht zu haben. Und Gewalt gegen Personen wollte ich ebenfalls nicht, wobei es natürlich auch Gewalt gegen Personen ist, einen Stein auf einen Polizisten zu werfen. Aber sie waren damals die unmittelbaren Repressionsorgane, die wir immer als brutale Angreifer erlebt haben.

Im Februar 1969 habe ich Examen gemacht, und ab 1970 hatte ich eine Assistentenstelle an der FU. 1971 begann meine kurze AO-Zeit. Ich wurde bald Vorsitzende der Betriebsgruppe «Deutsche Maschinenbau» im Wedding. Diese Zeit habe ich als sehr anstrengend in Erinnerung, denn für uns galt das «Primat der Politik». Ich war inzwischen verheiratet, hatte eine Familie, einen Assistentenjob an der Uni und schrieb an meiner Dissertation. Das «Primat der Politik» bedeutete aber, neben den anderen Dingen des Lebens sechs bis acht Stunden täglich in Politik zu investieren.

Morgens um fünf verkaufte ich schon vor dem Fabriktor «Die Rote Fahne» oder verteilte Flugblätter. Mein Vorteil war, dass mein Ehemann Peter Schunter als Maler viel zu Hause war und sich um seine Tochter Judith kümmern konnte, die bei uns lebte. Nachmittags und abends waren wir beide mit der AO beschäftigt. Ich bin schließlich rausgegangen, weil es mir zu anstrengend war und weil ich merkte, dass ich meine Doktorarbeit nicht schaffen würde.

Ich habe mich später von meinen AO-Freunden sehr diskriminiert gefühlt, denn ich galt nun als Verräterin an der Sache der Revolution. Das war sehr hart für mich, denn irgendwie waren wir damals alle beseelt von dem Gedanken: «Zeit, die man nicht der Revolution widmet, ist vergeudete Zeit.» Obwohl ich raus bin, habe ich noch lange gemerkt, wie sehr mich diese politischen Prinzipien geprägt hatten.

1975 machte ich meinen Doktor, und 1976 bekam ich einen Ruf an die Hochschule für Wirtschaft in Bremen für die Fächer Sozial- und Politikwissenschaft. In der Zeit habe ich mich stark gewerkschaftlich betätigt und war verantwortlich für die Planung und Durchführung einer Veranstaltungsreihe «Universität und Betrieb». Irgendwann kam ich auf die Idee, man müsste doch auch mal etwas über die Frauen in den Betrieben machen. Die Frauenfrage habe ich eigentlich erst ab diesem Zeitpunkt richtig wahrgenommen, doch dann hat mich das Thema nicht mehr losgelassen. Denn schon bald fingen Auseinandersetzungen an der Hochschule an. Im Kollegium waren wir zwei Frauen und sechsunddreißig Männer.

Manche Kollegen hielten mich wegen meiner politischen Anhörung für eine Maoistin. Doch als sie mitbekamen, dass ich in der DKP bin, wurde es richtig ernst. Die DKP wurde damals in Bremen für gefährlicher eingeschätzt als die Maoisten, die an China orientiert waren. Denn China war ja weit weg. Viele Lehrer und Lehrerinnen hatten bereits Berufsverbot wegen der Zugehörigkeit zu einer dieser Gruppen oder Parteien.

1994 habe ich bei den Europawahlen für die PDS kandidiert, als meinen persönlichen Beitrag zur deutschen Einheit gewissermaßen, weil die PDS damals öffentlich so stark diskriminiert wurde. Ich bin nicht Mitglied der PDS, sondern habe als Parteilose kandidiert. Das war eine der schwierigsten Entscheidungen meines Lebens, doch ich hatte nicht erwartet, dass die Reaktionen auf diese Kandidatur so heftig sein würden. So ganz geheuer war ich als Linke manchen Kollegen an der Hochschule nie gewesen, und ernst genommen haben sie mich natürlich auch nicht, nachdem mein Schwerpunkt immer mehr die Frauenpolitik wurde.

In der ersten Phase, als sie mich noch zurechtstutzen wollten, wählten sie mich aus allen Ämtern. Auch später bin ich nie mehr in ein Amt an der Hochschule gewählt worden. Das hat mich am Anfang sehr verletzt, weil ich es gewohnt war, Ämter innezuhaben. Ich bin also zwar drin in der Hochschule, habe aber keinen Einfluss. Doch schließlich habe ich die freie Zeit für meine eigene Forschung verwendet, und auf einmal musste die Hochschule feststellen, dass ich im In- und Ausland als Referentin angefordert werde.

Seit vielen Jahren befasse ich mich nun schon mit Europa und besonders mit den Auswirkungen der europäischen Integration auf Frauen. Ich habe sehr viel zur europäischen Integration veröffentlicht, insbesondere über die europäische Sozial-, Arbeitsmarkt- und Gleichbehandlungspolitik. Seit gut zehn Jahren bin ich ständig auf Achse bei internationalen Tagungen und Konferenzen. Jetzt schmücken sie sich sogar ein bisschen mit mir. Doch ich bin ihnen immer noch nicht ganz geheuer, mit meinen Frauenthemen, als Marxistin und dann auch noch mit meinen Kontakten zur PDS.

Vom Methodischen her würde ich mich in meiner wissenschaftlichen Arbeit durchaus noch als Marxistin verstehen und von der Lebensauffassung durchaus als Sozialistin. Ich denke, die Geschichte bleibt nicht stehen. Doch ich glaube nicht, dass heute die Kräfte für eine gesellschaftliche Alternative da sind, geschweige denn für die sozialistische Variante.

Ich würde eher befürchten, dass wir schlimmere, undemokratischere Verhältnisse bekommen, als wir sie jetzt haben. Für mich selber ist eine große Desillusionierung eingetreten, was Demokratie und Rechtsstaatlichkeit in der Bundesrepublik betrifft, und was die große Politik angeht, bin ich sehr nüchtern und traue unserer und der amerikanischen Regierung alles zu.

Wenn ich so zurückblicke, dann ist klar, eine Revolution haben wir nicht erreicht. Aber klimatisch hat sich in der Bundesrepublik durch die außerparlamentarische Opposition und den Aufbruch, der dann weit über die Studenten hinaus strahlte, in den Siebzigern und Achtzigern eine ganze Menge verändert.

Die Zeit der Studentenbewegung habe ich als unglaublich wichtige und schöne Lebensphase in Erinnerung. Ich habe mich im SDS wie der Fisch im Wasser gefühlt, und für das, was ich geworden bin, sind damals viele Weichen gestellt worden. Diesen Aufbruch habe ich nicht nur miterlebt, sondern auch mitgestaltet. Ich bin eine 68erin, wenn auch meine entscheidenden Jahre schon vor 1968 lagen.

Was das Geschlechterverhältnis betrifft, so war der SDS einerseits ein Spiegelbild der Gesellschaft, andererseits auch wieder nicht. Es gab eine Dominanz der Männer, und dennoch war der SDS ein ganzes Stück egalitärer als die Gesellschaft. Es waren sehr viele Frauen dabei, und wir wurden nirgendwo rausgedrängt. Ich hatte immer das Gefühl, «hier bin ich richtig, hier ist mein Ort», und ich denke, vielen anderen Frauen ging es auch so.

Der Anteil der Frauen ist meiner Meinung nach nicht zu unterschätzen, und deshalb ärgere ich mich darüber, dass in den Büchern und Aufarbeitungen über die 68er Jahre die Frauen herausfallen, selbst bei den Autoren, die sie in ihren Büchern in früheren Auflagen erwähnt haben. Zunächst störte es mich gar nicht so sehr, weil der SDS nicht mehr mein Thema war. Und diese Publikationen und Konferenzen zu den Jahrestagen des SDS hatten oft etwas von Selbstbespiegelung.

Doch heute finde ich es wirklich bedauerlich, dass die Frauen auf einmal verschwunden sind, obwohl sie kräftig mitgemischt haben. Sie stehen nicht einmal mehr in den Namensverzeichnissen drin. Dabei war eine Frau wie Sigrid Rüger in den Jahren von 1965 bis 1967 an der FU in Berlin bekannter als Rudi Dutschke, weil sie unsere Sprecherin war und ständig öffentlich auftrat. Gerade bei Sigrid Rüger und auch bei Sigrid Fronius als Asta-Chefin ist es absurd, sie zu verschweigen.

Manche Autoren, die über diese Zeit schreiben, gehen vielleicht auch den Medien auf den Leim. Denn im Mittelpunkt bleiben leider nur die Leute, die damals schon von den Medien zu wichtigen Figuren gemacht worden sind, und sie werden nun auch in der Selbstwahrnehmung mancher SDSler immer wichtiger. Ich selbst bin damals sicherlich ebenso wahrgenommen worden wie Sigrid Rüger und Sigrid Fronius, auch wenn ich damals keine große Theoretikerin war. Wir haben anderen bestimmt eine Orientierung gegeben. Aber wir haben uns sicherlich weniger eitel verhalten als manche Männer.

Mein Leben verläuft jetzt sehr individualistisch. Ich lebe seit vielen Jahren alleine und genieße das zurzeit. Ich hatte immer Phasen des kollektiven Seins und des Zusammenlebens mit anderen, in denen wir gemeinsam versucht haben, die Welt zu verstehen und ein Stückchen zu bewegen. Heute bin ich träger geworden. Ich kriege weiterhin sehr viele Einladungen zu wissenschaftlichen Konferenzen und Tagungen, häufig auch von Frauenorganisationen. Und ich freue mich immer wieder, dass sie das, was ich erarbeite, für ihre politische Arbeit oder auch ihr Leben gebrauchen können.

Ich hatte viele innere Rufe, die in sehr verschiedene Richtungen gingen, aber politisch immer irgendwie nach links ausgerichtet waren. Und bei mir gab es stets eine sehr enge Verbindung zwischen dem, was ich politisch, und dem, was ich wissenschaftlich gemacht habe. Deshalb empfinde ich eine große Übereinstimmung zwischen dem, was ich bin, und dem, was ich mache. Insofern habe ich ein ganz positives Lebensgefühl.

**Hedda Kuschel, Oktober 2001**

*«Militanz war*
*ein Teil meines Lebensgefühls»*

# HEDDA KUSCHEL
### Gratwanderung zwischen Kindern, Drogen und Politik

Ich bin 1940 geboren. Mein Vater ist in Russland gefallen, und ich habe ihn nie kennen gelernt. Er war bei der «Leibstandarte Adolf Hitler» und zuletzt an der «Ostfront». Meine Mutter war immer Hausfrau. Bis zu meinem siebten Lebensjahr hatte ich ganz unbeschwerte Kinderjahre.

Diese Jahre waren eine sehr schlechte Zeit. Aber die Erwachsenen kümmerten sich sehr liebevoll um meine Schwester und mich. Meine Mutter, meine Schwester und ich lebten damals mit meiner Tante und den Großeltern zusammen. Aber das war, bevor mein Stiefvater auf den Plan trat, den meine Mutter noch während des Krieges bei einem Skiurlaub kennen gelernt und sofort geheiratet hatte. Sowie er aus amerikanischer Kriegsgefangenschaft zurückgekehrt war, änderte sich die Situation für mich schlagartig. Ich bin nicht mit ihm klargekommen.

Mit dem neuen Vater zogen wir weg von Großeltern und Tante nach Stuttgart. Hier wurde ich immer mehr zur Außenseiterin. Später bekam ich noch zwei Brüder, was für mich aber nichts änderte. Mein Stiefvater kam aus einem wohlhabenden Elternhaus, hatte einen ziemlich lukrativen Job, und mit dem Wirtschaftswunder ging es der neuen Kleinfamilie bald immer besser.

Meine Mutter habe ich sehr widersprüchlich erlebt. Auf der einen Seite liebte sie mich, und das habe ich gespürt. Auf der anderen Seite hat sie sich ihrem zweiten Mann, von dem ich nur Ablehnung erfuhr, sehr untergeordnet. Wenn es Prügel gab, waren immer beide beteiligt. Dass ich ihr wichtig war, kam immer nur dann zum Ausdruck, wenn ich krank war, was natürlich dazu führte, dass ich häufig krank war. Dann gab es ganz viel Zuwendung, ich war ihr «Christkindchen», und es gab Küsschen hier und da.

Es gab körperliche Züchtigung, aber vor allen Dingen seelische Verletzungen. Nichts, was ich als Kind gemacht habe, wurde positiv gewertet. Zum Beispiel wollte ich Ärztin werden, konnte diesen Wunsch aber nicht gegen meinen Stiefvater durchsetzen. Sein Kommentar dazu war immer der gleiche: «Für Mädle isch studiere wie Perle vor d' Säu g'worfe.» Dennoch hatte ich als Kind ein relatives Selbstbewusstsein, insofern als ich mir einen inneren Kern nicht habe zerstören lassen. Aber das führte schließlich dazu, dass ich sehr in mich gekehrt war. Erst als ich in eine Jugendgruppe eingetreten bin, veränderte sich das wieder.

Als ich die Schule am Königin Katharina Stift in Stuttgart mit der mittleren Reife beendete, war ich fünfzehn. Danach besuchte ich ein Jahr die graphische Fachschule und machte anschließend eine Lehre in den Werkstätten für Gebrauchsgraphik und Verkaufsförderung in Stuttgart. Für Jungs hatte ich bis dahin nichts übrig.

Während meiner Lehre, mit sechzehn Jahren, lernte ich bei der Gestaltung eines Eisenbahnzuges mit Wahlwerbung für die CDU einen Kunststudenten kennen, der dort jobbte und der mein späterer Mann werden sollte. Es war die große Liebe, zwar nicht auf den ersten, aber doch auf den zweiten Blick. Er war eigentlich der erste Mann, von dem ich das Gefühl hatte, dass er mich akzeptierte, so wie ich war, in Jeans und Pullover, und dem meine Meinung etwas bedeutete.

Ohne Ende diskutierten wir über Bücher, Filme, alte und neue Weltanschauungen. Wir waren viel unterwegs, denn zu mir nach Hause durften wir nicht. Für mich eröffnete sich ein ganz neuer Horizont. Wir haben uns verlobt und die Verlobungsreise nach Paris gemacht. Ich war wie im siebten Himmel und heilfroh, endlich von meinem gewalttätigen Stiefvater wegzukommen.

Meine Lehre habe ich nach zwei Jahren abgebrochen, wir haben geheiratet und zehn Jahre lang wollte ich nichts anderes als meine Idealvorstellung vom Leben verwirklichen: Einen Mann und Kinder, die ich liebe und für die ich aufgehe in der täglichen Arbeit. Wir haben immer unter sehr einfachen Bedingungen gelebt. Ein paar Jahre wohnten wir in einem Gartenhaus, wo es noch nicht einmal fließendes Wasser gab. Zum einen hatten wir wenig Geld, aber es war auch Überzeugung und Idealismus dabei. Geld war damals überhaupt nicht wichtig für uns. Mein damaliger Mann war Künstler, er malte. Aber für unseren Lebensunterhalt musste er immer wieder jobben gehen.

Von Anfang an wollten wir in unserer Ehe alles anders machen als unsere Eltern. Von ihnen haben wir uns deutlich abgegrenzt. Wir waren sehr idealistisch, und wichtig waren für uns damals die amerikanischen Existenzialisten, wie Jack Kerouac, Allen Ginsberg, William Burroughs, und mich beeindruckte eine Künstlerin, die auf Farbbeutel schoss, Niki de Saint Phalle.

An Parteipolitik waren wir nie interessiert, nur einmal waren wir als junge Familie wählen und stimmten für die SPD, die uns Anfang der 60er Jahre noch einen Hauch von Fortschritt vermittelte. Ich bekam drei Kinder und wollte sie auch haben. Es war keine Planung dahinter, aber alle drei waren willkommen. Wir sind einige Male umgezogen, zuletzt in ein Dorf bei Marbach am Neckar.

Als wir nach Berlin zogen, hatte ich überhaupt keine Ahnung von Drogen, habe weder Alkohol noch Kaffee getrunken, nicht mal geraucht und schon gar keine Tabletten genommen. Ich wollte nicht nach Berlin, aber mein Mann hatte Freunde dort und meinte, als Künstler sei es wichtig für ihn, nach Berlin zu gehen. Natürlich war klar, dass wir mitgehen. Wir wohnten zuerst provisorisch bei Freunden von ihm, und meine erste bedeutende Handlung war, mir die Pille verschreiben zu lassen.

In Berlin wurde bald alles hochgespült, was in unserer Ehe bis dahin für mich unter dem Deckel geblieben war. Wir hatten zwar andere Ideen von Zusammenleben, Kindererziehung und sicher auch eine andere Moral und eine andere Weltanschauung als unsere Eltern. Aber es gab doch die klassische Rollenaufteilung zwischen uns. Natürlich war *ich* die Hausfrau, obwohl ich auch andere Interessen hatte, zum Beispiel gerne malte. Er hatte seine «Freiheiten». Ich war während unserer Ehe sehr still. Innerhalb der Familie war alles wunderbar, denn das war mir vertraut. Aber für Außenstehende wirkte ich sehr in mich gekehrt.

Ende 1965, Anfang 1966 wollte ich mich mit den ganzen eingefahrenen Strukturen zwischen uns immer weniger abfinden. Ich fing an, mich in Protest zu üben. Ich erinnere mich an meine erste Zigarette, die ich in solch einer Situation rauchte. Mich nervte zum Beispiel furchtbar, dass er

*Hedda Kuschel mit ihrem
ersten Kind, 1959*

während und nach unseren Auseinandersetzungen ganz cool an seiner
Zigarette zog, und da dachte ich,
«Mensch, das kannst du doch auch!»
Also habe ich mich genau wie er ans
Fenster gestellt und eine von seinen Roth-Händle durchgezogen. Er
konnte mich gerade noch auffangen,
weil ich nach ein paar Schritten
umgekippt bin.

Ich würde sagen, spätestens 1967
fing mein '68 an, und es war für mich
ein großes Coming-out, verbunden
mit einem ganz starken Gefühl von Befreiung. Ich verlor meine Schüch-
ternheit, wurde sehr neugierig und lernte zum ersten Mal seit meiner Heirat selbst andere Menschen kennen. Manche brachte ich mit nach Hause.
Eine Zeit lang lebte eine Treberin bei uns. Sie war Friseuse und hat mir eines
Tages einen «Afro» gemacht. Schade, dass ich kein Foto davon habe, aber es
war damals nicht wichtig, irgendetwas in Fotos festzuhalten.

Immer öfter zog ich an herumgehenden Joints. Ich habe mich hip-
piemäßig gekleidet, gerne lange bunte Röcke getragen und die Augen stark
mit viel schwarzem Kajal geschminkt. Mein Ehemann wollte mit mir
manchmal nicht mehr auf die Straße gehen, weil ihm mein Aussehen
peinlich war. Aber ich machte in jeder Beziehung nur noch, was ich wollte, egal was andere dazu sagten, ob Nachbarn guckten oder Freunde, die
mich von früher kannten, nur noch den Kopf schüttelten. Mit meinem
Mann gab es viel Streit, da er «Freiheiten», die er früher ganz selbstverständlich genossen hatte, mir nicht zugestehen wollte. Trotzdem machte
ich weiter.

Morgens war ich öfter nicht zu Hause, weil ich die Nächte durchgemacht und Partys mit andern gefeiert hatte. Er machte gerade irgendwelche Renovierungsarbeiten und konnte morgens nicht arbeiten gehen, weil
er die Kinder versorgen musste. Das war sicher nicht schön, aber es war so.

Ich habe mich in dieser Zeit einfach einem Fluss hingegeben, einem Leben von einer Stunde zur anderen.

Es war alles ein ziemliches Chaos. In dieser Zeit hatte ich verschiedene Liebesbeziehungen, manche nur für zwei oder drei Nächte. Das war schon ganz spannend, aber letztendlich bin ich doch immer wieder auf die gleichen Verhaltensweisen gestoßen, wie sie mich zunehmend bei meinem Ehemann gestört haben, insbesondere dieses Coolsein, dieses Machogebaren und Frauen als Besitz zu behandeln. Irgendwann wurde es langweilig, und ich hatte keine Lust mehr auf ständig wechselnde Liebesbeziehungen.

1967 ging es so richtig los mit den Hasch-Partys, und morgens habe ich hin und wieder Opiumtee getrunken. Dazu hast du Rohopium in Tee aufgelöst und warst den ganzen Tag sehr ruhig und gelassen. In dieser Zeit wohnten wir noch als Familie zusammen und zogen sogar noch einmal gemeinsam in eine Wohnung in der Pariser Straße in Wilmersdorf. Wir dachten, es könnte einen Neuanfang für uns geben, denn meine wildeste Phase war ja vorbei. Aber es ging nicht mehr. Wir hatten dort immer ein mehr oder weniger volles Haus, was mir sehr gefallen hat, ihm aber nicht.

Ziemlich schnell hatte ich einen neuen Freund. Er war einer von den Leuten, die dort noch wohnten, als wir einzogen, und ich bin mit ihm mitgegangen, als mein Mann ihn aus der Wohnung warf. Als ich zurückkam, weil ich die Kinder wiedersehen wollte, nutzte mein Mann meine Anwesenheit aus, um fluchtartig die Wohnung zu verlassen. Er hatte inzwischen gemerkt, dass ihn die Kinderbetreuung total überforderte. Dann hatte ich zunächst alle drei Kinder. Als wir uns 1968 ganz bewusst getrennt haben, sind die beiden Jüngeren bei mir geblieben, und unsere Älteste zog mit ihrem Vater in eine andere Wohngemeinschaft.

Mein neuer Freund war ganz anders als die Männer, die ich bis dahin kennen gelernt hatte, so in sich ruhend und mit einer sehr freundlichen und positiven Grundstimmung im Umgang mit anderen. Das hat mich sehr fasziniert. Mit ihm war ich mehrere Jahre zusammen, bis ich die grenzenlose Art, wie er Drogen konsumierte, nicht mehr mit der Entwicklung meiner Kinder vereinbaren konnte und wollte und mit meinem Wunsch, endlich mit Drogen aufzuhören.

In der Pariser Straße veranstalteten wir LSD-Partys, und die waren für mich damals das Beste überhaupt. Ein Freund von uns hatte Connections und verkaufte LSD. Es kam vor, dass bei der Herstellung aus Versehen auf einige Zuckerwürfel zu viele LSD-Tropfen gekommen waren, sodass er sie nicht verkaufen wollte. Diese Würfel hat er dann mitgebracht. Wir haben sie in einer Schüssel mit Wasser aufgelöst und uns alle zusammengesetzt. Die Schüssel ging im Kreis herum, und alle haben einen Esslöffel davon genommen, bis die Schüssel leer war.

Die bewusstseinserweiternde Wirkung, die dem LSD nachgesagt, aber auch viel belächelt oder in Frage gestellt wird, habe ich bei diesen Sessions sehr deutlich erfahren. Mit LSD war es möglich, in ganz neue Sphären und Dimensionen einzutauchen, visuell, emotional und in der Beziehung zu allen, die anwesend waren. Musik hatte dabei einen besonderen Stellenwert. Du konntest sie viel intensiver wahrnehmen, und mit einzelnen Stücken, wie zum Beispiel «In A Gadda Da Vida» von Iron Butterfly, verbinden sich ganz besondere Rauscherlebnisse.

LSD entwickelt eine ganz andere Wirkung als beispielsweise Alkohol. Es macht überhaupt nicht laut und aggressiv, und du kippst auch nicht so weg wie beim Heroin. Wenn du mit netten Leuten zusammen bist, entwickelt sich eine sehr schöne, phantasievolle, wache und gleichzeitig ruhige Atmosphäre. Wir haben nicht jeden Tag LSD konsumiert, auch dadurch blieb es immer etwas Besonderes. Die Partys fanden statt, wenn die Kinder schliefen. Wir hatten die Wohnung schön gemacht, Früchte und Säfte eingekauft und manchmal auch grünen und roten Wackelpudding gekocht. In den Zimmern hatten wir viele Matratzen auf dem Boden liegen. Das war einfach sehr bequem.

In dieser Zeit sind Fotos entstanden, von denen mehrere in einer Reportage über Drogen im «Stern» erschienen sind. Wir brauchten immer Geld, denn gearbeitet hat selten jemand. Auch deshalb haben wir uns darauf eingelassen. Wir hatten eine richtige Wohnküche mit einem großen alten Holztisch. Auf einem Foto ist eine Installation zu sehen, um Haschisch zu konsumieren, und die ganzen Utensilien, die dazu gebraucht wurden. Haschisch wurde relativ viel geraucht. Auch haben wir regelmäßig Opiate konsumiert, doch überhaupt keinen Alkohol getrunken.

Der «Stern» hat natürlich eine fürchterliche und verfälschte Reportage aus dieser Sache gemacht. So war es immer, der «Stern» wollte überall dabei sein und täuschte korrekte Absichten vor. Doch mit seinen Geschichten bediente er nur die bürgerlichen Vorurteile gegen die neue Be-

*Hedda Kuschel in ihrer Berliner WG bei einer Party, Berlin 1969*

wegung. In gleicher Machart erschien einige Zeit später eine Reportage über die Kinderläden, worauf einige Kinderläden aus Protest dem «Stern» einen gar nicht netten Besuch abstatteten.

### «Sie sollten lernen, mit Feuer umzugehen»

Politisch war ich zu dieser Zeit schon sehr interessiert und setzte mich, wie alle anderen auch, intensiv mit dem Vietnamkrieg auseinander. Dass ein kleines Volk um seine Befreiung kämpfte und Siege über den US-Imperialismus errang, hatte mich mit Leib und Seele gepackt. Ich ging zu allen Demos und zu vielen Diskussionen und Veranstaltungen. Dann wurde ein Internationaler Vietnam-Kongress in West-Berlin geplant.

Bei den Vorbereitungen ging es schon sehr bald um die Frage, «was machen wir während des Kongresses mit den Kindern», und es war das erste Mal, dass diese Frage konkret gestellt wurde. Wir setzten uns zusammen und überlegten, was wir machen könnten. Der Vietnam-Kongress fand im Audimax der Technischen Universität statt. Auf dem Gelände der TU stand damals noch eine kleine alte Villa, wo dann vor allem Frauen für die Dauer des Kongresses eine Kinderbetreuung organisierten, bei der wir uns gegenseitig abwechselten. Das klappte ziemlich gut.

Diese konkrete Arbeit und die damit verbundenen Auseinandersetzungen waren für mich persönlich eine kleine Revolution. Schon vor dem Vietnam-Kongress hatten wir angefangen, uns mit revolutionärer Erziehung theoretisch zu beschäftigen. Wir lasen «Theorie und Praxis der antiautoritären Erziehung. Das Beispiel Summerhill» von A. S. Neill und später Texte von Wilhelm Reich, Anna Freud, Wera Schmidt und vielen anderen mehr. Nach dem Kongress wollten wir unsere Ideen und Vorstellungen in die Praxis umsetzen.

Auch in anderen Bezirken setzten sich Leute zusammen, gründeten Kinderläden, und so entstand die Kinderladenbewegung. Unsere Gruppe fand Räume in der Jebenstraße, ganz in der Nähe der TU. Den Kinderladen haben wir selbst finanziert. Es gab damals für solche Projekte noch keine Unterstützung vom Senat oder von den Bezirken. Wir hatten einen gemeinsamen Topf, in den wir Geld einbezahlten, je nachdem, was bei den Einzelnen an finanziellen Mitteln da war.

Traudel Hartje war unsere Kindergärtnerin und sie war kontinuierlich da. Viele Leute, die selbst keine Kinder hatten, arbeiteten beim Kochen, Putzen, Organisieren und bei der Betreuung der Kinder mit. Dazu gehörten auch Leute, wie Jan-Carl Raspe und Manfred Grashof, die später zur RAF gingen. Wir haben bei den Spielen der Kinder so wenig wie möglich eingegriffen. Meistens sagten die Kinder selbst, was sie machen wollten, und dann haben wir versucht, es zu ermöglichen, selbst wenn sie manchmal ganz ausgefallene Ideen hatten. Auch mit Farben hatten sie jede Freiheit und durften sich selbst die Wände und den Fußboden bemalen.

Unsere Räume in der Jebenstraße waren sehr groß. Die Kinder sollten sich in jeder Beziehung ausleben können. Das war uns wichtig. Die bürgerliche Erziehung und ihre Methoden, wie zum Beispiel der Zwang zur Sauberkeit, war für uns nur eine Methode zur Unterdrückung und Konditionierung der Kinder. Ebenso lehnten wir die Vorstellung von «mein Kind» und «dein Kind» ab. Alle Erwachsenen sollten sich gleichermaßen für alle Kinder verantwortlich fühlen.

Auch hatten die Erwachsenen die Aufgabe, den Kindern die politische Situation zu vermitteln. Das wurde ganz bewusst nicht von ihnen fern gehalten. Sie wussten genau, was in Vietnam passiert, und sie haben an Demonstrationen teilgenommen, selbst Kinderblocks gemacht und Schilder gehalten, die sie bemalt hatten. Aber es kam auch vor, dass indoktriniert und einfache Texte von Erwachsenen vorgeschrieben wurden, was eigentlich unserem Anspruch zuwiderlief. 1969 zog unser Kinderladen von der Jebenstraße, aus der wir rausgeflogen sind, in die Pohlstraße. Hinter dem Haus gab es ein riesiges Trümmergrundstück, und das war ein Paradies für die Kinder. Marianne Janitzki, eine Mutter und Fotografin, hat dort viele Fotos gemacht.

Es war uns wichtig, dass es für die Kinder keine Verbote gab. Sie sollten lieber lernen, mit gefährlichen Dingen, zum Beispiel mit Feuer, umzugehen, und wir haben sie damit spielen lassen. Wir hatten auch den Anspruch, gegen die herkömmliche Rollenverteilung zu arbeiten. also Autos auch für Mädchen und Puppenspiele für die Jungs interessant zu machen. Aber Kinder orientieren sich sehr an dem, was ihnen ihre Vorbilder – vor allem die Eltern – vorleben, und da mangelte es noch.

In meiner WG in der Pariser Straße war es das erste Mal, dass ich mit Menschen, die nicht zu meiner Kleinfamilie gehörten, alles teilte. Das war

*Kinderladenkinder beim Spielen auf einem Trümmergrundstück, Berlin 1969*

damals etwas ganz Neues, nicht nur für mich. Begriffe wie «Mein» und «Dein» wurden grundsätzlich infrage gestellt. Es gab den Versuch, alles zu vergesellschaften, den Schlafplatz, das Essen, die Kommunikation, ja sogar die Drogen. Die Vergesellschaftung der Zweierbeziehung war hingegen überhaupt nicht meine Sache, ebenso wenig wie ausgehängte Klotüren.

In unserer Wohnung war es so, dass alle willkommen waren, und wer übernachten wollte, konnte das tun. Diese Offenheit und das Bemühen, alle einzubeziehen, war in der ganzen Szene verbreitet. Eine Folge davon war, dass sich alle Leute kannten, von Demos, Versammlungen, Hasch-Partys, vom Tanzen, von politischen Aktionen und vom Austausch in den Wohnungen. Drogen waren dabei überhaupt nicht ausgegrenzt, sondern gehörten ganz im Gegenteil zum Politischen dazu. Vor allem Haschisch und LSD wurden damals von allen ausprobiert.

Es gab die vielfältigsten Berührungspunkte und Gemeinsamkeiten, bis hin zu Kneipen, zum Beispiel das «Mister Go». Das war eine kleine Disco vor den Yorckbrücken, die ständig total überfüllt war, schon Flashlight hatte und die gelegentlich gegen Bulleneinsätze gemeinsam und erfolgreich verteidigt wurde.

Nach der Pariser Straße kam meine Zeit in der Wieland-Kommune. Ich zog mit den beiden Kindern, aber ohne meinen Freund ein, denn ich wollte mehr Distanz in unsere Beziehung bringen. Wir lebten dort mit acht Erwachsenen und sechs Kindern zusammen. Ein Teil kam aus der ehemaligen Kommune 2.

Die Zeit in der Wieland-Kommune war für mich sehr ambivalent. Auf der einen Seite liebte ich es, in einer großen Gruppe und mit vielen Kindern zu leben, auf der anderen Seite gab es vieles, was mich doch sehr störte. Aber nicht immer habe ich das Maul aufgemacht. Zum Beispiel fiel mir auf, wie oft sich die Männer vor der Hausarbeit drückten. Stattdessen hatten sie ganz wichtige Termine und Besprechungen, und die meiste Arbeit mussten doch wieder die Frauen wegschaffen. Ich erinnere mich nicht, dass wir uns als Frauen zusammengetan und dagegen etwas unternommen hätten. Es blieb letztendlich bei verbaler Kritik, mit der Konsequenz, dass alles so weiterging, wie gehabt.

In den Frauengruppen, wie dem «Aktionsrat zur Befreiung der Frauen», war ich eher selten. Ich bewegte mich mehr in gemischten Zusammenhängen. Aber ich erinnere mich, dass es mich sehr gestärkt hat, wenn die Frauen zusammensaßen, und ich fand es klasse, wenn Frauen Aktionen machten. Für mich selbst entwickelte sich die bewusste und kontinuierliche politische Zusammenarbeit mit Frauen erst später.

Heute denke ich, dass die Frauen dem viel näher waren, sich auch als Individuen wirklich verändern zu wollen. Die Männer hingegen schwangen revolutionäre Parolen und haben an sich selbst vorbeigeguckt. Sie hatten offensichtlich – anders als die Frauen – wenig Interesse und Lust an eigener

Veränderung. Es war für viele Männer immer noch äußerst wichtig, sich ein Stück der alten Macht zu erhalten beziehungsweise diese in den neuen Feldern, die geschaffen und erkämpft wurden, für sich zu etablieren. Das sah ich alles zwar schon sehr deutlich, aber dabei blieb es auch.

Der «Zentralrat der sozialistischen Kinderläden West-Berlin», so nannte sich unser Überbau, tagte so alle zwei bis vier Wochen. Ich war ab und zu dort, aber nicht kontinuierlich, weil ich einfach zu viele andere Sachen im Kopf hatte. Ich war einerseits in den politischen Zusammenhängen aktiv und andererseits drogenabhängig. Das war kein Geheimnis, trotzdem gehörte ich dazu wie alle anderen auch.

Gut waren die Smoke-ins, die damals als öffentliche Aktionen im Tiergarten stattfanden. Es wurde viel Haschisch geraucht, Musik gehört, und es war eine sehr angenehme Stimmung. Wir machten auch selbst Musik, und viele brachten ihre Kinder mit. Nie wieder habe ich so viele Konzerte besucht wie in dieser Zeit. Immer lief es so ab, dass sich vor dem Konzert eine Menge Leute versammelten, und dann sind wir an den Kontrollen durchgebrochen. Für unsere Musik wollten wir nicht bezahlen müssen. An das letzte Konzert im Sportpalast an der Potsdamer Straße erinnere ich mich noch genau. Frank Zappa spielte dort am 16.10.68. Auf der Bühne war ein Berg von Kuscheltieren aufgetürmt. Zappa sang aber nicht von «Revolution», sondern von «Evolution», und deshalb wurde kurz nach Beginn des Konzerts die Bühne gestürmt. Es war ein riesiges Chaos, überall lagen Kuscheltiere, und das Konzert war beendet.

Das Attentat auf Rudi Dutschke wie auch der Tod von Benno Ohnesorg verschwinden bei mir im Nebel von vielen Ereignissen. Zum einen war damals wirklich wahnsinnig viel los, und es gab viele Demonstrationen, wo es zu heftigen Konfrontationen mit der Polizei kam. Zum anderen fehlt mir manchmal die exakte Erinnerung, was sicher mit meinem Drogenkonsum zu tun hatte. Daran, dass Beate Klarsfeld Kiesinger ohrfeigte, kann ich mich noch gut erinnern, das war ja auch eine klasse Aktion.

Wegen des Krieges der US-Amerikaner in Vietnam war ich zunehmend für militante Aktionen. An meine erste militante Aktion erinnere ich mich nur so weit, dass wir nachts losgingen, etwas gegen die Filiale einer US-Niederlassung unternahmen und dass es wahnsinnig aufregend war. Etwas gegen das Establishment zu tun, uns mit dem Vietcong zu solidarisieren, das war der Motor, und «Macht kaputt, was euch kaputt macht» von Ton

Steine Scherben war ein weit verbreiteter Slogan. Militanz war in dieser Zeit Teil meines Lebensgefühls, Teil meiner eigenen Befreiung. Ich erinnere mich hier an Petra Schelm und Georg von Rauch, die später erschossen wurden, und an Leute, die dann beim 2. Juni waren und in den Untergrund gingen.

Wichtig waren in diesem Zusammenhang auch die Haschrebellen. Das waren Leute, die viel Haschisch rauchten und gleichzeitig politisch sehr aktiv waren. Jedes Jahr gab es in West-Berlin die Militärparade der alliierten Streitkräfte. Sie war Anlass, Demonstrationen und Aktionen durchzuführen und uns mit der Polizei anzulegen. Einmal habe ich eine Tasche voller Stinkbomben durch die Polizeiketten gebracht. Die anderen konnten sich dann problemlos kontrollieren lassen. Wir sind über endlose Treppen auf das Dach des Architekturgebäudes am Ernst-Reuter-Platz gestiegen und warfen die Stinkbomben auf die Parade.

Auch wurden schwarze Radiosendungen organisiert, denn die Presse, allen voran Springer, log ja wie gedruckt, und es mussten immer wieder Sachverhalte klargestellt und wahrheitsgemäß berichtet werden. Neulich traf ich jemand im Theater. «Mensch, Hedda», sagte er, «du hast doch damals die Nachrichten gesprochen». Und dann fiel es mir wieder ein: der Dachboden, das Mikro, die besondere Atmosphäre.

Was die wirtschaftliche Situation betrifft, gab es in der Wieland-Kommune für mich noch einen ganz anderen Aspekt. Wir hätten die teure Miete dieser Riesenwohnung niemals bezahlen können, wenn wir den täglichen Lebensunterhalt hätten voll finanzieren müssen. Sich Lebensmittel wie Kaffee und Käse in den neuen Supermärkten «anzueignen» und damit Konzerne «im Kleinen» zu enteignen, war politisch vollkommen korrekt.

Das erste Mal, als ich «Tagesdienst» in der WG hatte, wurde ich darin unterwiesen, wie das am besten gemacht wird, ohne erwischt zu werden. Eine Freundin aus der Kommune ging mit mir in den Supermarkt und machte eine praktische Einführung. Das lief dann immer relativ locker ab, wahrscheinlich weil die Supermärkte damals noch nicht so überwacht waren.

### «Aus der Krankheit eine Waffe machen»

Es wurde für mich zunehmend schwieriger, im Kinderladen mitzuarbeiten, weil ich mich vermehrt um Drogenbeschaffung kümmern musste.

Meinen ersten Entzug habe ich in der Wieland-Kommune gemacht. Holger Meins und Ingrid Schubert haben mich dabei begleitet. Sie haben mich auf ihre Art sehr motiviert. Wir führten viele Gespräche über die politischen Verhältnisse und darüber, wie wir sie verändern könnten. Mir fällt dazu auch das «Heidelberger Patientenkollektiv» ein und dessen Parole: «Aus der Krankheit eine Waffe machen». Dieser Gedanke spielte damals bei Wegen aus Krankheit und Sucht eine große Rolle. Ich denke, dass ich daraus etwas gelernt habe. Aber letztendlich bin ich darüber nicht clean geworden. Es hatte bei mir selbst noch nicht gefunkt, und das sollte auch noch ein paar Jährchen dauern.

Ich versuchte, mit Dosisreduzierung wieder zu einem normaleren Leben zurückzufinden. Das war zwischen 1970 und 1972. Ich hatte die Idee, Erziehungswissenschaften an der FU zu studieren. Viele andere taten das auch. Dieses Fach sollte sozusagen von unten revolutioniert werden. Es gab damals die Möglichkeit – auch eine neu erkämpfte Errungenschaft –, mit mittlerer Reife, also ohne Abitur, zu studieren. Du brauchtest einfach zwei Gutachten von fortschrittlichen Profs an der FU, und die hast du auch bekommen. Ziemlich schnell habe ich aber gemerkt, «Uni ist nicht mein Ding», und habe das Studium nach zwei Semester, in denen ich kaum an einer Veranstaltung teilgenommen hatte, wieder hingeschmissen.

Dann fingen die ML-Zirkel an, und ich weiß, dass ich anfangs auch mitgemacht habe. Aber es hat mich zunehmend angeödet, Marx zu lesen und theoretisch alles dazu in Beziehung zu setzen. Diese Art, Politik zu machen, war überhaupt nicht meine Sache. Meine politische Arbeit war einfach die Praxis und die Auseinandersetzung darüber.

Doch mit der Zeit zerbrach das politische Netzwerk und 1970, als die Kinderladenkinder eingeschult wurden, schließlich auch dieser Zusammenhang. Die Kinder und ich sind aus der Wieland-Kommune in eine große Wohnung nach Schöneberg umgezogen, wo auch noch andere Junkies lebten, und nach einem Jahr in eine kleinere Wohnung im gleichen Haus, zusammen mit meinem Freund.

Zur Drogenbeschaffung habe ich eine Zeit lang geklaut und die Sachen verkauft. Aber das ging irgendwann nicht mehr, und ich fing an, in einem gewissen Rahmen Stoff zu verkaufen. Es schien die einzige Möglichkeit zu sein, um zu Hause alles noch einigermaßen hinzubekommen. Prostitution war für mich aber überhaupt kein Thema.

Ich versorgte Frauen an der Kurfürstenstraße und in den Bars an der Potsdamer Straße mit Stoff. Die Erfahrungen, die drogenabhängige Frauen auf dem Strich machen müssen, sind teilweise unglaublich. Männer können es gnadenlos ausnutzen, dass die Frauen das Geld brauchen, und verlangen von ihnen häufig für sehr wenig Geld extrem erniedrigende und auch schmerzhafte Dienstleistungen. Außerdem waren die Frauen den Angriffen der Zuhälter der nicht drogenabhängigen Prostituierten ausgesetzt, die sich durch die anderen nicht die Preise versauen lassen wollten. Sie gaben sich als Freier aus und brachten ihnen schwere Verletzungen bei. Das alles konnte und wollte ich mir nicht antun.

Ein weiteres Mittel zur Drogenbeschaffung waren Rezepte. Es gab sie immer mal auf der Szene zu kaufen. Ich füllte sie aus und löste sie in anderen Bezirken ein. Beim Einlösen half mir der Umstand, dass ich einen Schwesternhelferinnenkurs beim Roten Kreuz gemacht habe. Wir bekamen zu diesem Zweck eine blau-weiß gestreifte Schwesterntracht mit Schürze und Häubchen. Mit dieser Tracht ließen sich die Rezepte natürlich ganz problemlos einlösen.

Um einmal ganz normal an Geld zu kommen, habe ich dann in einem psychiatrischen Krankenhaus in Zehlendorf gearbeitet. Nach ein paar Monaten musste ich wieder gehen, weil ich es nicht über mich brachte, Menschen bestimmte Medikamente zu verabreichen, obwohl sie diese nicht einnehmen wollten. Irgendwann kam heraus, dass bei «Schwester Hedda» die Einnahme freiwillig war, und ich war den Job los.

Auch Apothekeneinbrüche dienten häufig der Drogenbeschaffung. Ich erinnere mich an einen Stoff aus dem Giftschrank einer Apotheke, dessen Folgen grausam waren: Apomorphin ist ein Brechmittel nach Vergiftungen. Trotz vieler negativer Erfahrungen wie dieser gingen wir immer wieder hohe Risiken ein und probierten vor allem in Zeiten von Drogenknappheit Substanzen aus, die uns sehr geschadet haben.

Es war mir nun schon sehr bewusst, wie tief ich in der Abhängigkeit drinsteckte, und ich habe viele Versuche unternommen, um damit aufzuhören. Aber ich habe es nicht geschafft. Ich habe immer nur den körperlichen Entzug durchgehalten. Doch danach kommt eigentlich erst die Zeit, wo du anfangen musst, dein Leben wieder selbst in die Hand zu nehmen. Du musst um deine Weiterentwicklung, deine Zukunft, ja um dein Leben regelrecht kämpfen. Doch diesen Raum hatte ich nicht. Ich fühlte mich nach dem körperlichen Entzug überhaupt nicht in der Lage, wieder «normal» zu funktionieren. Unter dem Druck von Schuldgefühlen fing ich jedes Mal wieder an, und alles lief wie gehabt, bis zum nächsten Versuch. In dieser Zeit habe ich mich von meinem Freund getrennt.

Schon ziemlich alleine mit Drogen und Kindern, versuchte ich immer noch, zu Hause einen gewissen Rahmen aufrechtzuerhalten. So war ich bemüht, für die Kinder ein halbwegs gesundes Essen auf den Tisch zu bringen, damit sie genug Vitamine und Mineralstoffe bekamen. Allerdings hatten wir manchmal kein Geld, und dann kam es vor, dass wir nur die Kuchenreste hatten, die uns ein Bäcker gab.

Ab und zu war ich für Drogen auch einen ganzen Tag unterwegs, denn Stoff ist immer wieder mal knapp, und dann musst du furchtbar suchen, weil nichts auf dem Markt ist. Und du brauchst das Zeug ja, einfach um existieren zu können. Ich habe insgesamt drei Versuche in Therapieeinrichtungen gemacht, die aber alle nicht funktioniert haben. Ich habe sie alle abgebrochen.

Der letzte erfolglose Versuch muss Anfang 1973 gewesen sein, als die Kinder und ich gemeinsam in die Einrichtung «Release» in der Potsdamer Straße eingezogen sind. Doch die Kinder wollten da nicht bleiben. Sie suchten sich selbst sehr schnell eine Alternative in befreundeten Wohngemeinschaften und zogen wieder aus. In der Situation war das sehr schwierig für mich, aber später war ich froh darüber, dass es Menschen gegeben hat, die bereit waren, meine Kinder aufzunehmen.

Wieder wurde ich rückfällig und musste die Therapieeinrichtung verlassen. Ohne meine Kinder bin ich für fast zwei Jahre noch einmal so richtig abgestürzt. Ich habe völlig extrem konsumiert und alles gespritzt, was mir in die Hände kam: Opiate, Kokain, Kokain-Mandrax-Cocktails und Ritalin. In diesen zwei Jahren, unterbrochen von zwei kurzen Gefängnisaufenthalten, hatte ich auch meistens einen Haftbefehl im Nacken, und das ist nicht einfach. Da fühlst du dich schon sehr gehetzt, und das hat sicher dazu beigetragen, dass ich keine feste Wohnung mehr hatte und obdachlos war, weil ich mich nirgendwo mehr anmelden konnte.

Ich habe mal hier, mal da gepennt und eigentlich immer etwas bei anderen Junkies gefunden. In dieser Zeit hatte ich gar keinen Kontakt mehr zu Leuten, die nicht drogenabhängig waren. Es war wirklich ein totaler Absturz in die Szene und in die Drogen. Aber vielleicht, denke ich heute, hat es das gebraucht, um wirklich einen radikalen Neuanfang zu machen.

Erst während meines dritten Gefängnisaufenthaltes, auch wieder im Frauenknast in der Lehrter Straße und dieses Mal für fünf Monate, war ich in der Lage, etwas Neues für mich zu entwickeln. Dieses Mal hat es tatsächlich «klick» gemacht, und das war, wie wenn du einen großen Schalter umlegst, jeden Tag ein bisschen, aber unaufhaltsam. Mit einem Mal konnte ich meine Grenzen überschreiten. Zuerst drückte sich das in der Kommunikation mit anderen aus. Alles, was mir ein mulmiges Gefühl machte, wollte und konnte ich nun ansprechen und versuchen zu klären. Das war eine ungeheuer erlösende und befreiende Entwicklung, nach dieser langen Zeit der Quälerei, der Abstürze, des schlechten Gewissens und der schweren Gefühle.

Es war 1974, kurz vor dem Ende des Hungerstreiks der politischen Gefangenen, bei dem Holger Meins starb. Durch den Streik wurden Haftverbesserungen in Berlin erreicht. Viele gefangene Frauen aus RAF und 2. Juni waren in der Lehrter Straße, und es folgte eine für Knastverhältnisse sehr ungewöhnliche Zeit. Täglich konnten wir uns ab Mittag treffen. Wir machten politische Schulungen und waren ständig in der Diskussion. Wir haben viele gemeinsame Aktionen durchgeführt und uns nichts mehr gefallen lassen. Fast jede Maßnahme rief unseren Widerstand hervor, zum Beispiel, wenn Punkt zweiundzwanzig Uhr der Fernseher ausgeschaltet oder uns die Freistunde gekürzt werden sollte.

Wir hängten auch Transparente nach draußen und machten mit zerrissenen Knastnachthemden und Bohnerwachs Feuerballaktionen, aus Protest und auch zum Spaß. Ich hatte schon lange nicht mehr so viel gelacht wie in dieser Zeit. Klar haben wir oft Strafen kassiert, wie Einkaufssperre, Einschluss oder Bunker. Aber das war egal, denn untereinander gab es eine große Solidarität.

Dass mich die Drogensucht von meinen Kindern getrennt hatte, ja wir inzwischen alle zerstreut waren, darunter habe ich in den folgenden Jahren sehr gelitten. Gleichzeitig war mir aufgrund der ganzen fehlgeschlagenen Versuche aber klar, dass ich mich wirklich um mich kümmern musste und meine Kinder auch nichts davon haben, wenn ich das nicht tue.

Von 1975 bis 1977 habe ich verschiedenes gejobbt, in einer Autowerkstatt, Schaumstoffe ausgefahren und so weiter. Dann überlegte ich mir, dass ich gerne Taxi fahren würde, weil es mir wichtig war, meine Arbeitszeit selbst einteilen zu können. Es dauerte dann noch zwei Jahre, bis ich die Genehmigung bei Polizei und Bundesanwaltschaft durchgekämpft hatte. Ich bin von 1979 bis Anfang 1997 Taxi gefahren. Seit 1998, nach einer Weiterbildung in Hamburg, arbeite ich in der Drogenberatung.

Ich war lange Zeit sehr rigide, indem ich gesagt habe, «es braucht kein Hilfesystem, um Drogenabhängige zu unterstützen, bei mir hat das doch auch nicht funktioniert». Ich fand es noch bis Anfang der 90er Jahre grundsätzlich ganz unmöglich, sozialarbeiterisch tätig zu sein. Heute denke ich, zum Beispiel die Substitution mit Methadon hätte damals für mich eine Lösung sein können, als die Kinder noch bei mir waren, ich einen Entzug nach dem anderen versuchte, es aber nie schaffte. Auch gibt es inzwischen gute Therapieeinrichtungen für Frauen mit Kindern.

In meiner Arbeit orientiere ich mich stark an den Wünschen und Vorstellungen meiner KlientInnen und versuche sie bei der Umsetzung ihrer Pläne zu unterstützen. In unseren Kontaktladen kannst du auch kommen, wenn du gar kein Problem hast mit deinem Drogenkonsum. Du kannst dich beraten lassen bei Schwierigkeiten mit dem Sozialamt, mit der Justiz oder auch gesundheitlich.

Es gibt vieles, wo ich es sinnvoll finde, zu beraten und die Leute zu unterstützen. Früher gab es solche Läden nicht. Seit ich clean bin, also seit Dezember 1974, hat es mich nie wieder von meinem Weg abgebracht, mit Drogenkonsumenten zusammenzukommen. Im Gegenteil, es hat mich immer gefreut, bekannte Gesichter von früher zu treffen, denn es sind wenige, die übrig geblieben sind. Die meisten sind tot.

Wenn eines meiner Kinder oder Enkelkinder jemals Drogen nehmen sollte, würde ich versuchen, es zu verstehen, und ich kann nur hoffen, dass es mir in dieser Situation gelingen würde, sie zu begleiten. Ich liebe mein abstinentes Leben und weiß, wie schön das ist. Aber es ist immer eine ganz subjektive Entscheidung, Drogen zu nehmen, und das muss auch erst einmal akzeptiert werden.

Die zurückliegende Zeit zu verarbeiten war und ist für uns als Familie ein langer und schwieriger Prozess. Am Anfang dachte ich, «wir setzen uns alle einmal richtig zusammen, reden über alles, und dann ist es gut». Aber so ist es nicht. Diese Auseinandersetzung wird insbesondere mich mein Leben lang begleiten, und es wird immer wieder Momente von Schwermut, tiefem Schmerz und Trauer geben. Aber das gehört für mich heute dazu, denn ich will auch diese Seite meines Lebens nicht vergessen.

Seit ich clean bin, beteilige ich mich mit viel mehr Eigeninitiative an politischen Aktionen, die mir wichtig sind. Ich bin mir bewusst, dass meine politischen Wurzeln zurückgehen auf 1968. Sie sind begründet in der Erfahrung, dass du gemeinsam mit anderen etwas erreichen kannst, während du alleine oft hilflos bleibst. Seit 1975 habe ich immer in Gruppen gearbeitet, nach dem Knast zuerst im Häftlingskollektiv. 1976 war ich bei der Besetzung des Spandauer Forsts dabei, wodurch wir den Bau des größten Kohlekraftwerks Europas verhindert haben.

Seit Frühjahr 1977 arbeite ich in Gruppen mit antiimperialistischer Zielsetzung. Ich wollte immer, und will es noch, eine sozialere, gerechtere und freiere Gesellschaft. In diesem Zusammenhang habe ich auch politische Gefangene besucht und mich mit ihnen über viele Jahre auseinander gesetzt. Die Kommunikation wurde ab 1981 aber zunehmend schwierig, weil schon das Bild, das wir uns von der Wirklichkeit machten, sich zunehmend unterschied.

Unabhängig davon setze ich mich für ihre Freilassung ein. Sie sind für mich Teil des Aufbruchs von '68, und alle, die an diesem Aufbruch beteiligt waren, haben auch eine Verantwortung gegenüber den Gefangenen aus dieser Bewegung. Ich selbst hatte zwei Ermittlungsverfahren wegen § 129a. Beide wurden nach Jahren des Verschleppens eingestellt.

Ich denke, dass die Errungenschaften des Aufbruchs von 1968 vieles angestoßen und später in vielem gewirkt haben. Sie sind ein wichtiger Teil meiner und unserer Geschichte. Natürlich sage ich von heute aus, dass wir auch Fehler gemacht haben. Doch Kernelemente meiner ganz persönlichen Entwicklung sind eng verbunden mit dieser Zeit, und ich möchte sie nicht missen.

Die Erfahrungen mit Drogen, Absturz, Cleanwerden und die Erfahrung, ein neues Leben aufzubauen, sind für mich ein großer Schatz. Die Phantasie und die Fähigkeit, mich auf Neues einzulassen, möchte ich nie verlieren. Ich möchte nicht irgendwann im Sessel sitzen und sagen, das Leben ist vorbei, sondern sagen können, jetzt ist es genug.

# WEIBLICHE IDENTITÄT

**Sarah Haffner, August 2000**

*«Die Frauen waren der revolutionärste Teil*
*dieser etwas revolutionären Bewegung»*

# SARAH HAFFNER

## Die Kunst als Weg zu sich selbst

Ich bin in England geboren, wohin meine Eltern im August 1938 ausgewandert sind, weil meine Mutter nach Hitlers Terminologie «Jüdin» war. Sie war zwar nicht religiös, aber jüdischer Abstammung. Meine Eltern konnten in Deutschland nicht heiraten wegen «Rassenschande».

Als sie auswanderten, war meine Mutter schwanger und hatte aus ihrer ersten Ehe einen siebenjährigen Sohn. Im Oktober 1938 kam mein zweiter Bruder in England zur Welt und im Februar 1940 ich. Wir hatten die üblichen Kriegserlebnisse, mit Internierung und Evakuierung, und sind nach dem Krieg erst einmal von Richmond nach Wimbledon gezogen, beides Vororte von London.

Als Kind war ich ein absoluter «Tomboy», wie man in England sagt, also ein Mädchen, das Jungszeugs anhatte, auch mit Jungs spielte und überhaupt nichts von Puppen wissen wollte. Meine Kindheit war dadurch geprägt, dass ich zwei ältere Brüder hatte. Vor allem an meinem ältesten Bruder habe ich mich sehr stark orientiert. Er hat mich gefördert und ernst genommen. Wir hingen sehr aneinander. Mein Vater hatte dagegen ein eher konservatives Frauenbild.

Ich weiß noch, dass ich mit neun Jahren über das Leben meiner Mutter nachdachte und mir vornahm: Das mach ich bestimmt nie! Sie war eine sehr patente Frau, hat sich sowohl um die elektrischen Sachen im Haushalt gekümmert als auch wunderbar gekocht. Im Grunde war sie eine unausgesprochene Feministin und hat mir dadurch viel mitgegeben. Ihr war völlig klar, dass eine Frau einen Beruf haben muss und dass man eben nicht von einem Mann abhängig sein soll.

Sie selbst hatte ihre Stelle als Bibliothekarin an der Hochschule für Politik in Berlin 1933 verloren, war von einem Tag auf den anderen rausgeschmissen worden. Es blieb ihr nichts anderes übrig, als Hausfrau zu sein, aber sie war nicht sehr glücklich in dieser Ehe. 1954 gingen wir nach Deutschland, und sie wurde eigentlich immer deprimierter.

In England hatte «jüdisch» zu sein für mich keine Rolle gespielt, und es war mir als Problem nicht besonders bewusst. So etwa ab zwölf war mir klar, warum meine Eltern aus Deutschland weggegangen waren, und ich kriegte immer mehr mit, was dort passiert war. Diese Vorstellung machte mir Angst.

Als ich vierzehn war, sprachen meine Eltern davon, dass wir nach Deutschland umziehen. Ich dachte nur, «um Gottes willen, bloß nicht!» Ich konnte kein Deutsch. Meine Mutter und ich wollten nicht dorthin. Zwar wurden wir gefragt und haben «nein» gesagt, aber wir sind dann doch gegangen. Heute kann ich die Sicht meines Vaters besser verstehen. Als Journalist und vor allem als Propagandist hatte er nach dem Krieg keine Funktion mehr in England, und zudem lebte seine Familie in Deutschland, während die meiner Mutter größtenteils in England war.

Dieses Bewusstsein, auch jüdisch zu sein, fing an, bald nachdem wir nach Berlin umgezogen waren. Die allererste antisemitische Erfahrung machte ich nach etwa einem Jahr in der Schule. Wir hatten eine junge Geschichtslehrerin, die sehr engagiert war. Es gab zwar viele Lehrer an der Schule, die Ex-Nazis waren, sie aber war jung und sehr sympathisch. Im Geschichtsbuch stand zwar nur ein einziger Satz: «Die Juden wurden verfolgt.» Aber sie machte eine ganze Unterrichtsstunde daraus. Am Ende dieser Stunde stand ein Mädchen auf und sagte: «Im Nordwestdeutschen Rundfunk ist schon wieder alles voller Juden.» Da bin ich ganz instinktiv, ohne auch nur einen Moment zu überlegen, aufgestanden, raus und nach Hause gegangen. Am nächsten Tag kam der Direktor und forderte mich auf, mich dafür zu entschuldigen. «Mach ich nicht», habe ich gesagt und zu Hause einen monatelangen Kampf ausgefochten, um von der Schule abgehen zu können. Schließlich habe ich es wirklich durchgesetzt, in einer Familie, wo alle Abitur und Studium hatten, die Schule in der 11. Klasse zu beenden.

In dieser ersten Zeit war ich sehr einsam, hatte keine Freunde und habe deshalb viel gemalt. Mein ältester Bruder hatte mich darauf gebracht, und eigentlich ist das Malen bis heute meine Möglichkeit, Probleme zu bewältigen. Kunst interessierte mich sehr, und ich fing an, mich mit Künstlerbiographien zu beschäftigen, van Gogh, Gauguin und diese ganzen Lebensläufe von Männern, alles Männer.

Mich selbst habe ich damals kaum als Frau wahrgenommen. Diese Einstellung hat letztendlich dazu geführt, mich nicht unterbuttern zu lassen und mein Leben völlig anders zu gestalten, als es damals die Norm war. Mit sechzehn ging ich auf die Meisterschule für das Kunsthandwerk, und als Siebzehnjährige bin ich mit einer Sondergenehmigung an der Kunsthochschule angenommen worden.

Die ersten Jahre in Deutschland war ich fest davon überzeugt, dass ich nach England zurückgehen würde. Das war mein Zuhause. Doch bei Besuchen fühlte ich mich auch dort immer fremder, und dann kam dieses Fragen, «wer bin ich eigentlich» und «was ist ‹jüdisch sein› überhaupt». Letztlich hatte ich aber das Gefühl, nirgends dazuzugehören, und ich tröstete mich damit, dass ich dann wenigstens etwas Besonderes bin.

Im Nachhinein betrachtet, war es ein Kokettieren mit einer nicht vorhandenen Identität, und heute ist mir das unangenehm. Aber damals war diese Auseinandersetzung sehr wichtig für mich und hat sich sogar in meinem Namen niedergeschlagen. Mein Vorname war ein artiger englischer Name, Margaret. Auf der Kunsthochschule fing ein Professor an, mich «Sarah» zu nennen, bis mich schließlich alle so nannten. Ich fand «Sarah» sehr schön, weil es ein ausgesprochen runder Name ist, und ich empfand es nicht so, dass mich dieser Professor damit diskriminieren, sondern eher charakterisieren wollte. Vielleicht haben wir uns in einer Art unverkrampft verhalten, wie ich es mir eigentlich wünschen würde im Verhältnis zwischen Deutschen und jüdischen Deutschen. Die Nazis hatten ja alle «jüdischen Frauen» zwangsweise «Sara» genannt, ohne «h» geschrieben. Um mich davon abzusetzen, habe ich meinen Namen *mit* «h» geschrieben. Ich finde, es darf nicht so sein, dass es zur völligen Verkrampfung kommt, nur weil man überlegt, ob das jetzt opportun ist. Natürlich ist das nach Auschwitz unwahrscheinlich schwer.

Nun hieß ich jedenfalls Sarah, was für mich so ein bisschen den jüdischen Anteil meiner Mutter verkörperte. Mein Vater hatte schon zuvor das Pseudonym Sebastian Haffner angenommen, um nach der Emigration seine Familie in Deutschland zu schützen. Denn er arbeitete während des Krieges in England für die Propaganda, hatte ein Buch über Deutschland unter den Nazis veröffentlicht und schrieb im «Observer» ziemlich harte Artikel über Deutschland. Meinen Vornamen betrachtete ich als Ausdruck der Geschichte meiner Mutter, den Nachnamen als Anteil der Geschichte meines Vaters, und so habe ich mich als Person neu zusammengesetzt.

Von siebzehn bis zwanzig ging ich auf die Kunsthochschule, wurde dann allerdings schwanger, kriegte meinen Sohn und ging, wie es damals üblich war, von der Hochschule runter. Es gab eine «Kinderehe», wie ich es nennen würde, die ziemlich schnell wieder vorbei war. Nachts malte ich, und tagsüber kümmerte ich mich um mein Kind.

Die Frauenunterdrückung war ja eine von den Sachen, die verschwiegen oder unter den Teppich gekehrt wurden. Mir war sie aber sehr früh bewusst, denn ich spürte es im eigenen Leben. Ich war ja allein mit Kind und hatte mein Studium aufgegeben. Mein Ex-Mann hingegen hat selbstverständlich sein Studium fortgesetzt. Als ich zu ihm sagte, er könnte doch auch mal das Kind wickeln, meinte er nur: «Wieso denn? Ich bin doch Maler!» Da dachte ich: «Ja und was bin ich eigentlich?»

Diese völlige Selbstverständlichkeit, mit der Männer für sich in Anspruch nahmen, «meine Arbeit ist ernst zu nehmen, deine nicht», bedeutete eine ungeheure Kränkung, und ich habe auch etliche Kränkungen auf der Kunsthochschule erlebt und wirklich krasse Diskriminierung. Machosprüche waren gang und gäbe, und es war auch selbstverständlich, die Arbeit der Frauen nicht so ernst zu nehmen wie die der Männer. Ich war damals sehr aufmüpfig

*Sarah Haffner in ihrer Wohnung,*
*Berlin 1966*

144   *Sarah Haffner*

und habe mich gegen Missstände gewehrt, was mir vonseiten mancher Professoren übel genommen wurde. Anfang der sechziger Jahre war es überhaupt grauenhaft hier, unglaublich spießig. In dieser Zeit habe ich oft mit dem Gedanken gespielt, nach England zurückzugehen. Immer mal wieder hatte ich antisemitische Äußerungen gehört, die schlimmste davon im Sommer 1966. Als ich die Uhlandstraße hinunterlief, um einzukaufen, standen an einer Ecke drei junge Bauarbeiter. Ich stellte mich innerlich schon darauf ein, dass sie mir einen dieser typischen Bauarbeiter-Sprüche nachschreien würden. Doch was dann kam, hat mich völlig unvorbereitet getroffen. Da brüllte der eine: «Die ist bei der Judenverbrennung durch den Rost gefallen!» Heulend und zitternd kam ich zu Hause an und bin drei Tage nicht mehr aus der Wohnung gegangen.

Ende 1966 gab es Demonstrationen gegen den Vietnamkrieg vor dem Amerika-Haus. Ich betrachtete das neugierig, aber noch als Außenstehende. Im April 1967 wurde der Republikanische Club gegründet, und da war ich eines der ersten Mitglieder. Dann kam die Demonstration am 2. Juni 1967. Ich war fest entschlossen hinzugehen, kriegte aber wahnsinnige Zahnschmerzen. Die Israelis waren gerade in Ägypten einmarschiert: der Sechs-Tage-Krieg. Der Zahnarzt war eigentlich ein alter Nazi. Seinen Antisemitismus hatte er aber auf die Araber übertragen. Er hatte den Finger in meinem Mund und schimpfte furchtbar gegen die Araber und gleichzeitig gegen die Studenten. Es war eine schreckliche Situation. Aber mir war völlig klar, dass ich aufseiten der Studenten stand. Mein Engagement war sehr emotional und geprägt von dem Gefühl, jetzt passiert etwas Ähnliches wie das, was meine Mutter erlebt hat: Es werden wieder Leute zu Außenseitern gestempelt und zu Sündenböcken gemacht. Die Überschriften der «Springer-Presse» erinnerten, ohne zu übertreiben, an den «Stürmer».

### «Stilleben für die Große Koalition»

So viele Jahre hindurch hatte ich das Gefühl gehabt, hier gibt's sozusagen eine Leiche im Keller und kein Mensch redet darüber. Und plötzlich waren Leute in meinem Alter da, die über diese autoritären Zustände sprachen und über all das, weshalb ich mich so fremd fühlte in Deutschland, und daher musste ich mich an diesem Protest einfach beteiligen.

Diese Zeit veränderte die Inhalte meiner Malerei. Im Januar 1967 malte ich ein Bild, das den Anfang meines politischen Bewusstwerdens markiert. Es heißt «Stilleben für die Große Koalition» und drückt die politische Situation Ende 1966 aus. Vier Zeitungen, «Bild-Zeitung», «Die Welt», «Die National-Zeitung» und die «Deutschen Nachrichten» sind so angeordnet, dass aus den Zwischenräumen ein Hakenkreuz entsteht. In der Mitte ist ein Landserheft. Diese Hefte waren damals sehr beliebt und verherrlichten ungeniert den 2. Weltkrieg. Darum habe ich ein solches Heft in die Mitte gesetzt.

*«Stilleben für die Große Koalition»*
*von Sarah Haffner, Öl/Leinwand,*
*115×116 cm, 1967, Deutsches Histori-*
*sches Museum Berlin*

Bei meiner zweiten Einzelausstellung 1969 schrieb Lucie Schauer in der «Welt», « wer solche Bilder malt, es tut uns leid, Sarah Haffner, nähert sich selbst faschistischen Methoden». Ich dachte nur, «oh, da hab ich aber voll reingetroffen!» Denn natürlich war es eine Provokation, diese Zeitungen so anzuordnen, und das sollte es auch sein. Aber als eigentliche Provokation empfand ich die Realität.

Man muss sich das heute vorstellen: Da bildete sich unter Kiesinger, einem Ex-Nazi, eine Große Koalition mit dem ehemaligen politischen Emigranten Willy Brandt als Außenminister. Gleichzeitig erstarkte die NPD und bekam in einigen Bundesländern über zehn Prozent. *Das* war erschütternd! Es gab kaum noch eine Opposition im Parlament, und so entstand stattdessen die außerparlamentarische Opposition. Meine Angst davor, dass die Schatten der Vergangenheit wieder hervorkommen, habe ich in diesem Bild zum Ausdruck gebracht.

Später hing das «Stilleben für die Große Koalition» lange im Republikanischen Club, und dazu gibt es eine witzige Geschichte, die wiederum sehr gut die Linken charakterisiert, die auf gar keinen Fall normale «Bürger» sein wollten, weswegen auf nichts Rücksicht genommen wurde. Das Bild ist auf Leinwand gemalt, und beim Aufhängen wurde der Nagel einfach durch die Leinwand geschlagen. Als ich sagte: «Leute, was fällt euch eigentlich ein. So kann man kein Bild aufhängen!», da sagten sie nur: «Ach, sei doch nicht so bürgerlich!»

Obwohl die Studentenbewegung zu Recht unheimlich viel kritisiert und alte Zöpfe abgeschnitten hat, ging sie auf der anderen Seite manchmal ein bisschen sehr weit. Wenn man zum Beispiel Besuch hatte, kam es durchaus vor, dass danach etwas fehlte. Aber getreu diesem Vulgärmarxismus, der besagte, «wer an seinem Eigentum hängt, ist ein analer Zwangscharakter», hat man das eben hingenommen. Alle duzten sich. Mir gefiel das nicht, weil man damit oft eingekauft wurde. Zum Beispiel riefen Leute an, die ich überhaupt nicht kannte, und fragten: «Bist du bereit, ein Plakat für Soundso zu machen?» Wenn du «nein» sagtest, warst du unsolidarisch.

Ein anderes Bild, das ich damals gemalt habe, heißt «Bildnis eines Bücherregals der bürgerlichen Linken». Es spiegelt die Tatsache, dass, egal in welche Wohnung man kam, überall genau dieselben Bücher standen, also zum Beispiel die Kursbücher und Brechts Gesamtausgabe, aber meistens auch einige Klassiker. Diese merkwürdige Mischung, dass die Leute Revolutionäre sein wollten und gleichzeitig total bürgerlich waren, wollte ich in diesem Bild darstellen. Und es hatte etwas, das mir in dieser Bewegung später so gefehlt hat, nämlich das Lachen über sich selbst. Die Selbstironie in diesem Bild bestand darin, dass es *mein* Bücherregal war, das sich auch nicht sehr von den anderen unterschied.

Meine Bilder waren damals sehr realistisch. Ich hatte oft einen ganz kleinen Pinsel, mit dem ich diese vielen Details malte, und es dauerte deshalb ziemlich lange, bis ein Bild fertig war. Malen konnte ich nur vormittags, wenn mein Sohn in der Schule war, und nachts. Viele meiner frühen Bilder waren fast wie eine Lobpreisung meines Zuhauses. 1961 bekam ich diese Wohnung, in der ich heute noch lebe. Da war ich 21 Jahre alt und steckte mitten in dem lange dauernden Konflikt zwischen England und Deutschland und dem Gefühl von Heimatlosigkeit.

Ich malte die Badewanne, den Küchenschrank, ein Triptychon über die Stationen des Abwasches, Bilder vom Plattenspieler und von herumliegenden Schallplatten, eben eigentlich alles, was mich umgab. Das ging einige Jahre so, und auch während der Studentenbewegungszeit habe ich weiter in dieser additiven Art gemalt, aber eben versucht, dieses politische Bewusstsein mit reinzubringen.

Ich kam aber in einen Wahnsinnskonflikt zwischen Malerei und Politik. Damals gab es eine Diskussion im Kursbuch zwischen Peter Weiss und Hans Magnus Enzensberger. Es ging um den Stellenwert von Dichtung, und beide haben dagegen polemisiert, nach dem Motto: «Wie kann man nach Auschwitz noch Gedichte über Bäume schreiben!» Man muss dazu sagen, dass sich die beiden selbst nicht daran gehalten haben, aber Leute wie mich setzte das enorm unter Druck. Ich hatte vorher so eine Art Jungmädchen-Weltbild, malte, hörte

*«Bildnis eines Bücherregals*
*der bürgerlichen Linken» von*
*Sarah Haffner, Öl/Leinwand,*
*170×100 cm, 1969,*
*Berlinische Galerie Berlin*

viel Musik, oft französische Chansons. Nun fragte ich mich, welchen Stellenwert hat das, was ich mache? Andererseits brauchte ich das Malen, um mein nicht ganz einfaches Leben zu bewältigen.

1968 habe ich versucht, diesen ganzen Konflikt zusammen mit dem Vietnamkrieg zu thematisieren, in einem riesengroßen Bild, über 3 Meter hoch und 80 cm breit. Es sollte «Tod einer Landschaft» heißen. Oben war der Bauch eines Flugzeugs, aus dem die Bomben fielen, und unten wurde eine Landschaft aufgerissen. Das Doppeldeutige daran war, dass es sich gegen den Krieg in Vietnam richtete, aber gleichzeitig gegen die bürgerliche Malerei und die Landschaft als ihr Sinnbild. Ich habe das Bild kaputtgemalt. Meine beiden Sachen, die Malerei und die Politik, konnte ich einfach nicht auf einen Nenner bringen und wurde immer deprimierter.

Zu diesem Konflikt kam noch ein zweiter. Ich kriegte damals Geld von zu Hause. Einmal ist mein Vater sogar mitgekommen zu der Demo beim Vietnam-Kongress und hat «Ho-Ho-Ho-Chi-Minh» gebrüllt. Davon gibt es ein Foto, ich in der Mitte, Erich Fried auf der einen Seite, mein Vater auf der anderen und wir alle Arm in Arm. Denn wenn ich von einer Sache gefangen bin, dann rede ich nur noch davon, und da konnte keiner in meiner Nähe entkommen, auch mein Vater nicht. Gleichzeitig hat er gesagt: «Ich zahl nicht dafür, dass du demonstrierst.» Letztlich war unser Verhältnis außerordentlich schwierig geworden. Jedenfalls braute sich vieles zusammen, und ich hatte das Gefühl, ich müsste für Ordnung in meinem Leben sorgen.

Doch zunächst ging ich nach wie vor weiter regelmäßig in den Republikanischen Club und beteiligte mich an Arbeitskreisen, wenn ich mich auch immer in irgendeiner Form außenseiterisch und nicht zugehörig fühlte. Wenn ich im Audimax saß und diese Studenten ihre abstrakten Theorien und ihr ungeheures soziologisches Kauderwelsch von sich gaben, dachte ich, «was die da erzählen, werd ich nie verstehen!» Ich wusste, eigentlich bin ich ja nicht doof, und fragte mich, wenn ich das nicht verstehe, wer versteht es eigentlich dann? Aber zu der Zeit hätte ich mich wirklich nicht getraut, mich an einer öffentlichen Diskussion zu beteiligen. Es saß so fest in einem drin, dass man sich als Frau unterzuordnen hat und bestimmte Dinge eigentlich gar nicht kann.

Das änderte sich aber mit einem Erlebnis Anfang 1968 beim Vietnam-Kongress. Ich hatte die englische Korrespondenz übernommen, und da kam einer dieser bärtigen Genossen zu mir und sagte, schreib dies, das und jenes an die italienische sozialistische Partei. Ich schrieb also brav und revolutionär und eifrig. Zwei Tage später stand der Mensch schon wieder vor der Tür und sagte: «Wir haben etwas vergessen. Kannst du nochmal schreiben.» Ich schrieb nochmal. Eine Woche später steht dieser Typ wieder auf der Matte und sagt: «Wir haben den Plan umgestellt. Schreib nochmal!» Da sagte ich: «Jetzt leck mich am Arsch und schreib's doch selber!» Darauf erwiderte er: «Ich kann aber kein Englisch.» In dem Moment ist mir unglaublich viel aufgegangen, durch diesen Typen, der ankommt und rumkommandiert, aber nicht in der Lage ist, das, was er von mir will, selbst zu machen.

Beim Vietnam-Kongress wurde zum ersten Mal eine Kinderbetreuung eingerichtet, damit Leute mit Kindern sich überhaupt daran beteiligen konnten. Auch dadurch wurde einem vieles klar, und ab Frühjahr 1968 ging ich zu den Treffen des «Aktionsrates zur Befreiung der Frauen» im Republikanischen Club. Ich erinnere mich an zwölf oder fünfzehn Frauen, die alle von sich erzählten. Plötzlich merkte ich, «mein Gott, ich bin ja damit nicht alleine!»

Bis dahin hatte ich immer gedacht, dass mit mir irgendetwas nicht stimmt, und nun stellte ich fest, dass wir im Prinzip alle die gleichen Erfahrungen gemacht hatten. Das war aber nicht nur dieses plötzliche Aha-Erlebnis, sondern ein über Monate und Jahre gehender, ständig tiefer werdender Erkenntnisprozess. So lange es dauerte, um diese Indoktrinierung, dieses Brainwashing für Frauen, zu verinnerlichen, fast genauso lange dauerte es, um es wieder loszuwerden. Und vielleicht wird man es nie ganz los. In dieser Intensität habe ich das nie wieder erlebt, und trotz aller Unsicherheit, aller Skepsis und aller Konflikte, in die ich gestoßen wurde, würde ich sagen, es war vielleicht eine der lebendigsten Zeiten meines Lebens.

Mit dem Aktionsrat habe ich mich am allermeisten identifiziert. Ich war in einem Arbeitskreis über marxistische Wirtschaftstheorie. 1969 gab es den Kindergärtnerinnen-Streik. Ich habe dabei zusammen mit Helke Sander Flugblätter verteilt. Den Tomatenwurf von Sigrid Rüger bei der SDS-Konferenz habe ich nur vom Hörensagen mitbekommen, fand das aber auch okay. Das «Schwänzeflugblatt» war für mich damals an der Grenze. Ich hielt es für geschmacklos. Wir waren ja wirklich auch bürgerlich, enorm bürgerlich, obwohl wir es natürlich nicht wahrhaben wollten. Das war eben diese merkwürdige Mischung.

Wenn heute von uns damals als «Tippsen der Flugblätter» oder als «die Freundin von» gesprochen wird, dann muss ich sagen, dass diese Einordnungen nicht nur von Männern vorgenommen wurden. Die hatte man selbst im Kopf, ohne dass man es so formuliert hätte. Deswegen war es wie ein großes Aufwachen, als dieser Aktionsrat zur Befreiung der Frauen kam. Die Frauen hatten einen enorm großen, ja sogar einen viel größeren Anteil an dieser Bewegung, als gemeinhin gedacht wird, einmal durch die Arbeit, die Frauen ja immer in Bewegungen leisten. Ich glaube nicht, dass ich je einen SDS-Mann eine Fahne habe nähen sehen, aber etliche Frauen. Aber viel, viel wichtiger war dieser Bewusstwerdungsprozess, den wir durchmachten, der dann bei den Frauen umschlug in die Bewusstwerdung der eigenen Unterdrückung.

Ich denke sogar, dass die Frauen der revolutionärste Teil dieser etwas revolutionären Bewegung waren, weil sie wirklich ihre eigene Situation stark infrage gestellt haben. Diese Studenten-Machos hingegen bekamen es mit der Angst zu tun. Plötzlich waren sie nicht mehr in dieser äußerst einfachen Situation, als Ankläger ihren Eltern vorzuhalten: «Ihr habt in der Nazi-Zeit völlig versagt» und den USA hinzuknallen: «Ihr benehmt euch wie die Schweine in der Dritten Welt!» Auf sich selbst brauchten sie dabei ja nicht zu schauen.

Die Frauen waren deshalb umso revolutionärer, weil es sie selbst betraf, allerdings mit dem Erfolg, dass die Männer abblockten, was ja zeigt, wie sehr sie getroffen waren. Allerdings muss man gerechterweise sagen, dass auch unter Frauen Situationen entstanden, wo man an Stalinismus denken musste oder an eine unglaubliche Bigotterie.

Für die meisten Männer waren die Frauen damals Sexualobjekte. Sie hatten aber auch lange Zeit selbst dieses Bewusstsein. Bei mir war das nicht anders, und ich kriegte das alles überhaupt nicht auf die Reihe, weil ich mich selbst in allererster Linie als Malerin definierte. Ich hatte furchtbare Schwierigkeiten, dieses Weibliche, dieses Niedlichsein, das einem übergestülpt wurde, und dieses «Männliche», was ich hatte, indem ich mein Leben selbst bestimmte, zusammenzubringen.

Ich sah gut aus, aber ich fühlte mich Männern gegenüber unsicher und war gleichzeitig sehr eigensinnig. Durch diese sexuelle Revolution geriet man sehr stark unter Druck, Sachen zu machen, die man vorher nicht so ohne weiteres gemacht hätte, immer in dem Gefühl, «wenn du das *nicht* machst, bist du 'ne Bürgerliche!» Es gab ja die Pille, und dadurch wurden Dinge möglich, die vorher mit ziemlich viel Angst besetzt gewesen waren.

Eigentlich stellte ich mir Beziehungen anders vor, aber Beziehungen hießen damals nur abfällig «Beziehungskiste» und waren etwas Bürgerliches. Im Grunde genommen wurde alles, was man verinnerlicht hatte, so sehr infrage gestellt, dass man schließlich völlig verunsichert war. Aus dieser Verunsicherung heraus habe ich Dummheiten begangen, psychisch und menschlich, Dinge, die ich vorher nicht gemacht hätte und von denen ich heute sage, ein bisschen mehr Vorsicht und ein bisschen mehr Rücksicht wären viel besser gewesen.

Meine Liebesbeziehungen waren immer kurze Hochs und lange Tiefs. Nachdem ich mich habe scheiden lassen, gab es einige Affären, keine wirkliche Beziehung, und immer lange, lange Liebeskummer. Ich kam damit überhaupt nicht klar, und im Grunde waren diese Jahre zwischen zwanzig und dreißig bei mir eine Zeit außerordentlicher Verwirrung auf jeder Ebene und auch außerordentlich schmerzlich. Deshalb würde ich sagen: Die sexuelle Revolution ging absolut auf Kosten der Frauen.

Die lange Phase zwischen dem 2. Juni 1967 und dem Anschlag auf Rudi Dutschke Ostern 1968 war eigentlich die Blütezeit der Studentenbewegung. Als das Attentat auf Rudi Dutschke passierte, war ich nicht in Berlin. Am Donnerstag ist er angeschossen worden, und am Sonnabendabend war ich zurück und ging gleich in die TU. Da liefen lauter Leute mit Kopfverbänden und Pflastern im Gesicht herum, und überall waren Schilder mit Hinweisen zu Arbeitskreisen und allen möglichen Treffen. Es war eine geschäftige, aber auch sehr bedrückte Atmosphäre. Ich habe dann mit einigen SDS-Leuten eine Nacht lang diskutiert, wie man die «Springer-Presse» lahm legen könnte.

Die Notstandsgesetze waren ebenfalls Teil dieser Entwicklung, die mir große Angst eingeflößt hat. Ich hatte wirklich das Gefühl, dass das Dritte Reich noch gar nicht richtig überwunden war. Ich bin damals mit dem Sonderzug zur Demonstration gegen die Notstandsgesetze nach Bonn mitgefahren.

Diese Demo fand am Muttertag statt, und mein Sohn sollte in der Schule einen Aufsatz schreiben über das Thema: «Wie ich meiner Mutter zu

*Sarah Haffner mit ihrem Sohn David im Atelier, 1966*

Muttertag eine Freude machte». Er kam also an und fragte: «Was soll ich denn da schreiben?» Da sag ich: «Schreib doch einfach, dass deine Mutter in Bonn bei der Demonstration gegen die Notstandsgesetze war.» Da sagt er: «Das kann ich doch nicht machen.» Also schrieb er ein absolutes Gesülze, dass er staubgesaugt und mir Blumen besorgt hat und all so 'nen Quatsch. Dieser Aufsatz wurde dann auch noch beim Elternabend als absolut vorbildlich vorgelesen. Nun wollte ich natürlich meinem armen Sohn nicht in den Rücken fallen. Aber da merkte man wirklich, wie die Kinder zur Heuchelei erzogen wurden, und genau das war der Bewusstseinsstand, mit dem man es dauernd zu tun hatte.

Dann gab es im August 1968 den Einmarsch in Prag, und das Merkwürdige daran war, dass uns unsere «Revolution» so viel wichtiger erschien als das, was dort geschah. Ich bin damals zwar mitgelaufen zur polnischen Vertretung in der Lassenstraße, und wir haben dort wegen des Einmarsches demonstriert. Aber es wurde darüber so viel weniger diskutiert als über Vietnam. Das kam mir danach als ein großer Fehler vor.

Alle heftigen Demonstrationen, die es bis dahin gegeben hatte, waren durch verschiedene Zufälle an mir vorbeigegangen. Das erste Mal, wo ich dann wirklich alles hautnah mitgekriegt habe, war die «Schlacht am Tegeler Weg» im November 1968. In der Nacht zuvor bin ich mit zwei anderen Leuten mit Sprühdosen losgezogen, und wir haben politische Slogans an Wände gesprüht.

Als ich am nächsten Morgen so um halb neun vor dem Gerichtsgebäude ankam, waren nur dreihundertfünfzig oder vierhundert andere Leute da, aber mehr als tausend Polizisten mit Wasserwerfern. Es sah hoffnungslos aus. Ich hatte wirklich Angst und dachte, «um Gottes willen, was machste denn hier, du hast doch 'n Sohn zu Hause!» Aber ich bin geblieben. Nach und nach kamen immer mehr Leute, und wir standen der Polizei gegenüber.

Zufällig kam dann ein Bauwagen vorbei, der mit Steinen beladen war, und wir haben die Steine genommen und geschmissen. Ich empfand unsere Aktion als reine Notwehr. Denn wir wussten, entweder machen sie uns ein oder wir wehren uns. Ich bin dann eine Seitenstraße hochgegangen und hinter den Polizisten wieder aufgetaucht. Da brüllten Leute von den Fenstern runter: «Nehmt die fest. Die hat Steine in den Taschen!» Dann kam berittene Polizei, und ich flüchtete in einen Hausflur. Sie kamen ganz nah vorbei mit ihren Knüppeln, haben mich aber nicht getroffen.

Nach der Demonstration am Tegeler Weg gab es die große Diskussion über Gewalt gegen Sachen und Gewalt gegen Personen. Ich selbst war in dieser Hinsicht ziemlich widersprüchlich, indem ich einerseits relativ radikal gedacht habe, aber andererseits immer mein eigenes Leben im Blickfeld behalten wollte. Ich wäre selbst nicht so weit gegangen, habe mich aber mit dem radikalen Ansatz auseinander gesetzt, weil ich Leute kannte, die diesen militanten Weg gingen. Ulrike Meinhof habe ich als Journalistin sehr geschätzt und auch ein bisschen gekannt. Als das losging, dachte ich, «die ist ja wirklich jemand, die Ernst macht. Diese Konsequenz würdest du nie aufbringen.»

Gudrun Ensslin kannte ich auch, mochte sie aber nicht sehr und Andreas Baader schon gar nicht. Aber bei diesen Aktionen, die dann später gemacht wurden, wo auch Leute zu Schaden kamen, war für mich eine Grenze überschritten, die ich nicht hätte überschreiten können oder wollen. Trotzdem sah ich schon, dass Militanz einen Stellenwert hatte, und stimmte bis zu einem gewissen Grad dieser Erklärung zu, die damals geliefert wurde, dass der Staat sozusagen gewalttätig ist und man ihm durch

Gegengewalt die Maske vom Gesicht reißen muss. Heute würde ich das nicht mehr so sehen, aber damals war ich sehr gefangen genommen von dieser Art zu denken, und ich muss auch sagen, dass es mir eine pubertäre Freude gemacht hat, über die Stränge zu schlagen.

Außerdem waren viele von den Aktionen in der Zeit gar nicht militant, sondern sehr witzig, und immer wenn es witzig war, konnte ich es gut mittragen. Wenn es aber nur aggressiv war oder nach meinem Gefühl die Rechte anderer beeinträchtigte, war mir nicht wohl dabei. Zum Beispiel als Frauen vor einem Hamburger Gericht ihren Oberkörper entblößten, um damit gegen das Verfahren zu protestieren, fand ich das witzig. Aber wenn einzelne Leute eingekreist und angegriffen wurden oder ein Kaufhaus angezündet wurde, ging mir das entschieden zu weit.

Die Bewegung wurde ja tatsächlich immer dogmatischer, als die ersten politischen Sekten gegründet wurden und das autoritäre Bewusstsein, das die Bewegung eigentlich bekämpft hatte, sich dort breit machte. In diesen neuen Gruppen, sowohl bei den Linken als auch bei den Frauenprojekten, gab es oft schon bald eine Spaltung aus dogmatischer Rechthaberei. Ich halte das für etwas sehr Deutsches und auch etwas sehr Linkes, leider. Da war diese Grundhaltung: «Ich hab die Wahrheit gepachtet, und wer drei Millimeter von mir entfernt ist, der kann eigentlich noch gar nicht richtig denken!»

Ich betrachtete mich aber als Revolutionärin, wobei ich nicht genau sagen kann, wann und warum das aufhörte. Aber das war erst in den siebziger Jahren. Das Tolle an der Studentenbewegung war, dass sich unversöhnliche Welten in merkwürdigen Situationen begegneten. Andererseits gab es Momente, wo man lachte, aber am liebsten geheult hätte, zum Beispiel über die Art und Weise, wie die Leute auf die Demos reagierten und immer wieder zu uns sagten, «ihr gehört ins KZ oder ins Arbeitslager!» Mich traf das natürlich besonders hart.

So spannend ich das alles fand, so heftig fühlte ich mich auch auseinander gerissen. Ringsherum zogen Leute in Wohngemeinschaften, um neue Lebensformen auszuprobieren. Aber ich war heilfroh, diese Wohnung zu haben, und außerdem hatte ich einen Horror vor Gruppen und davor, vereinnahmt zu werden. Das hängt sicher auch mit meiner Biographie zusammen, dass ich daran gewöhnt war, Außenseiterin zu sein.

*Die Kunst als Weg zu sich selbst*   155

### «What do you think of Biafra?»

Doch als es dann immer dogmatischer wurde, dachte ich, jetzt ist der Zeitpunkt gekommen, wo ich wirklich sehen muss, wie ich mit meinem eigenen Leben zurande komme. Ich hatte weder eine abgeschlossene Schulausbildung noch ein abgeschlossenes Studium, war immerhin schon 28 Jahre alt, hatte einen achtjährigen Sohn und kriegte noch Geld von zu Hause. Ich habe zwar dies und das gemacht, Englischunterricht gegeben, mal ein Bild oder eine Graphik verkauft. Aber ich konnte nicht davon leben. Deutschland ist das Land der Formalitäten. Ich sah keine Möglichkeit, meine Existenzkrise hier zu lösen.

Ende 1969 bin ich dann nach England zurück und wohnte bei meinem ältesten Bruder in London. Er war Maler, unterrichtete an einer Kunstschule und beschäftigte sich mit Yoga und Buddhismus. Er sprach vom Nirwana, ich von der Weltrevolution, und wir waren die besten Freunde. In diesem Jahr in England habe ich an der Kunstschule meines Bruders unterrichtet, Illustrationen gemacht und sogar geschauspielert. Mein Sohn war aber unglücklich, hatte Heimweh, und es war auch für mich komisch, wieder in England zu sein.

Als Vierzehnjährige war ich weggegangen, und als Neunundzwanzigjährige kam ich frisch von der Studentenbewegung zurück zu diesen steifen Dinner-Partys mit all diesen ungeschriebenen Regeln, zum Beispiel, dass man eigentlich nicht über Politik reden darf, oder wenn, dann erst beim dritten Gang. In Berlin hatte ich nächtelang über Politik diskutiert, und nun saß ich also bei einer Dinner-Party in Hampstead, auf der einen Seite die Männer in dunklen Anzügen, auf der anderen die Frauen in weißen Blusen, und die Suppe wird auf den Tisch gebracht, und ich frage: «What do you think of Biafra?» Und die Gastgeberin erwidert sofort: «Do you think, mini, midi or maxi is a more becoming fashion?» Noch nie habe ich so höflich und bestimmt den Mund gestopft gekriegt.

Themen wie Biafra waren aber genau das, was *mich* interessierte, und schon wieder war ich in einer Situation, wo ich merkte, ich bin hier irgendwie das fünfte Rad am Wagen. Also habe ich eine Art Gottesurteil gemacht, mich an mehreren Kunstschulen in London und nur an einer Schule in Berlin beworben und wurde an der Ersten staatlichen Fachschule für Erzieher in Berlin angenommen.

Ich fing im April 1971 dort an, habe mein ganzes Engagement in diese

Schule verlegt und war auch in der Gewerkschaft aktiv. Bis 1981 arbeitete ich an der Fachschule für Erzieher, weil ich meinen Sohn und mich ernähren musste und weil ich es damals wichtig fand, an einem sozialen Ort zu arbeiten, wo man etwas verändern kann. Das hat sich aber als Illusion herausgestellt.

Durch einen Zufall wurde ich 1975 auf ein anderes Thema aufmerksam. Hier im Haus wohnte eine Frau, die von ihrem Mann geschlagen wurde. Zunächst habe ich mich ganz naiv für sie eingesetzt und das gemacht, wovon ein naiver Bürger oder eine Bürgerin damals dachte, dass es vielleicht helfen würde: Ich habe nämlich die Polizei geholt. Als ich merkte, dass die nichts tun, habe ich mich an Ämter und an den Kinderschutzbund gewandt. Aber keiner unternahm etwas. Dann bin ich zum Anwalt gegangen und sagte, ich möchte Anzeige erstatten, worauf er erwiderte, das ginge nicht, da es sich um ein Antragsdelikt, kein Offizialdelikt handele. Er erklärte mir, nur die Frau selbst könne ihren Mann anzeigen. Sie würde es aber nicht tun, weil sie danach noch mehr Schläge befürchten müsste. Auf langen Wegen wurde mir klar, wie ausweglos die Situation war.

Und auf wieder langen Wegen kam ich dazu, einen Film darüber zu machen, die allererste Dokumentation über Frauenmisshandlung in Deutschland. Er hieß «Schreien nützt nichts. Brutalität in der Ehe» und wurde im April 1976 im Ersten Fernsehprogramm gezeigt. Als Lösungsansatz wurden die Frauenhäuser vorgestellt, die es in England bereits gab. Bei den Recherchen zu diesem Film stieß ich auf eine Gruppe, die das gleiche Ziel verfolgte wie ich.

Nach dem Film gab es Anfragen im Bundestag, und die Finanzierung des ersten Berliner Frauenhauses wurde übernommen. Es wurde im Oktober 1976 eröffnet. Meine Nachbarin war die zehnte Frau, die dort Hilfe fand. Noch 1976 gab ich ein Buch über Frauenmisshandlung heraus. Es hieß «Frauenhäuser. Gewalt in der Ehe und was Frauen dagegen tun». Danach bin ich in die Frauenhausgruppe eingetreten und habe ein halbes Jahr im Frauenhaus gearbeitet.

Nach vier Jahren lähmender Gewerkschaftsarbeit war die Erfahrung mit dem Film ein großes Erfolgserlebnis, weil ich das Gefühl hatte, «jetzt setze ich wirklich etwas um». Für mich war dieses Erlebnis aber auch der Auslöser für eine andere Entwicklung. Wenn auch die Malerei letztendlich die

Hauptsache in meinem Leben blieb, so fing ich an zu schreiben, um zu bestimmten Anliegen Stellung zu nehmen und ein größeres Publikum zu erreichen. Es gab eine Zeit, wo ich mich sehr viel mehr als heute in die öffentliche Diskussion eingemischt habe, sehr oft bei Podiumsdiskussionen dabei war und auch Artikel zu Themen wie «Frauen und Kunst» und zu politischen Themen veröffentlicht habe.

Ich bin ja mal angetreten mit dem Anspruch, Malerin zu sein. Doch bis dahin war es ein langer Weg, obwohl ich immer neben meinem Brotberuf gemalt habe. Mit einundvierzig Jahren habe ich mir gesagt «jetzt oder nie» und bin als Malerin freiberuflich geworden. Ich habe es geschafft, von der Malerei zu leben, und ich würde sagen, dass die Malerei für mich immer noch das Wichtigste ist.

Doch dieses Leben war absolut nicht einfach, und wenn ich so nachträglich darüber nachdenke, wie ich das mit dem Malen gegen große Widerstände mit viel Willenskraft und auch Eigenwilligkeit durchgeboxt habe, dann glaube ich, dass ich dabei immer das Gefühl hatte, «es muss für Frauen auch etwas anderes geben als das, was meine Mutter gemacht hat». Mein Vater hat bis zuletzt diese Entscheidung abgelehnt und mir vorgehalten, «Malen ist kein Beruf!» Damit bin ich nie wirklich fertig geworden, habe aber irgendwann gelernt, mich von dem Bild, das sich andere von mir machen, zu lösen und mein eigenes Bild zu schaffen.

Der persönliche Bereich ist der Teil meines Lebens, wo ich unzufrieden bin. Mein Sohn und meine zwei Enkelkinder sind zwar enorm gut gelungen, aber mit engen Beziehungen zu Männern bin ich nie klargekommen. Ich habe es satt, immer die Rolle der Starken spielen zu müssen. Stark sein kann ich auch alleine.

Ich habe sehr gute Freunde, was sehr wichtig ist, und einen großen Bekanntenkreis. Wenn ich mein Leben mit dem meiner Mutter vergleiche, so ist es tausendmal besser, denn ich bin absolut selbstbestimmt. Aber etwas fehlt in meinem Leben, und wenn ich ehrlich bin, gibt es eine Idealvorstellung von Beziehung in mir, die nicht erfüllt ist. Allerdings habe ich auch Angst vor der Enge und Langeweile, der Stagnation, die ich oft in Beziehungen sehe.

Im Grunde habe ich nie aufgehört, politische Sachen zu machen, obwohl ich im Moment ein bisschen ermattet bin. Ich denke schon, dass die Studentenbewegung auch insoweit für mich prägend war, dass ich mich immer wieder punktuell politisch engagiert habe. Aber ich bin nicht eine, die ununterbrochen und kontinuierlich irgendwo politisch arbeitet, sondern ich habe mich immer dann eingesetzt, wenn etwas in meiner direkten Umgebung mich wütend genug machte, um zu sagen, «da muss was geschehen!»

Ich denke mal, ich war eine bunte Kuh damals, bekannt und auch provokativ, und habe sehr viel diskutiert mit Leuten in der Studentenbewegung und im SDS. Ich war durchaus jemand, die in Diskussionen Sachen angeregt oder weitergetrieben hat. Ich beteiligte mich dort, wo ich aus meiner Biographie heraus etwas beitragen konnte. Dadurch hatte ich auch Einfluss. Letztendlich war ich aber auch nur eine von vielen.

Ich bezeichne mich als 68erin und betrachte diese Zeit als einen wichtigen Teil meiner Biographie. Bei aller Kritik, die ich habe, gehöre ich nicht zu den Leuten, die ihre Zugehörigkeit verleugnen. Obwohl es mich in tausend Konflikte gestürzt hat und trotz der Verwirrung hat diese Zeit mich sehr geprägt, und ich möchte sie nicht missen. Dafür bin ich dankbar, dass ich damals so viel gelernt habe. Es hat für mich positive Gefühle zur Bundesrepublik erst möglich gemacht. Die Frauenbewegung, die Grüne Bewegung, die Friedensbewegung, die Bürgerinitiativen, nichts davon hätte es ohne die Studentenbewegung gegeben, und es wäre absolut unmöglich, hier zu leben, wenn es diese Bewegung nicht gegeben hätte.

Helke Sander, Oktober 2001

*«Nicht Opfer sein,*
*sondern Macht haben»*

# HELKE SANDER

## Mitbegründerin des Aktionsrates zur Befreiung der Frauen

Ich komme ursprünglich aus Berlin. Mein Vater war Ingenieur und meine Mutter Hausfrau. Während des Nationalsozialismus waren meine Eltern Mitläufer, würde ich sagen. Ich dachte früh über diese Zeit nach. Unmittelbar mit der Studentenbewegung hatte das aber nichts zu tun. Mein Vater war ein ziemlicher Tyrann. Er hatte meine Mutter und uns alle unter seiner Knute. Vor allem die «Pflicht zum Gehorsam gegenüber dem Mann» habe ich sehr oft erlebt. Deshalb wollte ich auf gar keinen Fall so leben wie meine Mutter. Später habe ich meinem Vater mal gesagt: «Dir haben wir die Frauenbewegung zu verdanken!»

Nach dem Abitur war ich in Hamburg auf der Schauspielschule, habe dann nach Finnland geheiratet, als ich schwanger war. Ich habe ab 1962 an verschiedenen Theatern äußerst erfolgreich als Regisseurin gearbeitet und war auch eine Zeit beim finnischen Fernsehen. Weil mir dieses Land immer fremder wurde, je länger ich dort lebte, bin ich dort weggegangen. Zudem wollte ich mit dem Theater aufhören. Denn ich hatte herausgefunden, dass für mich eigentlich der Film die interessantere Geschichte war.

1965 verließ ich Finnland und begann 1966 mit dem Studium an der Filmakademie in Berlin, die genau im selben Jahr gegründet worden war. Für mich bedeutete das, ganz von vorne anzufangen. Allerdings hatte ich eine etwas falsche Vorstellung von einer Akademie. Ich kam ja aus der Produktion. Ich wusste, wie es ist, nach drei Wochen Probezeit ein Stück von einer Stunde Länge in zwei Stunden mit drei Kameras aufnehmen zu müssen. Unter «Filmakademie» stellte ich mir hingegen ein reines Experimentierfeld vor, mit Abstand zum Produktions- und Zeitterror. Akademie hatte für mich mit Philosophie und Nachdenken zu tun, weniger mit fertigen Ergebnissen.

Später ist mir klar geworden, dass ich mich mit dem, was ich damals schon künstlerisch vorzuweisen hatte, auch als Lehrerin hätte bewerben können statt als Studentin. Ich hatte jahrelange Theater- und Schauspielerfahrung. In Helsinki hatte ich mir deshalb meine Stücke und Inszenierungen aussuchen können. In wenigen Jahren war ich erfolgsverwöhnt geworden, und darum traf mich die neue Härte, die mir entgegenschlug, ziemlich heftig. In diesem ersten Jahrgang auf der Filmakademie waren wir am Anfang drei Frauen und über dreißig Männer. Aber meistens war ich die einzige Frau.

Für mich war es eine ziemliche Schinderei. Ich musste für mein Kind sorgen, weil ich von nirgendwoher Geld bekam. Oft übersetzte ich acht bis zehn Stunden täglich, meistens aus dem Finnischen, um ein Einkommen zu haben. Dieses Arbeiten-Müssen, Studieren-Wollen und ein Kind haben, bedeutete eine unglaubliche Organisierung von Alltag. Denn ich musste immer so viel Geld verdienen, dass ich das finnische Au-pair-Mädchen bezahlen konnte.

Die Jungs, die ich auf der Filmakademie kennen lernte, waren alle jünger als ich und sehr politisch. Einige waren eng mit bestimmten Leuten aus dem SDS befreundet. Zuerst haben sie mich zu diesen Veranstaltungen mitgenommen, dann bin ich freiwillig hingegangen, weil mich das unglaublich bewegte. Es ging hauptsächlich um den Vietnamkrieg, und in den Diskussionen habe ich zum ersten Mal gehört, dass die Presse nicht unbedingt die Wahrheit sagen muss, sondern unter verschiedenen Einflüssen stehen und andere manipulieren kann. Nach und nach bezog ich die anhand von Vietnam viel diskutierten Vorstellungen, dass unerträgliche Situationen veränderbar sind, auch auf mich selbst.

Eine weitere wichtige Erkenntnis kam über Bücher. Da ich immer versuchte, mein Englisch zu verbessern, kaufte ich zufällig um 1965 herum «The Golden Notebook» von Doris Lessing, weil ich dachte, es sei ein Krimi. Dieses Buch hat mich unglaublich erschüttert. Eigentlich wollte ich Doris Lessing einen Brief schreiben, als eine Art Dankeschön. Denn ich glaube, dass sie und ihr Buch mitverantwortlich sind dafür, dass ich die ganzen Schwierigkeiten bewältigen konnte, weil sie in diesem Buch die diversen Probleme als Künstlerin, Mutter und politisch tätige Person beschrieb und ich mich damit identifizieren konnte. Aus dieser Lektüre und dem ungeschriebenen Brief entstanden Aktivitäten, die in dieses erste Treffen mit Frauen mündeten, aus dem der Aktionsrat und die ersten Kinderläden entstanden. Das war eine ganz langfristige Wirkung von Literatur, würde ich sagen.

Mein Alltag war jedenfalls hart. Denn als ich mit der Filmakademie anfing, kam auch mein Sohn in die Schule. Die Horte waren so schaurig, dass ich ihn da nicht hineinstecken wollte. Auch die Kindergärten waren vollkommen überfüllt, die Erzieherinnen ständig überfordert, und besonders für intellektuelle Frauen gab es eigentlich fast keine Möglichkeit, ihre Kinder unterzubringen.

Durch das Buch «Summerhill» wusste ich von diesem gleichnamigen Internat in England, und obwohl die Schule sehr teuer war, fuhr ich hin, um es mir anzusehen. Ich musste in London übernachten, und in dieser Nacht wurde mir schlagartig bewusst, wie pervers es ist, ein Land wechseln zu müssen, nur um sein Kind einigermaßen anständig aufwachsen zu lassen. Also brach ich die Reise ab und fuhr mit dem festen Vorsatz wieder nach Deutschland zurück, dass man das irgendwie anders regeln muss. Aber ich wusste nicht, wie. Also trat ich erst einmal in den SDS ein. Denn dort wurde viel über die Befreiung von Unterdrückung gesprochen. Nachdem ich meine eigene Situation analysiert hatte, dachte ich, «mit einem Arbeitstag von sechzehn Stunden kannst du sehr gut mithalten».

Ich wohnte in einer der ersten Kommunen in der Dernburgstraße, nicht aus Lust, sondern aus der Not heraus. Denn als allein stehende Frau mit Kind bekam ich keine Wohnung. Abends wegzugehen war also nicht so schlimm, weil immer jemand zu Hause war. Anfangs war es keine Kommune, sondern nur eine große Wohnung, wo viele Leute aus der Filmakademie, deren Freundinnen und ein paar andere wohnten. Allmählich fingen wir an, bestimmte Sachen zusammen zu machen, und es wurde eine schöne und wichtige Erfahrung für mich.

In der Zeit heftete ich den ersten Zettel an das schwarze Brett im SDS, um Frauen mit Kindern zu finden, die in einer ähnlichen Lage waren. Dass es nicht einfach werden würde, war mir klar, denn die meisten Frauen waren jünger als ich. Aber ich dachte, wir könnten vielleicht erst einmal so etwas wie die skandinavischen «Parktanten» einrichten. Dort konnten die Kinder nach der Schule in bestimmte Parks gehen und unter der Aufsicht von Frauen spielen, die eben «Parktanten» genannt wurden. Die Frauen kriegten dafür ein bisschen Geld.

So etwas wollte ich hier einrichten, weil ich dachte, dass es wenigstens ein kleine Hilfe ist. Denn das Hauptproblem für Frauen mit Kindern ist der ständige Zeitmangel. Es war damals vollkommen unüblich, dass ein Mann in diesem Zusammenhang irgendetwas Praktisches getan hätte. Doch der Zettel war bald wieder abgerissen, oder es standen blöde Bemerkungen von blöden Jungs darunter, und aus dieser Initiative wurde erst einmal nichts.

Im SDS redeten tatsächlich damals hauptsächlich Männer, und es stimmt auch, dass es ein paar Frauen gab, die tippten. Aber das machten eben nicht alle. Ich würde sogar sagen, wenn damals überhaupt irgendetwas für Frauen attraktiv war, dann war es der SDS, weil Frauen dort intellektuell eine andere Position innehatten. Im Sommer oder Herbst 1967 fing die «Springer-Kampagne» an. Dafür hatten sich mindestens 20 oder 30 Arbeitskreise gebildet, die, auf die Stadt verteilt, tagten. Die Leute trafen sich in größeren Gruppen und bearbeiteten verschiedene Themen in der Darstellung der «Springer-Presse», zum Beispiel Außen- und Wirtschaftspolitik.

Ich hatte alles verfolgt, vieles nicht verstanden, fand es aber hochinteressant und wollte es begreifen. Um die Kritik an Springer nachvollziehen zu können, habe ich regelmäßig die «Bild-Zeitung» und die «Welt» gelesen. Dabei fiel mir auf, dass vom SDS ein wichtiger Arbeitskreis vergessen worden war. Denn in vielen Artikeln ging es um die Frage, wie eine Frau es einem Mann auch mit wenig Geld zu Hause nett machen kann. Diese Art Geschichten wurden aber in keinem einzigen Arbeitskreis analysiert.

Zu der Zeit arbeitete ich bereits an meinem Film über Springer mit dem Titel «Brecht die Macht der Manipulateure». Und dann fasste ich mir Mut, und ging zu einem dieser Arbeitskreise, der bei Peter Schneider in der Wohnung tagte. Er wohnte mit Marianne Herzog zusammen, die ich aber nicht kannte, so wie ich überhaupt keine Frauen persönlich kannte, weil ich in der Filmakademie und beim SDS nur mit Männern zu tun hatte.

Ab und zu kamen deren Freundinnen mit, zum Beispiel Christine Schily, die erste Frau von Otto, Ursula Lewkes und Sarah Schumann. Doch es waren immer die Freundinnen von jemand, und die Frauen hatten sich gegenseitig nicht sehr viel zu sagen. Ich hingegen tauchte immer als Eigenständige mit diesen Männern auf. Jedenfalls wusste ich, dass Marianne Herzog mit Peter Schneider befreundet war. Aber ich wollte nicht zu ihr, sondern zu ihm.

## «Es war so neu, mit Frauen zu sprechen»

Was sich dann abspielte, habe ich später in meinem Film «der subjektive faktor» geschildert. Von den Emotionen her ist es der Realität ziemlich stark nachempfunden. Bei der Handlung gibt es ein paar Veränderungen. Ich ging also zu diesem «Springer-Arbeitskreis» und sagte: «Ihr habt etwas Wichtiges vergessen, die Analyse der an Frauen gerichteten Artikel. Damit entgeht euch eine vermutlich große Unterstützung.» Aber sie meinten nur: «Geh mal in die Küche. Da macht die Marianne so was Ähnliches.» Im dem Moment blieb bei mir nur Sprachlosigkeit. Ich ging aber tatsächlich in die Küche, habe so Marianne kennen gelernt, und daraus entwickelte sich das erste Treffen des späteren Aktionsrats, denn im Unterschied zu mir kannte sie wenigstens andere Frauen.

Eine oder zwei Wochen später gab es das erste Flugblatt, das an der FU nur an Frauen verteilt wurde, und darin riefen wir auf zu einem Treffen. Diese Szene habe ich im «subjektiven faktor» nachgestellt. Das war irgendwie vollkommen verrückt, weil man das nicht kannte, Flugblätter nur an Frauen zu verteilen. Zu diesem ersten Treffen kamen ungefähr 100 Leute. Es waren auch ein paar Männer dabei, die wir nicht wegschickten, und schon da gründeten wir die ersten fünf Berliner Kinderläden.

Das hatte nichts mit einem antiautoritären Konzept zu tun. Vielmehr wollten wir, ohne Geld zu haben und ohne zunächst auch nur daran zu denken, uns welches vom Senat zu holen, abwechselnd auf die Kinder aufpassen, um damit regelmäßig ein paar freie Stunden Zeit zu bekommen. In der Diskussion ging es auch darum, dass man die Kindergärtnerinnen ansprechen sollte, aber auf eine politische Weise. Denn sie hatten damals nur große Gruppen mit zwanzig, dreißig, vierzig Kindern zu betreuen.

Am Ende fragten wir uns, warum Frauen zwar einerseits die Kinder kriegen sollen, andererseits aber nicht mit definieren können, in was für eine Welt sie die Kinder hineingebären und wie die Erziehung überhaupt ablaufen soll. Mit einem Mal waren wir aus den praktischen Problemen heraus und steckten in den ganzen Kernfragen zur Frauenfrage drin.

Das Interessante an diesem Tag war, dass wir uns sofort wieder verabredeten. Wir empfanden es einfach als unglaublich, auf was wir gestoßen waren. Schon beim nächsten Treffen gaben wir uns den Namen «Aktionsrat zur Vorbereitung der Befreiung der Frauen». Ein paar Wochen später haben wir dieses «zur Vorbereitung» weggelassen. Wir haben nicht etwa angefangen mit dem Ziel, «jetzt werden wir eine Frauenbewegung». Wir wollten zeigen, dass die Kinderfrage, die Mütterfrage und die Frage der Reproduktion in der Gesellschaft eng zusammenhängen.

Etwa ein Jahr lang trafen wir uns immer am Mittwoch im Republikanischen Club. Es war so neu, mit Frauen zu sprechen. Eine Frau sagte: «Wenn ich am Mittwochabend nach Hause komme, fühle ich mich so glücklich, das hält dann vor bis Donnerstag, Freitag, Sonnabend. Am Sonntag wird das Selbstbewusstsein schwächer, und ab Montag freue ich mich nur noch auf den Mittwoch.» Diese Geschichte hat sich tatsächlich genau so zugetragen und kommt auch in meinem Film vor.

Man kann sich heute nicht mehr vorstellen, wie aufregend dieser Prozess auch intellektuell war. Wir hatten das große Bedürfnis, die Grundlagen der Frauenunterdrückung auch theoretisch zu erfassen. Dabei waren die wohl hervorstechendsten Empfindungen Neugierde und Erkenntnislust. Niemand hat sich als Opfer gefühlt bei der Analyse von Unterdrückung. Es war eine intellektuelle Anstrengung, die endlich Erklärungen lieferte für bestimmte Erfahrungen, und darum förderte sie die Aktivität und die Befriedigung. Darum gab es das Wort «Opfer» bei uns nicht, das heutzutage den Frauen oft nachträglich aus Unkenntnis der damaligen Situation untergeschoben wird.

Ganz im Gegenteil waren das die aktivsten, neugierigsten und lustigsten Frauen, die das Bedürfnis hatten, ihren eigenen Ton zu singen. Obwohl der Themenbereich, mit dem wir uns danach hauptsächlich befassten, damals einen schlechten Klang hatte, so nach dem Motto «Kinder, Küche, Kirche», haben wir ihn mit anderen Inhalten besetzt. Es ging uns nicht um die Gebärfähigkeit an sich, sondern darum, dass Frauen dadurch andere Probleme haben und dass es nicht automatisch bedeuten muss, dass sie darunter gesellschaftlich leiden müssen. Deshalb wollten wir herausfinden, warum die Frauen praktisch die Definitionsmacht verloren haben und die Gebärfähigkeit die Frauen letztendlich in diese Abhängigkeit geführt hat. Bei Elefanten und Affen ist es ja schließlich auch nicht der Fall.

In Berlin standen damals unendlich viele kleine Läden leer und waren superbillig zu haben. Viele Leute zogen weg von Berlin, und obendrein machten die Supermärkte nach und nach die Tante-Emma-Läden kaputt. Wir dachten, es wäre schön, alle paar Straßen einen Kinderladen zu gründen, um das leidige Zeitproblem für die Frauen auf eine praktische Art anzugehen. Die Männer wurden in die Überlegungen nicht einbezogen, denn sie hatten sich bis zu diesem Zeitpunkt nicht für die Probleme interessiert, die den Frauen durch die Kinder entstanden waren.

Doch in dem Augenblick, als wir die ersten Kinderläden in Gang gebracht hatten, kamen einige Männer wutschnaubend an und meinten plötzlich, «das ist auch mein Kind, und ihr könnt nicht einfach irgendetwas gründen!» Diese Männer nahmen uns die Sache dann relativ schnell aus der Hand und machten daraus den «Zentralrat der Kinderläden». Das, wozu es sich dann entwickelte, hatten wir nicht gewollt. Doch als Aktionsrat bekamen wir sogar Hausverbot, mit der Begründung, «wir sind schon weiter als ihr. Denn wir sind schon bei der Emanzipation des Menschen!»

Viele von den Frauen, die jetzt die Kinderläden machten, blieben vom Aktionsrat weg, weil sie so stark mit dem Aufbau beschäftigt waren. Zum Teil waren sie ganz begeistert, dass sich ihre Männer plötzlich für das Kind interessierten, was vorher nicht der Fall gewesen war. Die Kinderläden wurden so zeitintensiv, dass die ursprüngliche Idee, Frauen mehr Zeit für sich selber zu verschaffen, um unter anderem auch über die öffentliche Erziehung nachdenken zu können, ins Leere lief. Das waren ja alles Linke, und die meisten kamen aus dem Umkreis von SDS und allgemeiner Studentenbewegung. Doch dieser Aufbau der Kinderläden hat sie praktisch von morgens bis abends und sogar nachts ununterbrochen gefordert.

Die Zahl der Kinderläden stieg sprunghaft an. Am ersten Abend wurden fünf gegründet, und in der nächsten Woche waren es schon fünf mehr, und dann gab es viele Frauen, die vorher schon gar nicht mehr in den Aktionsrat kamen. Sie hatten von anderen Leuten über diese Initiative gehört und eröffneten dann eben auch einen Kinderladen.

Die Frauen, deren Kinder in die Kinderläden gingen, hatten starke Belastungen auszuhalten. Denn was dort gemacht wurde, entwickelte sich sehr stark zum Psychoanalytischen hin, und an den Folgen gingen nicht nur sehr viele Beziehungen kaputt. Die ursprüngliche Idee, Frauen Zeit zu verschaffen, verkehrte sich sogar in ihr Gegenteil. Der Kinderladen war jetzt ein «politisches Projekt», das praktisch rund um die Uhr Einsatz forderte.

Die Analysen des SDS über die Klassengesellschaft fanden wir nicht etwa falsch, sondern lediglich zu begrenzt. Wir meinten, dass die gesellschaftlichen Konflikte tatsächlich noch viel größer seien, als es diese Analysen hergaben, weil wir eben den Aspekt der Geschlechterfrage den allgemeinen Fragen hinzufügten und nicht etwa die allgemeinen gesellschaftlichen Fragen darauf reduzierten. Und deshalb meinten wir, der SDS solle uns folgen, weil wir den überzeugenderen theoretischen Ansatz hatten. Mit dieser Einstellung waren wir überhaupt nicht bescheiden. Wir sagten: «Wenn es euch um die arbeitende Bevölkerung geht, dann müsst ihr bedenken, dass die Unterdrücktesten und Ausgebeutetsten in jedem Land die Arbeiterinnen sind.»

Die Unterdrückung und Rechtlosigkeit der Frauen ging in langer Tradition quer durch alle gesellschaftlichen Schichten. Doch das wurde damals nicht wahrgenommen. Schon rein rechtlich hatten die Frauen nicht den gleichen Status wie heute. Sie mussten zum Beispiel ihren Mann fragen, wenn sie arbeiten gehen wollten. Das Gesetz ist inzwischen abgeschafft. Wir wollten, dass der SDS uns hilft, unsere Wissensdefizite zu beseitigen. Aber unsere Politik wollten wir selbst bestimmen.

Bei der Rede, die ich im September 1968 bei der SDS-Delegiertenkon-

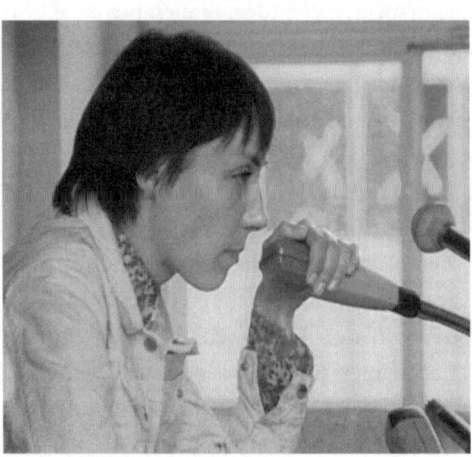

ferenz in Frankfurt gehalten habe, ging es genau darum, dass wir gesagt haben, «wenn ihr es im SDS ernst meint», und davon

*Helke Sander bei ihrer «Tomatenrede» auf der 23. SDS-Delegiertenkonferenz in Frankfurt/Main am 13.9.1968, Filmauszug aus SWR-Report, September 1968*

sind wir ausgegangen, «dann ist es nur logisch, wenn wir das zusammen machen und ihr uns unterstützt». Doch dieser inhaltliche Aspekt kam erst einmal überhaupt nicht an, auch nicht bei den Frauen.

Was ankam, war die direkte Ansprache der Frauen. In allen Städten, aus denen SDS-Vertreter nach Frankfurt gekommen waren, gründeten sich Frauengruppen. So gab es schon bald mindestens dreißig Frauengruppen, und deswegen konnte dieses berühmte «Schwänzeflugblatt» auch so einschlagen, als es im Oktober bei der nächsten SDS-Delegiertenkonferenz in Hannover verteilt wurde.

Die meisten Leute, die diese Studentenbewegung bildeten, waren sehr jung. Ich zum Beispiel war älter als die meisten von den Jungs, die da herumliefen. Ich erinnere mich natürlich an Sigrid Rüger, die damals im SDS schon eine Position innehatte. Aber ich kannte sie gar nicht näher. Durch sie habe ich zum ersten Mal erlebt, was Zivilcourage ist. Denn sie hat sich dafür eingesetzt, dass ich bei der SDS-Delegiertenkonferenz reden konnte, ohne gut zu finden, was ich machte.

Sigrid Rüger ist diejenige, die in Frankfurt die Tomate warf, um eine Diskussion über meine Rede zu erzwingen. Sie war nicht so sehr daran interessiert, was wir als Aktionsrat gemacht haben, aber sie hat durchgesetzt, dass wir reden konnten, und das hat mich wirklich sehr beeindruckt.

Und dann gab es ein paar andere, die genau das verhindern wollten, weil sie sich bedroht fühlten und weil wir so ein bisschen das verkörperten, wovor sie als Frauen entkommen zu sein schienen, zum Beispiel die Kinderfrage. Denn du hast dich damals nicht mit einer Frau identifiziert, weil das zu traditionell war. Und wir vom Aktionsrat hatten auch eine andere Sprache. Manchmal waren ganz naive Sachen dabei, das ist schon richtig. Aber sie waren auf eine andere Weise naiv als bei den Männern, nur bei den Frauen fiel es mehr auf.

Deshalb musstest du eben schon manchmal Mut haben, und andere Frauen hatten das eben nicht. Sie haben dann ununterbrochen ihren männlichen Kollegen zu erkennen gegeben, dass sie mit uns nichts am Hut haben. Viele Frauen waren es jedenfalls damals nicht, die öffentlich redeten. In Berlin waren das insbesondere Sigrid Fronius und Hanna Kröger, in Frankfurt Antonia Grunenberg, und sie war sogar «berühmt».

Inzwischen war der Aktionsrat so bekannt geworden, dass immer wieder Neue hinzukamen. Man konnte nichts mehr vertiefen, weil sich die

Frauen im Republikanischen Club drängten und bis zu den Türen mit langen Ohren standen. Je nachdem, wie alt sie waren und welche Erfahrungen sie hatten, gab es jedoch sehr unterschiedliche Vorstellungen.

Im ersten halben Jahr, als wir uns schon im Republikanischen Club trafen, war Ulrike Meinhof vielleicht zwei- oder dreimal dabei. Marianne Herzog kannte sie schon vorher. Im «subjektiven faktor» gibt es diese Szene in der Küche, wo mir Marianne einen Koffer zeigte, den ihr Ulrike gegeben hatte. In diesem Koffer waren Unterlagen über Frauenleichtlohngruppen drin. Damit beschäftigte sich Ulrike, aber mit der Frauenbewegung hatte sie große Schwierigkeiten. Immerhin war sie schon sehr bekannt als emanzipierte Frau und wollte deshalb fast nichts mit dem Aktionsrat zu tun haben.

Ich erinnere mich aber, dass sie einmal plötzlich die Frage stellte: «Welche Frau ist noch nie von ihrem Mann geschlagen worden?» Von den hundert oder hundertfünfzig Frauen, die wir immer ganz dicht gedrängt saßen, meldeten sich vielleicht drei. Das wurde dann nicht weiter vertieft, weil es uns damals nicht so interessierte. Später sind einige aus dem Aktionsrat in die RAF gegangen.

In dieser etwas chaotischen Form gab es den Aktionsrat von Januar 1968 bis nach dieser «SDS-Tomatenkonferenz» im Herbst 1968. Danach kamen viele Frauen aus dem SDS dazu, die jünger und kinderlos waren und andere Probleme hatten. Doch unsere Treffen verloren nicht an Attraktivität. Sie platzten räumlich aus allen Nähten. Es gab mindestens fünfzehn unterschiedliche Arbeitskreise.

Einer davon war die Gruppe der Kindergärtnerinnen, die für 1969 meinen Streik vorbereiteten. Wir vom Aktionsrat haben ja nicht nur die Mütter angesprochen, sondern auch die Erzieherinnen, und zwar schon mit dem zweiten Flugblatt, das wir gemacht haben. Sie trafen sich dann über ein Jahr lang auch im Republikanischen Club. Doch als es immer mehr wurden, haben sie sich extra getroffen.

Die Streikvorbereitungen waren lange ein wichtiges Thema. Der Aktionsrat war theoretisch beteiligt, indem wir alle gemeinsam diskutiert haben, was das Politische an diesem Streik ist und welche Folgen er hat. Wir haben Flugblätter verteilt, die, soweit ich mich erinnere, Petra Hinze und Christine Liebl als eine Art Comic oder Bildergeschichte gezeichnet haben. Die Flugblätter erläuterten den Hintergrund des Streiks.

*Ausschnitte aus einem Flugblatt des Aktionsrates zur Befreiung der Frauen zum 1. Berliner Kindergärtnerinnenstreik im Sommer 1969*

Mit dem Streik wollten wir so etwas wie Kanonenboot-Politik machen und Stärke zeigen, wie früher zu Kaisers Zeiten. In Berlin gab es damals viel Feinindustrie, in der viele Frauen arbeiteten, aber kaum Männer. Für die Kinder dieser Frauen und andere Schichtarbeitsberufe gab es Kindergärten.

Unsere Überlegung war also, wenn die Kindergärtnerinnen streiken und wenn die berühmten Arbeiterinnen, die ihre Kinder in diese Kindergärten bringen, diesen Streik unterstützen, indem sie zu Hause bleiben, dann ist die Wirtschaft in Berlin für einen Tag lahm gelegt.

Dieser Streik der Kindergärtnerinnen war also viel umfassender gedacht und nicht nur ein Protest über die Zustände im Betreuungsbereich. Um es noch einmal zu betonen, wir hatten nicht im Entferntesten die Vorstellung, dass wir Opfer sein könnten, sondern ganz im Gegenteil, wir wollten ausprobieren, welche Macht wir haben. Mindestens dreihundert, am Ende sogar fünfhundert Kindergärtnerinnen haben sich schließlich an den Vorbereitungen beteiligt, und bei den Streiks waren es sicher über tausend.

Die ganzen vorbereitenden Aktionen waren unglaublich erfolgreich. In fast allen Kindergärten haben die Eltern gesagt: «Wir bleiben an diesem Tag zu Hause.» Auf unsere schönen, gezeichneten Flugblätter bekamen wir eine sehr positive Resonanz, weil sie nicht in diesem Kauderwelsch geschrieben waren. Was wir aber nicht wussten, war, dass diese große

*Mitbegründerin des Aktionsrates 171*

Zustimmung in den politischen Gremien solch eine Aufregung verursachte, dass sie alles getan haben, um die Aktion zu schwächen. Und die ÖTV hat den Streik kaputtgemacht.

Leider Gottes waren wir zu blöd und haben nicht gemerkt, wie die Gewerkschaften die Kindergärtnerinnen über den Tisch gezogen und erst einmal gespalten haben. Sie teilten sie nämlich ein in solche, die gewerkschaftlich organisiert, und solche, die nicht organisiert waren, und erklärten, die Nichtorganisierten würden kein Streikgeld bekommen. Vorher hatte das überhaupt niemanden interessiert. Aber wir haben nicht gemerkt, dass ein Teil der organisierten Kindergärtnerinnen Unterstützung von der Gewerkschaft haben wollte und dieser Streik damit den ursprünglichen Gruppen vollkommen aus der Hand genommen wurde.

Das ging irgendwie schleichend, weil man nicht wusste, was die anderen vorhaben. Ich glaube, dass die SEW dabei schon wieder mächtig die Finger im Spiel hatte. Aber ich weiß nach wie vor nicht genau, wie das im Einzelnen zuging. Der erste Streiktermin war für Juni 1969 angesetzt, und darauf arbeiteten wir hin. Zuerst verlegten die Gewerkschaften diesen Termin. Das war schon der erste Einbruch, der überhaupt nicht mehr aufzuholen war. Dann wurde der Termin noch einmal verlegt. Schließlich wurde zwar irgendwann gestreikt, aber getrennt nach den verschiedenen Stadtteilen.

Mich hat das sehr frustriert, weil dieses Projekt für mich wirklich etwas Großartiges hatte und anmeldete, dass wir *da* sind und unseren eigenen Ton singen werden. Man stelle sich vor, Berlin wird an einem Tag von den Frauen lahm gelegt. Das Beschämende und Demütigende war, dass wir nicht in der Lage gewesen sind, die Machenschaften der Organisationen, der Parteien und Gewerkschaften, zu durchschauen, die uns häppchenweise auseinander brachten. Unsere «Genossen» haben uns in dieser Situation auch nicht geholfen, obwohl sie wahrscheinlich die Spiele eher durchschaut hätten. Aber sie waren nicht interessiert beziehungsweise so vollkommen fixiert auf den *männlichen* Arbeiter, dass auch nicht sein konnte, was nicht sein durfte.

### «Feminismus war ein Schimpfwort»

Es gab viele Auseinandersetzungen gegen Ende der Studentenbewegung. Ich selbst war vollkommen ungefährdet für jegliche Art von Kaderpartei wie die ML oder auch die RAF. Das hatte möglicherweise damit zu tun, dass ich älter war, vielleicht auch schon andere Sachen erlebt hatte und das Kind hatte. Ulrike Meinhof habe ich dann nicht mehr so gut gekannt, obwohl wir uns ab und zu getroffen oder gesehen haben. Aber ich kannte im Umkreis von dem, was dann später RAF wurde, doch eine ganze Menge Leute, und wir haben uns immer gezankt und darüber auch voneinander entfernt. Daran sind Freundschaften zerbrochen.

Ich fand das vollkommen hirnrissig, sich einzubilden, dass so ein versprengter Haufen plötzlich hier die Revolution machen will, egal, ob sie nun RAF oder AO oder ML waren. Es war mir sehr wichtig, in dem Film «der subjektive faktor» diese Suche nach einfachen Lösungen darzustellen, die dann auftritt, wenn sich eine Bewegung, die ganz viele Fragen ausgelöst hat, so verkompliziert, dass die Leute einen Ruhepunkt und Einfachheit suchen. Diese strikten Organisationen sollten dann wieder eine Art Struktur geben. Psychologisch ist das alles sehr gut nachzuvollziehen, nur darf man das nicht verwechseln mit den Erfolgen, die sie sich davon versprachen.

Als sich dann schon bald die Studentenbewegung auflöste, gab es diese Parteigründungen und dogmatischen Gruppierungen. Diese Entwicklung erreichte auch die Frauen, indem sie in unterschiedlichen Gruppen verschwanden. Das war die Zeit, als dieses Schlagwort von der «Frauengruppe als Durchlauferhitzer» aufkam, wo die Frauen fähig gemacht werden sollten, besser in den Organisationen mit zu arbeiten, die von den Männern bestimmt waren.

Das war Anfang 1969, und alles war bereits sehr schwierig geworden. Frigga Haug, die mehr von Theorie bestimmt war, kam in den Aktionsrat. Sie wollte immer Ordnung in diesen Haufen bringen und hat Schulungen angeboten, über Clara Zetkin rauf und runter. Frigga nahm im Grunde diese alte Kontroverse von bürgerlicher und so genannter proletarischer Frauenbewegung vom Ende des 19. Jahrhunderts wieder auf. Viele von uns wussten gar nicht, dass es schon einmal eine Frauenbewegung gegeben hatte. Wir hatten lediglich völlig diffuse und keineswegs angenehme Vorstellungen von den Suffragetten. Indem wir aber anfingen, über die proletarische Frauenbewegung nachzulesen, stellten wir fest, dass es auch andere Positionen wie zum Beispiel die von Lily Braun gegeben hatte und man nicht alles über einen Sozialismuskamm scheren konnte.

Ich würde sagen, dass sich Frigga inzwischen sehr geändert hat, aber damals waren ihre Positionen zum Teil sehr dogmatisch und folgten abgewirtschafteten, sozialistischen Denkmustern. Die Folge waren einige harsche Auseinandersetzungen, weswegen wir als kleine Gruppe rausgingen, und uns «Gegen das Alte und für das Neue» nannten. Sie blieb dort, und der Aktionsrat benannte sich schließlich um in «Sozialistischer Frauenbund West-Berlin».

Wir waren nur ein paar Frauen, Christine Liebl zum Beispiel und Ludmilla Müller, und wir bestanden darauf, dass die Kinderreproduktionsfrage wichtig ist und auch von den Sozialisten nie wirklich aufgegriffen wurde. Für sie waren wir immer nur der «Nebenwiderspruch». Hingegen war das Wort Feminismus ein Schimpfwort. Dennoch fingen wir an, es für uns wieder zu entdecken. Wir waren ja wirklich richtig abgeschnitten von unserer eigenen Geschichte.

Und dann fanden wir bald neue Worte, um zu beschreiben, dass es einerseits eine Klassengesellschaft gibt, und andererseits aber durch die Jahrtausende hindurch die Unterdrückung der Frauen. Diesen Zustand nannten wir «patriarchalisch». Frigga Haug argumentierte hingegen, dieser Begriff stamme aus der Feudalzeit und man könne ihn nicht im Zusammenhang mit Sozialismus benutzen, weil es dabei um andere Widersprüche gehe. Doch schließlich hat sich dieser Begriff sogar in der Gruppe um Frigga durchgesetzt.

In den Aktionsrat kamen auch die ersten Lesben, und wir haben zusammengearbeitet. Ich kann mich noch daran erinnern, wie Annerose Reiche, die dann später in der RAF war, in den Aktionsrat kam und sagte, «wir müssen jetzt mal darüber reden». Und da haben wir gesagt, «jetzt sind wir eigentlich bei einem andern Thema, aber gut, dann machen wir das.» Natürlich waren die Lesben Feministinnen, das war vollkommen außer Frage, und umgekehrt haben auch die Heterosexuellen die Lesben unterstützt. Ich kann mich noch gut an die Einweihung ihres ersten Treffpunktes erinnern. Und selbstverständlich gingen Lesben mit zu den Abtreibungsdemonstrationen.

Die Gruppen differenzierten sich dann. Es hing auch mit dem Alter zusammen und mit den unterschiedlichen Interessen. Mit 21 steht das Bedürfnis nach Theorie wohl nicht im Vordergrund. Manches hat sich auch entpolitisiert, weil es mehr von diesen Nischen gab. Was vorher eher ein politisches Interesse und ein Erkenntnisinteresse war, verwandelte sich in ein Lebensgefühl. Dieses Lebensgefühl wurde dann von außen und innen sehr stark ideologisiert. Männer schickten Frauen zu anderen Frauen, damit sie selber von deren Problemen verschont würden, und Frauen entwickelten eine stark ideologisierte Schwesterlichkeit.

Ein Beispiel kann ich erzählen, weil es Cristina Perincioli auf dem «Tomatenkongress» 1998 aus ihrer Sicht vorgetragen hat. Beide waren wir damals Studentinnen an der Filmakademie, und wir haben auch gemeinsam dafür gesorgt, dass mehr Frauen in diese Männerbastion aufgenommen wurden. Cristina kam zu mir, um meine Unterstützung zu gewinnen für einen Film über Homosexualität. Als ich immer wieder von ihr um Mitarbeit gebeten wurde, dazu aber weder Zeit noch Lust hatte, habe ich sie irgendwann nicht sehr höflich abgewimmelt.

Damals wurde ich auch noch von einem Dozenten der Filmakademie unter Druck gesetzt, der meinte, eine Frau müsse der anderen helfen. Aber die Möglichkeit, ihr Gelder zu streichen, hatte ich weiß Gott nicht, sondern ich habe mich im Gegenteil später sehr für sie eingesetzt, als sie Schwierigkeiten mit dem ZDF wegen ihres Films über zwei Lesben, «Anna und Edith», hatte, was mir den Umgang mit der Redaktion nicht gerade erleichterte.

Cristina war damals noch sehr jung, und ich war einfach vollkommen überfordert mit Berufstätigkeit, Studium, Kind, Frauenbewegung und den vielen Telefonaten. Denn meine Nummer stand in einem APO-Adressbuch, und jeden Tag riefen ungefähr hundert Leute an, die meinten, irgendetwas von mir fordern zu dürfen: Kinder abgeben, bei uns schlafen, Geld leihen, Abtreibungsadressen, Pillen usw. Ich hatte die Geschichte längst vergessen, aber bei Cristina muss sie etwas ausgelöst haben, was ich nicht verstanden habe.

Das Abtreibungsthema war damals sehr wichtig für uns, ebenso wie das Thema Pille. Wenn man die schrecklichen Abtreibungen bedenkt, die es damals noch gab, dann ist die Pille natürlich begrüßt worden. Wir gehören ja noch zu der Generation, die das noch ganz anders erlebt hat, als es heute ist, und ich selbst hatte auch Abtreibungen. Mehr will ich dazu nicht sagen, aber ich kenne das Problem.

Die Pille habe ich schon in Finnland gefressen. Ich war 1961 eines der frühen Versuchskaninchen und hatte immer Herzschmerzen. Im Aktionsrat gab es noch keine Diskussionen über gesundheitliche Probleme. Wir bekamen von irgendwoher kübelweise Pillen gebracht und haben sie verteilt. Wahrscheinlich sind es irgendwelche Leute von Schering, also von der Pharmaindustrie, gewesen. Doch so genau weiß ich das nicht mehr. Jedenfalls hatten immer irgendwelche Leute haufenweise Pillen und haben sie anderen Leuten packungsweise weitergegeben.

Doch die Pille hat unheimlich viel verschleiert, weil gesunde Frauen ein Medikament nehmen müssen, um Sexualität mit einem Mann zu haben. Das haben wir analysiert und deswegen zum Teil andere Forderungen entwickelt, als sie in dieser Abtreibungskampagne von 1971 gegen den § 218 aufgestellt wurden. Und selbst da gab es auch unterschiedliche Fraktionen.

Zum Beispiel haben wir die Pille auf Krankenschein abgelehnt. Wir haben gesagt, «das kann nicht die Lösung sein, weil es ein schädliches Medikament ist! Wir müssen die ganze sexuelle Kultur angucken und so lange forschen, bis es unschädliche, nicht medikamentöse Verhütungsmittel gibt.» Doch daran wird immer noch nicht geforscht. Dabei ist diese unschädliche Methode bereits entwickelt worden, indem jede Frau über die Körpertemperatur ihre fruchtbaren Tage herausfinden und so auch verhüten kann. Die Sexualität ist eben auch ein Kommunikationsproblem.

Die Ärzte haben damals alles nur abgebügelt. Die ersten zwanzig Ärzte, die wir gefragt haben, wussten rein gar nichts über unschädliche Verhü-

*Die Filme-
macherinnen
Helke Sander
und Claudia
von Alemann
beim 1. Frauen-
filmseminar
in Berlin,
1973*

tung und auch nicht über die Pille. Deswegen haben wir angefangen, am ersten Frauenhandbuch zu arbeiten, weil wir dachten, dann müssen wir eben selber die Nebenwirkungen herausfinden, indem wir uns untereinander darüber verständigen. Das war ab 1971/72 ein großer Teil der Arbeit unserer Frauengruppe «Brot und Rosen» und eine Folge der Frauenbewegung. 1972 habe ich dann mit Sarah Schumann den Film gedreht «Macht die Pille frei».

Diese differenziertere Art, an die Dinge heranzugehen, ist überhaupt ganz selten geworden. Ich meine damit nicht Gruppen an sich, denn ich bin überhaupt kein Gruppenmensch. Aber ich kooperiere gerne. Das ist was ganz anderes. Ich habe mich auch nie versteckt und immer unter meinem Namen gearbeitet. Doch das Frauenjahrbuch 1, das von Frankfurt aus gemacht wurde, hat zum Beispiel meine Rede vor der SDS-Delegiertenkonferenz 1968 abgedruckt, und darunter stand als Urheberin «eine Frau aus dem Aktionsrat». Ich fand das unglaublich! Ich habe so lange an dieser Rede gesessen, sie hundertmal umgeschrieben, und dann steht da einfach nur «eine Frau aus dem Aktionsrat». Dieses «wir sind alle gleich» habe ich gehasst.

Ich habe auf jeden Fall immer daran festgehalten, dass ich bestimmte Sachen machen möchte, von denen ich auch nicht abrücken werde. Es war nur manchmal schwierig. Erst habe ich am Theater Regie gemacht, und als ich das nicht mehr wollte, sondern Film machen, war klar, dass ich das weiterverfolge, auch wenn es Konflikte gibt. Ich war auch gerne Mutter, fand es wunderbar, wenn es auch von den Folgen her sehr schwierig war. Was ich damit sagen will, ist, dass ich für mich nie das Gefühl hatte, den Männern unterlegen zu sein.

Das Schwierige war, dass ich es einfach nicht anders kannte, als dass Frauen unterlegen sind. Aber ich habe versucht, dieses Unterlegenheitsgefühl von meinem Bewusstsein her nicht zuzulassen. Wenn ich auch in der Praxis, also im Alltag, total drin gefangen war, war mir wichtig, dass ich ein Mensch bin, der selber denkt. Und das finde ich entscheidend für meine Identität.

Manchmal frage ich mich, was ich mit meinem Engagement erreicht habe, und muss sagen: Ich weiß es nicht. Bei Bewegungen, egal, welche es sind, gibt es immer eine Aufbruchsstimmung, wo viele Fragen neu gestellt werden, und dann schüttelt sich das irgendwie so ins Gebräuchliche. Und dann wird daraus die SPD, oder dann wird es in Paragraphen gefasst und in Verordnungen, dann gibt es Frauenbeauftragte und dies und das, was wir uns so nie vorgestellt haben.

Wir waren eher daran interessiert, Konzepte zu entwickeln, und ich kann immer nur wieder sagen, das Wichtigste war, zu fragen, «warum ist es eigentlich so» und «muss das so sein». Das hatte ganz viel mit Erkenntnisinteresse zu tun und zielte nicht in erster Linie darauf ab, eine Frauenbeauftragte zu erfinden oder zu fordern, dass jeder zweite Job mit einer Frau besetzt wird. Das Umsetzen hat zwar viele Vorteile, gleichzeitig werden auch die Ungerechtigkeiten solcher Erfindungen deutlich. Und am Ende ist alles ein bisschen dürftig, was dabei herauskommt.

Ich persönlich wollte die Revolution, daran kann ich mich sehr gut erinnern, und bin erst nach sehr intensiven Überlegungen in den SDS eingetreten. Denn ich dachte, das bedeutet, dass ich bis zum Ende meines Lebens für diese Bewegung schuften muss, und schuften wollte ich nicht noch mehr. Andererseits glaubte ich, dass man das vielleicht machen muss. Viele dachten damals tatsächlich, es dauert höchstens noch ein, zwei Jahre. Das habe ich aber nie geglaubt. Ich dachte, wenn überhaupt etwas aus der Revolution werden soll, dann wird das eine schreckliche Quälerei bis dahin. Und dazu hatte ich eigentlich keine rechte Lust.

Dann bin ich aber trotzdem in den SDS eingetreten und habe mich sogar gefragt, ob ich denn überhaupt «würdig» bin. Denn ich hatte damals die Vorstellung, dass ich nun weitere Geheimnisse erfahre, wie das alles gehen soll, und war furchtbar enttäuscht, dass der SDS gar keine feierliche Veranstaltung war. «Och, du auch», sagte Rudi. «Ja, prima. Je mehr, desto besser!» Also war das alles gar keine so ernste Angelegenheit.

Die Revolution war für mich, wenn überhaupt machbar, dann doch etwas, das in wahnsinnig weiter Ferne lag und mit schrecklicher Arbeit verbunden war. Sowohl bei den Linken allgemein als auch bei den Frauen haben wir ja viel darüber geredet, warum alle diese Revolutionen, die es auf der Welt schon gegeben hatte, immer schief gelaufen sind, sich terroristisch ausbreiteten oder bürokratisch wurden. Insofern habe ich mir das nie als eine leichte Angelegenheit vorgestellt, wenn man tatsächlich die alten Fehler vermeiden wollte.

Mit der Bezeichnung 68erin habe ich die gleichen Schwierigkeiten wie mit anderen Verallgemeinerungen. Ich selbst bezeichne mich nie so, distanziere mich allerdings auch nicht, wenn Leute sagen, «das ist eine 68erin». Denn es gab ja vieles, was uns an Fragen verbunden hat, nicht aber an Antworten. Kürzlich habe ich irgendwo den Begriff «Jung-68erin» gehört, und das gefällt mir eigentlich besser. Ich bin eine Jung-68erin, keine Alt-68erin. Das steht so ein bisschen im Zusammenhang damit, dass mir heute immer noch mehr einfällt als vielen anderen.

Ich selbst würde mich als Bürgerin bezeichnen. Den Begriff «Feministin» finde ich nur gut, wenn wir damit etwas Klares, Politisches verbinden können, das genauere Konturen hat. Dann könnt ich sagen, «klar, das bin ich». Aber Feminismus ist so ein unklarer Begriff, weil sich zum Beispiel die Frauen in Chile, die mit ihren Kochlöffeln und Deckeln geklappert und Pinochet mit zur Macht verholfen haben, auch als Feministinnen bezeichnet haben. Vieles ist ungenau.

Ich würde zum Beispiel gerne «ich bin keine Rassistin» positiv ausdrücken können. Aber dafür fehlt mir der Begriff. In jedem Fall will ich nichts unterstützen, was mir politisch gegen den Strich geht. Was ich will, ist, demokratische Verhältnisse dort einzubringen, wo ich mitarbeite.

Und ich will nicht unbedingt dasselbe machen wie Männer. Frauen müssten das Recht haben, als eine Kategorie, so wie es auch noch andere Kategorien gibt, selber zu bestimmen und zu definieren, was sie wollen. Die Hauptsache ist für mich nach wie vor die Reproduktionsfrage und alles, was damit zu tun hat und sich als Frage in den letzten dreißig Jahren immer wieder vollkommen neu stellt.

**Frigga Haug, Februar 2001**

# FRIGGA HAUG
## und der Sozialistische Frauenbund West-Berlin

Ich bin 1937 in Mülheim an der Ruhr geboren und im Düsseldorfer Land aufgewachsen. Meine Eltern waren beide Nationalsozialisten. Aber eigentlich komme ich aus einer ganz alten kommunistischen Familie. Mein Urgroßvater war Wanderschauspieler, hat die Freie Volksbühne in Berlin mit gegründet. Alle seine Söhne waren in der Arbeiterbewegung, entweder als Sozialdemokraten oder als Kommunisten.

Ich erinnere mich an lange Geschichten von meinem Großonkel, der mir erzählte, wie kämpferisch diese Zeit war. Doch meine Mutter ging 1934 in den Nationalsozialistischen Studentenbund und heiratete einen blonden, blauäugigen Mann, der ebenfalls im Nationalsozialistischen Studentenbund war. Er ging in die Waffen-SS und fiel vor Stalingrad im Oktober 1941. Als mein Vater starb, war ich knapp vier Jahre alt. Ich kenne ihn also gar nicht. Meine Mutter hatte vier Kinder, und ich war die Zweite.

Zu Hause wussten wir natürlich, dass unser Vater im Krieg gefallen war. Doch dieser Krieg war nun zu Ende, und jetzt hatten wir Frieden. Wenn man so etwas hört, sagt man als Kind ja nicht, «ich will aber jetzt endlich alles wissen, was los war». Meine Mutter hatte so schreckliche Sätze drauf wie «da sind die Juden ja schon wieder» oder «sie haben ja schon wieder die Banken», und später sagte sie, «minderwertige Menschen vermehren sich ganz toll, während du nur eine Tochter hast».

Da wusste ich dann schon, dass sie zu den Nazis dazugehört hatte und dass es daher kam. Das hatte sie uns nicht verschwiegen. Aber wenn man eine Mutter hat, die ihre vier Kinder nur mühsam durchbringt, gibt es keinen solchen Ablösungskampf wie in geschlossenen Familien, wo auch ein Vater dabei ist. Ich fühlte mich eher als Beschützerin meiner Mutter. Mit zehn Jahren ging ich als Reisekind in Mülheim an der Ruhr auf eine Mädchenoberschule. Ich erwähne das, weil ich das Reisen bis heute beibehalten habe. Ich habe immer endlose Wege zu allen Arbeitsplätzen, weil ich immer in anderen Städten arbeite als dort, wo ich wohne. Nur ganz wenige Mädchen aus armen Familien gingen auf die Mädchen-Oberschule. Meine Schwester und ich gehörten zu diesen Ausnahmen. Meine Mutter war wie mein Vater Diplomvolkswirtin, konnte aber im Faschismus nicht berufstätig sein. Nach dem Krieg schlug sie sich und ihre vier Kinder als Handelsvertreterin durch. Deshalb durften wir unter all diesen Mädchen aus elitären Familien zur Schule gehen. Man gab uns ein Stipendium, und wir kriegten Care-Pakete zugesteckt, damit wir zu Hause etwas zu essen hatten.

In diesem Mädchengymnasium hatte ich auch Lehrer, die durch und durch faschistisch waren, wie zum Beispiel meine Lieblingslehrerin. Da ich nicht mit Wut oder Zorn auf sie reagierte, muss ich also auch solche Züge an ihr gemocht haben, die sie früher als faschistische Elitelehrerin ausgezeichnet hatten. Über die Nazi-Zeit erfuhren wir in der Schule gar nichts, denn der Geschichtsunterricht hörte immer mit Bismarck auf. Alle diese Lehrer waren unheimlich autoritär, aber es traf mich nicht so hart, da ich immer überall durchrutschen konnte.

Mit neunzehn Jahren machte ich Abitur und ging an die Freie Universität Berlin, um dort Anglistik und Geschichte zu studieren, was aber wegen des Numerus clausus nicht möglich war. Jemand gab mir den Tip, Soziologie zu nehmen. In meinem Lexikon gab es dieses Wort nicht einmal, doch ich habe dann irgendwie herausgefunden, dass Soziologie die «Lehre von der Gesellschaft» ist. Aber das sagte mir auch nichts, weil das Wort «Gesellschaft» damals kein umgangssprachliches Wort war, sondern eher anrüchig nach Kommunismus klang.

1957 fing ich an der Berliner FU an. Doch zunächst hatte ich ein echtes Problem. Ich kam aus dem Dorf in die Großstadt und in die Freiheit, war plötzlich total ungebunden und musste alles selber entscheiden. Wenn man Lust hatte, konnte man den ganzen Tag schlafen, oder schwimmen, oder lernen, oder was auch immer. Die Universität lag mir zwar zu Füßen, aber sie öffnete nicht. Denn aufgrund der Semesterferien gab es keine Vorlesungen und keine Veranstaltungen.

Ich kannte nur meine Schwester, die ich damals für furchtbar spießig hielt. Mit ihr zusammen ging ich zu einer Initiative, aus der später «Kampf dem Atomtod» wurde. Wolf Haug machte sie in Berlin, und ich lernte ihn kennen, noch bevor das erste Semester auch nur begonnen hatte. Ich schloss mich dieser Gruppierung an und schnitt Zeitungsartikel über Atomversuche der Franzosen in der Sahara aus.

Da ich erst die fünfunddreißigste Soziologiestudentin war, kannte jeder jeden, und wir hatten eine Menge Professoren für uns. Von morgens bis abends studierten wir, nachts ging ich schwimmen in der Krummen Lanke, in Bars oder zum Tanzen. Wir hatten damals ein ungeheures Stehvermögen. Da ich von meiner Mutter als Kriegerwitwe mit vier Kindern nicht viel erwarten konnte, ernährte ich mich hauptsächlich von Schokolade und machte Babysitting bei den Amerikanern. Man konnte dort wohnen, und daher musste ich keine Miete zahlen. Als ich anfing zu studieren, gab es kein Stipendium. Aber dann demonstrierten wir für das Honnefer Modell. Zwei Jahre bekam ich schließlich ein Stipendium, das halb als Darlehen vergeben wurde und halb geschenkt war.

1959 wurde auf Apfelsinenkisten die Zeitschrift «Das Argument» begründet, indem wir Flugblätter gegen die atomare Aufrüstung der Bundeswehr und Atomversuche ganz allgemein machten. Man konnte diese Flugblätter gegen Einsendung von einigen Briefmarken bekommen. Ich war schon in der Anfangszeit dabei, auch bei der Gründung selbst am 2. Mai 1959, weswegen ich immer damit in Zusammenhang gebracht werde. Aber es war nicht meine Idee, sondern die von Wolf Haug und einigen anderen Menschen, wie Margherita von Brentano und Thomas Metscher, der in Bremen Professor war. In den Anfängen war das «Das Argument» eigentlich überhaupt eine reine Männergruppe. Es gab mehrere Redakteure, nicht nur Wolf Haug, und als ich 1965 Redakteurin wurde, bestanden ringsherum schon mehrere Arbeitsgruppen.

Der «Argument-Club» entstand 1961 innerhalb des SDS als eine Strömung um die Zeitschrift «Das Argument» und war der Versuch, ein eigenständiges kulturelles und politisches Leben zu organisieren. Der Club bestand nicht nur aus Lesegruppen, sondern es wurden Rezensionen geschrieben oder das Schreiben von Rezensionen gelernt, es wurden

Recherchen gemacht und Atomflugblätter zusammengestellt. Es war so etwas wie eine kleine Universität und mit wechselnden Menschen drin. Dann ging ich in den SDS, weil ich das Gefühl hatte, jetzt auch etwas tun zu müssen. Das war so um 1959. Zu der Zeit gab es noch solche Bemerkungen wie: «Erst gab es keine Frauen im SDS, und dann bemerkte man sie nicht als solche.» Das war eigentlich ein freundlicher Spruch, der besagte, dass im SDS kein sexistisches Klima herrschte, sondern ein neutrales Genossenklima. Es war nicht etwa so, dass sich die Frauen wie Ausstellungsstücke fühlen mussten oder dass alle über sie herzogen und sie als minderwertig betrachteten, sondern sie waren einfach wie die anderen Männer auch. Wir waren nicht sehr viele Frauen. Ich erinnere mich an Sigrid Rüger und Ilka Schnabel.

Bis 1963 habe ich alle möglichen Sachen gemacht. Ich war in einer kleinen Gruppe, die gemeinsam ins Theater ging, las und über platonische Liebe diskutierte. Zu dieser Gruppe gehörte übrigens auch Horst Mahler, als schmaler schüchterner Jüngling. Ich war zwei Jahre lang im Konvent, erst als einfache Abgeordnete und dann als Zulassungsbeauftragte. Ich saß im gleichen Konvent wie der grauenvolle Eberhard Diepgen, und wir haben uns Schlachten geliefert. Denn er war Mitglied der schlagenden Burschenschaft «Saravia» und im RCDS und stand damit klar auf der Gegenseite.

Im philosophischen Bereich, wozu Soziologie gehörte, konnte man damals promovieren, ohne das Diplom zu haben, und ich habe eine Doktorarbeit angefangen. Als ich mit unheimlichen Massen von Texten und Karteikarten dasaß, wurde ich schwanger, bekam eine Tochter und musste die Arbeit bleiben lassen. 1963/1964 verließ ich die Uni, nachdem die Tochter gerade einige Wochen da war. Zwei Jahre vorher hatte ich einen Studenten geheiratet. Da einer von uns beiden arbeiten musste und er beim Fernsehen angestellt wurde, gingen wir nach Köln.

Bevor das Kind kam, dachte ich, das Studium wäre endlos, ich könne immer lernen und machen, was ich will. Das Leben war für mich ein Projekt, man brauchte im Grunde nicht viel Geld und musste sich nicht in eine bürgerliche Laufbahn zwängen. Ich dachte jedenfalls, «alle Wege stehen mir offen und alles ist ganz wunderbar». Und plötzlich war ich Hausfrau!

Ich wohnte mit dem Baby auf dem Land in einer Villa, bis ich halb verrückt war, schon morgens Martini trank und ähnlich schreckliche Sachen machte. Es gab einfach nichts in Köln, was mich interessiert hätte. Am Ende wusste ich gar nicht mehr, warum ich morgens aufstehe. Wenn dieser freundliche Mann, der mein Mann war, abends nach Hause kam, hatte ich noch nicht einmal das Geschirr abgewaschen, weil ich auch das verkehrt fand.

Dennoch möchte ich dieses Stück Leben nicht missen, weil es mich für die Frauenarbeit und die feministische Arbeit, die ich inzwischen seit 30 Jahren mache, mit ungeheuer viel Stoff versorgt hat. Seitdem ich dieses furchtbare Schicksal aller Hausfrauen eine Zeit lang gelebt habe, weiß ich eigentlich erst, was es für die Frauen bedeutet, Hausfrau zu sein, und was sie dort machen.

Damals empfand ich es wie lebendig begraben sein, und es schien, dass es keinen Weg aus dieser Situation heraus gab. Aber ich bin mir gar nicht so sicher, ob es für die Frauen heute so viel anders ist, wenn sie in diese Falle gehen, weil sie ökonomisch abhängig sind und nicht fertig mit eigenen Gedanken und Plänen. Denn man kann die Kinder ja nicht wegwerfen. Sie brauchen hundert Prozent Aufmerksamkeit, wenn sie so klein sind, und man muß sich in allem nach ihnen richten.

Nach eineinhalb Jahren schnappte ich das Kind, meinen kleinen Koffer und ging 1965 ohne Geld zurück nach Berlin. Wunderbarerweise bin ich zu meinem Studienfreund Wolf Haug gezogen. Denn wir kannten uns schon aus dem SDS und vom «Argument». Ich suchte sofort nach Möglichkeiten, was ich tun könnte, habe immer größere Teile der Zeitschrift «Das Argument» an mich gezogen und mich unentbehrlich gemacht. «Das Argument» wurde bei uns im Haus angesiedelt, ich machte viel Redaktionsarbeit und besorgte die Auslieferung an die Buchhandlungen in Berlin. Auf der Suche nach einem eigenen Betätigungsfeld begann ich mit Übersetzungen soziologischer Texte für den Suhrkamp Verlag.

Wenn ich heute sagen soll, welche Identität als Frau ich damals hatte, setze ich sofort Widerborsten auf, so schwierig ist diese Frage für mich. Denn bis ich diese Tochter hatte, habe ich mich überhaupt nicht als Frau identifiziert. Ich fühlte mich nicht benachteiligt oder war besonders sexy, nichts dergleichen. Plötzlich wurde es relevant, und es war klar, «ich bin niemand, ich habe kein Geld, ich bin an dieses Kind gebunden. Als Frau kann ich überhaupt nichts machen.» Als Studienabbrecherin konnte ich nicht genügend Geld für die Familie verdienen, weil ich eine Frau war.

Doch mein Mann konnte es sehr wohl. Ich konnte bestenfalls eine Putzstelle annehmen.

Als ich dann wieder in Berlin war, musste ich von vorne anfangen, mich als Person zu behaupten, also irgendjemand zu sein. Ich habe angefangen, Ressorts für mich abzustecken. Vorher war ich als SDSlerin und Konventsmitglied Rednerin auf allen möglichen Veranstaltungen gewesen, und nun machte ich hauptsächlich die Buchhaltung und den Vertrieb für die Zeitschrift. Das zeigt, dass ich höchstens noch zwei Zentimeter groß war, verglichen mit vorher und gemessen an dem, was ich eigentlich wollte. Die Übersetzungen, die ich damals machte, waren ja auch nichts Selbstgeschriebenes wie vorher meine geplante Dissertation. Ich verdingte mich als Hilfsperson und dachte, «das ist mein Schicksal als Frau. Es ist eine Falle, und da komme ich nie wieder raus.»

Deshalb habe ich versucht, mich darin wenigstens so gut wie möglich einzurichten und irgendeine Form der Bestätigung für mein Selbstbewusstsein zu finden. Ich habe mutwillig noch eine zweite Studentenehe angefangen. Mein jetziger Mann kommt aus einer ganz traditionellen schwäbischen Familie. Trotzdem war er bereit, zweimal in der Woche zu kochen. Ich sollte dreimal kochen, und einmal wollten wir in die Mensa gehen.

Aber ich habe allein das Kochen übernommen, das Einkaufen und den

*Frigga Haug mit Tochter und Ehemann Wolfgang Fritz Haug*
*mit «Leninbart», Berlin 1969*

ganzen Haushalt, weil ich fand, dass ich das besser mache. Das hing genau damit zusammen, dass ich als Hausfrau keinen anderen Ort und keine Position für mich hatte. So musste ich wenigstens diese Schiene weiter ausbauen. Und ich habe mich überall unentbehrlich gemacht.

Ich habe gelacht über Leute, die sagten, man muss ökonomisch unabhängig sein. Ich war eine durch und durch normale Hausfrau und empfand es als selbstverständlich, wenn er als Mann beruflich unterwegs war. Erst als ich 1971 mein Diplom nachgeholt hatte und meine erste Stelle bekam, wurde ich wieder eine normale kämpferische Person.

### «Wir waren die 57er»

Allerdings begann dieser Prozess schon Ende der 60er Jahre, indem ich selber auf Versammlungen ging, um dort zu reden. Ich wollte nicht als Wolfs Frau mitgehen und sehen, wie er redet oder auf dem Podium sitzt. Aber das geschah nicht ganz aus freien Stücken. Denn er fand es furchtbar, als Ehepaar irgendwohin zu gehen, und wollte lieber allein gehen. Deshalb musste ich mich entscheiden, entweder zu Hause zu bleiben oder auch alleine zu gehen. Wolf war als «Argument»-Herausgeber eine angesehene Person, und ich denke schon, dass ich als seine Frau identifiziert wurde. Zudem war ich für all die Gruppen, in denen er war, eine schwierige Person, weil ich andere verdrängt habe, besonders diesen Jünglingskreis.

Politisch gesehen war diese Zeit für mich und auch für den SDS nicht leicht. Ich gehörte zur Kerngruppe «Argument». 1968 bedeutete für uns in allererster Linie Auflösung. Wir haben versucht, die aufkommenden neuen Leute, wie Dutschke und Rabehl, zu bekämpfen, weil wir den SDS und diese Bewegung halten wollten. Denn das Auftauchen dieser Antiautoritären bedeutete für uns die Auflösung des SDS. Wir saßen oft zusammen und haben wie die Verrückten Tag und Nacht darüber nachgedacht, wie zu verhindern wäre, was wir nicht verhindern konnten.

Doch wir hingen am SDS, weil wir eine kämpferische Zeit damit verbanden. Die SPD, der er bis Anfang der 60er Jahre nahe gestanden hatte, hatte ihn ja mehrfach angegriffen. Sie hat unter anderem die «Konkret Gruppe» ausgeschlossen und sich wegen «kommunistischer Infiltration» schließlich vom gesamten SDS distanziert.

Im Grunde ist er nach 1968 zerbröckelt, hatte immer weniger Wirksamkeit, und die Auflösung 1970 war nur noch der letzte Akt. Vielleicht kann man auch sagen, er wurde durch die Gruppe um Rudi Dutschke umfunktioniert, die ihn als Material benutzten, um die breitere Studentenbewegung und die APO zu formieren. Denn die meisten aus dem SDS gingen ja in diese Bewegung und waren nicht einfach verloren. Aber ich gehörte schon zu den Älteren, und wir kamen aus der Zeit davor. Wenn man es in Bewegungen ausdrücken will, dann waren wir die 57er und nicht die 68er. Denn 1957 beginnt die «Kampf dem Atomtod»-Bewegung. Wir haben Ostermärsche gegen die atomare Aufrüstung mitgemacht, und zusammen mit Wolfgang Fritz Haug habe ich Kongresse gegen die Atompolitik organisiert. Das war unsere Zeit.

Diese Bewegung der 68er ergriff nun so viel mehr Menschen, die plötzlich alle politisiert wurden, worüber wir eigentlich hätten froh sein müssen, was wir aber nicht konnten, weil der SDS dabei baden ging. Daher war für uns die Situation doppelt merkwürdig. Für das «Argument» bedeutete diese Massenbewegung, dass von einem Tag auf den andern die Auflagen in unerwartete Höhen stiegen. Angefangen haben wir mit hundert oder zweihundert Stück. Als die Studentenbewegung begann, hatten wir Auflagen von zweitausend oder auch mal viertausend. Heft 36, «Die Amerikaner in Vietnam», erlebte sogar mehrere Auflagen.

Plötzlich hatten wir bis zu 18 000 verkaufte Auflage, und an dem Tag, an dem «Das Argument» ausgeliefert wurde, warteten die Studenten schon vor der Mensa, um das neueste Heft zu kaufen. Als wir zum Beispiel das Heft zu «Sexualität und Herrschaft» in einem Hörsaal vorstellten, gab es einen großen Lacherfolg. Man konnte sich damals überhaupt nicht vorstellen, was das miteinander zu tun haben sollte. Doch die Zeitschrift nahm eben viele wichtige Diskussionspunkte vorweg. Als die Bewegung jedoch in sich zusammenfiel, rutschte die Auflage rapide nach unten.

Vieles von dem, was mich bewegte, spielte sich damals in Berlin und damit direkt vor meinen Augen ab. Manches andere habe ich nur über die Presse mitbekommen und nicht live, wie zum Beispiel die Ohrfeige von Beate Klarsfeld. Was mit Rudi Dutschke passierte, war natürlich eine ungeheuer wichtige Frage. Wolf schrieb das Gutachten über den Täter für das Gericht und sagte darin, «das ist nicht die Einzeltat eines kleinen Irren, vielmehr hat die Presse die ganze Zeit darauf hingearbeitet. Also habt ihr es alle getan.» Das alles war für uns direkter politischer Alltag, so auch der Tod von Benno Ohnesorg.

Und zu diesem Alltag gehörte auch, zu Demonstrationen zu gehen oder selbst welche zu machen. Es war meine Idee, am «Tag der offenen Tür» auf dem Flughafen Tempelhof eine Demo zu veranstalten, als Protest gegen den Einsatz von US-Flugzeugen im Vietnamkrieg, die von dort aus starteten. Es gibt Fotos von dieser Demo. Meine Tochter trug das Plakat «Amerikaner morden Kinder in Vietnam». Ich habe damals wirklich gedacht, «wir sind eine Masse», dabei waren wir vielleicht sechs oder sieben Mütter mit ihren Kindern und einigen Vätern auf diesem Tempelhofer Feld. Gudrun Ensslin war da mit ihrem Freund Bernward Vesper und dem gemeinsamen Kind, Barbara Nirumand mit ihrer Tochter, meine Schwester Solveig Ehrler mit ihren zwei Kindern und eben ich mit meinem Kind. Doch ich bin gar nicht bis auf das Feld gekommen, weil unsere tapferen amerikanischen Soldaten uns mit einem Schutzwall umgaben, um uns vor der Berliner Bevölkerung zu bewahren. Denn die wollten uns, ob unserer Plakate gegen die Amerikaner, lynchen und in die Gasofen stecken. Grauenvoll war das. Und alle diese netten Soldaten beschützten uns und brachten uns weg. Da ich noch Plakate aus dem Auto holte, war ich nicht da, als die Fotos gemacht wurden, deshalb bin ich nicht drauf.

Ich war gegen militante Aktionen und auch bei der «Schlacht am Tegeler Weg» nicht dabei. Ich kannte ganz viele von den Studenten, die sich dort beteiligten. Anschließend besprachen wir diese Demonstration in der Argument-Gruppe, in der wir gemeinsam Marx lasen. Plötzlich wurde uns allen bewusst, dass hier eine ganze Generation kriminalisiert wird.

Neben politischen Aktionen, dem «Argument» und diesen ganzen Hilfstätigkeiten, die ich inzwischen an mich gerafft hatte, beschloss ich, dass der «Aktionsrat zur Befreiung der Frauen» mein Hauptbetätigungsfeld sein sollte. Ich war dabei, eine eigene Identität aufzubauen, weil ich dachte, «sonst kommen wir Frauen zu gar nichts in dieser Gesellschaft». Nach der «SDS-Tomatenkonferenz» im Herbst 1968 ging ich das erste Mal hin.

Ich kann mich noch gut daran erinnern, wie sehr mich das bewegt hat. Ich würde sagen, dass etwa hundert Frauen da waren. Das Treffen fand im Republikanischen Club statt, und ich kann dieses erschreckende Gefühl nur so ausdrücken: «Der Raum war voller Haare.» Das war wirklich mein Haupteindruck, nur Haare! Viele Frauen hatten lange Haare, und ich merkte daran, dass ich bisher nur Männergruppen gewohnt war, und nun musste ich durch diese Haare hindurch wie durch einen Dschungel, nahm

*Von Frigga Haug initiierte Protestaktion gegen den Einsatz von US-Flugzeugen im Vietnamkrieg vom Tempelhofer Flughafen aus am «Tag der offenen Tür», Berlin, 16. Juli 1967*

irgendwo bescheiden Platz und hoffte, dass man mich nicht sieht. Es war mir physisch merkwürdig, in diesem Dschungel von Haaren zu sein.

Ich selbst hatte damals einen Lockenkopf und nicht etwa einen Kurzhaarschnitt. Ich hatte niemals eine männliche Silhouette. Aber wenn man in einen Raum tritt, wo zwei Frauen und achtzehn Männer sind, und man ist das gewohnt, dann spult man ganz unbewusst etwas ab. Hinzu kam, dass die Frauen sich alle untereinander kannten und sich umarmten. Und das war mir sehr unangenehm, weil zu der Zeit alle anderen in meinem Umfeld keinen körperlichen Kontakt miteinander hatten.

Erst später wurde mir klar, dass die linke Kultur keine körperlich nahe Kultur war. Man hat sich bestenfalls die Hand gegeben. Im SDS zum Beispiel hat nie jemand einen anderen umarmt. Heutzutage tut das jeder in jeder Gruppe, damals aber nicht. In diesem Raum befanden sich also nur lange Haare, die zudem alle ineinander verschlungen waren, weil die Frauen sich herzten und küssten und einander fast auf dem Schoß saßen. Das hatte für Neue auch etwas Ausschließendes, was ich damals ungeheuerlich fand und weswegen ich erst nicht sprechen konnte, obwohl ich sonst nie Probleme damit hatte.

Mittwochabends fand immer dieses Treffen statt. Ich bin hartnäckig dageblieben und habe auch schon bald das Wort ergriffen. Ich muss ein großer Schrecken für die Gruppe gewesen sein, denn ich fing an, mich mit Helke Sander anzulegen. Offiziell gab es zwar keine Führung, weil es eine antiautoritäre Gruppe war. Aber sie war schon so etwas wie die heimliche Führungs- und Machtfigur.

Helke wollte immer Kinderprojekte machen. Ich fand das falsch, weil die Kinder meiner Meinung nach Fallen für uns waren, und ich wollte nicht, dass wir unser Leben vollends den Kindern widmen sollten, obwohl Helke es damals vielleicht auch anders gemeint hat. Aber mein Standpunkt war: «Um diese Frauenunterdrückung bei der Wurzel zu packen, müssen wir viel theoretische Literatur lesen.» Binnen kurzer Zeit hatte ich diesen Aktionsrat auf ordentliche Schulungsfüße gestellt, und im Grunde habe ich dort lauter kleine «Argument-Clubs» gegründet.

Dass der Aktionsrat sich spaltete, habe ich in absolut guter Erinnerung. Ich fand die Politik, die vorher gemacht wurde, falsch. Helke hat dann zum Beispiel gesagt, «wir dürfen uns nicht länger zu sexualisierten Opfern von Männerblicken machen, und deswegen werden wir uns alle gleich anziehen, zum Beispiel mit Maojacken. Dann können sie uns nicht mehr unterscheiden.» Ich fand das alles verkehrt und war auch relativ asketisch. Für mich waren solche Diskussionen nur eine Vergeudung von Energie.

Es war vielleicht ein Machtkampf zwischen Helke und mir, aber der Aktionsrat blieb bestehen. Manche sagen, er wurde «gespalten». Doch Spaltung ist nicht das richtige Wort, wenn sieben gehen und etwa hundert Frauen und damit die Mehrheit übrig bleiben. Die Gruppe mit Helke Sander hat sich jedenfalls auf den Standpunkt gestellt, «wenn ihr Schulung wollt, wollen wir nichts mehr mit euch zu tun haben». Später haben sie die Gruppe «Brot und Rosen» gegründet.

Gegangen sind die Medienfrauen mit öffentlichkeitswirksamen Aktionen, und geblieben sind die Bibliothekarinnen, Krankenschwestern und Kindergärtnerinnen. Das waren Frauen, die das Gefühl hatten, bisher mit Lernen zu kurz gekommen zu sein und nun gehe es endlich los. Sie wollten ihre Tage nicht beim bloßen Zuhören vergeuden, sondern selber etwas tun. Wir haben uns dann in Gruppen aufgeteilt, gelesen, studiert und auch lustige Sachen zusammen gemacht. Am Anfang hatten wir acht Gruppen à zwölf, und das blieb auch immer so.

Ich habe Leselisten erstellt, und ich bin auch heute noch der Meinung, es schadet nichts, Marx, Engels, Bebel und Clara Zetkin zu lesen. Frauentexte, wie wir sie heute kennen, gab es damals nicht. Allerdings war es wirklich blödsinnig, nicht mit dem Alltag der Frauen anzufangen und mit etwas, das sie direkt betraf. Aber dieses Schulungsprogramm war eben kein spezifisches Frauenprogramm, sondern ganz genau das, was die anderen Gruppen in der Studentenbewegung auch gemacht haben, vielleicht mit anderen Schwerpunkten.

Ich würde heute kein solches Programm mehr machen. Aber die Frauen damals waren ungeheuer begierig, diese Texte zu lesen, weil ihre Freunde sie auch lasen. Sie wollten sich nicht außerhalb der Kultur begeben, in der sie sich bewegten, indem sie etwas ganz anderes machten. Der Unterschied war eben, dass diese Texte in reinen Frauengruppen gelesen wurden, was eine ungeheuerliche Lernerfahrung für alle war und mit großer Begeisterung gemacht wurde. Und es dehnte sich aus, indem man viel zusammen machte, alles um diese Texte herum.

Monate später haben wir den Aktionsrat umbenannt. Heute würde ich sagen, schrecklicherweise in «Sozialistischer Frauenbund West-Berlin». Doch damals hatten wir einen ganz klaren Grund: Die DDR und die Kommunisten hatten in Berlin und in der Bundesrepublik eine dogmatische und einfrierende Wirkung auf die gesamte kulturelle Linke. Wir wollten auf keinen Fall mit den Frauengruppen aus der SEW identifiziert werden, die sich «demokratisch» nannten, ihre wahren Ziele im Grunde versteckten und dabei auch noch Socken strickten.

Man sollte uns ansehen, dass wir wirklich militant sind, in dem Sinne, dass wir die Gesellschaft radikal verändern wollten. Daher nannten wir uns ganz offen und klar «sozialistisch». Von Anfang an waren wir die Dritte-Weg-Frauen. Auf der einen Seite gab es nun also die orthodoxen Kommunistinnen, auf der anderen Seite die Feministinnen und wir dazwischen als feministische Sozialistinnen.

Am Anfang begegnete uns nur Ignoranz, so nach dem Motto «Geh du nur auf dein Kaffeekränzchen. Ihr macht ja dort sowieso nichts.» Was ich aber mit der einfrierenden Wirkung von SEW und DKP meine, ist, dass sie es als «kleinbürgerlich» verurteilt haben, Frauenpolitik zu machen, weil es angeblich den antikapitalistischen Kampf schwächt, und das ist etwas ganz anderes. Der Hauptkampf gegen das Kapital sollte von Mann und Frau,

Seite an Seite, ausgefochten werden. Der Begriff «Nebenwiderspruch» meint im Prinzip das Gleiche, kommt aber aus der maoistischen Richtung, also aus den diversen K-Gruppen.

Wir haben die Frauenfrage aber sehr viel früher schon völlig anders angepackt, was man zum Beispiel auch an diesen «Argument»-Heften über «Sexualität und Herrschaft» aus den frühen 1960er Jahren sehen kann. Wir lasen zu dieser Zeit schon Simone de Beauvoir, «Das andere Geschlecht», und hatten nicht diese merkwürdige Vorstellung, «erst muss der Kapitalismus überwunden werden, und dann werden sich die Probleme der Frauen automatisch lösen». Dabei war es uns aber wichtig, mit den Männern gemeinsam zu kämpfen und nicht gegen oder ohne sie, oder wie es damals hieß, «Frauen gemeinsam sind stark, Frauen und Männer sind stärker».

Das war auch schon die Auffassung des «Aktionsrates zur Befreiung der Frauen» gewesen, was man in der Rede von Helke Sander bei der 23. SDS-Delegiertenkonferenz in Frankfurt nachlesen kann. Darin bot sie dem SDS die Mitwirkung der Frauen an und drohte nicht etwa damit, dass sich die Frauen abspalten würden. Die Bedingung war aber, dass sich der SDS mit der Situation der Frauen auseinander setzen sollte. Doch schon damals wurde der Aktionsrat militant von Leuten aus dem SDS bekämpft. Denn ohne sich genauer damit auseinander zu setzen, galten sämtliche Frauenkämpfe als «revisionistisch» und «kleinbürgerlich». Es sollte innerhalb der Bewegung ausschließlich um den Kampf gegen den Kapitalismus gehen.

Der «Sozialistische Frauenbund» war in gewisser Weise die Fortsetzung des Aktionsrates, und auch wir waren mit diesem Vorwurf der Linken konfrontiert, haben aber doch als Frauengruppe weitergemacht. Wir haben auch bei der Aktion gegen den § 218 mit Alice Schwarzer zusammengearbeitet. Daher sind in der Stern-Selbstanzeige von 1971 viele Frauen aus der ersten Stunde des Sozialistischen Frauenbundes mit dabei.

Helke Sander ist mit ihrer Gruppe 1969 oder 1970 ausgetreten. Wir haben weiter regelmäßig Aktionen gemacht. Doch unsere eigenen Aktionen habe ich damals heruntergespielt, weil ich das Theoriestudium viel wichtiger fand. Wie stark die Wirkung aktionistischer Politik sein kann, habe ich wirklich unterschätzt und weiß heute, dass es falsch war, zu sagen, «entweder Schulung oder Aktionen». Nur die Programme der Linken zu lesen ist ein gescheitertes Modell, weil es arrogant ist, zu glauben, nur einige wenige wüssten alles. Damit entfernt man sich nicht nur vom Alltag, sondern man billigt dem Alltag keinerlei Lernfunktion zu.

1968 wurde am Institut für Soziale Medizin an der FU in Berlin eine Initiative gegründet, in der sich mehrere Ärzte, Soziologen und Ökonomen trafen, und ich kam als Soziologin dazu. Wir erarbeiteten wunderbare Konzepte, doch plötzlich stellte ich fest, dass ich die Einzige in dieser Gruppe war, die kein Examen hatte, was bedeutete, dass ich nie in diesem Bereich hätte arbeiten können. Deshalb beschloss ich, extern das Soziologiediplom zu machen. Das war 1971, und danach habe ich mich gleich am Institut für Soziale Medizin beworben. Ich war damals schon wieder sehr selbstbewusst und konnte Leute von meinen Ideen überzeugen. Das Auswahlgremium, in dem nur Männer saßen, hat mich abgelehnt. Die Begründung war tatsächlich, dass sie fürchteten, ich würde ein Fraueninstitut machen und dominieren. Daraufhin gab es den ersten Generalstreik bei den Medizinern. Immerhin wurde ich daraufhin Assistentin am Psychologischen Institut.

Nach der Assistentenzeit habe ich 1976 promoviert, war dann anderthalb Jahre lang arbeitslos, habe in der Zeit bis 1978 habilitiert und bekam eine Gastprofessur in Kopenhagen und einen Lehrauftrag in Marburg. Im Oktober 1978 ging ich an die Hochschule für Wirtschaft und Politik in Hamburg. Deshalb konnte ich nicht mehr zum Plenum des Sozialistischen Frauenbundes kommen, wo ich bis dahin aktiv mitgearbeitet hatte. 1978 war politisch überhaupt keine gute Zeit mehr, und alles bröckelte ab. 1980 hat sich der Sozialistische Frauenbund endgültig aufgelöst, nach immerhin über zehn Jahren politischer Arbeit.

An der Hochschule in Hamburg war ich bis zum April 2001 tätig. Zunächst hatte ich eine von diesen mickrigen BAT-IIa-Stellen, aber auf Lebenszeit, so dass ich machen konnte, was ich wollte, bei nur acht Stunden Lehrverpflichtung. In der Zeit habe ich Gastprofessuren in aller Welt angenommen, was schön war, da man sich ganz anders hinterfragt, wenn man in anderen Gesellschaften lebt. Ich war in Australien, Kanada, USA und dreimal in Österreich. Ende 2001 gehe ich nach Mexiko.

Persönlich hatte ich von 1969 bis 1986 eine furchtbare Zeit, weil meine Tochter an ihrem ersten Schultag beschlossen hatte, «das will ich nicht». Sie lief immer wieder weg, und die Polizei musste sie zurückbringen. Ich habe alles versucht, wirklich alles. Lange Zeit dachte ich, sie protestiert gegen Wolf, weil er so autoritär ist. Später erkannte ich, sie protestierte gegen mich, tat immer genau das Gegenteil von dem, was ich von ihr erwartete.

Das Allerschlimmste für mich war, als sie in die «Scientology Church» ging. In wenigen Jahren bin ich knallegrau geworden, und es war eine wirklich absolut grauenvolle Zeit. Mit zweiundzwanzig stieg sie zum Glück wieder aus. Dieser Konflikt mit meiner Tochter hat alles andere überdeckt. Ich hatte mit Frauen Beziehungen, es gab Krisen in der Ehe, aber das war nicht viel im Vergleich dazu. Man kann nicht einfach aussteigen aus Kindern.

Ich habe die ganze Zeit Frauenpolitik gemacht, und ich dachte eine Zeit lang, die Frauen sind die Einzigen, die den Sozialismus noch voranbringen können. Den Sozialistischen Frauenbund gab es bald in anderen Städten, zeitweilig 54 Gruppen, die in der ganzen Bundesrepublik über Alltagserfahrungen von Frauen arbeiteten. Diese «Erinnerungsarbeit» habe ich auch nach Australien gebracht, in die USA und nach Kanada, weil ich dachte, wir sollten das weltweit machen.

Ich bin im «Bund demokratischer Wissenschaftler», organisiere für den DGB Bildungspolitik und Zukunftswerkstätten, halte Vorträge und mache Bildungsarbeit in der Kirche, obwohl ich Atheistin bin. Ich habe sowohl für die Grünen als auch für die PDS und die SPD-Frauen regelmäßig Veranstaltungen gemacht oder rede auf deren Strategiekonferenzen. Ich habe ein europäisches Forum linker Feministinnen gegründet, das leider nur bis 1998 gehalten hat. Das war eine sehr schöne Sache, weil man natürlich viel stärker ist, wenn man die Feministinnen aus allen Ländern zusammenzieht. Und ich mache noch das «Argument» und neuerdings das «Historisch-kritische Wörterbuch des Marxismus». Seit dem Frühjahr 2001 lebe ich in Esslingen in Schwaben, und auch da habe ich schon begonnen, Vorträge und Seminare in Frauengruppen zu halten.

### «Ich habe den Begriff sexuelle Revolution schon damals gehasst»

In all den Jahren bin ich in mir selbst relativ konstant geblieben, nur dass ich einige Sachen, die ich gemacht habe, etwas kritischer sehe. Ich bin Sozialistin und Feministin. Sozialistin bin ich seit 1957 und Feministin seit 1968, und so bin ich geblieben. Ich bezeichne mich wegen der Frauenbewegung als 68erin, aber gleichzeitig müsste ich eigentlich sagen, dass meine Politisierungsphase früher liegt. Vieles in der 68er-Bewegung konnte ich theoretisch als mein Problem empfinden, sozusagen im Nachhinein, aber nicht mehr wirklich als Teil meines Lebens.

Meinen eigenen Einfluss innerhalb der 68er Studentenbewegung würde ich als sehr gering einschätzen. Ich habe zwar einige Jahre lang das «Argument» gemacht, und das hatte Einfluss. Aber für mich beginnt alles mit der Frauenbewegung. Vorher war es mehr ein Getragenwerden und Mitschwimmen. Die Frauenbewegung war hingegen von Anfang an meine Bewegung, weil das mein Alltag war und ich darin vorkam.

Ich fand es richtig, was passiert ist, und finde die Rede von Helke Sander bis heute ausgezeichnet, sehr klar, sehr hellsichtig, sehr viel besser als alles, was später daraus gemacht wurde. Die Anliegen der Frauen waren so berechtigt, dass ich auch den SDS dafür preisgegeben hätte.

Bei diesem Satz «Die Strukturen waren von den Männern dominiert» bin ich zwiespältig, weil diese sehr einfachen Abbildungen natürlich, wie immer, nicht stimmen. Man kann nicht sagen, «die Frauen wurden unterdrückt, weil sie Flugblätter tippten und Kaffee kochten. Doch dann lehnten sie sich auf.» Diese Vereinfachung stimmt genauso wenig, wie wenn man über mich sagen würde, «dann lehnte sie sich gegen ihr faschistisches Elternhaus auf und wurde Sozialistin». Denn um als Frau zu erkennen, dass man etwas anderes als das Gewohnte tun könnte, braucht es eine sehr lange Lernzeit und ein Bewusstsein dafür, dass ich unterdrückt werde. Doch das war vor 1968 noch nicht gegeben.

Diese Studentenzeit ist für mich auch eine Zeit, in der es schwierig war, sich aus den bürgerlichen Maßstäben über Sexualität zu befreien. Man hatte ja Hauswirtinnen, die darauf achteten, wann man nach Hause kam und mit wem man einzeln gesehen wurde. In meiner Schule, wo nur Mädchen waren, wurden diejenigen, die vor der Schule mit einem Jungen sprachen, zur Direktorin zitiert. Und meine Mutter gab mir als Aufklärung mit, «du kommst jetzt in die Universität, und dort werden lauter Männer sein. Behandele sie so wie deine Brüder.» Infolgedessen sah man es schon als einen Akt der Befreiung an, dass man nachts mit männlichen Studenten schwimmen ging, womöglich nackt.

Für diese Geschichte mit Kommune 1 und 2 war ich vergleichsweise zu alt. Ich hatte nun schon den zweiten Ehemann, ein Kind und meine erste Studentenzeit bereits hinter mir. Beim Skilaufen haben mal alle Frauen erzählt, mit wie vielen Männern sie geschlafen haben. Die eine sagte «hundertachtzehn» und die andere «nur achtundvierzig», und ich zählte und zählte und zählte. Es wurden nicht mehr als fünf, und selbst das war schon sehr großzügig gerechnet. Aber ich traute mich nicht, es zu sagen. Denn es wirkte irgendwie so, als hätte ich auf dieser Ebene versagt.

Den Begriff «sexuelle Revolution» hasste ich schon damals, denn bei allen Zweifeln wussten wir, dass diese Revolution nur eine für Männer war und dass die Frauen ihnen bedenkenlos, möglichst oft und möglichst abwechselnd, zur Verfügung stehen sollten. Und lesbisch sein war damals als kulturelle Möglichkeit noch nicht vorhanden. Die lesbischen Frauen gaben sich als solche nicht zu erkennen. Sie zeigten sich nicht, und man sprach nicht darüber.

Die Frauen waren damals bisweilen sehr witzig, wenn ich nur an Gretchen Dutschke denke, die in Großversammlungen ganz laut mit gellender Stimme «Fuck for Peace» rief. Sie war überhaupt nicht brav und still. Da steckte die unangefochtene Bezogenheit der Frauen auf einen heterosexuellen Zusammenhang drin, der aber dann für Frieden eingesetzt wurde.

Die 68er-Bewegung war unter anderem auch eine Bürgerschreckbewegung. Doch die Frauen in der Bewegung waren weniger Bürgerschrecks. Das waren sie erst im Aktionsrat mit dem «Schwanz-ab-Flugblatt», mit Männerklos-Besetzen, Büstenhalter-Verbrennen, Ärzte-Kongresse-Angehen und ähnlich schrecklichen Dingen. Das sind alles Bürgerschreckideen.

Ich weiß nicht, ob man wirklich eine Bilanz ziehen kann. Aber gescheitert kann die 68er-Bewegung ja nicht sein, weil sie selbst keine langfristigen Ziele hatte, an denen sie hätte scheitern können. Die Bewegung war ein Lebensgefühl, eine Lebensweise, ein Protest, aber doch nicht das erklärte Ziel, «jetzt wollen wir die Revolution machen.»

Gerade im kulturellen Milieu hat sich unheimlich viel geändert. Das kann man heute fast gar nicht mehr vermitteln, wie stickig es vorher war. Wenn ich meinen Studenten erzähle, wie wir gelebt haben, was wir für normal hielten und welche Gewohnheiten wir hatten, dann glauben sie das nicht. Es ist ihnen so selbstverständlich, dass alles völlig anders ist, insbesondere für Frauen. Aber wenn ich zum Beispiel das Thema Feminismus mit ihnen bearbeite, hören sie zwar leidenschaftlich zu und diskutieren mit. Wenn ich aber frage, «wer von euch würde sich denn als feministisch begreifen», dann ist es keine. Sie finden es interessant, aber wollen es politisch nicht selber sein.

Wenn es stimmt, dass die 68er eine ungeheuer starke und nachhaltige Wirkung hatten, dann frage ich mich verzweifelt, wann wir eigentlich den Anschluss an die jetzige Generation verpasst haben, die sich mit allen möglichen schrecklichen Dingen abfindet, offensichtlich unpolitisch ist und sich nicht empört. Denn offenbar hat es die Gesellschaft nicht genügend erschüttert, dass die Neoliberalen versuchen durchzustarten. Ich nehme an, dass es auch an der fehlenden Erzählkultur liegt. Plötzlich ist alles wie nie gewesen.

Ich fand die anderen Frauen damals toll, und bis heute ist es für mich viel einfacher, mit Frauen zu arbeiten, weil es eigentlich keine Frauen gibt, die nur abstrakt denken und sich plötzlich nur noch für die Konjugationen im russischen Mittelalter interessieren, um es mal als Beispiel zu nehmen. Fast alle Frauen können ungeheuer gut erzählen, wenn sie erst einmal dazu angestiftet werden, und sie haben große Lust daran, die Alltagsstrukturen darzustellen.

Für mich selbst habe ich jedenfalls ungeheuer viel gelernt und das Lernen in die Produktion von neuem Wissen umgesetzt. Ich habe unendlich viel geschrieben und bin im bürgerlichen Sinne relativ erfolgreich als Professorin mit Gastprofessuren in allen Erdteilen der Welt, und, was noch viel schöner ist, ich bin eine Lehrende, die von ihren Studenten gemocht wird. Sie hören mir zu, und es bedeutet ihnen etwas, was ich ihnen zu sagen habe. Das ist das Beste, was ich erreicht habe.

Das Einzige, was mir nicht gelingt und das macht mich auch ziemlich frustriert: Ich kann nicht wirklich gut mit unseren Freunden, den Ossis, sprechen, obwohl ich es versucht habe. Sie verstehen mich nicht, und ich kann für sie nichts Nützliches sagen. Ich habe gerade wieder auf einer Bildungsveranstaltung in der Hellen Panke über Marxismus und Feminismus gesprochen, aber es war, als hätte ich chinesisch gesprochen. Es gab nicht dieses wunderbare Gefühl, dass man etwas sagt, was sie aufgreifen und selber untereinander immer weiter besprechen, wodurch sich etwas bewegt.

Ich dachte, wir könnten die Bewegung wieder anfeuern, und habe dafür unaufhörlich weitergearbeitet. Jetzt bin ich 63 und habe als Professorin an der Universität aufgehört. Aber ich werde weiter mit Menschen in der ganzen Welt zusammenarbeiten und meine Artikel und Bücher schreiben, in der Hoffnung, dass es etwas ist, womit die Menschen etwas anfangen können. Ich glaube, die Sprache dafür, meine Sprache, habe ich gefunden.

# SEXUALITÄT
# UND NEUE LEBENSFORMEN

Dagmar Przytulla (geb. Seehuber), April 2001

# DAGMAR PRZYTULLA
## Mitbegründerin der Kommune 1

Ich komme aus einer Familie, in der es sehr starke Konflikte und große Spannungen wegen der unterschiedlichen Schichtzugehörigkeit meiner Eltern gab. Meine Mutter kam aus der gehobenen Mittelschicht, hatte Lehramt studiert, das Studium jedoch abgebrochen. Denn nach dem Tod ihres Vaters, der Bankdirektor gewesen war, wurden die finanziellen Mittel sehr knapp. Mein Vater wuchs auf dem Land auf und hatte eine Schlosserlehre gemacht. Als die beiden heirateten, war bereits mein ältester Bruder geboren. Für meine Großmutter mütterlicherseits waren sowohl das ledige Kind als auch der Schwiegersohn eine Katastrophe. Ich kam 1938 zur Welt.

Der Konflikt führte so weit, dass meine Mutter mit ihrer Familie brach. Später, als ich einiges über das Dritte Reich gelesen hatte, kam ich immer mehr zu der Überzeugung, dass diese Entscheidung stark mit den gesellschafts- und werteverändernden Umständen dieser Zeit zu tun hatte. Meine Eltern wurden beide Mitglieder in der NSDAP, aber schon während des Krieges wieder ausgeschlossen, weil sie die Beiträge nicht bezahlen konnten. Später hat meine Mutter Feindsender abgehört, um Informationen über das Kriegsgeschehen zu bekommen.

Auch wenn meine Eltern schließlich aus der Partei ausgeschlossen wurden, so waren sie doch beeinflusst von den nationalsozialistischen Ideen, und das hatte große Auswirkungen auf unsere Erziehung. Das wichtigste Ziel war der absolute Gehorsam des Kindes, und dieses Ziel wurde bei uns zu Hause zum Teil mit drakonischen Strafen durchgesetzt. 1943 zog meine Mutter mit uns Kindern in das Dorf, aus dem mein Vater stammte.

Ich war ein sehr angepasstes Kind und deshalb nicht so unmittelbar von den jeweiligen Strafmaßnahmen, die in der Schule gang und gäbe waren, betroffen. Es gab aber einige Kinder, die als Sündenböcke herhalten mussten und der Erziehungsbrutalität dieser Zeit voll ausgeliefert waren. Das reichte von Schlägen ins Gesicht, sodass das Blut aus der Nase lief, auf die Hände, bis sie blau und rot angeschwollen waren, bis hin zum Knien auf Holzscheiten. Da in dieser Dorfschule jeweils vier Klassen in einem Raum unterrichtet wurden, waren immer viele Kinder Zeugen dieser beschämenden Torturen.

Es war grauenhaft, und ich kann mich noch gut an meinen Schwur bei einer dieser Gelegenheiten erinnern, später als Erwachsene Rache an dieser Lehrerin zu nehmen. Als ich später anlässlich der ersten Prozesse die Berichte über die KZs gelesen habe, kam es mir so vor, als sei im schulischen Bereich so gewissermaßen im Kleinen an den Kindern praktiziert worden, was dort in derselben menschenverachtenden Weise, aber in ganz anderen Dimensionen, zur Vernichtung von Menschenwürde und Leben eingesetzt wurde.

Als ich zwölf Jahre alt war, zogen wir nach München zurück, und dort war unsere Armut so richtig spürbar, denn andere Familien waren schon wieder zu Geld gekommen. Aber mein Vater war Alleinverdiener, und wir waren vier Kinder. Ich hatte Schulprobleme im Gymnasium, und mein Vater stellte sich auf den Standpunkt, dass ich lieber einen Beruf lernen sollte, als auf die Realschule zu wechseln, da Mädchen später sowieso heiraten würden. Meine Mutter konnte ihm dann wenigstens die Einwilligung zum Besuch einer Mittelschule abringen.

Ausgelöst durch die Übertragungen von Bundestagsdebatten im Radio, hatten wir heftige politische Diskussionen zu Hause. Da war mein Vater mein Diskussionspartner oder vielmehr Diskussionsgegner, wohingegen meine Mutter politisch völlig desinteressiert reagierte. Ihr Standpunkt war, dass Politik ein dreckiges Geschäft ist.

Nach meinem Realschulabschluss arbeitete ich im Büro und litt furchtbar unter Freiheitsentzug, weil ich den ganzen Tag nur in diesen Büroräumen absitzen musste. Das erste Jahr bin ich jeden Tag weinend heimgekommen. Mit zweiundzwanzig ging ich ein Jahr nach England, um die englische Sprache zu lernen. Man wurde dort als Deutsche oft angefeindet. Wenn man deutsch sprach, sagte der Busschaffner «bloody Germans», und bei Bewerbungen hieß es, «wir nehmen keine Deutschen!» Ich war in London bei einer deutsch-jüdischen Familie als Au-pair-Mädchen. Diese Familie war sehr wichtig für mich, weil sie die nachwachsende deutsche Generation nicht für die Verbrechen des Dritten Reiches verantwortlich machte. Stattdessen habe ich dort meinen ersten Geschichtsunterricht darüber und die ersten ausführlichen Informationen über den Holocaust erhalten.

Meine Eltern sprachen nie über das, was im Krieg geschehen war. Schon als Kriegsheimkehrer hatte mein Vater von meiner Mutter verlangt, sämtliche Fragen von uns Kindern abzuwehren. Auch als ich schon mehr über diese Zeit wusste, war ich nicht in der Lage, meine Eltern zu befragen. Später kamen wir über Beschimpfungen nicht hinaus. Ich beschimpfte meinen Vater als «Nazi» und er mich als «Kommunistin». Eine ernsthafte Auseinandersetzung kam jedoch nie zustande.

1964 schloss ich mich in München einem Arbeitskreis an, der von gewerkschaftlich organisierten Arbeitern betrieben wurde. Dort wurden Marx-Texte gelesen, abwechselnd Referate darüber gehalten und diskutiert. Die Leute des Münchner SDS waren ganz begierig darauf, unsere Gruppe kennen zu lernen, getreu der Marx'schen Theorie, dass allein der Arbeiter das Subjekt der Revolution ist. Unabhängig von unserem Arbeitskreis gab es noch den «Samstagskreis», wo ebenfalls Texte zur Arbeiterbewegung diskutiert wurden. Kunzelmann gehörte dazu. Er wurde delegiert, mit uns Verbindung aufzunehmen, und so lernten wir uns kennen.

Ich war damals in einer Phase, in der ich dachte, «wenn ich ein Leben lang als Sekretärin arbeiten muss, werde ich verrückt.» Das war im Herbst 1965. Innerhalb von nur zwei Monaten bin ich zu Kunzelmann in den Keller gezogen. Dieser «Keller» lag in Schwabing und war tatsächlich ein Kohlenkeller. Er hatte nur ein kleines Fenster. Der Raum selbst war relativ groß und für meine damaligen Begriffe einfach toll eingerichtet. Es gab Regale mit wahnsinnig vielen Büchern und mindestens fünf große Bilder der Künstlergruppe «Spur».

Als Erstes kündigte ich meine Arbeit, und wir beide lebten von meinen Ersparnissen. Dann habe ich einen Halbtagsjob bei einem Anwalt angenommen. Ich fand dieses Leben einfach super, nachmittags arbeiten gehen und vormittags mit Kunzelmann im Englischen Garten sitzen, stundenlang lesen, abends Veranstaltungen besuchen, diskutieren oder auch mal nachts Plakate kleben.

Die Diskussionen wurden sehr ernsthaft und mit großem Engagement betrieben. Man hat sich wirklich mit den Texten auseinander gesetzt, und ich würde diese Zeit als den Beginn meiner Politisierung bezeichnen. Für mich war das Ganze eine Offenbarung, eigentlich der Beginn meines Lebens. Da war ich achtundzwanzig Jahre alt und hatte schon zehn Jahre Berufsleben hinter mir.

Die Beziehung zu Kunzelmann war die erste, bei der meine Eltern nicht wie sonst hinterfragten, ob das ein Mann zum Heiraten wäre. Denn er war für sie indiskutabel. Deswegen bin ich dann von zu Hause ausgezogen, womit der Kontakt zu meinen Eltern abgebrochen war. Aber für mich war es eine unbeschreibliche Erfahrung, endlich mal mit einem Mann pennen zu können, egal was daraus wird. Das war sozusagen meine sexuelle Befreiung, wenn mir auch die Promiskuität von Kunzelmann schwer zu schaffen machte. Die Beziehung war aber für mich wichtig, um mich aus der spießbürgerlichen Umgebung zu befreien, und in dieser Hinsicht war München viel entscheidender als später die Zeit in der Kommune in Berlin. Als ich ihn kennen lernte, war er bereits Vater, lebte aber getrennt von Marion Stergar, seiner Ex-Freundin und Mutter seiner Tochter. Dieses Kind haben wir häufig mitbetreut. Später lebte es in der Kommune 2.

Ein paar Monate später gingen die Kommunetreffen los. Es waren zwei Treffen in Kochel, an die ich mich erinnern kann. Das erste war ein reines Münchner Treffen mit Leuten aus dem «Samstagskreis» und fand im Frühjahr 1966 statt. Das zweite Treffen muss im Sommer des gleichen Jahres gewesen sein. Da waren Leute aus Berlin mit dabei, ganz sicher Rudi Dutschke und Gretchen, soweit ich mich erinnere auch Eike Hemmer und möglicherweise Bernd Rabehl. Aus München erinnere ich mich an die frühere Freundin von Kunzelmann mit ihrem Kind, den Sohn der Leute, denen das Haus in Kochel gehörte, sowie dessen Freundin. Kunzelmann und ich waren auch dabei.

Hauptsächlich diskutierten wir darüber, ob die aktiven Münchner nicht nach Berlin ziehen sollten, um dort die Gruppe um Dutschke herum zu vergrößern. Es war hauptsächlich eine Diskussion zwischen Kunzelmann und Dutschke, und es ging immer wieder um die Frage, ob politische

Aktionen dauerhaft durchgezogen werden können, ohne dass man zusammen wohnt und den Alltag miteinander gestaltet. Deshalb sollten nun Kommunen gebildet werden. Wenn ich mich recht erinnere, war das sogar die Idee von Dutschke.

Ich kann mich nicht erinnern, dass Gretchen in diesem Kreis mitdiskutiert hätte. Sie war da, saß in enger Umarmung mit Rudi und hat, wenn überhaupt, dann nur mit ihm gesprochen. Ich kann mich aber noch sehr gut daran erinnern, dass sie später in Berlin einmal ein Zitat brachte, das uns alle entsetzte. Entweder in einem von ihr gehaltenen Referat oder als Diskussionsbeitrag sagte sie sinngemäß: «Die Hölle, das ist der andere.» Mir blieb diese Aussage in Erinnerung, weil ich im Verlauf der Kommunezeit immer mehr Wahres daran fand.

Ich selbst war aber ebenfalls ein Neuling und musste mich erst einmal einlesen und zuhören, um mir Gedanken machen zu können. Ich habe ebenfalls nichts gesagt, fand es aber sehr spannend, den Diskutierenden zuzuhören. Die Haltung bei Linken war generell die, dass Frauen zwar dabeisitzen konnten, aber keine Beiträge von ihnen erwartet wurden.

Schon kurze Zeit nach Kochel war die Beziehung zwischen Kunzelmann und mir beendet. Aufgelöst hat sie sich, als ich ihm vorhielt, dass eigentlich auch er mich ausbeutete, da er ja von meinem Geld lebte. Ich las gerade von Engels «Der Ursprung der Familie, des Privateigentums und des Staates» und damit viel über die Unterdrückung der Frauen. Eine solch «revolutionäre Einsicht» war jedoch nicht erwünscht, weshalb das Verhältnis beendet wurde und er sagte, er gehe lieber alleine nach Berlin. Da sagte ich, dass ich eben auch alleine nach Berlin gehen würde. So waren wir getrennte Leute.

### «Die waren so richtige Schnellscheißer»

In München wollte ich nicht bleiben. Die Basis, in der ich mich aufgehoben fühlte, zog plötzlich weg. Ich hatte keinen Kontakt mehr zu meiner Familie, auch nicht zu alten Freunden, und war in mir noch nicht so gefestigt, dass ich meine Politisierung hätte alleine weiter betreiben können. Ich hatte wirklich Angst, wieder in meine frühere Lebenssituation zurückzufallen, weil ich noch keine Alternativen sah, und auch weil ich mich noch nicht von Kunzelmann gelöst hatte.

In Berlin wohnte ich erst einmal bei einem aus der linken Szene und sollte dort so lange bleiben, bis alles bezüglich der Kommune geklärt wäre. Weil es sich dann doch länger hinzog, suchte ich mir eine kleine Wohnung in Kreuzberg. Diese Lösung war nur möglich, weil Dutschke angeregt hatte, dass alle, die Studienförderung bekamen, die anderen, die keine solche Unterstützung und auch keinen Job hatten, mit finanzieren sollten. Wir sollten dieselben Chancen haben wie die Studenten, uns mit Schriften auseinander zu setzen und an Aktionen teilzunehmen.

Es gab Diskussionsrunden mit Dutschke und anderen Kommuneanwärtern, und dabei kam es zu heftigen Auseinandersetzungen über die Art und Weise des Zusammenlebens. Einer der Streitpunkte war, dass Kunzelmann und andere offene Beziehungsstrukturen forderten. Dutschke und auch Rabehl wollten sich Zeit lassen. Sie erkannten dann sehr schnell, welch problematische Beziehungsstrukturen sich da entwickelten, und entschieden für sich, nicht in eine Kommune zu ziehen.

Obwohl für mich diese offenen Beziehungsstrukturen überhaupt nicht gut waren, diskutierte ich zu dem Zeitpunkt noch heftig gegen die Kritiker an. Ich hatte meinen Standpunkt noch nicht gefunden, und gerade in der Gründungsphase der Kommune wurde von den Männern ein ziemlicher Druck ausgeübt. Da war einmal die Forderung nach «offenen Beziehungen». Zum anderen wurden einzelne Mitglieder in stundenlangen Gesprächen geprüft, ob sie hier wirklich am richtigen Platz waren. Das waren im wahrsten Sinn des Wortes Psychomarathons oder fast schon Psychoterrorsitzungen.

Im Laufe der Wochen kristallisierte sich heraus, wer überhaupt bereit war, in eine gemeinsame Wohnung zu ziehen. Diese erste fanden wir über Ulrich Enzensberger. Er lebte in der Wohnung von Uwe Johnson, der sich zu der Zeit gerade in Amerika aufhielt. Enzensberger beschloss, die Kommunemitglieder einfach dort unterzubringen. Da wurde nicht groß gefragt, es wurde einfach gemacht.

Von Johnsons Wohnung aus bereiteten wir unsere erste große Aktion Anfang April 1967 vor, womit wir gegen den Besuch des amerikanischen Vizepräsidenten Hubert Humphrey in Berlin protestieren wollten. Wir wussten, dass die Berliner Polizei bei solchen Gelegenheiten berittene Polizei einsetzte. Also kamen wir auf die Idee, Kugeln oder Gummibälle vor die Füße der Pferde zu werfen. Uns war klar, wenn sie ausrasten und hochgehen, wird die Polizei nervös und eventuell sogar schießen.

*Die Kommune 1 vor dem Haus, in dem sie kurzzeitig in der Wohnung von Uwe Johnson wohnte, Dagmar Seehuber (1. v. l.), Berlin, April 1967*

Bei dieser Diskussion saßen wir im Kreis, und alle befürworteten diesen Plan, auch ich, obwohl ich große Angst hatte. Ehrlich gesagt, war ich dann heilfroh, dass die Polizei uns schon vorher abgefangen hat. Jedenfalls hatten wir außerdem geplant, ein Pudding-Gemisch, das wir hergestellt hatten, auf Humphrey zu werfen, sobald er den Ku'damm hinunterfuhr. Das Zeug war in Beuteln abgefüllt und sollte beim Auftreffen auseinander spritzen. Dieses Werfen der Beutel und Bälle haben wir vorher im Wald ausprobiert.

Vor der Aktion saßen wir im Café und wollten den richtigen Zeitpunkt abpassen. Da drängten plötzlich Uniformierte und Nichtuniformierte herein, und alles ging blitzschnell. Sie haben ihre Ausweise gezückt, uns verhaftet und mitgenommen. Auf dem Revier wollte der Polizist meinen Ausweis sehen und sagte dann: «Die Frauen können alle wieder gehen.» Denn wir seien ja sowieso nur die Anhängsel der Männer und daher nicht verantwortlich. Wie falsch diese Einschätzung war, hat sich später bei Gudrun Ensslin gezeigt. Angeklagt wurden alle, die zu der Zeit als Kommune in der Wohnung bei Uwe Johnson gewohnt haben. Doch wir kamen nach und nach wieder frei, da sie nicht beweisen konnten, dass auch nur ein Gramm Schießpulver in unserer Puddingmixtur enthalten war.

Schon bald zog die ganze Kommune in eine riesige Wohnung am Stuttgarter Platz mit zwei großen Räumen, wovon einer Bibliothek war und der andere als Arbeitsraum und Matratzenlager, diente. Dann gab es noch zwei oder drei kleinere Zimmer und eine Dienstmädchenkammer. Die meisten schliefen auf dem Matratzenlager, und ich hatte mich oft schon zum Schlafen hingelegt, während einige der Kommunarden immer noch an Flugblättern arbeiteten.

In dieser Wohnung lebten Kunzelmann, Teufel, Langhans, Volker Gebbert und ich. Als Paare gehörten dazu Hans-Joachim Hameister mit Dorothea Ridder und Ulrich Enzensberger mit Dagrun. Die Exfreundin von Kunzelmann, Marion Stergar, die auch bei den Kommunetreffen dabei gewesen war, blieb mit Tochter und Freund in München und kam erst später nach Berlin. Eike Hemmer mit seiner Frau Agathe und Sohn Nessim waren anfangs im Gespräch, entschlossen sich aber schließlich dagegen. Später gründeten sie zusammen mit anderen die Kommune 2.

Es gab schon sehr bald eine starke Fluktuation in der Kommune 1, und solange ich dabei war, ging das eigentlich immer so weiter. Ständig tauchten irgendwelche jungen Leute auf, die von zu Hause weggelaufen waren und unterschlüpfen wollten. Und dann gab es immer wieder wechselnde Frauen, die männliche Kommunarden von ihren Aktionen mitbrachten. Schon aufgrund ihrer exotischen Lebens- und Verhaltensweise war deren Attraktivität natürlich groß.

Die Frauen, die auf diese Weise in die Kommune einzogen, blieben nicht sehr lange. Nur an eine Frau kann ich mich erinnern, die sowohl an den Aktionen als auch am Kommuneleben ganz offensichtlich Spaß hatte. Das war Antje Krüger. Sie machte einen ziemlich souveränen Eindruck, wechselte zwischen den beiden Kommunen 1 und 2 ganz nach eigener Lust wochenweise hin und her. Sie war anders als die anderen Frauen, die kamen, litten und dann wieder gingen.

Wir anderen, festen Kommunefrauen litten ja auch, weil dieser Zustand unmöglich war. Wir konnten uns aber noch nicht lösen, obwohl wir furchtbar unzufrieden mit der Situation waren. Ich erinnere mich noch an den einen Tag, als Dagrun und ich heulend im Bett lagen. Am Abend war wieder einmal irgendetwas vorgefallen, und sie hatten uns als «empfindliche Hennen» beschimpft. Ich schlief die ganze Nacht nicht und Dagrun auch nicht. Für sie stand am nächsten Tag fest, dass sie geht.

Soweit ich mich erinnern kann, hatten in der Kommune nur die Männer andere Frauen. Dieser Slogan «Wer zweimal mit dem- oder derselben pennt» galt zwar sowohl für Frauen als auch für Männer, aber eben auf Geheiß der Männer. Die Frauen konnten es nicht umsetzen. Das lag zum einen daran, dass die Männer, die an einer von uns Frauen Interesse hatten, wegen der Dominanz der Kommunarden dort gar keinen Platz einnehmen konnten. Zum anderen lag es aber auch an uns Frauen selbst, weil wir emotional an dem Partner hingen, mit dem wir eingezogen waren.

Bei Aktionen und bei den Flugblättern war auch immer einer der Männer federführend. Die waren so richtige Schnellscheißer. Sie haben sich zu dritt zusammengesetzt, einer hat phantasiert, und dann ging es los. Es war auch eine Ehrgeizgeschichte unter den Männern. Irgendwann hieß es: «Ihr Frauen solltet aber auch mal!» Also habe ich mich hingesetzt, als der Schah kam, und etwas zu Farah Diba verfasst. Ich fand es ganz gut. Doch es gal-

*Die Kommune 1 nach dem vereitelten Pudding-Attentat auf den US-Vizepräsidenten Hubert Humphrey, Dagmar Seehuber (2. v. l., vordere Reihe), Berlin, 7. 4. 1967*

ten einfach nur die Flugblätter der Männer etwas, und es ist nicht erschienen. Später wurde in der Kommune 1 sowieso nicht mehr viel diskutiert und Flugblättermachen war wie Fließbandarbeit.

Die Flugblätter und vor allem der stark aggressive Charakter der Aktionen waren zwar zum großen Teil eine Männergeschichte. Aber ich muss dazu sagen, dass ich mich diesem ganzen männlichen Stil am meisten angepasst habe. Ich habe vor allem versucht, beim aggressiven Reden mitzuhalten, wobei mir diese Rolle nicht fremd war. Denn ich hatte mich gegen meine Brüder und den Vater verbal aggressiv zur Wehr setzen müssen. Insofern bedeutete dieser Anpassungsschritt keine Überwindung, sondern ich wollte da wirklich selbst mithalten können. Ich weiß, dass ich in Diskussionen immer etwas gesagt und versucht habe, mich in diesem Kreis zu profilieren.

Einmal haben wir zum Beispiel auf dem Campus der FU die Orgasmusbroschüre von Wilhelm Reich verteilt. Mir war das damals alles furchtbar peinlich, aber Kunzelmann und Langhans haben es genossen, über die Funktion des Orgasmus zu reden und dabei ihre Witze zu machen. Die Studenten standen in einem Riesenring um diesen Tisch, mit den Broschüren in den Händen. Einerseits hatten sie eine Igitt-igitt-Haltung, andererseits wollten sie diese Hefte unbedingt lesen. Ich habe mich immer davor gedrückt, bei diesen Büchertischen mit den Studenten zu reden.

Von Kunzelmann gibt es ja diesen Spruch, «Was kümmert mich Vietnam, ich habe Orgasmusprobleme». Das mit den Orgasmusproblemen war aber nicht als ehrliche Äußerung gedacht, sondern das war nur so ein flotter Spruch, weil es sich eben gut anhörte. Er hat tatsächlich welche gehabt, nur war mir das kein Problem.

Solange ich in der Kommune war, habe ich mich nie vollständig von ihm gelöst. Es kam dann ab und an auch mal zu einer geschlechtlichen Beziehung. Ich habe einmal die Pille vergessen und wurde schwanger. Eigentlich hatte ich mich darüber gefreut und konnte mir sogar vorstellen, dieses Kind innerhalb der Kommune zu haben. Als aber dann in einer großen Kommunedebatte beanstandet wurde, dass ich das Schwangerwerden nicht vorher mit der Kommune besprochen hatte und Kunzelmann sich lauthals davon distanzierte, weil er sich nicht als Vater fühlte, war für mich klar, dass es in dieser Situation nur einen Abbruch geben konnte.

Ich glaube, er hat 500 Mark gekostet, und das Geld musste die Kommune schon hinlegen. Natürlich war es damals illegal. Andere Frauen gaben mir die Adresse eines Arztes, die geheim bleiben musste. Er war Gynäkologe, und ich musste ihm mein ganzes Elend ausbreiten. Den Abbruch hat er in seiner Praxis gemacht. Ich weiß noch, wie ich heulend aus der Vollnarkose aufgewacht bin. Er saß am Harmonium und spielte. Spätestens nach dem Abbruch war für mich klar, dass ich nicht mehr in der Kommune bleiben und nach München zurückgehen will. Es waren aber noch schwere Wehen, bis ich es endlich schaffte.

Meine spätere Berufswahl, schwangere Frauen zu beraten, hatte sicherlich mit meinem damaligen Konflikt zu tun. Denn ich weiß, wie es einem nach dem Abbruch einer Schwangerschaft geht und dass es dennoch Situationen gibt, in denen frau nicht anders handeln kann. Ich weiß auch aus eigener Erfahrung, dass frau das nicht einfach so wegsteckt und wie oft die Männer das Zünglein an der Waage sind. Heute wüsste ich, wie ich es machen könnte. Aber damals gab es keinerlei soziale Hilfen für eine Frau mit Kind, um finanziell einigermaßen über die Runden zu kommen, und eine Rückkehr nach Hause mit einem ledigen Kind war für mich undenkbar.

Die Schah-Aktion, bei der Fritz Teufel festgenommen wurde, folgte unmittelbar auf meinen Schwangerschaftsabbruch. Ich hatte den Eindruck, dass ich keinerlei Halt in dieser Kommune fand, von der ich einmal geglaubt hatte, dort könnte ich mich als Frau befreien. Das war tatsächlich meine Illusion gewesen. Aber in der Kommune 1, in der die Männer ihrer narzisstischen Profilierungssucht frönten, war kein Platz für Frauen, die sich in Solidarität mit den Männern von herkömmlichen Verhaltensmustern frei strampeln wollten.

Am Abend nach dem Eingriff nahm ich an einer Veranstaltung in der FU zur Vorbereitung der Schah-Aktion teil. Mein eigener Anpassungsdruck war zu der Zeit offenbar so groß, dass ich ohne Rücksicht auf meinen Körper und meine Gesundheit mitmachen musste. Auch am Tag darauf war ich bei der Demonstration gegen den Schah dabei. Zufällig hielt ich mich genau dort auf, wo die Polizei die Demonstranten mit Knüppeln durch eine enge Gasse mitten durch die Menschenmenge trieb und mit brachialer Gewalt auf alle eindrosch, die hindurchmussten, wollten sie nicht zu Tode getrampelt werden. Es war furchtbar, mit ansehen zu müssen, wie die Polizei auf Leute, die aus dieser Wurst herauskamen, mit Knüppeln draufgehauen hat. Manche standen direkt am Absperrgitter und konnten überhaupt nicht ausweichen. Genau in dieser Wurst war ich drin und versuchte, nur nicht hinzufallen. Als ich herauskam, war ich einem Nervenzusammenbruch nahe und heulte hemmungslos.

Am selben Abend zog ich mit einigen anderen Richtung Kurfürstendamm. Polizeiautos fuhren durch die Straße und teilten über Lautsprecher mit, dass die Studenten einen Kommilitonen erschossen hätten. Wir wussten aber bereits, dass die Polizei den Ohnesorg erschossen hatte. Sofort sind wir in irgendwelche Lokale, weil klar war, dass das die Aufforderung zur Lynchjustiz war gegenüber allen Demonstranten, die noch auf dem Ku'damm unterwegs waren. Ganz schlimm habe ich vor allem die Taxifahrer erlebt, die verletzte Studenten aufgelesen haben, nicht etwa, um sie in Sicherheit oder ins Krankenhaus zu bringen, sondern um sie direkt bei der Polizei abzuliefern.

Beim Eintreffen in der Kommunewohnung hatten sich dort bereits mehrere Kommunarden versammelt, und alle waren wie gelähmt. Ich hatte den Eindruck, dass sich nun alles auflöst. Mir wurde zum ersten Mal bewusst, dass ich mit derart schwerwiegenden Folgen, wie sie bei dieser Demonstration entstanden waren, auf Dauer nicht umgehen konnte und auch nicht wollte. Es wurde mir klar, dass ich die Grenze nicht überschreiten wollte, wenn bei Aktionen Menschen verletzt oder gar getötet werden konnten. Vorher war mir einfach nicht so klar gewesen, dass es auch Tote geben konnte. Mir wurde aber auch zum ersten Mal bewusst, wozu die Staatsmacht fähig ist. Allerdings hat es einige Tage gedauert, bis ich das völlig begriff.

Nach der Demonstration fingen einige Leute an, zusammen mit Horst Mahler, der damals noch ein Anwalt der Linken war, Material zusammenzutragen, um zu beweisen, dass die Polizei Benno Ohnesorg getötet hatte. Soweit ich mich erinnere, wurde das einige Tage lang öffentlich nicht zugegeben. Man hatte viele Fotoaufnahmen gesammelt, die an der Uni ausgehängt wurden, und es wurden Anlaufstellen eingerichtet, wo die Zeugenaussagen von Demonstranten und Journalisten aufgenommen werden konnten. Dadurch ließ es sich schließlich beweisen.

Zu meinem Glück musste ich nach all diesen Ereignissen nicht in der Kommunewohnung bleiben und konnte erst einmal privat unterschlüpfen. Im Frühjahr 1967 ist die Kommune zusammengezogen, und ich bin Mitte Juni schon wieder raus. Das war also letztlich nur ein kurzes Gastspiel. Ich beteiligte mich am Sammeln von Zeugenaussagen und Fotos und nahm an dem riesigen Trauermarsch anlässlich der Beerdigung von Benno Ohnesorg teil. Aber danach wollte ich endgültig zurück nach München.

Da rief Kunzelmann an und machte mir die heftigsten Vorwürfe über mein angeblich unsolidarisches Verhalten in einer Situation, da ein Kommunarde im Gefängnis saß. Fritz Teufel war bei der Schah-Demonstration verhaftet worden. Also blieb ich in Berlin, um den Prozess abzuwarten, zog allerdings nicht mehr in die Kommune 1, sondern in die Kommune 2. Das war für mich das menschlichere Modell, lockerer und nicht so fürchterlich zwanghaft. Denn dieses Zwanghafte brachte der Kunzelmann in die Kommune 1.

Im Sommer 1967 wurde ich darüber informiert, dass ein Fotograf kommt und wir uns alle ausziehen sollten, um ein Nacktfoto zu machen. Meine Idee war es sicherlich nicht, und ich weiß nicht einmal mehr ganz genau, wie es zustande kam. Aber irgendjemand muss den Fotografen bestellt haben. Ich war schon aus der Kommune 1 ausgetreten und weiß noch, wie ungeheuer paradox ich das Ganze fand. Die Kommune 1, die

*Nacktfoto von Mitgliedern der Kommunen 1 und 2, Sommer 1967*

sich da nackt hingestellt hat, bestand in der Form gar nicht mehr. Zu der Zeit wurde zwischen Kommune 1 und 2 ziemlich hin und her gependelt, und offenbar hat sich halt ausgezogen, wer gerade von den beiden Kommunen erreichbar war.

Bei dieser Gelegenheit habe ich zum ersten Mal alle nackt gesehen und bin überzeugt, dass es den anderen genauso ging. Es war wirklich ein Foto für diese Geier vom «Spiegel». Aber es sollte sicherlich sexuelle Tabus brechen, und so kam es ja auch draußen an. Die Kommune wurde als Gruppe angesehen, die alle von der Gesellschaft gesetzten Sittlichkeitsgrenzen übertrat. Niemand konnte ahnen, dass wir alle ein ziemlich verklemmter Haufen waren. Später, als ich längst nicht mehr Mitglied der Kommune war, hat sich das sicherlich geändert, schon allein durch den Eintritt von Uschi Obermaier und die zur Schau gestellte sexuelle Beziehung zu Langhans.

Die Eröffnung des Verfahrens gegen Fritz Teufel zog sich immer mehr hin, und ich wollte nun endgültig meine Rückreise nach München antreten. Im Grunde genommen war dieser Entschluss mein zweiter Emanzipationsakt. Denn allein wegzugehen bedeutete nicht nur die Aufgabe meines ganzen Beziehungsumfeldes, sondern vor allem auch den Verlust einer «Idee».

Bevor ich Berlin endgültig verlassen konnte, musste ich mit den Kommunarden verhandeln, ob sie mir das Geld für eine Bahnkarte geben würden. Denn ich hatte keine müde Mark. Alle Kommunemitglieder außer Kunzelmann stimmten dafür. Dieses Verhalten von Kunzelmann hat mich außer Rand und Band gebracht. Das muss man sich mal vorstellen, der «Linke», den ich vorher mindestens ein Jahr lang durchgefüttert hatte, stimmte gegen diesen Zuschuss für mich! Heute kann ich das natürlich besser einordnen, was damals bei ihm abgelaufen ist.

In München bin ich erst einmal in den Keller gezogen. Ich hatte ein ganz starkes Bedürfnis nach Ruhe, Alleinsein und Nachdenken über alles, um das Geschehene zu verarbeiten. Von den Kommunemännern hatte ich den Auftrag erhalten, «du musst jetzt in München Aktionen organisieren!» Ich habe das auch getan, und es hat mir sogar viel Spaß gemacht. Nach ein paar Wochen lernte ich bei politischen Aktionen meinen jetzigen Mann kennen.

Ich musste dann allerdings aus Kunzelmanns Keller ausziehen, weil ich die Miete nicht mehr bezahlen konnte, und bin zu drei Studenten in eine

Wohnung in Schwabing gezogen. Einer davon war mein heutiger Mann. Durch Tipparbeiten habe ich mir beim Asta ein bisschen Geld verdient. In München gab es den SDS und aktive Studentengruppen. Ein Teil unseres Kreises kam vom Asta der Münchner Universität. Bei diesen politischen Gruppen hatte ich schon dadurch Zutritt, dass ich aus Berlin kam und noch dazu aus der Kommune 1. Mir ging es damals richtig gut, und ich war so bekannt, dass sogar die «Abendzeitung» ein Interview mit mir machte, und ich denke, auch meinem späteren Mann hat das sehr imponiert.

Eine unserer Aktionen fand nach dem Schah-Besuch als eine Art Happening statt, bei dem wir so taten, als wollten wir uns öffentlich für die Beleidigungen des persischen Schahs entschuldigen und dafür Buße tun. Wir haben uns außerdem aneinander gekettet. Da diese Demonstration nicht genehmigt war, hieß es, wir sollten wieder auseinander gehen. Das geschah natürlich nicht, und so musste die Polizei die ganze Gruppe auf das Polizeirevier bringen.

Als ich 1967 nach München zurück bin, sagte Rolf Gramke, unser Mentor, der damals die «Samstagsgruppe» ins Leben gerufen hatte: «Mensch, das ist gut, dass du den Absprung geschafft hast.» Offenbar war für nicht beteiligte Beobachter schon absehbar, dass es zu einer Abspaltung von gewalttätigen Gruppen kommen wird. Von Ulrike Meinhof habe ich allerdings erst gehört, als ich schon wieder in München war, Gudrun Ensslin kannte ich auch nicht, ebenso wenig Baader. Aber ich habe mir später öfters gedacht: «Wenn ich in diese Gruppe hineingeraten wäre, weiß ich nicht, ob ich mich hätte rausziehen können.» Das bekommt dann ja manchmal eine magnetische Anziehung. Andererseits gab es für mich auch immer eine Grenze in der politischen Auseinandersetzung, die ich nicht überschritten hätte, die Tötung oder Verletzung von Menschen.

### «Ich war eine Rebellin, kein Revoluzzerin»

Als ich im Sommer 1967 nach München zurückging, gab es noch keine Frauenbewegung in dem Sinne. Erst nach und nach gründeten sich feministische Gruppen. Ich war in meiner Einstellung zu Frauen noch viel zu sehr verhaftet in diesem Frau-Mann-Denken. In Gesprächen mit feministischen Gruppen hörte ich zudem die unausgesprochene Forderung, keine Beziehung zu einem Mann zu haben. Wenn man aber eine solche Beziehung hat, kommt man in einen Konflikt. Deshalb habe ich diese Gruppen eher gemieden, auch später. Wenn ich diese Frauenpositionen einnahm, hatte ich oft sogar ein bisschen Sorge, in den Topf der Feministinnen geworfen zu werden.

Im Mai 1969 bekam ich eine Tochter und war die nächsten Jahre mit Erziehung, Kindergarten und Schule beschäftigt. Die Geburt unserer Tochter Nicole hat mir zu meinem wichtigsten gesellschaftspolitischen Engagement verholfen. Denn als sie fünf Monate alt war, erfuhren wir, dass sie eine spastische Lähmung hat. Konfrontiert mit meiner Hilflosigkeit, meinen Ängsten und Sorgen, war ich gezwungen, mich wieder neu mit mir selbst auseinander zu setzen.

Um einen Halt zu finden und auch um Informationen zu bekommen, welche Unterstützungs- und Fördermöglichkeiten es gibt, habe ich nach anderen betroffenen Eltern gesucht. Aus dieser Not heraus entwickelten sich ganz neue Aktivitäten im Bereich der Behindertenarbeit, und mit unserer neuen Lebenssituation änderte sich auch der Personenkreis, mit dem wir nun unsere Aktionen durchführten. An die Stelle studentischer Linker traten Pädagogen, betroffene Eltern und öfters Menschen mit religiösem Hintergrund.

Als meine Tochter fünf Jahre alt war, habe ich Fachabitur gemacht und anschließend Sozialpädagogik studiert. Für mich war das Studium eine große Befriedigung und dieser Abschluss sehr wichtig. Ich hätte gern den Doktortitel gemacht, was aber aus familiären Gründen nicht möglich war. Pschü, mein Mann, hatte vorher alles unterstützt und sowohl Geld verdient als auch zum Teil unser Kind betreut. Doch da war der Punkt erreicht, wo er gesagt hat: «Mir wär's schon recht, wenn du mit Geld verdienen würdest, damit die Lasten verteilt sind.» Mir leuchtete das voll ein.

Gesellschaftspolitisch habe ich mich vor mehreren Jahren bei der Gründung einer Wohngenossenschaft in München engagiert, die unter anderem als Ziel hatte, Wohnsicherheit für junge Familien, Behinderte, alte und junge Leute zu garantieren. Die Mieten sollten finanzierbar und Mieterhöhungen in einem beschränkten Rahmen gestaltet werden. In ökologischer Hinsicht wurde Wert darauf gelegt, dass der Verbrauch von Ressourcen und die Umweltverschmutzung eingeschränkt werden, zum Beispiel indem ein Auto und eine Waschmaschine von mehreren benutzt werden.

Zur Zeit der Gründungsphase der Grünen habe ich in die eine oder andere Veranstaltung hineingeschnuppert, konnte mich aber nie zur Mitgliedschaft entschließen.

Eigentlich braucht es wieder eine außerparlamentarische Opposition, und ich hoffe sehr, dass sich so etwas noch einmal entwickelt. Für die Gruppe der Alten könnte ich mir vorstellen, noch einmal politisch aktiv zu werden. Ich würde gerne bei einer Kampagne mitarbeiten gegen die von den Medien schon fast wöchentlich verbreiteten Hetzkampagnen, die da lauten: «Es gibt zu viele Alte», «Ihre medizinische Versorgung kostet zu viel» und «Sie sind eine unzumutbare Belastung für die nachwachsende Generation».

Mein Mann war all die Jahre freiberuflich als Soziologe tätig und wurde über die Erwachsenenbildung bekannt. Ich habe eine Weile halbtags als Sozialpädagogin gearbeitet, und ansonsten stand die Tochter im Mittelpunkt. Nach einer dreijährigen Zusatzausbildung in Familien- und Paartherapie ging ich zur Schwangerenberatungsstelle im Gesundheitsreferat der Stadt München, wo ich bis zur Pensionierung gearbeitet habe.

Im Februar 2001 bin ich aus dem Berufsleben ausgeschieden. Wir haben die Wohnung aufgegeben und gehen bis März 2002 für ein Jahr nach Spanien. Wir wollen uns dort genau überlegen, was wir mit dem letzten Drittel unseres Lebens machen wollen. Ein Jahr Spanien bedeutet deshalb, Vertrautes und Eingefahrenes aufzugeben, sich Neuem auszusetzen und Zeit für Überlegungen zu haben, wie ich den Rest des Lebens gestalten will.

Ich würde mich schon als 68erin bezeichnen, und dieses '68 bedeutet für mich alles das, was in Bewegung gekommen ist, wie zum Beispiel die Auseinandersetzung mit der nationalsozialistischen Vergangenheit der Elterngeneration. Die antiautoritäre Erziehung hat die Grundeinstellung von Erwachsenen zu Kindern verändert. Der Umgang mit Kindern, wie ich ihn erlebt hatte, wurde treffenderweise «schwarze Pädagogik» genannt. Diese von mir selbst erfahrene «Pädagogik» musste ich erst einmal aufarbeiten, um andere Umgangsformen mit meinem eigenen Kind einüben zu können.

Mir war auch die Befreiung von sexuellen Normen wichtig und die Veränderung dessen, was eine Frau darf und was nicht. Heute ist es zumindest verbal selbstverständlich geworden, dass die Frau nicht in einer lebenslangen Beziehung bleiben muss, wenn sie es nicht will. Es ist zwar ein bisschen paradox, wenn gerade ich das sage, weil ich jetzt seit über dreißig Jahren in einer Beziehung lebe. Trotzdem finde ich, es ist ein ungeheurer Fortschritt, dass es kein gesellschaftliches Diktat in dieser Hinsicht mehr gibt. Und tatsächlich gehen die meisten Scheidungen heute von den Frauen aus, weil sie beruflich und finanziell selbständig sind.

Die Befreiung der Frau ist ein Ergebnis dieser Zeit. Erst mit dieser Bewegung wurde es selbstverständlich, dass eine Mutter, neben der Erziehung von Kindern, auch noch studieren kann, und ich habe das in meinem eigenen Leben praktiziert. Ein anderes Ergebnis dieser Bewegung ist der kritische Umgang mit Autorität. Man nimmt nicht mehr selbstverständlich etwas an, nur weil es von einer so genannten Autorität kommt. Es wird kritisiert, infrage gestellt und notfalls dagegen vorgegangen.

Ich habe mich in der Kommune engagiert, weil ich dachte, es könnte eine andere Art von Gesellschaft geben, wo die Frauen selbstverständlicher ihre Rechte wahrnehmen können, wurde aber enttäuscht. Die patriarchale Struktur der Gesellschaft ist eigentlich in dieser Kommune verstärkt zum Ausdruck gekommen, obwohl man sich etwas ganz anderes aufs Banner geschrieben hatte. Denn die Männer haben es weit von sich gewiesen, an sich selbst etwas ändern zu müssen. Sie hatten zwar das theoretische Konzept, aber im Handeln waren sie weit davon entfernt. Bücher über Psychoanalyse wurden zwar gelesen, und Therapie war ein Thema, aber dann wurde es gleich wieder veräppelt. Damit war *mann* dem Hinterfragen der eigenen psychischen Strukturen enthoben.

Wenn ich heute auf die Kommunezeit zurückschaue, muss ich aber auch selbstkritisch sagen, dass ich alles darangesetzt habe, mich denen anzupassen, die das Sagen hatten, und das waren nun mal die Männer. Zu den Frauen stand ich in einer Konkurrenzhaltung. Das hat sich erst im Laufe der Jahre geändert. Die Suche nach meiner Identität hatte schon lange vor meinem politischen Engagement eingesetzt. Bücher von George Sand, Simone de Beauvoir und Rosa Luxemburg hatten mich sehr beeindruckt. Am meisten packte mich George Sand in ihrer bewusst männlichen Selbstdarstellung. Sie war ein starkes Vorbild für mich.

Ich war eine Rebellin, wenn auch keine Revoluzzerin. Ich war immer rebellisch gegen Autorität, und das hat ja nichts von «weiblich sein» im gewünschten Sinn an sich. Das wollte ich auf keinen Fall, sondern war um meine Eigenständigkeit bemüht, auch wenn ich das erst nach meinem

Kommuneaustritt geschafft habe. Ich hatte keinen Einfluss auf Entscheidungen in der Kommune. Aber ich wollte mich behaupten, und in einer gewissen Weise war ich in der Kommune 1 auch anerkannt. Aber meine weibliche Identität konnte in der Kommune nicht wachsen.

Wenn ich heute so über diesen Begriff der sexuellen Revolution nachdenke, dann beinhaltet das ja auch, dass jeder sich seinen Partner frei wählen und seine Sexualität entfalten kann, wie sie oder er es braucht und will. Das finde ich absolut wichtig. Wenn es jedoch von Männern vorgegeben wird, dann hat es schon den falschen Zungenschlag, weil es dann ein neues Unterdrückungsinstrument gegenüber den Frauen ist. Aber damals war man irgendwie daneben, wenn man das nicht so toll fand, immer mal wieder mit einem anderen Mann zu schlafen.

Berlin war eine Zeit der zumindest theoretischen Beschäftigung mit Sexualität und einzelnen praktischen Versuchen. Es fehlte jedoch jener repressionsfreie Raum, in dem sich Sexualität und Zärtlichkeit hätten entwickeln können. In der Beziehung zu Kunzelmann habe ich erfahren, wie selbstschädigend Verbindungen zwischen Mann und Frau sein können. Für mich brachte diese Zeit in der K 1 dennoch eine Befreiung von Bindungen an Männer, die eigentlich demütigend sind. Dass ich aus dieser Situation mit eigener Kraft heil herausgekommen bin, hat mein Selbstwertgefühl enorm gestärkt und mir bei späteren, kritischen Situationen das Vertrauen in meine eigene Stärke gegeben.

Ich habe in der Zeit meines Kommuneaufenthalts gelernt, anders zu denken, und eine ganz andere Lebensform gelebt als die, in der ich aufgewachsen bin. Diese Erfahrung hat mich sicherlich geprägt. Für mein Leben insgesamt würde ich jedoch sagen, dass meine Tochter mit ihrer Behinderung einen wesentlich größeren Entwicklungsschub gebracht hat. Aber das andere möchte ich nicht missen.

Vor einiger Zeit war das K1-Nacktfoto mal wieder in der Zeitung abgebildet. Offenbar erregt es bestimmte Leute in meiner Verwandtschaft immer noch. Eine Verwandte sagte ganz empört, «mit all denen hat die Dagmar geschlafen!» Ich hab es nicht korrigiert. Soll sie es doch glauben! Ich stehe auch heute zu diesem Lebensabschnitt und antworte dann nur auf solche entsetzten Äußerungen: «Jetzt akzeptiert doch endlich mal, dass ich eine geschichtliche Persönlichkeit bin!»

**Erika Berthold, Juli 2000**

*«Wir wollten dem*
*Eheknast entkommen»*

# ERIKA BERTHOLD
## und die Kommune 1 Ost

Ich bin 1950 in Gera-Langenberg in Sachsen geboren. Mein Vater war damals Geschichtsstudent an der Jenaer Friedrich-Schiller-Universität, meine Mutter eine ganz junge Lehrerin. 1954 zogen wir nach Kleinmachnow und wohnten dort bis 1963. Mein Vater war inzwischen als Historiker Assistent an der neu gegründeten Parteischule geworden, einer Funktionärsschule der SED.

Kleinmachnow war schon immer ein besonderes Pflaster, eine eigenartige Ansiedlung, die damals aus Einfamilienhäusern, Villen, aber auch elenden Klitschen und Gärten bestand. In meiner Klasse waren überwiegend Kinder von Intellektuellen bis auf zwei Ausnahmen. Die eine war das Kind von so genannten Asozialen, die in unserer Nachbarschaft wohnten, wo die Eltern soffen und so eine Art Flaschenannahmestelle betrieben. Das andere Kind hatte einen Zöllner zum Vater, und solche Berufe rangierten in der DDR von der sozialen Einstufung unter Arbeiterklasse.

Als aus der Parteischule die Parteihochschule Karl Marx wurde und nach Berlin umzog, gingen wir mit, da mein Vater inzwischen Dozent geworden war. Wir wohnten in einer neu errichteten Plattenbausiedlung in Berlin-Oberschöneweide, einem Arbeiterviertel mit richtigem Proletariermilieu. Nun waren die Verhältnisse in meiner Schulklasse ganz genau umgekehrt. Außer mir als Professorenkindchen gab es nur noch eine Arzttochter.

Mein Vater war inzwischen Professor und Direktor des Instituts für Marxismus-Leninismus beim Zentralkomitee der SED. Meine Mutter

*Die Kommune 1 Ost   221*

hatte nach meiner Geburt ihre Arbeit als Lehrerin aufgegeben, wie das damals auch in der DDR üblich war, und blieb zu Hause. Nach mir wurden meine zwei jüngeren Schwestern geboren. Ich habe meine Mutter aus der Zeit so in Erinnerung, dass sie recht froh war, Hausfrau und Gattin zu sein. Mein Vater wollte immer ein weißes Hemd haben und war die Autorität in der Familie. Beide hatten die Nazizeit miterlebt und wollten nach Kriegsende etwas Neues aufbauen. In Thüringen waren sie Mitbegründer der FDJ und politisch sehr engagiert, mein Vater allerdings mehr als meine Mutter. Sie teilte seine politische Sicht, und meine Eltern waren im Prinzip eine Phalanx, nur dass mein Vater der Obermacker war.

In der ersten Zeit meines Lebens wurde ich sehr verwöhnt und regelrecht auf ein Podest gehoben, weil ich ein begabtes Kind war, mit dem man gut angeben konnte. Aber dann kamen die anderen Kinder, und irgendwann hat meine Mutter den emotionalen, mütterlichen Kontakt zu mir verloren. Denn ich habe mich schon ab vierzehn für Dinge interessiert, zu denen sie keinen Zugang hatte. Ich war in ihren Augen so eine Art Blaustrumpf, sollte eine Studierte werden und war auch gut in der Schule.

Sie hat mir eingeredet, dass ich mal keinen Mann kriegen würde, weil ich so eine große Nase hatte. Das habe ich wirklich ein paar Jahre lang geglaubt und war ganz unglücklich. Ich war aber auch überhaupt nicht mädchenhaft oder mütterlich, sondern eher wild und jungenhaft und später sehr intellektuell. Sie hat sich dann wahrscheinlich mehr an meine jüngeren Schwestern gehalten.

Als älteste von drei Töchtern war ich von meinen Eltern mit der Aufgabe behängt, in die Fußstapfen meines Vaters zu treten und sein Werk fortzusetzen. Es war klar, dass ich mal Geschichte studieren und das Institut übernehmen sollte. Als Parteihistoriker hatte er unter anderem die achtbändige Geschichte der deutschen Arbeiterbewegung zu verantworten, ein Standardwerk der DDR-Geschichtsschreibung.

Mit vierzehn kam ich auf die zweite erweiterte Oberschule in Berlin-Mitte, das so genannte Graue Kloster, wo schon Bismarck sein Abitur abgelegt haben soll. Kraft seiner Verbindungen konnte mein Vater durchsetzen, dass ich an diese Schule kam. In dieser Zeit lief gerade ein Experiment, bei dem man während der Schulzeit eine Berufsausbildung machen konnte. Der einzige Beruf auf der Liste, der mir gefiel, war Buchhändlerin.

In meiner Klasse waren viele Pfarrerskinder und auch einige Kinder von

Künstlern, und ich befreundete mich mit Rosita Hunzinger, der Tochter von Ingeborg Hunzinger, einer Bildhauerin, die inzwischen wohl reichlich über achtzig ist, aber immer noch ihren Stein haut. Sie war SED-Mitglied, aber eine sehr kritische Genossin, und bei ihr zu Hause erlebte ich eine völlig andere Welt. So ab sechzehn wuchs ich immer stärker in diese Kreise hinein, las immer mehr und setzte mich mit Ideen auseinander, die ich von zu Hause her nicht kannte. Im Hause Hunzinger lernte ich die Söhne von Robert Havemann, später auch ihn selbst und Biermann kennen.

Dieses Jahr 1968 bedeutet für meine Biographie sehr viel, weil es meinen Lebensweg ungemein beeinflusst hat. Im August wurde ich achtzehn. Bis zu diesem Zeitpunkt hatten meine Eltern ihre Pläne mit mir sicherlich noch nicht aufgegeben, obwohl ich andere Bücher gut fand als sie, nicht mehr Geschichte studieren wollte, sondern Philosophie, und es über alles Mögliche die größten Differenzen und Diskussionen gab. Am 1. Mai 1968 war wie immer die große Maidemo, wo wir als Schulklasse natürlich auch hingetappt sind. Ich war in der FDJ, hatte immer irgendwelche Funktionen und habe das wirklich gerne gemacht, auch als Pionierfunktionärin im Gruppenrat oder im Freundschaftsrat.

Jedenfalls sah ich bei dieser Demo nicht weit von uns einen jungen Mann laufen, hoch gewachsen, in Kutte und Jeans, der aussah wie ein romantischer Intellektueller und damit wie der Prinz meiner Träume. Ich hatte mich wirklich in dem Augenblick verknallt. Rosita kannte ihn und lud Frank Havemann und mich kurz darauf zu einer Party ein. Und schon nach einer Stunde waren wir ins schönste Gespräch vertieft und sind später drei Stunden lang durch den Regen gelaufen.

Ich ging noch in die Schule, und wir trafen uns nachmittags heimlich. Denn ich wusste, wer der alte Havemann war, und wenn meine Alten das erfahren, wackelt die Heide. 1964 hatten sie ihn schwer gemaßregelt, Havemann war *der* Dissident im Osten, die Schreckensgestalt für alle Parteifunktionäre und alle treuen und gläubigen Genossen.

Als ich es meinen Eltern sagte, verboten sie mir natürlich den Umgang mit Frank. Aber das war eine wahnsinnig interessante Welt für mich, und im Grunde war es eine ganz ähnliche Bewegung wie im Westen, sich von den Alten loszumachen und mit ihren konservativen Vorstellungen zu brechen. Nur waren das bei uns in der DDR diese altkommunistischen oder auch stalinistischen Vorstellungen, an denen wir Jungen uns nun rieben. Und wenn sich so etwas noch dazu mit Liebe verquickt, dann ist es ganz aus.

Für Havemann und Biermann war ich natürlich ein wunderbares Täubchen, und ich wurde regelrecht hofiert von ihnen. Sie nahmen dieses Verhältnis zwischen Frank und mir sehr ernst und förderten es wohl auch. Bei Lichte besehen, hatte ich aber von Tuten und Blasen wenig Ahnung. Das war ja eine Geschichte wie die von Romeo und Julia, und je mehr ich von zu Hause Druck kriegte, desto toller wurde diese ganze Sache. Meine Eltern hatten zwar selbst diesen Samen des Wissen-Wollens in mich gesenkt. Wir waren gut versorgt mit Büchern, gingen ins Theater, und vieles stand uns offen. Aber diesen Geist des Widerspruchs und des Zweifels an den Dogmen hatten sie nicht erwartet.

Die Auseinandersetzung mit meiner Mutter über meine Freundschaft mit Frank blieb sehr unterkühlt und streng. Da ist sogar mein Vater weicher gewesen. Es gab Strafen wie Stubenarrest, woraufhin ich das Fenster aufriss und schrie: «Wenn ihr mich nicht gehen lasst, springe ich raus! Aus dem zweiten Stock wird man das ja wohl überleben.» Da standen sie ganz fassungslos, meine armen Eltern. Ich war damals sicherlich bis zur Bösartigkeit renitent. Aber ich glaube, dass ich meine Kinder nicht in eine solche Lage bringen würde, wie meine Eltern es damals mit mir getan haben.

Jedes Jahr im August machten wir ganz exklusiv in einem Parteiheim Urlaub auf der Insel Hiddensee. Da ich frisch verliebt war, hatte ich natürlich keine Lust mitzufahren. Außerdem sollte mein Buchhändlerpraktikum stattfinden. Meine Eltern hatten gesagt: «Das brauchst du nicht. Dafür sorgen wir schon.» Also ging ich mit meinen siebzehn Jahren zur Jugendhilfe und erzählte, dass meine Eltern mich das Praktikum nicht machen lassen wollen und dass sie gegen meinen Freund sind. Da schrieb die Jugendhilfe einen bösen Brief an meine Eltern, die völlig schockiert waren.

Aber immerhin ließen sie mich in Berlin. Ich durfte zwar nicht in unserer Wohnung bleiben, wo alle möglichen Akten von meinem Vater waren, sondern musste ins Hotel, eine kleine Absteige nahe der Volksbühne, wo ich den August 1968 zubrachte. Tagsüber machte ich mein Praktikum im «Guten Buch» am Alexanderplatz.

Damals nahmen wir sehr intensiv Anteil an den Entwicklungen in der ČSSR. Demokratischer Sozialismus war etwas, das uns gefiel. Wir gingen in den tschechischen Pavillon in der Friedrichstraße neben dem

Metropoltheater und lasen die «Prager Volkszeitung». Trotzdem waren dann alle doch sehr überrascht vom Einmarsch. Als die Nachricht bekannt wurde, trafen wir uns im «Guten Buch», und das wurde ein zentraler Treffpunkt.

Am 15. August war ich achtzehn Jahre und damit volljährig geworden, und am 21. August war der Einmarsch in Prag. Abends gingen Rosita und ich zu Sandra Weigl, die damals mit Thomas Brasch liiert war. Frank war nicht dabei. Ich erinnere mich nur noch an uns vier, wie wir mit der Hand Flugblätter schrieben, mit Sprüchen wie «Freiheit für das rote Prag» und «Russen raus aus Prag». Wir malten den ganzen Abend und verfolgten die Nachrichten, die sich förmlich überschlugen, natürlich im Westfernsehen, weil der Osten darüber so gut wie nichts brachte. In anderen Elternhäusern wurden westliche Medien sehr wohl zur Kenntnis genommen, nur bei uns zu Hause nicht. Jedenfalls gab es im Osten kaum Berichte, und die wenigen hatten den Tenor, dass ein konterrevolutionärer Aufruhr niedergeschlagen werde und man den Sozialismus retten müsse.

Am 21. oder wahrscheinlich eher am 22. August gingen wir abends im Dunkeln in Grüppchen los, Sandra Weigl und Thomas Brasch, Rosita und ich, und verteilten unsere selbst gemalten Flugblätter, steckten sie in Briefkästen und legten sie in Telefonzellen. Die Stasi hatte uns aber längst auf dem Kieker und verfolgte uns, was wir nicht bemerkten. In der Marienstraße in Mitte wurden Rosita und ich eingefangen und auf einen Laster geschubst, wo schon eine junge Frau saß. Anschließend wurden wir zur Vernehmung in die Keibelstraße gefahren. Dort verloren wir uns aus den Augen, weil jede in eine andere Zelle gesteckt wurde.

Sie hatten die Flugblätter bei uns gefunden, und wir standen dazu. Aber ich habe nur meine eigenen Daten zu Protokoll gegeben und ansonsten die Aussage verweigert. Am nächsten Tag wurde ich aus der Keibelstraße nach Hohenschönhausen in den Stasi-Knast gebracht, in eine Einzelzelle mit einem Glasbaustein als Fenster. Zur Ermutigung summte ich Biermann-Lieder. Denn es gab nichts, womit du dich beschäftigen konntest. Wenn Vernehmung war, sah man wenigstens einen anderen Raum.

Weil ich nichts sagte, brachten sie mich in diesem Stasi-Knast zu einem alten Mann in eine Art Chefzimmer. Der bot mir erst einmal Zigaretten an und sagte: «Erika, ich kenne deinen Vater gut. Mädel, wat haste denn da nur angestellt!» Durch dieses freundliche «Erzähl doch mal» packte mich doch ein inneres Rühren, und ich habe ihm erzählt, was wir uns an politischen Inhalten gedacht hatten.

Etwa eine Woche später wurde die Hälfte von uns, Sandra Weigl, Uzkoreit und ich, entlassen. Frank, Florian, Brasch und Rosita Hunzinger blieben in Stasi-Haft. Sicherlich wollte man einen Keil in die Gruppe treiben. Wir draußen mussten jeden Tag in die Magdalenenstraße zur Vernehmung, und ich sagte immer das Gleiche. Danach trafen wir drei uns einige Häuser weiter in der Magdalenenstraße und erzählten uns, was sie von uns wollten und wie wir uns verhalten haben. Letztlich waren wir von einer wunderbaren Naivität.

Ende Oktober 1968 kam es zum Prozess. Einige von uns haben sich den Kaul genommen, und ich kriegte einen Pflichtverteidiger, denn meine Eltern nahmen keinen. Unsere Aktion war nach DDR-Gesetzen eine Straftat. Wir wurden alle so um die zwei Jahre verknackt. Ich glaube, ich hatte ein Jahr und zehn Monate.

Nach dem Prozess wurden die anderen wieder abgeführt, und es war klar, dass wir unsere Strafe antreten mussten. Damals gab es noch das Frauengefängnis in der Barnimstraße, das inzwischen abgerissen ist, und Franks Rechtsanwalt, Dr. Berger, erzählte mir, im Frauenknast seien keine Politischen, mit denen ich diskutieren könne, sondern Räuberinnen und Mörderinnen. Es sei kein Zuckerschlecken, sich da durchzubeißen. Da wurde mir schon etwas mulmig. Kurze Zeit darauf wurde entschieden, dass alle Strafen zur Bewährung ausgesetzt werden, und noch vor Jahresende wurden auch die anderen entlassen.

Wir haben damals nur von wenigen anderen Leuten erfahren, die gegen den Einmarsch protestiert hatten. Brigitte Martin, die Freundin von Havemann, hatte an den Kinderwagen, in dem ihre jüngste Tochter saß, etwas geschrieben und war damit durch die Stadt gefahren. Aber ihr war nichts passiert. Dann hörten wir noch von diesem Ehepaar Bonet. Er war Regisseur oder Bühnenbildner an der Komischen Oper. Sie wurden wegen einer Aktion eingesperrt und blieben im Knast. Aber wir hatten keinen Kontakt zu ihnen, es waren andere Kreise, und wir waren viel zu sehr mit uns beschäftigt. Und wir waren die ganze Zeit im Blickfeld der Staatssicherheit. Die waren immer präsent, aber sie haben uns nicht weiter behelligt.

Wir waren Prominentenkinder, und unsere Namen gingen natürlich durch die westlichen Medien. Später habe ich mal aus der Bezirksleitung der SED gehört, dass wohl im Politbüro entschieden wurde, man müsse auf uns Spatzen nicht unbedingt mit Kanonen schießen, weil dabei nur noch mehr Schaden entstehe. Sie haben uns also nicht wegen unserer Eltern rausgelassen, sondern aus politischem Kalkül. Man wog ab, was mehr politischen Schaden anrichtet, uns klammheimlich nach Hause zu schicken oder uns einzusperren mit der Konsequenz, dass die westlichen Medien schreiben, «Honecker sperrt Kinder ein, weil sie Flugblätter verteilen und die tschechische Fahne raushängen». Unsere Eltern kamen auch nicht ungeschoren davon. Braschs Vater, der stellvertretender Kulturminister war, trat erst einmal in den Hintergrund. Mein Vater flog aus Amt und Würden.

Meine Eltern hatten aber wieder Mut geschöpft, dass ich mich durch diese Erlebnisse zu ihnen bekehren würde. Ich wohnte noch zu Hause, und da rief Frank an, sagte, er sei draußen, woraufhin ich mein Täschchen nahm und verschwand. Eine Woche später bin ich ausgezogen. Vorher wurde ich in die Schule bestellt. Rosita saß zu der Zeit noch im Knast.

Diese Schule, mit einer Art Lichthof in der Mitte und einem langen, durchgehenden Treppenhaus, hatte auf dem ersten Treppenabsatz eine kleine Empore. Vor der Empore waren alle Klassen zum Appell zusammengetrommelt worden. Vor versammelter Mannschaft wurde ich aus der Schule geschmissen. Aber nun war das nicht so, dass alle Schüler das richtig fanden. Doch die ganze Schule musste zugucken und zuhören, als die Direktorin ihre Rede hielt, über staatsfeindliche Tätigkeit im Zusammenhang mit Prag, Paragraph soundso, Erika Berthold und Rosita Hunzinger. Also wussten alle Bescheid. Während die Direktorin ihre Rede hielt, stand ich als Exempel oben auf der Empore. Ich hatte mich so chic angezogen, wie ich nur konnte, Ketten und Schmuck angelegt und sah aus wie ein Christbaum. Und während ich da stand, hielt meine Lateinlehrerin die ganze Zeit meine Hand fest, weil sie mich trösten wollte.

Nun war ich also rausgeflogen, stieg von der Empore, nickte allen zu und ging aus der Schule. Für mich war das ein beeindruckendes und bedrückendes, aber kein schlechtes Erlebnis. Sicherlich war ich sogar stolz. All diese Auseinandersetzungen durchzustehen, das schaffst du nur, wenn du ein Gruppenbewusstsein entfaltest. Hinzu kam, dass wir fast alle aus elitären Elternhäusern stammten, wodurch wir schon über ein gewisses Maß an Überheblichkeit verfügten.

## «Ich wollte theoretisieren»

Das Jahr 1968 ging zu Ende, und keiner von uns war mehr im Knast. Meine Buchhändlerausbildung durfte ich zu Ende machen, und von meinem Lehrlingsgeld lebten wir. Ich wohnte inzwischen mit Frank in der Stadtwohnung seines Vaters. Auf unserem Balkon hing ein riesengroßes Plakat von Che Guevara, der mit seiner revolutionären Pose über das halbe Wohngebiet drohte.

Im Frühjahr 1969 stellte sich heraus, dass ich schwanger war, und es entstand die Frage: «Wie wollen wir jetzt leben?» Auf dieses Mutter-Vater-Kind-Spielen hatten wir keine Lust. Ein befreundetes Ehepaar, Franziska und Gert Groszer, befand sich damals in einer Ehekrise. Wir haben oft zusammengesessen und überlegt, wie wir dem Eheknast entkommen können. In dieser Zeit haben uns die West-Berliner Ansätze, alternative Lebensformen zu finden, unheimlich bewegt.

Anregungen bezogen wir weniger übers West-Fernsehen, sondern mehr über Paperbacks und Broschüren, die wir über sieben Ecken bekamen, nachdem Leute sie aus dem Westen rübergebracht hatten. Es war eine gängige Praxis, sich von Leuten mit den gleichen Interessen aus dem Westen etwas mitbringen zu lassen, wenn es auch heikel war, diese Sachen zu transportieren. Sie gingen dann von Hand zu Hand. Ich erinnere mich an ein Protokoll von Zusammenkünften der Kommune 2 und an Texte über Kindererziehung und Psychoanalyse. Bei Inge Hunzinger waren damals Rainer Langhans und Fritz Teufel aus der K 1 zu Gast. Frank war auch dabei, ich aber nicht. Wir konnten uns also über persönliche Kontakte und auch über westliche Medien informieren.

Es war nicht leicht, in Ost-Berlin eine große Wohnung zu finden. Franziska und Gert wohnten damals in Friedrichshagen in einem alten Bürgerhaus und tauschten diese Wohnung gegen eine nicht so nobel gelegene, aber einigermaßen geräumige Dreizimmerwohnung in Friedrichshain, in der Samariterstraße. Angeregt durch die Kommunen in West-Berlin, beschlossen wir, dort zusammenzuziehen. Im Frühsommer 1969 zogen wir ein. Jedes Paar bewohnte ein Zimmer. Dann gab es noch ein Kinderzimmer, eine Kammer und ein Bad, in dem, wie in allen Kommunen, das Klo ständig verstopft war, und eine große Küche. Uns kam das luxuriös vor.

Am 31. Oktober 1969 wurde Marie geboren. Nun waren wir also zwei Paare und drei Kinder, dazu ein Kreis von Freunden und von Gästen. Florian Havemann, der Bruder von Frank, verabscheute diese Lebensform, war vielleicht zweimal bei uns und fand das furchtbar. Mit Rosita hatten wir nicht mehr viel zu tun. Rosita und Florian Havemann sind Anfang der siebziger Jahre in den Westen gegangen. Es war interessant: Entweder begaben sich die Leute aus unserer Gruppe wieder zurück in die Strukturen der DDR und sagten, wir wollen hier etwas verändern, oder sie gaben diesen Gedanken auf und gingen in den Westen. Dazwischen gab es eigentlich nichts.

Natürlich haben wir auch die sexuelle Revolution geprobt und es auch mal zu viert getrieben, mit diesem und mit jenem. Wenn ich heute daran denke, dann kommt mir das vor wie die Doktorspiele im Kindergarten, ein bisschen spannend, ein bisschen geil, aber nicht ernst. Doch ich weiß, dass andere darunter gelitten haben. Deshalb war es nicht nur lustig. Aber für mich waren diese Experimente wichtig, um zu erkennen, dass einen das nicht unbedingt selig macht. Wilhelm Reich haben wir natürlich auch gelesen. Ich erinnere mich noch an sein Buch «Massenpsychologie des Faschismus» und die Geschichte mit dem Orgonapparat, die ich aber nicht zu Ende gelesen habe, weil ich sie zu abgedreht und wunderlich fand.

Die Männer in unserer Kommune verstanden sich als die Konzeptionsschmiede. Aber ich wollte theoretisieren, konnte es auch und war nicht schlechter als die Männer. Franziska war nicht so politisch und hat Tagebuch geschrieben, sehr poetische Texte. Darum habe ich sie manchmal beneidet, aber die Poesie hatte damals wenig zu melden: Man war politisch und nicht poetisch.

Im Alltag hatten wir die gleichen Probleme wie die Kommunen im Westen. Die Männer haben sich zu wenig im Haushalt und für die Kinder eingesetzt. Darüber wurden Protokolle geschrieben, und es gab Kommuneversammlungen, bei denen die Männer zu einem anderen Verhalten verdonnert wurden, was nicht lang gut ging. Mein Kind war zwar noch ziemlich klein, und die beiden Groszer'schen Kinder waren nicht viel älter. Aber ich fühlte mich nicht so sehr auf die Rolle der Mutterglucke festgelegt.

Kinderläden gab es bei uns zu der Zeit nicht. Doch die Kinderbetreuung war im Osten kein großes Problem. Ich hatte nie Schwierigkeiten, für meine Kinder einen Platz in den staatlichen Kinderkrippen und Kindergärten zu finden. Sie waren zwar alles andere als antiautoritär, aber ich erinnere mich nur an wenige schlechte Erlebnisse.

Von den frauenemanzipatorischen Aktionen haben wir in der DDR nur wenig mitgekriegt. Sie werden wohl auch nicht so stark in den West-Medien präsent gewesen sein. Wir haben nur spektakuläre Aktionen wahrgenommen, wie zum Beispiel die, als sich die Mädels im Gericht die Blusen aufrissen. Wenn ich versuche, mich an die Fotos von damals zu erinnern, dann entsteht bei mir der Eindruck, als wären die Frauen alle schön und langhaarig gewesen, mit viel Radikalität in der Pose. Ich hatte die Haare oft sehr kurz und rot gefärbt und bin in Schwarz herumgelaufen. Dieses «Weibchen sein» hat nie zu mir gepasst. Aber andere Frauen, die so waren, fand ich wunderschön.

In der Kommunezeit kamen manchmal Presseleute aus dem Westen, um über uns zu berichten und uns zu fotografieren. «Ihr könnt kommen und Spaghetti mitessen, aber drüber schreiben is' nich'.» Und wir haben uns auch nicht fotografieren lassen. Wir wollten unser schönes Kommuneleben nicht aufs Spiel setzen, bloß damit irgendeiner in «Konkret» einen Artikel schreibt. Damals kannten wir dieses Nacktfoto der K 1 nicht, aber später sahen wir es und fanden es witzig. Getraut hätten wir uns allemal, uns nackt fotografieren zu lassen. Aber uns war es wichtiger, Kämpfe in anderen Bereichen auszufechten, als sich nackig hinzustellen.

Leute, die nicht aus solchen Kreisen stammten wie wir und nicht damit rechnen konnten, dass sich die West-Presse für sie interessiert, haben viel drastischeren Druck zu spüren bekommen, und man kann verstehen, dass sie in den Westen gegangen sind. Wieder andere Leute sind in Depression gefallen. Wir haben immer einen Zusammenhang gebildet und versucht, uns weiterzubringen und auf eine Weise zu beschäftigen, die Spaß macht. Daher kam ein gewisses Elitebewusstsein in unseren Köpfen.

Die APO im Westen und die politischen Inhalte, die dort vertreten wurden, haben uns natürlich ungemein bewegt. Ich kann mich genau erinnern,

*Erika Berthold, am Strand von Ahrenshoop, Sommer 1968*

wie sehr mich das erschüttert hat, als ich die Nachricht vom Tod Benno Ohnesorgs hörte. Später kamen die Bilder der Demonstrationen dazu, die bestimmt auch im «Neuen Deutschland» abgedruckt waren, und ich stellte mir das vor wie Krieg. Im Osten war es zwar erstickend, aber immerhin war es nicht Krieg.

Andererseits verband ich die Straßenkämpfe und die Studentendemonstrationen mit sozialistischer und kommunistischer Romantik aus russischen Revolutionsromanen, die ich in meiner Kindheit gelesen hatte. Dieses Vorgehen gegen die Faschisten, nicht unbedingt mit der Knarre, aber im Zweifelsfall vielleicht sogar damit, fand ich gut. Doch ich hätte nicht unbedingt im Westen leben wollen. Ich erinnere mich an Bilder, auf denen die Demonstranten von Wasserwerfern regelrecht über die Straße gefegt wurden. Zu Anfang hatten wir deshalb auch Sympathien für die RAF. Für mich hat sich das damals so dargestellt, dass die Militanz auf der Seite der Polizei war, der hetzenden Medien und der widerlichen Spießer, die riefen: «Steinigt sie!» Wir haben sehr intensiv und interessiert verfolgt, was im West-Berliner SDS lief und bei Leuten, die sich mit sozialistischen Ideen befassten. Überall las man Marx, und die ganz Radikalen lasen Lenin. Man fühlte sich eins, obwohl man sich vielleicht nie gesehen hatte, und das war ein ganz schönes Gefühl.

Im Osten gab es keine Studentenbewegung. Das hängt damit zusammen, dass die Universitäten bei uns nach ganz klaren Hierarchien gegliedert und zugleich sehr kontrolliert waren. Es wurde ja schon reguliert, wer überhaupt auf die Universität durfte. Es gab ein Potenzial an kritisch und reformerisch Gesinnten und auch an religiösen Leuten, aber eben keine Studentenbewegung. Zwar war dieser Vater Staat borniert, stalinistisch und was auch immer, aber nicht unser Feind. Wir dachten vielmehr, dass man den alten Ulbricht absetzen muss, damit Honecker rankann. Nach einer Weile war Honecker auch abgegessen. Dennoch glaubten viele Leute in der DDR, dass sie etwas tun könnten, um irgendwann einmal das Steuer herumzureißen.

Man darf auch nicht vergessen, dass die Themen, derentwegen die Fronten im Westen stark aufeinander prallten, im Osten zum Teil Staatsdoktrin waren. Im Westen knüpften sich viele Aktionen der APO an den Vietnamkrieg und die Solidarität mit Vietnam. Im Osten lautete die Staatsdoktrin, «der Krieg, den die USA führten, ist ein verbrecherischer, imperialistischer Krieg», und dem stimmten wir prinzipiell zu.

Ich erinnere mich nicht mehr, ob es in der DDR Demonstrationen ausschließlich zum Thema Vietnamkrieg gegeben hat. Aber bei den Maidemonstrationen oder zum «Tag der Republik» wurden Transparente in vorgefertigter Schrift gegen den Krieg in Vietnam getragen. Das war natürlich auch pervers, und deswegen nenne ich es Staatsdoktrin. Wir haben selber eigene Transparente gemalt, um uns von der vorgefertigten Parteimeinung abzusetzen. Frank schrieb einmal: «Waffen für das revolutionäre Vietnam».

Wenn Großdemonstrationen angesagt waren, hatten wir immer ein paar Leute von der Staatssicherheit neben uns. Einmal haben sie uns ein paar Stunden lang, mitsamt der kleinen Marie, auf irgendeinem Polizeirevier festgehalten. Auffällig waren wir sowieso, die Haare zu lang oder ganz kurz, bunte Hippiekleider, Jeans. Außerdem waren wir als Kommune ja bekannt.

Die Ikonen, im Westen wie im Osten, waren Ho Chi Minh, Che Guevara und Fidel Castro, abgesehen von Mao, Marx und Marcuse. Angela Davis kam schließlich auch noch in diese Galerie. 1972 war sie in Ost-Berlin, und es gibt ein Foto von mir, auf dem ich ihr ganz herzlich die Arme entgegenstrecke, und sie kam tatsächlich auf mich zu.

Eine Ikone ist ja etwas zum Bild Geronnenes, ein Symbol, und dafür eignete sich Angela Davis besonders gut, als Schwarze, als Frau und als Philosophin, die eingesperrt worden war. Obendrein war sie wunderschön. Für uns waren das damals wichtige Leitbilder, auch Havemann und Biermann, andererseits war es fast wie bei den Leuten aus der Kirche, die ihre Heiligenbildchen vor sich hertragen, es war wie ein Code, an dem man einander erkannte.

Genau in diese Zeit fiel der sechzigste Geburtstag des alten Havemann. Eine Menge Menschen waren da, um ihm zu gratulieren, Frank und ich auch. Wir wurden von allen gelobt wegen unserer Heldentaten. Ich werde nie vergessen, wie wir erzählten, dass wir gerade die Rede von Castro gelesen hatten, in der er den Einmarsch in Prag verteidigte, und deshalb nachdenklich geworden waren. Da fielen Havemann und Biermann über uns her und zogen hart vom Leder: Wir könnten ja gleich zu Kreuze kriechen und eine Stellungnahme im ND veröffentlichen. Wir waren gar nicht imstande, uns zu wehren, denn uns waren ja gerade erst Zweifel gekommen, und wir hatten noch keine klare Position. Jedenfalls gab es viel Schelte.

*Die amerikanische Kommunistin und Bürgerrechtlerin Angela Davis besucht Ost-Berlin. Erika Havemann begrüßt sie, 11. September 1972*

## «Wir stießen unsere Götter vom Thron»

Das fand ich schließlich so unerträglich, dass ich aufgestanden und nach Hause gegangen bin. Frank blieb noch da, versuchte zu argumentieren und kam erst später. Wir haben die ganze Nacht gesessen und uns gefragt: «Was haben eigentlich die beiden Alten für ein Interesse daran, dass wir das mit den Flugblättern gemacht haben?» Selber hatten sie sich übrigens zurückgehalten. Biermann hatte sich den Bart abrasiert und sich an der Ostsee versteckt. Jedenfalls stießen wir in einer radikalen Aktion unsere Götter vom Thron, nicht nur die Altstalinisten wie meinen Vater, sondern auch die Prediger des Zweifels, die keinen Zweifel zuließen.

Nun wollten wir unseren Weg allein finden, und es entstand der Gedanke, dass wir unsere Ideen und Positionen anhand der politischen Praxis überprüfen sollten. Die politische Praxis war in den Großbetrieben, fanden wir. Der Weg in die Produktion lag in unserem Fall besonders nahe, weil einige von uns nach dem Prozess im Herbst 1968, als die Strafe zur Bewährung ausgesetzt worden war, eine Arbeitsplatzbindung kriegten.

In der DDR galt es für Intellektuelle immer als besonders erzieherisch, in die Produktion geschickt zu werden, um wieder mitzukriegen, wo der Hammer hängt. Man entblödete sich nicht, diese Erziehungsmaßnahme mit sehr viel erwachseneren Menschen als uns zu betreiben. Frank war in den Großbetrieb Elektrokohle Lichtenberg geschickt worden, und Brasch ins Transformatorenwerk Oberspree. Ich sollte erst meine Lehre beenden und dann in einem Büro verschwinden, bin ihnen aber entschlüpft.

Schließlich verquickte sich beides, dieser politische Trend und die eigenen Erfahrungen. Außerdem war es nicht schlecht, ein bisschen Geld zu verdienen, weil wir immer ganz wenig Geld hatten. Zum Thema Geld fallen mir die Kommunekassenbücher ein. Da stehen so witzige Sachen drin wie «Franzi und Erika haben schon wieder im Expresso Kaffee getrunken» oder sich einen Lippenstift gekauft. Das kostete eine Mark fünfzig, aber wir wurden gemaßregelt, weil wir Geld für Luxus ausgegeben hatten. Im Sommer 1969 zogen wir um in eine größere Wohnung in der Gartenstraße. Wir waren anfangs nur zu viert mit den drei Kindern. Aber der Publikumsverkehr nahm zu, und manche Leute wohnten wochenlang bei uns.

Zu meinen Eltern hatte ich keinen Kontakt mehr. Nach Maries Geburt im Herbst 1969 haben wir dann doch geheiratet, und zwar auf Kommunebeschluss, also nicht etwa aus Liebe, sondern als politischer Akt. Es wurde lange darüber diskutiert, welchen Namen wir tragen sollen, und wir entschieden uns für Berthold. Doch Frank wollte dann doch nicht Berthold heißen, mir war es egal und so nannten wir uns Havemann.

1971 zog ich los, um Arbeit in einem Großbetrieb zu finden. Ich arbeitete im Werk für Fernsehelektronik, im Werkteil Bildröhre. Marie kam in die werkseigene Kinderkrippe. Wir wollten innerhalb der vorhandenen Strukturen politische Arbeit leisten, doch als wir uns im Büro der FDJ-Leitung meldeten, fielen die bald in Ohnmacht. Jeder versuchte,

*Erika Berthold, mit Frank Havemann, dem Sohn Robert Havemanns, bei einer Party in einer Ost-Berliner Wohnung, Winter 1970*

diesem Verein, so schnell es ging, zu entkommen, und wir kamen freiwillig angerannt.

Nach kurzer Zeit hatten wir FDJ-Funktionen. Doch dann fingen die Mühlen der Stasi an zu mahlen, und schon waren wir die Funktionen wieder los. Trotzdem machten wir in diesem Großbetrieb politische Arbeit, versuchten, in kleinen Schritten andere Inhalte reinzubringen, und fanden Leute, die genauso dachten wie wir. Ich blieb bis 1975 dort.

Für mich war dieses Leben keine Anbiederung an das System. Ich hatte den Sozialismus schon mit der Muttermilch eingesogen und kannte keine anderen Lebenszusammenhänge. Neu war aber die kritische Sicht auf den Sozialismus. Aber keine unserer Ikonen hätte gesagt: «Sozialismus ist nun ganz und gar Scheiße, und die Nummer vergessen wir mal lieber!» Es hat noch Jahre gedauert, bis es so weit war, und ich denke bis zum heutigen Tage, dass die Geschichte mit dem Sozialismus noch nicht völlig abgegessen ist, allenfalls für unsere Generation.

Im Werk für Fernsehelektronik bot man mir eines Tages an, in die neu entstandene Rechenstation als Rechentippse zu gehen. Doch als mein zweites Kind, Paul, lebensgefährlich krank wurde, musste ich ein knappes Jahr zu Hause bleiben. Damals fingen sie im Verlag «Junge Welt» mit Computern an, ich habe mich beworben und tippte Manuskripte ab. Mit der Zeit fand ich, dass ich viel besser schreiben könnte, und bin so in die redaktionelle Arbeit hineingewachsen. Mitte der achtziger Jahre wechselte ich in den Verlag «Volk und Wissen» und arbeitete als Redakteurin bei «Elternhaus und Schule», einer pädagogischen Zeitschrift.

Ende der siebziger Jahre bin ich in die SED eingetreten. Einmal hatte ich mich schon darum bemüht, war aber abgelehnt worden. Es ging immer noch um 1968 und diese Geschichten. Beim zweiten Mal hat es geklappt. Wir waren ständig am Schmieden von irgendwelchen Koalitionen und Intrigen und haben uns darin erschöpft. Denn kaum hatten wir das Gefühl, mit einer Geschichte ein Stück weitergekommen zu sein, schlug die Stimmung schon wieder um. So ging das, bis Mitte der achtziger Jahre die Gorbatschow-Ära anfing, doch schon bald wurde klar, Perestroika und Glasnost wird im Osten mit allen Mitteln verhindert. Wieder setzte eine Phase der Stagnation ein.

Als die Mauer fiel, bin ich nach drei Wochen auch mal nach West-Berlin rüber. Ich war nicht so wahnsinnig beeindruckt, weil mir ganz andere

Dinge gefielen, als sie in der Werbung präsentiert wurden. Daher hatte ich auch keinen Kulturschock. Ich arbeitete bis 1991 bei «Elternhaus und Schule», das schließlich von Luchterhand übernommen wurde, dann für «Ypsilon», eine Frauenzeitschrift, die noch zu DDR-Zeiten begann, sich mit feministischen Themen auseinander zu setzen, bis ich mich als Journalistin selbständig machte. Ich beschäftigte mich mit neuen Themen, fand Zugang zu neuen Medien, und – ein Wunder – ich kann davon leben. Die Frauen in der DDR standen in der zweiten Reihe. Das war der Alltag im Berufsleben wie zu Hause. So waren wir aufgewachsen, wollten aber nicht so sein. Als meine Männer oder Freunde anfingen, Philosophie zu studieren, habe ich mich an allen Diskussionen beteiligt. Aber ich konnte nicht studieren, weil man mir in der DDR wegen 1968 sogar das Abitur auf dem zweiten Bildungsweg verwehrt hatte. Ich lebte also in diesen Strukturen, aber ich litt nicht darunter.

Ich hatte diese spezielle Sicht als Frau lange nicht. Es war mir immer wichtig, mit Menschen zusammen zu sein, die mich anregen, von denen ich etwas lernen kann, und das waren Männer und Frauen, wenn ich auch viele Jahre lang mehr interessante Männer als Frauen traf. Seit Mitte der achtziger Jahre hat sich das umgedreht, und bis zum heutigen Tage treffe ich in meiner Altersgruppe viele Frauen, die ich hunderttausendmal interessanter als Männer finde. Geblieben ist aus den späten sechziger Jahren das Bedürfnis, mit anderen etwas zusammen zu machen und Anteil zu nehmen an dem, was sie tun. Ich finde es wichtig, nicht zurückgezogen zu leben, sondern mich in größere Zusammenhänge einzuordnen.

Bis zur Wende spielte diese Zeit um 1968 in meinem Leben keine große Rolle mehr, und ich habe mich nie als 68erin bezeichnet. Das war Vergangenheit, und ich hatte mich über die Jahre hin verändert. Es war auch kein Thema in der DDR, weder in der öffentlichen noch der privaten Diskussion. Die DDR-Historiographie hat solche Dinge in ihrer borniierten Sichtweise gar nicht erst eingegliedert.

Heute finde ich den Begriff zutreffend für mich, weil ich mich dieser europäischen Bewegung von 1968 zugehörig fühle. In Frankreich ist viel passiert, in Italien gab es Aufstände und auch im sozialistischen Lager, in der ČSSR und in Polen. Überall hat es Leute gegeben, die Hoffnungen in eine Demokratisierung des Sozialismus gesetzt haben, und zu dieser Generation gehöre ich. Diese Zeit hat mich politisch geprägt.

Ich habe mich auch nie als Sozialistin bezeichnet. Für mich war das eher ein sozialdemokratisches Wort aus der altväterlichen Generation. Es hat mich immer ein bisschen an Bebel und Liebknecht erinnert, und von Kindesbeinen an verbinde ich damit lange Bärte. Deshalb war es irgendwie nicht passend für mich. Als Kommunistin hätte ich mich nie zu bezeichnen gewagt, weil ich ein viel zu kleines Licht war. Auch später habe ich nie eine passende Schachtel für mich gefunden und vielleicht auch keine gebraucht. Doch für mich ist die Idee des Sozialismus oder Kommunismus noch nicht gestorben, wenn sie auch derzeit von der Tagesordnung verschwunden ist. Irgendwer aus einer anderen Generation wird diese Idee wieder aufgreifen und abwandeln, und das würde ich gerne miterleben.

Revolution war ein viel zu schwacher Begriff für das ist, was wir in diesen Kommunezeiten wollten. Uns schwebte nichts Geringeres als die Weltrevolution vor. Das war mein Ideal, und ich habe alle Solidaritätsbewegungen unterstützt. Doch die Weltrevolution ließ auf sich warten, der Sozialismus wurde immer unerträglicher, und der Kommunismus bekam immer mehr schwarze Stellen. Eine ganze Zeit lang hatten wir mit dem Gefühl der Scham zu kämpfen. Man konnte es nicht mehr erklären, was passiert war, und schon gar nicht gutheißen, Stalins Lager zum Beispiel. Das war ziemlich fürchterlich. Der Kommunismus und der Sozialismus als unmittelbares Handlungskonzept hatten sich erst mal erledigt.

Mit der Zeit reifte in mir der Gedanke, dass es sowieso ein bisschen bescheuert ist, sich ein derart großes Ding auf die Schultern zu heben. An die Stelle der Weltrevolution habe ich Mitte der achtziger Jahre den Gedanken gesetzt, da anzusetzen, wo man wirklich etwas bewegen kann, also in seiner unmittelbaren Arbeit, der Familie und im Freundeskreis. Wenn man es schafft, miteinander und füreinander zu leben, sich einander dabei nicht unterzuordnen, keine Machtkämpfe und andere Spiele zu spielen, hat man seinen Teil an der Weltrevolution schon mal nicht schlecht bewältigt.

Ich habe sozusagen die große Idee auf ein ganz kleines Feld getan, in dem ich handeln kann, und, so gesehen, finde ich, dass ich etwas erreicht habe. Das ist nun nicht groß und sensationell, aber es macht mich froh. Ich lebe dadurch einigermaßen zufrieden. Glücklich bin ich nur selten. Glück ist nur ein Moment, wie ein Blitz, der alles erhellt und manchmal sogar ein bisschen wehtut.

**Karin Adrian, Oktober 2001**

*«Irgendwann habe ich darauf bestanden,*
*dass diese Leute wieder gehen»*

# KARIN ADRIAN
### und die ungewollten Folgen der Wohngemeinschaften

Geboren bin ich im Harz, und meine Eltern sind ziemlich viel umgezogen. Mein Vater war Leiter des «Kulturellen Tonbanddienstes» bei «Inter Nationes» in Bonn. Ich bin praktisch mit Kunst und Kultur aufgewachsen, und die Beziehungen, die mein Vater mit der ganzen Welt unterhielt, und die Leute, die bei uns verkehrten, führten dazu, dass ich selbst international im Bereich Kunst oder Literatur arbeiten wollte.

Ich schwankte zwischen Theaterwissenschaften und Malerei. Mein Vater war dagegen, dass ich freie Malerei studierte, also entschied ich mich für Kunstgeschichte, sozusagen als Kompromiss. Trotzdem blieb mein Ziel die Kunstakademie. Mein damaliger Freund war schon sehr früh mit seinen Gedichten aufgefallen. Ich habe auch Gedichte geschrieben und sie ihm gezeigt, weil er für mich die Autorität in Sachen Literatur war.

Später hat er zugegeben, dass sie eigentlich sehr gut waren. Aber damals zensierte er meine Gedichte und schrieb kritische Bemerkungen an den Rand. Das führte schließlich dazu, dass ich meine schriftstellerischen Ambitionen erst einmal fallen ließ. Ich dachte: «Er schreibt und ich male. Dann kommen wir uns wenigstens nicht in die Quere.»

Ich studierte Kunstgeschichte in Bonn und er Theaterwissenschaften in Köln, wo er in einer Künstlergruppe aktiv war, die sich «Le Coc» nannte, und der habe ich mich auch angeschlossen. Wir wohnten schon 1967 zeitweise als Wohngemeinschaft auf einem Bauernhof, machten eine Zeitung und veranstalteten Happenings.

Wir kannten Leute, die später berühmt wurden, haben große Mühen auf uns genommen, um Kunstausstellungen zu sehen, oder sind weit getrampt, nur um ein Theaterstück zu besuchen. Als Peter Handke seine erste Publikumsbeschimpfung in einem Hörsaal in Köln aufführte, waren wir natürlich auch dabei.

Mein Freund ging nach Berlin, weil V. O. Stomps dort die «Neue Raben-Presse» gründete und Stomps als Verleger wichtig für ihn war, und ich wollte auch unbedingt nach Berlin. Zunächst war ich aber nur besuchsweise da, zufällig auch an dem Tag, als Benno Ohnesorg erschossen wurde. Bis dahin waren nur Kunst und Literatur wichtig für uns gewesen, und wir machten uns Gedanken darüber, wie man durch Mitspieltheater die Leute aus ihrer Passivität herausholen könnte.

Doch der 2. Juni 1967 war ein totaler Einschnitt, und ich würde sagen, der Tod von Benno Ohnesorg hat die Welt verändert, unsere Welt in jedem Fall. Tagsüber war die Schah-Demonstration, bei der nicht nur die «Jubelperser» mit langen Stöcken wahllos in die Menge schlugen, sondern auch die Polizei prügelte. Abends waren wir, soweit ich mich erinnere, in der Schaubühne, und es kamen Leute, die sagten: «Sie haben einen Studenten erschossen.» Das war ein unwahrscheinlicher Schock für uns. Ich musste zurück nach Köln, wo ich zu der Zeit noch studierte. Doch die Presse in Westdeutschland hat die Geschehnisse in Berlin völlig falsch dargestellt. Die Erkenntnis, dass die Presse derart lügt, hat mein ganzes Wertesystem erschüttert.

In Berlin gab es viele Wehrdienstverweigerer, und die Einstellung von vielen war ernsthaft pazifistisch. Doch Ereignisse wie die Schah-Demo mit den prügelnden «Jubelpersern» und den prügelnden Polizisten führte dazu, dass sich Unmut breit machte. Wir machten uns damals Gedanken über den Vietnamkrieg, die Atombombe und die Wiederaufrüstung, gingen auf Demonstrationen mit dem Anstecker «Ban the bomb», und wir waren gegen Gewalt.

Mein Freund hat den Wehrdienst verweigert, und ich habe durch ihn und seinen Freund hautnah mitbekommen, was das heißen konnte. Vor der Musterung hatte er eine ganze Nacht lang mit Captagon und Kaffee durchgemacht, um als nicht wehrtauglich eingestuft zu werden. Ich habe ihn zur Musterung begleitet, doch obwohl er wirklich total fertig war, hieß es, er sei tauglich. Als er das hörte, ist er umgefallen, und dann haben sie ihn doch nicht genommen. Sein Freund, der als Wehrdienstverweigerer nicht anerkannt worden war, musste nach Berlin flüchten, weil ihn die Polizei verhaften wollte.

In Berlin-Kreuzberg lebten damals die wilden Künstler, und man wollte natürlich dazugehören. Sie verkehrten im «Leierkasten» und in der «Kleinen Weltlaterne» in der Kohlfurter Straße, wo die Wirtin Hertha Fiedler ein strenges Regiment führte. Es gab Dichterlesungen und Ausstellungen, und Hertha ließ sich häufig von den Künstlern mit Bildern bezahlen. Später hat sie auch mal von mir ein Bild aufgehängt, und ich war sehr stolz.

Auf einer Reise nach Marokko war ich schwanger geworden. Inzwischen hatte ich die ersehnte Zulassung zur Aufnahmeprüfung an die Kunstakademie erhalten und ging zum Wintersemester 1967 nach Berlin. Ich studierte in der Klasse für Kostüm und Bühnenbild an der «Staatlichen Akademie für Werkkunst und Mode», die später in die «Hochschule für Bildende Künste» integriert wurde.

Mein Freund und ich zogen zusammen und wollten eigentlich heiraten. Aber dass ich das Kind bekam, stieß bei unseren Eltern nicht auf Verständnis. Es gab ein regelrechtes Familiendrama, und mein Vater gab mir kein Geld mehr. Wir lebten hauptsächlich von einer kleinen Rente, die mein Freund wegen seines kriegsversehrten Vaters bekam. Damals war man erst mit einundzwanzig volljährig und damit heiratsfähig, und da wir noch minderjährig waren, konnten wir ohne die Einwilligung der Eltern nicht heiraten. Aus verschiedenen Gründen wurde es jedenfalls mit der Heirat nichts. Erst später war das Heiraten verpönt, und die Leute wurden in bürgerlich und nicht bürgerlich eingeteilt.

Die eigene Erziehung konnte man ja nicht einfach über Bord schmeißen. So radikal waren nicht alle, und die Beweggründe waren immer sehr unterschiedlich. Ich habe eigentlich schnell erkannt, dass viele Leute ihre eigenen Unzulänglichkeiten mit Ideologien kaschierten. Sie lebten zum Beispiel ihre eigene Geilheit aus, sagten aber, es wäre ein Zeichen der Befreiung vom kapitalistischen Besitzdenken, mit vielen Frauen zu schlafen. Es waren nicht immer die besten Absichten, die hinter bestimmten Verhaltensweisen steckten. Aber mit diesen Ideologien wurden wir mehr und mehr konfrontiert.

Ich war in einer schöngeistigen Welt aufgewachsen, und bei uns zu

Hause war immer alles sehr gepflegt. Berlin war deshalb absolut gewöhnungsbedürftig für mich. Zum einen gab es dieses Theater bei der Durchreise durch die DDR, zum anderen hat man in Berlin die Spuren des Krieges noch ganz deutlich sehen können. Die Stadt sah noch richtig kaputt aus. Viele Fassaden hatten Einschusslöcher, der Putz fiel ab, und ganze Häuserflügel waren durch Bomben eingestürzt und hatten große Baulücken hinterlassen. Irgendwie hing sogar noch diese Nazizeit in den Mauern, und ich hatte oft ein sehr beklemmendes Gefühl.

Auch die Wohnungen waren zum Teil in einem desolaten Zustand. Große Wohnungen wurden mit einfachen Bretterwänden abgeteilt, und die verrücktesten Leute lebten dicht nebeneinander. Damit bin ich anfangs gar nicht gut zurechtgekommen. Für uns als unverheiratetes Paar war es schwer, überhaupt eine Wohnung zu bekommen. Außerdem hatte schon diese Hetze gegen Studenten angefangen, und es war kein gutes Aushängeschild, wenn man sagte, man sei Student. Natürlich hatte man noch dazu wenig Geld, weshalb wir übers Wohnungsamt, an das wir uns gewandt hatten, nur diese unmöglichen, kleinen Wohnungen zugeteilt bekamen.

Kurz vor der Geburt des Kindes mussten wir noch einmal umziehen, weil wir in einem Abrisshaus wohnten, das geräumt werden musste. Das Baby sollte Ende Mai 1968 kommen, und wir bekamen Ende April eine Wohnung in der Kohlfurter Straße im 3. Stock mit zwei Zimmern und Küche. Das Klosett lag im 5. Stock und war so eng, dass man die Beine auf den Flur hinausstellen musste und die Tür nicht zu machen konnte. Die Küche hatte keine Heizung, so dass im Winter das Geschirr manchmal im Spülbecken festfror.

Die Zustände in vielen Wohnungen waren schlimm, keinerlei Luxus, kein Bad oder irgendwelche Erleichterungen. Das gehörte einfach zum Alltag. In Kreuzberg wohnten jene Arbeiter, die später eine Zielgruppe der Studenten wurden. Die Infrastruktur und die Nachbarschaftshilfe funktionierten in diesem Viertel gut. Doch man fing an, die Häuser abzureißen und die Leute in neu gebaute Trabantenstädte zu verlegen. Wohnen war jedenfalls ein wichtiges Thema und prägte die Atmosphäre dieser Zeit in Berlin sehr stark.

Natürlich wollten wir in eine bessere Wohnung, und es gab ja auch diese großen Berliner Wohnungen, die nicht renoviert und daher unglaublich billig waren. Dorthin zu ziehen bedeutete eine echte Verbesserung für uns, und deshalb kam die Idee mit den Wohngemeinschaften auf. Die Wohnformen sind ein wichtiger Grund, warum es in Berlin so ganz anders war als in Westdeutschland, und warum hier so vieles entstanden ist, was dort nicht möglich gewesen wäre.

Für Frauen wie mich, die Kinder hatten, bestand in einer Wohngemeinschaft endlich die Möglichkeit, konsequent zu studieren. Als ich noch allein mit meinem Mann wohnte, hatte ich mich ein Semester sogar beurlauben lassen müssen, um das Baby versorgen zu können. Er war gar nicht auf die Idee gekommen, das auch zu machen. Man war einfach noch in der klassischen Frauenrolle gefangen, die man von zu Hause kannte. Meine Mutter war immer nur für die Familie da, und existierte als Persönlichkeit eigentlich gar nicht, weil sie alles gemacht hat, was mein Vater sagte.

Es gab kein Alternativmodell, denn so wie meine Mutter waren ja die meisten Frauen. Folglich habe ich erst einmal die Muster übernommen und alles so gemacht, wie ich es von zu Hause kannte. Ich habe gekocht, die Socken und Hemden gewaschen, die Hemden gebügelt und den Haushalt nachgemacht, als wenn ich mit Puppen spielte. Doch irgendwann fing es an, mich zu nerven.

Parallel nahm die Politisierung zu. Es gab Sit-ins und Teach-ins an der Uni, wo ich auch dabei war. Als ich hochschwanger war, in den Monaten Februar bis Mai 1968, kam es zu diesen ganz schlimmen Demonstrationen, in deren Folge schließlich auch Studenten zur Gewalt übergingen. Zur Osterdemonstration nach dem Attentat auf Rudi Dutschke bin ich deshalb, hochschwanger, wie ich war, auch gar nicht hingegangen, war aber sehr beunruhigt, weil die Polizeihubschrauber flogen.

Dann kamen mein Mann und ein Freund zurück und standen total unter Schock. Die Polizei hatte die Demonstranten aufgefordert, den Ku'damm zu räumen und sich durch die Meinekestraße zu verdünnisieren. Aber sie haben ihnen eine Falle gestellt. Kaum waren viele Demonstranten hineingegangen, machte die Polizei von zwei Seiten die Straße dicht und schlug gnadenlos zu. Mein Mann war so schockiert, weil er gesehen hat, wie ein Polizist einer schwangeren Frau in den Bauch trat. Als Studenten versuchten, in die umliegenden Häuser zu flüchten, haben die Berliner einfach die Türen abgeschlossen.

Diese Ereignisse führten zunehmend zu Diskussionen unter den Studenten, ob man sich Gewalt gefallen lassen sollte, und danach wurden die

Demonstrationen militanter. Zuerst waren die meisten pazifistisch eingestellt, setzten sich bei den Demos demonstrativ auf den Boden. Doch auch
sie wurden verprügelt, und die Polizei ließ die Gewalt quasi eskalieren. Ich
war später selbst auf vielen Demonstrationen und habe gesehen, wie es da
abgegangen ist. Zur Politisierung trug auch bei, dass die Presse Pogrom-
stimmung gemacht hat. Die Bürger von Berlin waren so aufgehetzt, dass es
gefährlich war, zu erkennen zu geben, dass man Student ist.

Ein Freund von uns, der überhaupt kein Student war, sondern ein
Arbeiter, hatte immer eine kleine Nickelbrille auf und sah wie ein Intellektueller aus. Den haben Berliner Arbeiter zusammengeschlagen mit dem
Spruch «Du Scheißstudent». Wir hatten wirklich Angst, dass diese aufge-
hetzten Berliner in unsere Häuser kommen und uns aus den Wohnungen
herausprügeln, wenn die Presse so weitermacht. Deshalb war die Wut bei
den Demonstrationen vor dem Springer-Haus schon unheimlich groß.

Einmal haben wir selber einen von den Typen geschnappt, die in die
Demos eingeschleust wurden, um mit der Gewalt anzufangen. Als wir ihm
seinen Ausweis abnahmen, war klar, dass er von der Polizei ist. Das war
eines dieser Erlebnisse, die bei mir dazu geführt haben, zu denken: «Von
wegen Staat! Da wird gelogen, da wird manipuliert nach Bedarf, das ist
doch nichts, womit man sich identifizieren kann!» Und bis heute ist mein
Misstrauen in Institutionen geblieben.

Aber es gab nicht nur negative Erfahrungen, sondern viel Positives.
Damals fühlten wir uns als der Mittelpunkt der Welt. Es gab eine enorme
Solidarität und große Energie, die wie eine Welle war, von der du getragen
wurdest. Es passierten viele lustige und tolle Sachen.

### «Viele hatten kein Problem, querbeet zu schlafen»
Dann wollten wir auch eine Wohngemeinschaft aufmachen. Christoph
Sievernich, der später Produzent von Wim Wenders wurde, fand in der
Hornstraße Nummer 2 eine Ladenwohnung, in die wir im Frühjahr 1969
zu dritt mit dem Baby einzogen. Als Christoph sich einer Theatergruppe
anschloss und mit dieser auf Tournee ging, kamen zwei Neue dazu, und
wir waren drei Männer und ich mit dem Kind. Damals kam es durchaus
vor, dass Leute zu Besuch in eine Kommune kamen und einfach dablieben.
Ein oder zwei Monate später sind sie wieder gegangen.

In vielen Kommunen wurde das Leben in Sekundärbedürfnisse und

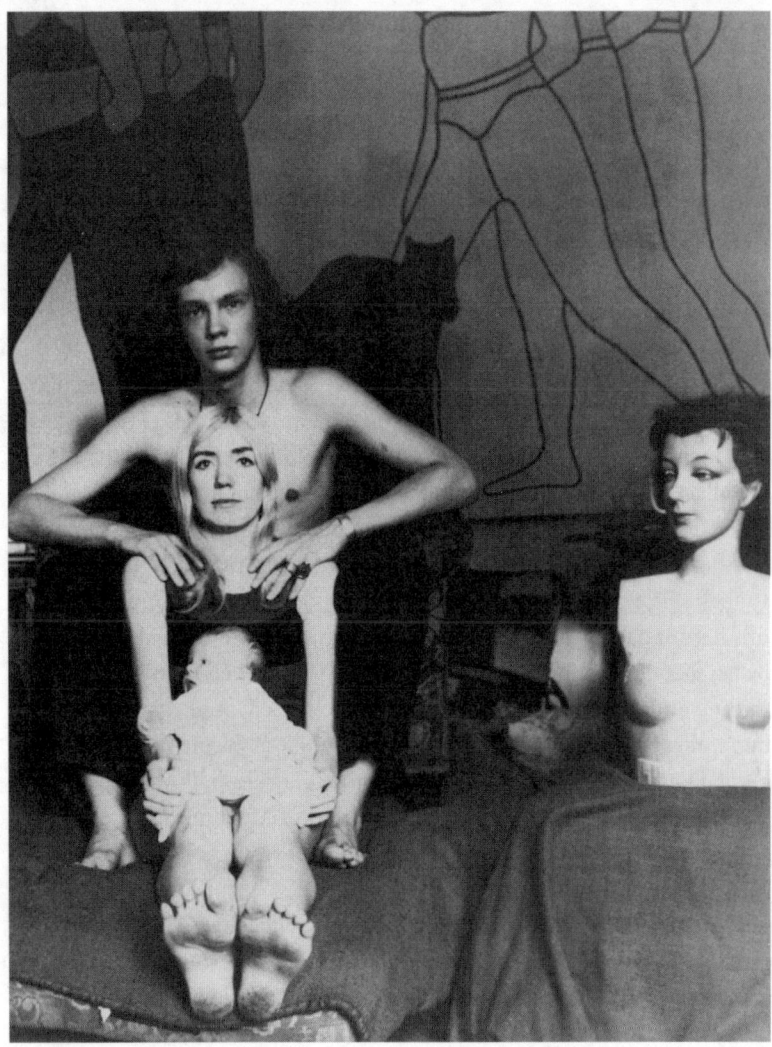

*Karin Adrian mit ihrem Lebensgefährten Norbert und Tochter Ester, vor einem Wandbild von Karin Adrian, Berlin, Juli 1968*

Primärbedürfnisse aufgeteilt. Man wollte auf diese Weise das eigene kapitalistische Konsumverhalten überwinden. Folglich wurden bei uns alle Kleider in einen Kleiderschrank gehängt, und jeder konnte alles anziehen. Wir hatten natürlich auch eine gemeinsame Kasse. Vom eingezahlten Geld

*Die ungewollten Folgen der Wohngemeinschaften* 245

wurde zuerst die Miete bezahlt, und was übrig blieb, war für Essen und andere Ausgaben. Privat durftest du höchstens fünf oder zehn Mark herausnehmen, ohne die anderen zu fragen. Die Summe musste aber aufgeschrieben werden. Wenn es um mehr Geld ging, musste erst einmal gemeinsam diskutiert werden.

Natürlich waren wir auch bei anderen zu Besuch und haben gesehen, wie es bei denen lief. In allen Kommunen hat man sich einmal die Woche getroffen, um Probleme zu besprechen, meistens im großen Durchgangszimmer, das oft das gemeinsame Zimmer war. Das Hauptthema war überall, dass schon wieder nicht sauber gemacht worden war.

Wir haben auch erlebt, dass Leute kamen, sich bei uns einkleideten und wieder verschwanden. Auch mein Fotoapparat ist auf diese Weise weggekommen. So etwas kam eben vor. Anfänglich funktionierte es ganz gut mit der allgemeinen Offenheit, bis klar wurde, dass nicht alle Leute die gleiche Einstellung hatten und diese Offenheit einfach nur ausnutzten.

Alles, was ich jetzt erzähle, spielt sich zwischen 1968 und 1970 ab. Persönliche Erlebnisse waren immer eingebunden in die Ereignisse, die um uns herum passierten, und man hat sich immer mehr als Teil einer Gruppe gesehen. Man fuhr überall billig hin, es gab Hinweise, wo man schlafen und essen konnte. Es war eine unglaubliche Zeit, weil man das Gefühl hatte, alles ist möglich. Diese Hippiebewegung war ja eine weltweite Bewegung. Es gab die Gammler, die Beatniks und die Flower-Power-Leute. Man trampte durch die ganze Welt, nach Indien und Afghanistan.

In einem kurzen Zeitraum ist ganz viel aufgebrochen, die Farben, die Musikklänge und die Bewegung in der ganzen Welt für Frieden. Zwischen den jungen Leuten gab es eine aufrichtige Solidarität. Man hat erst gar nicht nach der Verbesserung der Welt gefragt, sondern einfach gemacht, was man wollte. Viele, wie wir auch, hatten in Marokko Haschisch und Kif kennen gelernt. Mit der Zeit war es auch in Berlin «in», Marihuana und Haschisch zu rauchen. Man sprach von Bewusstseinserweiterung durch Drogen, und das war das Wichtige daran. Drogen machten mir aber Angst, weil ich wusste, dass ich so viel Phantasie habe, dass es für mich gefährlich werden kann.

Dann kam die Platte von Timothy Leary, dem Verfechter des bewusstseinserweiternden LSD-Trips, in Umlauf. Der Titel war: «Turn on, tune in, drop out», was so viel bedeutet wie: «Nimm es, lass dich drauf ein und steig aus». Mit der Zeit entstand eine Underground-Bewegung, in der diese Platte heiß gehandelt wurde. Wir waren mal bei Leuten zu Besuch, als diese Platte gespielt wurde. Sie haben unheimlich viel geraucht, und es wurde LSD angeboten. Und dann gingen solche Gerüchte um, wie, dass man sich an seine eigene Geburt erinnern kann, wenn man LSD nimmt. Das fanden wir natürlich sehr interessant.

Aber LSD habe ich überhaupt nicht angerührt. Das war mir zu riskant. Allerdings war es gar nicht einfach, sich nicht einzulassen. Es gab Leute, die wollten einen «anturnen», wie man das nannte, also notfalls auch ohne Einverständnis «high» machen. Bei manchen Treffs wagte man deshalb nicht einmal, Tee zu trinken, weil «Anturner» drin waren. Auf Partys kriegte man zum Beispiel Zuckerwürfelchen mit LSD hingeschmissen. Weil ich wusste, dass es total sinnlos ist, wenn ich versuche, meinen Standpunkt zu erklären, habe ich einfach simuliert und die Zuckerstücke heimlich ausgetauscht. Trotzdem hatte ich den Ruf, ich sei dauernd high.

In Marokko hatte ich einmal Kif geraucht und unheimlich lachen müssen. Aber bei Haschisch habe ich mehrfach schlimme Erfahrungen gemacht. Einmal löste sich der Raum auf, es gab kein Oben und Unten mehr. So etwas machte mir eher Angst. Mehrmals habe ich miterleben müssen, wie Leute durch Drogen ausgeklinkt sind, und oft bin ich diejenige gewesen, die ihnen geholfen hat, wenn sie Angstzustände bekamen. Es gab Trips, wo die Leute drei Tage nicht mehr runterkamen.

In der Hornstraße wohnten wir nicht sehr lange als kleine Gruppe zusammen, denn dann begann erst die wirklich heiße Zeit. Als der harte Kern der «Umherschweifenden Haschrebellen» bei uns einzog, waren wir zeitweise zwanzig Leute. In der Zeit gab es auch einen ziemlichen Wechsel.

Ein Nachbar hat dann sogar eine anonyme Anzeige erstattet, in der er behauptete, das Kind würde nicht anständig behandelt. Unser Kind hatte aber Röteln und schrie deshalb häufiger. Jedenfalls kam das Jugendamt, und ich habe sie durch unsere Wohnung geführt. Sie haben sich alles angeguckt und gesagt: «Ist ja alles okay, das Kind sieht tipptopp aus und hat ein schönes eigenes Zimmer.» Als sie im großen Durchgangzimmer die ganzen Betten aufgereiht sahen, meinten sie zum Glück nur: «Na ja, wie Sie sonst leben, geht uns ja nichts an.» Und damit war die Sache erledigt.

In der Szene gab es damals die unterschiedlichsten Typen, die Künstler, die ganz harten Politleute, die Dreißigjährigen, die für uns Junge schon eine andere Generation waren, die Haschisch-Raucher, die LSD-Esser, die Spritzenleute, die Umherschweifenden Haschrebellen und die ersten Terrorleute. Alles war eine Szene, und wir haben noch nicht differenziert. Erst im Lauf der Zeit hat sich herausgestellt, dass jeder seine eigene Ideologie vertrat.

Eine Weile hatten sich auch die Spritzenleute bei uns einquartiert, kochten sich auf den Löffeln ihre Schüsse und tranken die Milch, die ich im Kühlschrank für das Kind hatte. Eine Fixerin war eigentlich eine ganz ordentliche Studentin, die sich aber in einen Fixer verliebt hatte, der sie dann auf Drogen gebracht hat. Innerhalb kurzer Zeit war sie nicht mehr wiederzuerkennen und hatte sich auch körperlich vollkommen verändert. Es war schrecklich, aber sie war nicht davon abzubringen.

Irgendwann habe ich darauf bestanden, dass diese Leute wieder gehen müssen. Ich habe eine Vollversammlung einberufen und gesagt: «Das Jugendamt war schon einmal da, und wenn das so weitergeht, gibt's den totalen Ärger.» Ich wollte damit aber auch nichts zu tun haben. Diese wilde Zeit in der Hornstraße ging vielleicht von April bis August 1969. Dann war die Wohnung wieder frei.

Um mich herum gingen reihenweise die Beziehungen zu Bruch. Es gab viele Frauen, die offenbar keine Probleme damit hatten, querbeet zu schlafen und sich dabei wohl zu fühlen. Aus lauter Protest habe ich auch einmal versucht, mit einem anderen Mann ins Bett zu gehen. Aber es kam gar nicht dazu. Es war so unromantisch. Deshalb bin ich zu seinem großen Erstaunen aufgestanden und einfach abgehauen. Die meisten Frauen nahmen wohl schon die Pille, so wie ich auch, aber nicht weil ich mit anderen schlafen wollte. Vor der Pille gab es ja keinen Schutz, und nur die Männer konnten sich austoben. Insofern war die Pille ein ziemlicher Einschnitt, weil nun wenigstens eine gewisse sexuelle Gleichberechtigung gegeben war.

Bommi Baumann wohnte auch zeitweise bei uns. Er hatte eine Kumpanin mit kurzen, blonden Haaren dabei. Beide klauten wie die Irren bei C & A Klamotten und im Supermarkt Essen und verteilten es an ihre Freunde. Es war ein unvorstellbares Chaos. Ich musste für die Zwischenprüfung pauken, und die Genossen sagten nur: «Ach du mit deinem scheißbürgerlichen Studium! Kunst ist überhaupt nicht gefragt, ab in die Fabrik und die Arbeiter anturnen, dass die 'n besseres Leben führen!»

Doch die Arbeiter waren überhaupt nicht daran interessiert, denen ging es ja gut.

Immerhin habe ich mein Studium weitergemacht und war auch im Asta aktiv. Um zu erfahren, wie viele Studenten Kinder haben oder Kinder wollen, haben wir eine Erhebung gemacht. Da es prozentual ziemlich viele waren, wollten wir einen Kindergarten einrichten, damit auch die Frauen voll studieren können. Die Professoren gaben sich erst sehr aufgeschlossen, doch dann scheiterte das Projekt an den angeblich fehlenden Räumen. Die Bewegung der antiautoritären Kinderläden gab es ja zu der Zeit bereits. Doch das war für mich kein gutes Konzept, die Kinder einfach nur wild und frei aufwachsen zu lassen. Als eine Gruppe von Leuten einen repressionsfreien Kinderladen auf dem TU-Gelände eröffnete, bekam unsere Tochter 1969 einen Platz. Es gab sechs Kindergruppen, und es waren dort richtige Kindergärtnerinnen beschäftigt, die immer mit dem Elternteil zusammenarbeiteten, der reihum Dienst machte. Je nach Einkommen wurde der Beitrag festgelegt, den die Eltern zu zahlen hatten.

Für die Kinder funktionierte das phantastisch, aber für die Eltern war es ziemlich chaotisch. Einmal in der Woche gab es eine Elternversammlung, bei der über organisatorische und erzieherische Fragen diskutiert wurde. Aber oft wurden die belanglosesten Sachen dramatisiert. Man diskutierte zum Beispiel stundenlang darüber, ob man pusten darf, wenn ein Kind sich wehgetan hat.

Bei den Eltern machten sich inzwischen die Folgen dieser ganzen Bewegung bemerkbar. Beziehungen gingen kaputt, das Querbeet-Schlafen führte zu Eifersüchten, und ich glaube, jeder der Männer hat irgendwann einmal mit der Kindergärtnerin Freda geschlafen, so wie meiner auch, und ich hatte eine Stinkwut auf sie.

Mein Lebensgefährte war zu der Zeit sozusagen hauptamtlicher Revoluzzer und außerdem in diese Kindergärtnerin verliebt. Das wurde mir ganz nebenbei eröffnet, und wahrscheinlich haben sie gedacht, dass ich ganz freundlich und cool darauf reagiere, weil wir doch hier kein bürgerliches Familienleben führen wollten. Aber ich war völlig mit den Nerven fertig, weil diese Freda auch noch die Frechheit besaß, bei uns einzuziehen. Und sie versuchte obendrein ganz «bürgerlich», mir meinen Mann auszuspannen.

Ich weiß gar nicht mehr, wie ich das damals überhaupt verkraftet habe. Aber ich wusste einfach nicht, wo ich hätte hingehen sollen mit dem Baby. Ich hatte überhaupt kein Geld, und mit meinen Eltern war Sendepause. Dann hat sich mein Lebensgefährte von mir getrennt, und ich bin nachts in Berlin herumgeirrt, weil ich es nicht ertragen konnte.

Ich lernte dann einen sehr netten Mann kennen, der nicht so viel mit der Szene zu tun hatte und der ganzen Bewegung kritisch gegenüberstand. Er war Fotograf, und bei ihm bin ich etwas zur Ruhe gekommen. Er hat mir zum ersten Mal das Gefühl vermittelt, dass ich attraktiv bin. Ich habe mich selber eher als graue Maus gesehen. Er hat mich auf viele Dinge gebracht, die ich zwar innerlich schon gefühlt habe, die mir aber noch nicht so bewusst waren.

Da habe ich langsam angefangen, meine eigenen Interessen wahrzunehmen, und bin wieder zu mir selbst gekommen. Jetzt war es mein Lebensgefährte, der eifersüchtig reagierte und das Interesse an Freda verlor. Übrigens ein typischer Fall, wie mit zweierlei Maß gemessen wurde: Galt meine Eifersucht noch als bürgerliches Relikt, das in Gruppenabenden diskutiert werden musste, so war seine Eifersucht das Recht des Mannes, das keiner Diskussion bedurfte.

Die Hornstraße löste sich auf, und mein Lebensgefährte und ich zogen wieder als Kleinfamilie in eine Wohnung in die Helmstedter Straße. Ich ging zu ihm zurück, weil ich unser Kind als Bindung empfand und so erzogen war, dass ein Mann und eine Frau, die ein Kind haben, zusammengehören.

Eigentlich waren die Jahre 1968 und 1969 sehr konzentrierte Jahre. Ich habe das Baby aufgezogen und mein Studium weiterverfolgt. Aber um mich herum ist eine ganze Welt kaputt geschlagen worden. Alle Werte wurden infrage gestellt, nichts hat mehr gegolten. Es wurden eigene Gesetze gemacht, es gab keine Familie mehr, keine Bezugspersonen. Die Kinder sollten sich nicht mehr auf die Eltern beziehen, Paare sollten nicht mehr zusammen sein, und Kommunen wurden propagiert.

Weil alle noch so jung waren, entstanden viele spinnige Ideen, die sofort ausgelebt wurden, von den Drogen angefangen über die Politszene und die Kommuneidee bis zur Ablehnung jeglicher Autorität. In den Universitäten wurden ganze Seminare über den Haufen geworfen, viele haben ihr Studium an den Nagel gehängt, um in die Fabriken zu gehen und die Arbeiter zu agitieren.

Ich habe damals gesagt: «Wenn das die Revolution sein soll, stimmt daran irgendetwas nicht.» Aber ich konnte noch nicht so genau sagen, was. Ich habe eisern mein Studium durchgezogen, meinen Abschluss gemacht und versucht, auch für meine Tochter ein Zuhause aufrechtzuerhalten. Ich habe weiterhin Kostüm-Bild studiert, gleichzeitig riesige Leinwände bemalt und wollte eigentlich nur Maler sein. Gelegentlich habe ich auch mal einige von meinen Bildern ausgestellt.

## «Frauen habe ich oft als Bedrohung empfunden»

In jener Zeit, so Ende 1968, lernten wir die Leute von Hoffmanns Comic Teater kennen. Das waren im Kern die drei Brüder Möbius aus Nürnberg, die angefangen hatten, wie ein Theater aus dem Mittelalter überall auf den Marktplätzen zu spielen, und die sich inzwischen in Berlin etabliert hatten. Der Älteste wohnte mit seiner Frau in Spandau, der Zweite, Gert, wohnte mit seiner Freundin Inge, die mit mir Kostümbild studierte, in einer Ladenwohnung in Kreuzberg, und Ralph, der Jüngste, wohnte bei seiner Tante im Wedding. Sie hatten zusammen eine Fabriketage, in der ihre Probenräume waren. Wir kamen mit ihnen in Kontakt, weil wir uns für Mitspieltheater interessierten, und mein Lebensgefährte und ich sind bei Hoffmanns Comic Teater eingestiegen.

Es gab nie ein fertiges Buch für ein Stück, das gespielt werden sollte, sondern es wurde besprochen, welches die wichtigste Aussage sein sollte und worauf es in jeder Szene ankam. Wir spielten sehr plakative Typen mit Masken vor dem Gesicht, und jede Szene wurde in einem Rockstück zusammengefasst. Ralph war der Bandleader und für die Rockmusik verantwortlich. Das Stück, das wir zu der Zeit einübten, hieß «Rita und Paul». Es ging um ein Mädchen aus bürgerlichen Verhältnissen und einen jungen Arbeiter. Die Eltern waren gegen die Beziehung, weshalb sie nach Alaska auswandern wollten. Am Schluss des Stückes wurden die Szenen in Songs zusammengefasst, und wir haben sie gesungen.

Die Texte für die Songs, wie «Macht kaputt, was euch kaputt macht» oder «Fünf Finger machen eine Faust», schrieb mein Lebensgefährte, auch wenn später von den Möbien immer wieder etwas anderes behauptet wurde. Ich war dabei, als er diese Texte schrieb. Er textete viele solcher Sachen in der Zeit. Leider gab es darüber Streit, als es um das Geld aus den Einnahmen ging. Denn es landete nie bei uns, sondern immer bei den

Möbien, weshalb es nur ein kurzes Glück bei diesem Theater gab. Wir haben vielleicht mal hundert Mark ausbezahlt bekommen, aber das war auch schon alles. Wegen des schnöden Mammons gab es auch unter den Brüdern Streit. Der älteste hat schließlich allein Hoffmanns Comic Teater weitergemacht, und Ralph, der jüngste, der sich dann Rio Reiser nannte, machte die Ton Steine Scherben.

Schon als die ersten Streitigkeiten passierten, waren wir außen vor. Ich war die Allererste, die draußen war, weil ein Problem der Möbien war, mit Frauen klarzukommen. Deswegen waren sie ganz froh, dass ich nicht mehr mitspielte. Ich hatte diese bürgerliche junge Frau gespielt und auch bei den Songs mitgesungen, was mir viel Spaß gemacht hatte. Meine Rolle hat dann einer von den Männern übernommen. Die Frauen waren beim Hoffmanns Comic Teater immer nur Anhängsel. Wenn man zum Beispiel in die Kneipe ging, führten die Männer ihre Männergespräche. Sie redeten über ihre Theatersachen und entwickelten ihre Ideen.

Aber die Ideen von uns Frauen waren nicht erwünscht. Man musste doppelten Aufwand treiben, um seine Vorstellungen überhaupt vorzutragen. Natürlich habe ich trotzdem Vorschläge für die künstlerische Seite gemacht, aber die Zeit, die ich mitgespielt habe, war viel zu kurz, um etwas zu bewirken. Ralph hatte damals auch noch nicht viel zu sagen, er war ja erst sechzehn. Zu ihm hatte ich einen guten Draht und mochte ihn. Doch der älteste Bruder hatte das Zepter in der Hand. Für mich war es trotzdem ein tolles Experiment, das eben nach etwa acht Monaten schon wieder zu Ende war.

Ich war auch in den nächsten Jahren bei politischen Aktivitäten dabei, und bin auf Demonstrationen gegangen, aber ich bin nicht in eine Partei eingetreten. Manche gingen ja dann zur KPD/ML, doch das war mir zu abgehoben und hat mich nicht interessiert. Ich wollte mich in keinem Verein engagieren, wenn ich nicht hundertprozentig sicher war, dass es etwas ist, was ich vertreten kann.

Mein Lebensgefährte und ich verstanden uns lange als eine Einheit, doch unsere Beziehung hat die ganzen Wechselfälle leider nicht überstanden. 1973 habe ich mich getrennt. Letztendlich führte sein Fremdgehen dazu, dass ich nicht mehr mitmachen wollte. Ich sehnte mich zutiefst nach einer Liebesbeziehung, in die nicht andauernd irgendwelche anderen Frauen hereinbrechen, auch wenn mir hundertmal gesagt wurde, es sei für

Männer nicht so bedeutsam. Ich wollte das nicht glauben. Danach ist es mir sehr, sehr schlecht gegangen. Es war, als ob es überhaupt keine Zukunft mehr gibt.

Beruflich war ich einige Jahre am Theater in Frankfurt im Bereich Kostüm- und Bühnenbild tätig, bis ich mich 1978 selbständig gemacht habe, als Bühnen- und Kostümbildnerin beim Theater und beim Fernsehen. Und ich habe auch wieder mehr geschrieben. Schließlich habe ich noch mal studiert, Kunstgeschichte mit dem Schwerpunkt Islamische Kunst. Seit über zehn Jahren betätige ich mich nun schon als Kunsthistorikerin, und war bis vor kurzem Museumsdirektorin.

Ich arbeite weltweit, von New York, wo ich zeitweise wohne, bis Peking, an Ausstellungs- und Kulturprojekten, insbesondere im Bereich außereuropäische Kunst und Kultur. Außerdem schreibe ich viel. Mein letztes Buch im Heyne Verlag war eine Einführung in die Welt der Orientteppiche. Ich schreibe Beiträge und Künstlerporträts für Ausstellungskataloge, Artikel für Kunstzeitschriften und Tageszeitungen, aber auch freie Geschichten. Derzeit sitze ich selbst an einem Buch über die 68er, das auf meinen Tagebuchaufzeichnungen basiert.

In privater Hinsicht hatte ich noch einmal eine lange Beziehung, doch diese Geschichte ging auch zu Ende, und jetzt bin ich allein stehend. Ich fände es schön, wenn ich jemanden treffen würde, mit dem ich eine partnerschaftliche Beziehung eingehen könnte und mit dem ich mich auch auf geistiger Ebene treffe. Aber das ist nicht so einfach. Denn das Verrückte ist, dass die Männer zwar die Revolution angezettelt, aber selbst überhaupt keinen Emanzipationsprozess durchlaufen haben, anders als die meisten Frauen.

Sie sind im Allgemeinen durch viel größere Schmerzen gegangen. Viele Frauen haben unter diesem Fremdgehen der Männer gelitten, auch unter den Trennungen. Viele sind mit den Kindern allein stehend zurückgeblieben. Sie haben auch keinen Unterhalt gekriegt. Sie mussten dann ihre Frau oder ihren Mann stehen, so wie ich auch alles alleine managen musste. Da wirst du ganz schnell erwachsen und fängst an, ganz klar zu sehen. Illusionen kannst du dir gar nicht erlauben. Aber die Männer hatten meistens schon eine Woche später die nächste Beziehung und sind gleich bei ihr eingezogen.

Die 68er-Zeit hat mich wirklich enorm geprägt, und ich würde mich auf jeden Fall als 68erin bezeichnen. 1968 bedeutet in erster Linie für mich, dass alte Vorstellungen und Werte infrage gestellt worden sind, allerdings bis zu einem Grad, dass es wirklich an die Schmerzgrenze ging. Es gab Drogenmissbrauch, hemmungslose Exzesse, auch ein exzessives Leben. Es sind auch viele Leute auf der Strecke geblieben, die diesen krassen Unterschied von eigener Erziehung und dem, was da plötzlich ausgelebt wurde, nicht verkraftet haben.

Es sind sehr viele positive Bewegungen in Gang gesetzt worden, aber gleichzeitig ist viel kaputtgegangen. Man hat eben nicht mehr darauf gesetzt, dass eine Familie oder eine Ehe eigentlich eine gute Sache ist und eine gewisse Qualität des Zusammenhaltens und Zusammenlebens schafft. Heute gibt es oft den Fünfjahresrhythmus bei Beziehungen. Inzwischen sind alle so um die fünfzig und fangen an zu begreifen, dass es eben auch Einsamkeit gibt.

Wichtig waren all diese Gedanken und Philosophien, die aufgekommen sind und die einen dazu gezwungen haben, sich mit dem Sinn des Lebens auseinander zu setzen. Und es war sehr wichtig, als Frau Eigenständigkeit und Selbstbewusstsein zu entwickeln und auch durchzusetzen. Mein eigener Selbstfindungsprozess und meine Emanzipation als Frau wären sicher ohne diese Zeit überhaupt nicht möglich gewesen.

Auch die vielen künstlerischen Experimente haben dazu beigetragen und die Überlegungen, wie man Leute verändern kann, damit sie nicht nur in einer Passivität verharren. Unser Ziel war, dass Leute die Hemmschwelle überwinden, um ins Theater, in Galerien oder in Museen zu gehen. Wir haben über freundlicheren Städtebau nachgedacht und natürlich auch schon über das Thema Umwelt. Viele Ideen, die heute sehr wichtig sind, und dass man sie eben globaler denken muss, sind damals schon entstanden.

Aber die 68er Jahre waren total männerbestimmt. Ich selbst war noch sehr jung, und wir waren ja auch nicht so erzogen worden, dass eine Frau gleichberechtigt ist. Als positive Eigenschaft einer Frau galt die Anpassung. Frauen, die sich intellektuell betätigten, waren Blaustrümpfe. Mein Vater meinte sogar, wenn Frauen sich im Beruf entfalten, dann sind das Mannweiber. Alles, was ein Mann ohne weiteres machen konnte, hatte bei einer Frau oft einen sehr negativen Beigeschmack.

Mein Vater hat mir noch einreden wollen, dass eine Frau einem Mann mit Haut und Haaren gehört, wenn sie mit ihm schläft. Ich sehe mich noch vor dem Spiegel im Badezimmer stehen, als ich mir geschworen habe: «Ich werde nie heiraten!» Ich habe also eine Gegenposition eingenommen, und darüber hat sich mein Vater sehr geärgert.

Und auch meine künstlerische Entfaltung und meine eigenständigen Gedanken hat er immer wieder abgeblockt. Einerseits bin ich sehr gefördert worden, solange ich dem gängigen Frauenbild entsprach. Andererseits wurden aber alle eigenständigen und kritischen Ideen, die dieses Bild zu sprengen drohten, mit erstaunlicher Härte unterdrückt.

Im Grunde sollte ich als Tochter genau die Position meiner Mutter einnehmen, die sich zum Wohl der Familie anpasst und mehr oder weniger kritiklos anerkennt, was der Mann sagt, und höchstens in ganz bescheidener Form etwas Eigenes vorbringen darf. Der Konflikt war also schon vorprogrammiert, der ja auch darin endete, dass ich ein Kind von einem Mann bekam, der nicht akzeptiert war, und von zu Hause wegging.

Vielleicht waren wir aber trotzdem die ersten Frauen, die ganz selbstverständlich angefangen haben zu studieren, wenn wir auch im Hinterkopf hatten, dass man heiratet und eine Familie gründet. Aber ich wollte nicht wegen eines Babys auf das Studium verzichten. Ich wollte eine Mutter sein, die auch etwas zu sagen hat, und ich wollte meinen Beruf auch ausüben. Und ich hatte auch schon damals das Gefühl, dass Ehen nicht unbedingt gut gehen müssen und es daher besser ist, selbständig und unabhängig zu sein. Doch das war noch nicht normal, und es gab ja auch keine Beispiele dafür.

Was ich allerdings nicht wollte, war, zu vermännlichen, indem ich zum Beispiel auf Schminke verzichtete. Es sollte auch nicht gleich so radikal werden, dass alle Frauen lesbisch werden müssen. Ich dachte, ich kann doch Frau sein, auch wenn ich meinen Emanzipationsprozess mache. Daher war ich zwar an der Emanzipationsbewegung sehr interessiert, wollte aber nicht so stark auf die Pauke hauen, und manches war mir einfach zu militant.

Frauen habe ich damals sogar vielfach als Bedrohung empfunden und sie so wahrgenommen, dass sie nur mit meinem Mann ins Bett steigen wollen. Ich hatte vielleicht eine idealistische Vorstellung von Beziehung, doch das war mir wichtig. Ich dachte, wenn du einen Mann liebst, hast du mit ihm eine Intimität, in die nicht jede eindringen kann. Und deswegen fand ich dieses Herumgeschlafe besonders hart. Das Schlimmste in den 68ern war für mich, dass es keine Intimität und keine Privatsphäre mehr gab. Alles war für alle da, und das fand ich überhaupt nicht gut. An die Revolution habe ich auch nicht geglaubt. Zwar war klar, dass die festgefahrenen Strukturen zum Beispiel an der Universität erneuert werden müssen. Es war auch klar, dass man etwas gegen den Atomkrieg machen muss. Aber Arbeiter zu agitieren, fand ich einfach nur bescheuert, weil der Arbeiter doch gar keine Not gelitten hat. Außerdem enden Revolutionen immer im Unrecht, siehe die Französische Revolution oder die Revolution in Russland. Am Ende kommen immer wieder Fanatiker zum Zuge, die Leute umlegen. Diese Art der Revolution hätte ich nicht unterstützt.

Für meine persönliche Entwicklung ist letztendlich die Auseinandersetzung mit spirituellen Fragen entscheidend, sodass ich heute sagen würde, das Wichtige ist nicht die Politik, sondern dass du dich spirituell und auch menschlich weiterentwickelst. Durch mein persönliches Engagement habe ich sicher manches erreicht, indem ich gewisse Werte vertrete und auch praktiziere, was vielleicht für andere als Vorbild dienen kann. In Programmen, die ich konzipiere und auch schon realisiert habe, sind meine Schwerpunkte daher Ethik, Förderung von Toleranz und interkultureller Dialog. Es ist mir wichtig, zu zeigen, dass diese Werte einen Wert haben, und ich will auch zeigen, dass man mit diesem Denken am längeren Hebel sitzt. Das alles versuche ich in meinem beruflichen Engagement umzusetzen.

Damals habe ich mich nicht mit Frauen solidarisiert. Das ist erst später gekommen. Ich habe Freundschaften zu Frauen angefangen, die sich als viel dauerhafter herausstellen als die zu Männern. Die Frauen haben eine viel bessere Entwicklung gemacht, während die Männer einen totalen Nachholbedarf haben, und das soll auch ganz klar herausgestellt werden.

Wir sind jetzt in einem Alter, wo die Männer sich trennen und plötzlich Fünfundzwanzigjährige heiraten. Vielen meiner Freundinnen ist das passiert, und auch Joschka Fischer ist ja so ein Fall. Das erschüttert mich immer wieder, dass die Männer Probleme einfach so lösen. Wenn du manchen Männern zuhörst, wirst du als älter werdende Frau regelrecht diskriminiert, und dann frage ich mich schon, wozu hat es die 68er und all das überhaupt gegeben. Da wurde über Menschenrechte, Menschenwürde und solche Themen diskutiert, und dann klinkt man Frauenrechte auf einmal total aus.

Im Berufsleben ist es inzwischen so, dass ich vorsichtig bin mit der Angabe meines Alters, weil es heißt: Ab vierzig solltest du möglichst nicht mehr den Beruf wechseln und schon gar nichts Neues mehr anfangen. Ab fünfzig ist dann der Ofen ganz aus. Das finde ich unglaublich, und das ist ein regelrechter Anachronismus in Anbetracht dessen, dass du heute mit einer relativ hohen Lebensqualität über 85 Jahre alt werden kannst. Schließlich entwickelt sich die Medizin immer weiter, alles macht Fortschritte, nur darin gibt es keine Fortschritte, und Frauen werden immer noch besonders gerne dabei ausgegrenzt. Ich sehe eine sehr wichtige Aufgabe darin, mich heftig dafür einzusetzen, dass das anders wird.

Christel Kalisch (geb. Bookhagen), August 2000

# CHRISTEL KALISCH
## und die Kommune 2

Ich komme aus einem ganz einfachen Elternhaus, meine Mutter war Verkäuferin, mein Vater Bäcker. Im Krieg hatten sie für kurze Zeit eine Bäckerei. 1947 bin ich geboren und gehöre zu dieser typischen Nachkriegsgeneration, die inmitten von Trümmern aufgewachsen ist.

Meine Eltern haben sehr darauf geachtet, dass wir in der Schule gut vorankommen und etwas lernen, sodass meine zwei älteren Brüder, meine Schwester und ich auf das Gymnasium gegangen sind. Mein Vater war sehr streng, und wenn sich unsere Eltern stritten, dann meist darum, wie sie uns vier Kinder richtig erziehen sollten. Mit 17 habe ich ein Jahr als Austauschschülerin in Amerika verbracht, was meinen Blickwinkel das erste Mal sehr erweiterte. Dort hatten wir an der Schule schon Fächer wie Psychologie und Soziologie, was mich sehr interessierte und ausschlaggebend dafür war, dass ich später Soziologie studierte.

Meine Eltern haben zu Hause schon darüber gesprochen, wie sie die Nazizeit erlebt haben. Meine Mutter erzählte zum Beispiel, wie sie in der Bäckerei jüdischen Frauen heimlich Brot zusteckte und dabei Angst hatte, erwischt zu werden. Ich spürte als Kind deutlich ihre Ablehnung des Nationalsozialismus. Mein Vater wurde im Krieg verletzt, er war herzkrank, deshalb arbeitsunfähig und ist später an dieser Verletzung gestorben. Da war ich 15 Jahre alt.

Ein ganz entscheidendes Erlebnis hatte ich in der 10. Klasse. Ohne uns auch nur im Geringsten darauf vorzubereiten, führte man uns in einen

Filmraum nahe dem Bahnhof Zoo und zeigte uns einen Film über die Ermordung der Juden in den Gaskammern. Dieser Film war schrecklich. Ich weiß noch heute, wie erschlagen und völlig sprachlos ich nach Haus fuhr.

Wir hatten vorher im Geschichtsunterricht noch nie über diese Zeit gesprochen und wurden dann mit diesen Originalaufnahmen einfach so konfrontiert. Das war wie ein Trauma. Auch nachher wurde über diesen Film, über die Nazizeit und darüber, wie Menschen mit Menschen so umgehen können, nicht in der Schule geredet. Im Geschichtsunterricht kamen wir nie bis zu dieser Zeit, sodass diese Ereignisse nie auf eine sachliche Ebene gehoben werden konnten.

Mit meiner Mutter sprach ich schon darüber, und sie war immer ähnlich betroffen wie ich. Mein Vater war schon tot. Für mich war völlig unfassbar, dass solche Brutalität geschehen konnte, und irgendwie wurde so getan, als ob gar nicht wir Deutschen die Triebkraft dieses grausamen Massenmordens gewesen waren. Diese Erfahrungen trugen dazu bei, dass ich für die Proteste, die schon vor meiner Zeit in der Studentenbewegung begannen und zu denen ich dazugestoßen bin, so empfänglich war.

Nach dem Abitur begann ich mit dem Soziologiestudium. Die erste Zeit an der Uni war von großen Enttäuschungen geprägt. Ich hatte die Illusion, dass ich nun endlich mit Freude das lernen kann, was mir Spaß macht und wofür ich mich interessiere. Doch die Uni war ein Massenbetrieb, speziell das Fach Soziologie, das noch neu und wenig strukturiert war. Andererseits war diese erste Zeit an der Uni geprägt von neuen Kontakten.

Im Sommer 1967, gleich am Anfang meines Studiums, fand die Demonstration zum Schah-Besuch statt. Ich ging mittags zum Rathaus Schöneberg und war völlig erschüttert über die iranischen Schlägertrupps, die zusammen mit der Polizei auf die Demonstranten eindroschen, die friedlich gegen die Politik des Schahs im Iran protestierten. Abends waren wir vor der Oper, und ich dachte nur: «Das darf nicht wahr sein!» Die Polizei drängte uns innerhalb einer Baustellenabgrenzung von beiden Seiten in Leberwursttaktik zusammen und schlug auf uns Demonstranten mit Knüppeln ein.

Ich hatte natürlich Angst, bin aber rechtzeitig über die Absperrung geklettert und konnte weglaufen. Doch die Polizei ist hinter uns her, hat weiter auf die Demonstranten eingedroschen, die sie erwischten, und dann hörte ich aus der Ferne den Schuss, der Benno Ohnesorg tötete. Ich war erschüttert darüber, dass man in Berlin von Polizisten einfach zusammengeschlagen und sogar erschossen werden konnte. Im Grunde ging man im Iran und in Vietnam auch nicht anders mit Menschen um, wenn auch dort noch schlimmer. Diese Demonstration war meine erste praktische Erfahrung mit der Polizeigewalt.

Ich kam fragend und idealistisch in diese Bewegung hinein, eben aus dem Gefühl heraus, dass etwas nicht stimmte, ohne zu wissen, was genau es war. Auf der einen Seite stand dieses Spießertum, diese Bravheit und Scheinheiligkeit, die sich vor allem darin äußerte, dass alles, was wirklich hinter den Kulissen steckte, nicht zugegeben wurde, nicht zu sein hatte. Es gab keine offene Diskussion über die Nazizeit, und es gab keine Auseinandersetzung über Erziehung oder gar Gewalt in der Erziehung. Konflikte in der Familie hatten nicht zu sein. Dem stand dieses unbeholfene Suchen gegenüber nach dem, was Leben noch sein könnte, wie Liebe und wie Beziehung aussehen sollten, vor dem Hintergrund, dass man weder privat noch politisch so leben wollte wie die Eltern.

So erschien es nur folgerichtig, dass Menschen auch anders leben, wohnen und studieren müssen, und offen und solidarisch miteinander umgehen. Konkurrenz und Unterdrückung im Kleinen endet im großen politischen Zusammenhang im Kampf gegeneinander oder gar in Kriegen. So etwa dachte ich, als ich 1967 mein Studium begann und hoffte, dass ich hier konkrete Antworten auf meine Fragen erhalten würde. Stattdessen waren die Vorlesungen abgehoben und theoretisch und handelten scheinbar von einer anderen Gesellschaft, die mit unserer kaum etwas zu tun hatte. Auch diese Theorien waren sauber und adrett.

Ich fühlte mich verloren und war maßlos enttäuscht von diesem Studium, von dem ich mir so viel versprochen hatte, nämlich dass ich endlich verstehen würde, warum es Konzentrationslager gab, warum Menschen verfolgt und getötet wurden und werden, warum es Krieg gibt, Unterdrückung, so große Armut und gleichzeitig so viel Reichtum. Ich wollte wissen, warum einige Leute meinen, dass sie alles besser wissen als andere, und vor allem, warum man nicht offen und friedlich seine Meinung äußern kann, sondern dafür geprügelt und von der offiziellen Politik und den Medien geächtet wird.

Ich suchte den Kontakt zu Menschen, die sich mit diesen Fragen beschäftigten, und die Kommune schien mir eine gute Möglichkeit, diese sozialen Fragen praktisch zu beantworten. Ich kannte Jan Raspe vom Studium und Dagmar von Doetinchem ebenfalls flüchtig. Einen von ihnen fragte ich, ob sie zu meinem 21. Geburtstag kommen möchten, und so bahnte sich der Kontakt zur Kommune 2 an. Mir war klar, ich wollte dort leben. Als Dagmar Anfang 1968 auszog, bin ich kurze Zeit darauf eingezogen. Das war auch der Beginn meiner Beziehung mit Eike aus der K 2.

Ich hatte zuerst mein eigenes Zimmer, später eins mit Eike zusammen. Außer uns beiden wohnten damals noch Nessim, Eikes vierjähriger Sohn, Marion mit ihrer dreijährigen Tochter Grischa, Eberhard und Jan in der 7-Zimmer-Wohnung. Nicht jeder hatte ein eigenes Zimmer.

Wir waren nicht nur eine Wohngemeinschaft, sondern eher wie eine Familie. Heute finde ich es richtig, «Familie» zu sagen, damals hätte ich das Wort dafür nicht gebraucht. Es war zu sehr mit spießiger Enge verbunden, und die wollten wir ja durchbrechen. Wir wollten neue, alternative Lebensformen entdecken. Das Schönste waren die gemeinsamen Abendessen, wie in einer Großfamilie. Abends haben wir die Kinder abwechselnd ins Bett gebracht und ihnen Geschichten erzählt oder uns von ihnen etwas

*Christel Bookhagen (K 2) mit Antje Krüger (K 1) bei einem Happening auf dem Ku'damm, Berlin 1967*

erzählen lassen. Oft sind wir gemeinsam tanzen gegangen, zum Beispiel in die «Blaue Grotte», oder haben spontan Feste gefeiert.

Kochen habe ich erst in der Kommune gelernt. Denn wir mussten mindestens ein- bis zweimal die Woche zu zweit irgendein Gericht auf den Tisch bringen, dafür gab es einen «Dienstplan». Das hat sogar Spaß gemacht. Alle ein bis zwei Monate gab es eine «Kampagne», was so viel bedeutete, dass wir den ganzen Tag sauber machten.

In der Kommune 2 gaben alle ihr Geld ab, und es kam in eine gemeinsame Kasse. Das war für mich überhaupt kein Problem, weil alle es taten. Wir führten ein Haushaltsbuch, in das die Ausgaben eingetragen wurden, damit wir einen Überblick behalten. Zu der Zeit bekam ich als Kriegswaise Bafög. Als in einem Interview des «Stern» veröffentlicht wurde, dass wir alles Geld in einen Topf werfen, meldete sich das Bafög-Amt bei meiner Mutter und erklärte, sie würden mir das Geld kürzen oder sogar streichen, weil ich es ja in der Kommune abgebe und andere Leute mit finanziere. Aber meine Mutter vertrat gegenüber diesem Amt meine Interessen.

Von den Kommunemitgliedern war ich die Jüngste, nachdem Dagmar gegangen war. Eike war 10 Jahre älter als ich. Bei politischen Angelegenheiten standen die Männer der Kommune 2 im Vordergrund. Das war im SDS das Gleiche, auch hier gab es noch nicht viele Frauen, die mit diskutierten oder Reden hielten. Ich erinnere mich im Moment nur an Sigrid Fronius als Asta-Vorsitzende. Frauen spielten in dieser Bewegung zuerst eine Nebenrolle, wie in der übrigen Gesellschaft auch. Der Unterschied war, dass wir anfingen, es zu thematisieren.

Von meinem heutigen Standpunkt aus ist es völlig nachvollziehbar, dass es gar nicht anders sein konnte, und ich hatte auch damals keine Probleme damit, dass ich nicht unbedingt ganz vorn mit dabei war. Aber ich erinnere mich an eine Situation, in der ich ziemlich frustriert war. Es ging um irgendeine politische Aktion und um die Frage, wer mitmacht und wer bei den Kindern bleibt. Da sagte Eike: «Ist doch klar, meine politische Anwesenheit ist wichtiger als deine.» Das war derart überdeutlich, und ich war ganz schön pikiert. Nach außen waren die Frauen also sicherlich nicht so exponiert wie die Männer, aber innerhalb der Kommune waren wir doch so gleichwertig, wie es unter den gegebenen Umständen sein konnte.

Ich selbst habe damals angefangen, auch eigene Wege zu gehen. Zusammen mit Marianne Herzog war ich für kurze Zeit in einer Frauengruppe.

Ein paar Frauen aus dem Umkreis des SDS haben damals begonnen, sich in kleinen Grüppchen zu treffen und zu besprechen, wie wir uns politisch artikulieren können, ohne in diese abgehobene Sprache des SDS zu verfallen. Da war ich mit dabei.

Aber es war wesentlich leichter, sich auf politischer Ebene zusammenzuschließen und auch mal Front gegen Männer zu machen, als innerhalb der Kommune, und damit praktisch im Zusammenleben- und lieben diese Front zu errichten. Ich hätte meine eigene soziale und emotionale Basis zerstört, und das macht man nicht so ohne weiteres. Das ist für mich übrigens auch weiter eine zentrale Frage geblieben: Wie emanzipiert sich eine Frau nicht gegen den Mann, sondern mit dem Mann?

Vieles in diesen Frauengruppen war damals sehr theoretisch. Aber wir haben versucht, unsere Schwierigkeiten zu erfassen und sie wenigstens auszusprechen. Wir fragten uns zum Beispiel, warum machen sich Frauen eher klein und was können wir der abstrakten Sprache der Männer entgegensetzen. Außerdem mussten wir mit dem Widerspruch fertig werden, der darin bestand, dass wir einerseits eine neue Rolle als Frau haben wollten, aber andererseits die Männer uns immer wieder in diese alte Rolle hineindrückten.

Erst später ist mir aufgegangen, dass ich mich selber leider auch immer wieder hineinmanövriere oder sogar in diese Rolle fliehe. Sie hat etwas Vertrautes. Damals sah es aber für mich erst einmal so aus, dass es die Männer sind, die mich daran hindern, meine Rolle als Frau neu zu definieren. Es ist ja auch viel leichter, die Schuld anderen zu geben. Die Folge ist allerdings, dass man anfangen muss, gegen die Männer zu kämpfen, was wir auch gemacht haben.

### «Es war nicht nur angenehm, was da hochkam»

Damals habe ich keine Antwort auf viele dieser Fragen gewusst und war oft völlig verzweifelt. Erst mit der Zeit und in meiner Ehe habe ich gelernt, vieles von mir infrage zu stellen, ohne mich selbst zu verleugnen und möglichst radikal ehrlich mit mir zu sein. Denn wenn jeder Recht haben will und bei seiner Sichtweise der Dinge bleibt, ändert sich nichts. Also muss man lernen, die Dinge abwechselnd aus verschiedenen Blickwinkeln zu sehen, auch aus dem des Mannes, und ihn mit einer Art liebevoller Sichtweise akzeptieren. Das ist sozusagen eine antiautoritäre Beziehung.

Diese Erkenntnisse stammen allerdings nicht aus der Analyseerfahrung, die ich in der K 2 gemacht habe, sondern aus späterer Zeit. Denn damals hat das erst angefangen, mir aber den Anstoß gegeben, mich weiter mit den Dingen in mir drin auseinander zu setzen. Zusätzlich zu den Problemen, die wir als Gruppe hatten, um unser Leben zu gestalten, haben wir in der K 2 uns regelmäßig zweimal in der Woche gegenseitig analysiert und dabei unser Innerstes nach außen gekehrt. Es ging uns ja darum, uns selbst zu verändern, weil nur ein psychisch freierer Mensch auch eine freiere Gesellschaft erschaffen, und politisch etwas in Bewegung bringen kann.

Inspiriert durch Freud und vor allem Wilhelm Reich, hatten wir das Ziel, neue, freiere Menschen zu werden, und dazu musste man sich mit seinen psychischen Strukturen auseinander setzen. Natürlich passierte es dann auch, dass wir das, was wir auf der Couch erzählt bekamen, im täglichen Leben für- oder auch gegeneinander ausnutzten. Deshalb war es wirklich oft schwierig und fast schon heldenhaft, dass wir die Analyse durchgezogen haben. Denn es war nicht nur angenehm, was da hochkam. Die ganze Analysezeit in der Kommune 2 war eine sehr intensive Zeit. Tatsächlich ging sie aber nur ein knappes Jahr. Die Analyse hat mich gelehrt, mich mit mir selbst auseinander zu setzen und die Sprachlosigkeit loszuwerden, wenn auch erst einmal nur im Gespräch über persönliche Dinge.

Alle in der Kommune hatten Sehnsucht nach einer intimen und festen Beziehung. Gleichzeitig war es natürlich schon so, dass Männer und Frauen sich gegenseitig nicht als Eigentum betrachteten, mit der Konsequenz, dass Beziehungen auch leichter aufgelöst werden konnten. Das war aber nicht das, was wir angestrebt haben. Wir wollten auch in der Beziehung zwischen Mann und Frau eine Freiheit schaffen, in der sich jeder verwirklichen kann. Damit meine ich gar nicht hauptsächlich die sexuelle Verwirklichung, sondern eher die geistige, berufliche und menschliche.

In der Kommune haben wir uns damals alle über diesen blöden Spruch «Wer zweimal mit derselben pennt, gehört schon zum Establishment» geärgert, weil er die Schwierigkeiten einer neuen, freieren Beziehung aufs Bett reduzierte. Ich habe auch mit anderen Männern in der Kommune geschlafen. Aber der Grund war, dass sich durch das enge Zusammenleben und -arbeiten in der Kommune eine ganz intime Beziehung ergab. Man war sich so nah und kannte sich so gut, dass es im Grunde nur noch ein kleiner Schritt dahin war.

Diese Dinge haben wir nicht verschwiegen, sondern so offen wie es ging besprochen, und das war nicht leicht. Unsere Erfahrungen im Zusammenleben in der Kommune haben wir in einem Buch zusammengefasst. Es hat den Titel: «Kommune 2, Versuch der Revolutionierung des bürgerlichen Individuums. Kollektives Leben mit politischer Arbeit verbinden!» Ich habe daran mitgearbeitet, wenn auch nicht so viel wie Eike, Eberhard und Jan.

Mit Jan zusammen habe ich den Kursbuch-Artikel über «Kindererziehung in der Kommune» geschrieben. Daran erinnere ich mich noch sehr genau. Er hatte eine furchtbar geschraubte Sprache, und es fiel mir schwer, mich damit zu identifizieren, sie zu verstehen und selbst etwas beizutragen, weil der ganze Text von dieser Sprache geprägt war. Das ging mir auch im Soziologiestudium so. Ich war unzufrieden und konnte nur wenig arbeiten. Diese soziologische Sprache war mir viel zu abstrakt, aber sie wurde eben zum Teil auch in der Kommune angewandt, besonders wenn wir uns nach außen darstellten.

Wenn ich mich heute in die Atmosphäre von damals hineinversetze, taucht manchmal der gleiche Kloß im Hals auf, den ich bei dieser abgehobenen Sprache empfand. Es ist heute noch beklemmend, und ich fühle mich hilflos. Ich hätte mir damals nicht vorstellen können, zwischen diesen ganzen Theoretikern in einer größeren Versammlung zu sprechen. Es machte mir Angst und war überhaupt nicht meine Wellenlänge. Für mich war wichtig, dass ich mich im Rahmen der Kommune ausdrücken konnte, und das habe ich auch getan.

Weibliche Vorbilder hatte ich keine, auch keine männlichen, denn es ging doch genau darum, überhaupt keine Vorbilder mehr zu haben, sondern sich vielmehr auf die Suche nach sich selbst zu begeben. Daraus sollte ein alternatives Zusammenleben auf privater Ebene und damit auch auf politischer Ebene entstehen. Ich habe damals so viel wie möglich abgelehnt, infrage gestellt und geguckt, was es Neues geben könnte. Ein Vorbild hätte nur etwas Altes sein können, und so zu denken bedeutete für mich «antiautoritäre Bewegung».

Ein wichtiges Thema in unserem Zusammenleben war die Kindererziehung. Es war völlig selbstverständlich, dass sich nicht nur die jeweiligen Elternteile um Grischa und Nessim kümmerten, sondern dass wir alle Verantwortung übernahmen. So gab es in unserem Dienstplan auch einen Kinderdienst. Dazu gehörte, die Kinder morgens in den Kindergarten zu

*Christel Book-
hagen (vorne links
mit Fahne) mit
Eberhard Schultz
(darunter, mit
Sonnenbrille),
Kommune 2, bei
der 1.-Mai-
Demonstration
1968 in Berlin*

Auf dem Transparent im Bild:
Unser Gruß dem Generalsekretär
der Vereinten Nationen U Thant.
Als Dank für seine Friedensbe-
mühungen im Vietnamkonflikt.

bringen, sie abzuholen und abends dafür zu sorgen, dass sie ins Bett kamen, was eine längere Zeremonie war. Das hieß außerdem, dass wir uns mit Kindererziehung auseinander setzen und auch hier neue Formen des Erziehens und Lebens finden mussten.

Die Kinder gingen zuerst in einen staatlichen Kindergarten in der Niebuhrstraße. Der Umgang mit den Kindern dort entsprach nicht unseren Vorstellungen von nichtautoritärer Erziehung. Wir suchten nach einer Alternative, die den Kindern in ihrem Drang, die Welt kennen zu lernen, nicht mit Beschränkung und Verbot entgegentrat, und so die Menschen schon von klein auf verbog und gefügig machte, und das war für uns die antiautoritäre Erziehung. Sie sollte auch den freien Umgang mit Sexualität einschließen.

Das war der Beginn der Kinderladenbewegung. Wir suchten Eltern, die in der gleichen Lage waren wie wir, mieteten Räume und engagierten eine junge Kindergärtnerin, die unsere Vorstellungen, die ja noch gar nicht so ausgereift waren, teilte. Nächtelange Debatten mit den Eltern über Erziehung und kindgerechten Umgang folgten. Sie endeten oft in emotional geführten Auseinandersetzungen der Partner um ihre Probleme.

In Verbindung mit den praktischen Erfahrungen und ständiger Diskussion darüber wurde ein wenig klarer, was antiautoritäre Erziehung heißen kann: Nicht Erziehung ohne Grenzen, nicht chaotische Zustände, nicht die Kinder sich selbst überlassen und zuschauen, vielmehr liebevoll Grenzen setzen, die Kinder anregen, so offen und frei mit ihnen umgehen, wie wir können, und ihnen beim Lösen der Konflikte helfen. So einfach, wie sich das hier anhört, ist das aber überhaupt nicht, denn wir waren ja auch noch von den alten, autoritär geprägten Maßstäben verbogen.

Neben den beiden Kommunen waren die wichtigsten Gruppen für uns der SDS und die Basisgruppe Wedding, die im Herbst 1968 entstand und in der ich mit Eike zusammen war. Wir von der K 2 waren uns immer einig darüber, dass die K 1 die Flippies waren, weil sie die flippigeren Aktionen und Happenings machten, aber unserer Ansicht nach keine solide Basis hatten.

In der K 2 versuchten wir dagegen, unseren Aktionen politisch und psychologisch eine Basis zu geben, und wir haben politisch fundierte Diskussionen geführt. Über die Basisgruppe Wedding haben wir zu normal arbeitenden Menschen Kontakt aufgenommen und nicht zuletzt versucht, uns selbst durch Analyse zu ändern. Also haben wir uns als die eigentliche Kommune empfunden.

Einmal hatte der «Stern» beim SDS um ein Interview mit irgendeiner SDS-Größe angefragt, und da wir gegen diesen Personenkult waren, gingen Eike, Peter Rambausek und ich hin. Peter wohnte bei uns um die Ecke und war oft mit uns zusammen. Ich weiß noch, wie wir mit dem «Stern»-Menschen am Tisch saßen und erklärten, dass wir überhaupt keinen Kult um einzelne Personen in der Bewegung wollten. Umso mehr haben wir uns geärgert, als es bei der Veröffentlichung des Interviews große Einzelfotos von Eike und mir gab.

Die vielen Demonstrationen, an

*Porträt von Christel Bookhagen in einer Reportage des «Stern» über den SDS, 1968*

denen wir teilnahmen, waren Ausdruck dafür, dass man es so, wie es war, nicht nur in Vietnam, sondern auch in Deutschland nicht mehr wollte. Wir rebellierten, begehrten auf und suchten gleichzeitig nach anderen Wegen, nach neuen Lebensformen, neuen sozialen und politischen Formen.

Bei den Demos nach den Schüssen auf Rudi Dutschke schlug die Polizei wieder brutal zu. Ich wurde in der Meineckestraße verhaftet und kurz darauf per Schnellgerichtsprozess in Abwesenheit zu drei Monaten Haft auf drei Jahre Bewährung verurteilt. Ich habe mich nicht weiter darum gekümmert und bin nicht zum Rechtsanwalt gegangen, weil es kurze Zeit danach hieß: «Diese Fälle werden alle amnestiert.» Ich dachte, damit wäre die Sache ausgestanden, und sie war ja sowieso ungeheuerlich. Doch trotz der Amnestie stand die Strafe noch in meiner Akte und tauchte wieder auf, als ich später Lehrerin war und verbeamtet werden sollte. Wegen dieser Geschichte wäre ich fast gefeuert worden.

Die Demonstrationen nach dem Attentat auf Rudi waren sicherlich ganz entscheidend, und wir haben uns bald mit der Frage auseinander gesetzt, ob wir militante Aktionen machen sollen, kein Wunder, da man ständig von den Bullen zusammengeschlagen wurde. Die Atmosphäre in Berlin war geprägt vom Aufeinanderprallen verschiedener politischer Einstellungen, doch unsere bekam keinerlei Forum, ob nun in Bezug auf Vietnam, Iran oder das, was in Deutschland geschah.

Wenn wir uns nicht exponiert hätten, hätte man uns nicht gehört, und wir wären nie in die Medien hineingekommen, ganz abgesehen davon, dass über uns sowieso hauptsächlich Falsches in den Zeitungen, aber auch in Radio und Fernsehen berichtet wurde. *Unsere* Sichtweise hatte nur in Ausnahmefällen eine Chance, veröffentlicht zu werden. Wir mussten uns unser Forum selbst schaffen. Besonders in der Zeit des Attentats auf Rudi Dutschke hetzte die «Bild-Zeitung» besonders schlimm auf uns «Chaoten», und wir machten sie deshalb auch mitverantwortlich dafür.

Es standen sich wirklich zwei Fronten gegenüber, und es wurde verbal und handfest aufeinander eingeprügelt. Gewalt war also sowieso im Spiel und immer wieder eine zentrale Frage. Demonstrationen waren oft verboten, zum Beispiel auch die nach den Schüssen auf Rudi. Das gab der Polizei offensichtlich das Recht, uns einzukesseln, auf uns einzuschlagen und uns zu verhaften. Dagegen wehrten wir uns, und so ging das immer weiter.

Zu diesem Zeitpunkt schien es keine andere Möglichkeit zu geben, als auch mit Gewalt zu reagieren. Wir wendeten Gewalt an, um etwas aufzuzeigen und weil wir uns wehren mussten gegen die Gewalt, die vom Staat auf uns ausgeübt wurde.

Doch dabei war eine ganz wichtige Frage, wie weit diese Gewalt gehen sollte. In diesem Punkt hat sich die Gruppe um Gudrun Ensslin und Andreas Baader schon bald abgegrenzt. Sie machten ihr eigenes Ding und stellten gewaltsame Aktionen in den Mittelpunkt. Das stand für uns nicht zur Debatte. Ich kannte Gudrun ganz gut, da ich vorher für kurze Zeit mit Bernward Vesper, mit dem sie zusammenlebte und ein Kind hatte, befreundet war. Über ihn lernte ich Gudrun kennen, ich mochte sie gern, und wir haben uns oft unterhalten.

Dann habe ich mitgekriegt, dass sie in dieser Gruppe mit Andreas Baader ist. Dazu hatte ich überhaupt keinen Zugang und habe mich davon fern gehalten. In der Nacht, als diese Gruppe den ersten Kaufhausbrand in Frankfurt legte, hatte ich den kleinen Felix, ihren Sohn, bei mir zu Hause im Bett. Er hat die ganze Nacht geweint, als ich ihn zu mir ins Bett nahm, war es besser. Von der Aktion haben sie uns vorher nichts gesagt, wohl auch, um uns zu schützen. Wir haben erst am nächsten Tag aus der Presse vom Kaufhausbrand erfahren. Da konnten wir uns denken, was geschehen war.

Soweit ich mich erinnere, ist die Kommune nicht auseinander gefallen, weil wir persönlichen Stress miteinander hatten, sondern weil wir politisch verschiedene Wege gegangen sind. Sowohl Eberhard als auch Eike setzten die politische Arbeit an die erste Stelle, und für sie wurde die psychologische Auseinandersetzung immer weniger wichtig. Marion, die Freundin von Eberhard, war aber mehr an der Analyse und der persönlichen Veränderung interessiert. Jan und ich haben uns eher vermittelnd verhalten.

Marion ist dann mit Grischa ausgezogen, trennte sich auch von Eberhard, und damit war Anfang 1969 die Kommune 2 offiziell am Ende. Eberhard, Eike, Nessim, Jan und ich wohnten vorerst noch weiter in der Wohnung, ohne den Anspruch, Kommune zu sein und Privatleben und politische Arbeit so eng wie vorher miteinander zu verbinden. Kurze Zeit später zog auch Jan aus.

Im selben Jahr begannen die ersten Streiks in westdeutschen Betrieben, und innerhalb der Studentenbewegung tauchte massiver als vorher die

Frage auf, wie man sich mit der Arbeiterschaft verbinden kann. Die politische Frage stellte sich in unserem Umkreis so: «Schafft es die Studentenbewegung, sich mit den fortschrittlichen Arbeitern zusammen zu tun und hat damit eine Zukunft, oder bleibt sie für sich, isoliert sich und steuert in eine Sackgasse?» Eike war sehr von seiner Basisgruppentätigkeit geprägt, und zusammen mit Eberhard forcierte er alles in Richtung Arbeit mit den Arbeitern, möglichst in einem proletarischen Viertel.

An den Diskussionen in den Unis hatte ich immer weniger Interesse, doch auch in der Basisgruppe Wedding habe ich nur mit halbem Herzen mitgemacht. Eigentlich war keines von beiden wirklich meines. Da mein Interesse am Soziologiestudium immer mehr schwand, zog ich nun die Konsequenz und wechselte zur Pädagogischen Hochschule, um Lehrerin zu werden. Das schien mir praktikabel und auch politisch sinnvoll.

Der politische Weg führte für uns damals in die marxistisch-leninistische Bewegung. Es schien für uns keine andere Möglichkeit zu geben, zu einer gerechteren, freieren Gesellschaft zu kommen, als durch diese dem antiautoritären Gedanken völlig widersprechende Theorie und Praxis. Sie waren so verlockend einsichtig und stimmig für uns, die Ausführungen von Marx und Engels und auch von Lenin. Wir erlebten den Staat einerseits wirklich als unseren Unterdrücker und glaubten andererseits, ohne Macht im Staat sei die Gesellschaft nicht zu ändern.

Harte Zeiten folgten, fast wie in einer Sekte. Wir waren voll überzeugt: «So läuft's politisch: Wir müssen die Revolution machen.» Der kapitalistische, unterdrückende Staat, der die beiden Weltkriege verursacht und so etwas wie das Naziregime möglich gemacht hatte, dessen Einfluss und Gewalt wir auch jetzt spürten und den wir nicht für reformierbar hielten, dieser Staat musste weg. Wir glaubten, dass wir wirklich in der Lage wären, binnen relativ kurzer Zeit – darüber machte sich keiner konkret Gedanken, denn es schien ja auch gar keinen anderen Weg zu geben – die sozialistische, freie Gesellschaft zu schaffen und uns selber und die Menschen dazu zu erziehen. Was für eine unglaubliche Illusion.

Ich war bei der KPD/ML und habe diese ganze Bewegung, die antiautoritär begann und in der Partei schließlich völlig autoritär endete, mitgemacht. Das, worauf wir uns hier einließen, ging zurück in extrem autoritäre Strukturen. Wir waren überzeugt: «So, wie wir die Welt interpretieren, ist es richtig. Die Menschheit kann sich nur so weiterentwickeln, wie es unseren kommunistisch geprägten Ideen entspricht.» Welche Überheblichkeit, denn es kann keine Theorie darüber geben, wie der Mensch frei wird. Das muss jeder selbst entscheiden und dann alle zusammen. Jede Theorie ist besserwisserisch und muss in Autorität und Unterdrückung enden. Auch das scheinbar Gute oder Richtige lässt sich nicht mit Gewalt durchsetzen, ohne sich dabei ins Entgegengesetzte zu wandeln.

### «Ich mache Politik im Kleinen»

Lange habe ich es in dieser Bewegung ausgehalten, zu lange. Ich dachte, ich könnte mich erst daraus lösen, wenn ich eine Alternative habe. Als ich austrat, hatte ich keine, außer die noch vage Erkenntnis, dass es gar keine «richtige Theorie» darüber geben kann, wie Menschen sind und wie die Welt und die Gesellschaft sein können. Trotzdem war es gut, die Erfahrung mit dieser politischen Bewegung gemacht und auch den Bruch vollzogen zu haben. Es war noch einmal ein Rückfall in autoritäre Strukturen, vor denen ich jetzt gefeit bin, denke ich.

Ich glaube es war Ende 1969, als Eike, sein Sohn Nessim und ich aus der dann schon nicht mehr bestehenden Kommune in eine Wohngemeinschaft nach Moabit zogen. Beide arbeiteten wir in der ML-Bewegung. Ein Jahr später trennten wir uns, und ich lernte Anfang der siebziger Jahre meinen Mann kennen. Wir verteilten oft zusammen Flugblätter vor den Betrieben Berlins.

1973 ging ich als Lehrerin ins Berufsleben. Damals war ich fest davon überzeugt, meinen Beruf nie aufzugeben, auch nicht, wenn ich Kinder bekomme. Das Heimchen am Herd war nichts für mich. 1974 haben wir geheiratet, 1975 ist meine Tochter geboren, 1978 mein Sohn. Mein Mann arbeitete als Arzt im Krankenhaus und hatte mörderische Nachtdienste, sodass er oft über 36 Stunden ohne Schlaf aktiv war. So wurde es schwierig mit der, theoretisch so einsichtig erscheinenden, gleichen Beteiligung beider an der Arbeit im Haushalt und mit den Kindern.

Als meine Tochter vier war und mein Sohn zwei Jahre, gab ich meinen Vorsatz auf und ließ mich beurlauben, was als Beamtin ja leicht möglich war. Jedes Mal, wenn die Kinder krank waren, musste ich mir freinehmen oder mich krankschreiben lassen, und ich hatte das Gefühl, dass ich weder meinen Schülern in der Schule noch meinen Kindern gerecht werde. Mein

Mann verdiente als Arzt mehr als ich, und so schien es völlig logisch, dass ich meinen Beruf vorübergehend zurückstellte. So kommen viele Frauen in die Situation, dass es heißt: «Ich kann die Familie ernähren, du nicht», und schon sind sie am Herd. Doch ich sah keine andere Möglichkeit, habe diesen Entschluss für mich gefällt und ihn auch vertreten. Ich habe meinem Mann keinen Vorwurf daraus gemacht, sondern überlegt, was sich mit der Kindererziehung und dem Haushalt verbinden ließ. Ich begann eine Heilpraktikerausbildung. Damals gab es kaum etwas Organisiertes an Heilpraktikerschulen hier in Berlin. Deshalb habe ich eine Lerngruppe gegründet, und mein Mann hat uns unterrichtet. Nach der Prüfung habe ich mich weiter auf Akupunktur, später auch auf Homöopathie und Qigong spezialisiert.

Seit fast zwanzig Jahren bin ich jetzt als Heilpraktikerin tätig, und vor sieben Jahren habe ich meinen Job als Lehrerin gekündigt. Ich war Beamtin auf Lebenszeit, und es war schon ein ziemlicher Entschluss für mich, meine letzte Sicherheit aufzugeben, wie ich problemlos meinen Lebensunterhalt selbst verdienen kann, falls irgendetwas in der Beziehung schief geht. In meiner Praxis geht es gut, und ich bin zufrieden mit meiner Tätigkeit. Ich habe viel mit Menschen zu tun, als Therapeutin mit einzelnen Patienten, im Qigong-Unterricht mit Gruppen, und das mache ich sehr gerne.

Ich möchte jetzt einfach nur offen sein, um immer wieder neue Erfahrungen zuzulassen, ohne darüber zu urteilen, was richtig und was falsch ist. Es gibt in dem Sinn gar nichts Falsches in der Welt, denn alles hat seinen Stellenwert. So verständnisvoll, wie ich kann, trete ich auch den Menschen gegenüber, die mir in Praxis und Kursen begegnen, denn im Prinzip ist alles zu verstehen. Ich mache jetzt keine große Politik mehr und löse keine geschichtlichen Probleme, ich mache Politik im Kleinen und sorge auch so für eine lebenswertere Welt. Das ist das, was ich tun kann.

Ich habe die antiautoritäre Erziehung immer so aufgefasst, dass man das Privileg hat, als Eltern Kinder ein Stück weit auf ihrem Weg zu begleiten, und dass man ihnen einen Rahmen und eine Basis bieten muss, die hauptsächlich darin besteht, dass man sie liebt. Alles andere, was in den Kindern entsteht, ist ein neuer Mensch, der seinen Weg selber finden muss und dem man nicht aufzwingen soll, wie er ihn findet.

Natürlich muss man einem kleinen Kind mit Verboten kommen, sollte sie aber so minimal wie möglich aussprechen und immer versuchen, sie verständlich zu machen. Mir ist auch mal die Hand ausgerutscht, aber dann hatte ich den Mut, zu den Kindern hinzugehen und zu sagen: «Es tut mir Leid, das war daneben.» Und das finde ich sehr wichtig, dass Kinder erfahren, dass die Eltern authentisch sind und zu dem, was sie sagen, auch persönlich stehen.

Ich habe durch meine Kinder und die Kindererziehung unheimlich viel über mich und über das Zusammenleben von Menschen gelernt. Wir haben ein sehr gutes Verhältnis zueinander, was nicht heißt, dass wir nicht auch mal Krach hatten. Aber es war immer klar, dass wir miteinander gut sind. Beide sind jetzt aus dem Haus, und ich freue mich, dass sie ihren Weg gehen.

Für uns in der Studentenbewegung hatte die Kleinfamilie ganz viel mit Enge und Spießertum zu tun, sie galt als Brutstätte des verbogenen Individuums. Kommune war eine mögliche Alternative dazu. Wir vertraten die Ansicht, dass es in einer Kleinfamilie gar nicht anders als autoritär und sich gegenseitig unterdrückend zugehen kann. Männer unterdrücken Frauen, Eltern unterdrücken Kinder, alles reproduziert sich immer wieder.

Später, in der ML-Bewegung, haben wir selbst so gelebt, damit wir der arbeitenden Bevölkerung möglichst ähnlich und mit ihr solidarisch sind. Trotzdem haben wir auch hier versucht, die Enge und Isoliertheit der einzelnen Familie zu durchbrechen und zum Beispiel mit anderen Familien zusammen in ein Haus zu ziehen, in dem jede Familie ihre Wohnung hat. Hier hätte man sich die Betreuung der Kinder besser aufteilen und über auftretende Probleme in der Erziehung reden können. Ich hätte das gern gehabt, doch leider kam es nicht dazu.

Ich halte es jedoch für eine Illusion, dass man mit Kindern und einem größeren Erwachsenenkreis auf Dauer so eng, wie in der Kommune, zusammenleben kann. Die Menschen sind zu kompliziert, und das schafft zu viel Konfliktstoff. Kehrt man die Widersprüche unter den Tisch, resultiert daraus meist ein elendes Hickhack, wie wir es in vielen Beziehungen erleben. Das Besprechen der Probleme und das Sich-dauernd-wieder-neu-Einlassen, sich gegenüber mehreren Erwachsenen zu öffnen und seine Fehler einzugestehen – wie schwer ist das schon bei einem Menschen!

Für mich war klar, dass man sich eine Beziehung immer wieder neu erarbeiten und sich immer neu auf die Suche machen muss, wie man gut zusammen sein kann. Ich muss auch immer wieder bereit sein, den anderen aus den Schubfächern, in die ich ihn gesteckt habe, wieder zu befreien, und ich muss mich auch selbst aus den Schubfächern des anderen herausziehen. So war es bei uns doch schon eine andere Herangehensweise an die Ehe als das, was früher da war.

Heute denke ich, dass die Kleinfamilie zwar eine sinnvolle und unseren momentanen Bedürfnissen entsprechende Form des Zusammenlebens ist, dass sie aber ruhig ein Stück weit aufgebrochen werden sollte. Das entlastet die Eltern und schafft Möglichkeiten der gegenseitigen Hilfe. Längerfristig bin ich völlig offen für neue Lebensformen. Wenn Menschen freier werden, wirklich freier, weniger Angst und weniger Aggressionen haben, könnte es ein Weg sein, in einem großen Haus gemeinsam zu wohnen.

In der K 2 haben wir als eine kleine Gruppe von Leuten gelebt, mit denen man sich wohl fühlte und gemeinsam arbeitete. Alternativ daran war, dass wir über Probleme offen sprachen, dass wir Schwierigkeiten der einzelnen Personen solidarisch thematisierten, dass wir versuchten, die Kinder antiautoritär zu erziehen, und nicht zuletzt, dass auch die gleiche Behandlung von Mann und Frau, mindestens theoretisch, selbstverständlich war. Wir hatten alle das Bedürfnis, nicht allein in der Welt zu stehen, und für die Teilnehmer war die K 2 eine Art von heimisch sein, von Familie und Geborgenheit. Das Leben in der Kommune damals war ein Anfang, und der hat Mut erfordert, sehr viel Mut und auch die Bereitschaft, alles infrage zu stellen.

Gretchen Dutschke-Klotz, Oktober 2001

*«Jemanden zu lieben*
*war irgendwie falsch»*

## GRETCHEN DUTSCHKE-KLOTZ

Initiatorin der ersten Berliner Kommunegruppe

Ich wurde 1942 in Oak Park, Illinois, einem Vorort von Chicago, geboren. Mein Vater Julius war Apotheker, meine Mutter Grace Sekretärin, bevor sie heiratete, und dann Hausfrau. Ich habe zwei jüngere Brüder. Meine Familie war sehr religiös und ist jeden Sonntag und zu vielen anderen Anlässen in die Kirche gegangen.

Es war diese fundamentalistische Glaubensrichtung, die in den USA inzwischen sehr populär ist, es damals aber noch nicht war. Dieser Glaube verlangt, dass man das, was in der Bibel steht, wörtlich nehmen muss. Wie man damit zurechtkommen soll, wenn es Widersprüche gibt, haben sie nicht erklärt. Sie sagten nur: «Es gibt keine Widersprüche.»

Ganz wichtig war, sich für Jesus zu entscheiden, denn dann war man auf ewig vor der Hölle gerettet. Doch die Unsicherheit, die blieb, sollte man durch blinden Glauben überwinden. Diese Art von Religion legte einen sehr dunklen Schatten über meine Kindheit. Es war eine Kindheit voller Angst.

Meine Mutter war einerseits fundamentalistisch religiös, andererseits wollte sie fortschrittlich sein und hat mir eigentlich sehr viele Freiheiten gelassen, die gar nicht zu dieser rigiden Religion passten. Mein Vater konnte unheimlich witzige Geschichten erzählen. Wenn die Familie zusammentraf, gab er sie zum Besten, und natürlich lachten bald alle Leute ganz hysterisch. Während meiner ganzen Kindheit habe ich gedacht, dass er sehr gläubig ist. Aber jetzt frage ich mich, ob es nicht eine Art Zwang war, damit es keinen Konflikt mit meiner Mutter gab.

Ich war ein komisches Kind. Jedenfalls fanden mich die anderen Kinder in der Schule merkwürdig. Dann passierte die Sache mit dem Gedicht. Das muss 1957 gewesen sein, ich war im zweiten Jahr High School. Wir sollten alle ein Gedicht schreiben, und der Lehrer hat meines laut vorgelesen. Es war ganz kurz. Burke aus meiner Klasse veröffentlichte es in der Schülerzeitung, wodurch es sehr bekannt wurde. Niemand hatte zu der Zeit schon einmal so etwas Verrücktes gelesen.

In dieser Zeit kam die Beatnik-Bewegung auf. Ich hatte darüber einen Bericht in «Life Magazine» gelesen, worin es um Männer und Frauen ging, die anders als die typischen amerikanischen Kleinbürger aussahen und Gedichtlesungen mit Musik veranstalteten. Unter den bekannten Beatnik-Dichtern dieser Zeit waren nur wenige Frauen. Joan Baez zum Beispiel kann man zwar nicht unbedingt als Beatnik bezeichnen. Aber sie war sehr wichtig für uns.

Ich habe mir angeguckt, wie diese Leute die Haare trugen und welche Kleider sie anhatten. Was bei Frauen unbedingt dazu gehörte, war die schwarze Strumpfhose. Dann kam der Sonntag, und meine Mutter sagte, «das kannst du nicht in die Kirche anziehen!» Da habe ich gesagt, «okay, dann geh ich eben nicht mit!»

In der High School hatte ich drei Freundinnen, mit denen ich alles gemeinsam gemacht habe. Keine von ihnen hatte einen Freund, vermutlich waren wir deswegen zusammen. Ich bin selten mit einem Jungen ausgegangen, und wenn, dann waren wir in einer großen Gruppe von Jungs und Mädchen.

Im College war es genauso. Die Gruppe, in der ich war, wurde eigentlich hauptsächlich von Frauen bestimmt. Alle schrieben Gedichte, aber ich schrieb die meisten und verrücktesten und war für die anderen eine Art Vorbild. In meinen Texten tauchten bestimmte Dinge immer wieder auf, der Teufel natürlich, Beziehungen zu Männern und Sexualität.

Die andern sagten über mich, «das ist der Beatnik». Aber eigentlich fehlten mir gewisse Eigenschaften. Ein Beatnik sollte Zen-Buddhist sein, sollte Alkohol und vielleicht auch Drogen konsumieren. Doch davon wussten wir nicht viel. Und freie Liebe sollte auch dazugehören. Davon haben wir zwar geredet, aber in der High School waren alle keusch. Somit war das alles nur reine Theorie.

Wichtig war aber, dass man wie ein Beatnik aussah und dass man

Gedichte schrieb. Diese Gedichte musste man mit Musik oder Trommeln vortragen, und alles musste sich auf dem Fußboden abspielen oder auf Matratzen. Und dann redete man über seinen Buddhismus oder über freie Liebe und natürlich über Allen Ginsberg oder Jack Kerouac. Ich ging auf das Wheaton College. Es war sehr religiös. Wir durften nicht ins Kino, nicht tanzen, nicht rauchen, keinen Alkohol trinken, nicht Karten spielen und nicht ins Theater. In einer Soziologie-Stunde haben wir den Film «Rebel Without a Cause» mit James Dean gesehen, den wir im Kino wohl nie gesehen hätten. Danach waren alle Leute draußen, und es kam jemand mit einem «Pogo Stick» an. Man musste sich draufstellen und konnte damit herumhüpfen. Immer wenn es einer geschafft hatte, klatschten wir laut.

Der Lärm wurde immer größer, es kamen immer mehr Leute dazu, und damit es noch mehr wurden, bin ich bis ganz oben auf den Telefonmast geklettert. Dreitausend Leute standen schließlich da und schrien. Ein Nachbar hat die Polizei gerufen, die wollte, dass wir sofort aufhören. Doch wir beschlossen, uns zu wehren. Aus der nassen Erde haben wir Klumpen geformt und auf die Polizisten geworfen, bis sie anfingen, Leute zu verhaften. Sie brachten sie ins Gefängnis, woraufhin wir entschieden, dorthin zu marschieren und zu fordern, dass sie diese Leute wieder freilassen.

Es lief eigentlich alles gut, bis aus den umliegenden Kirchen Pfarrer kamen und versuchten, diese Demonstration aufzulösen. Und die Leute waren tatsächlich so doof religiös, dass wir sie nicht mehr überzeugen konnten mitzugehen. Das war meine erste Erfahrung mit einer Demonstration. Eigentlich hatte diese ganze Aktion gar keinen Sinn. Es waren nur Verrücktheiten, angestoßen durch einen Film.

Damals fing ich an, zu meinen Gedichten Bilder zu zeichnen, eine Art philosophische Cartoons. Einer trug den Titel «Da-Ero: Existentialism». Der Philosoph Kierkegaard, der sich viel mit Religion beschäftigt hat, kommt darin vor, weil er gesagt hat, dass die eigene Authentizität etwas mit dem Bewusstsein von Sünde, Krankheit und Tod zu tun hat.

Wir kannten damals keinen weiblichen Philosophen. In einem späteren Text habe ich darüber geschrieben, dass man damals wirklich männlich gedacht hat und unbewusst männliche Standpunkte übernahm. Es gab keine weiblichen Vorbilder, und das wurde auch nicht infrage gestellt. Ich überlegte damals sogar, unter männlichem Pseudonym zu schreiben.

Nachdem ich meinen Bachelor hatte, wollte ich Philosophie studieren und dachte, es wäre gut, wenn ich dafür Französisch und Deutsch lernte. Deshalb wollte ich für ein halbes Jahr nach Deutschland, für ein halbes Jahr nach Frankreich und danach wieder zurück in die USA. 1964 ging ich nach Deutschland. 1965 begann ich mit dem Theologiestudium in Hamburg und ein Jahr später in Berlin bei dem Theologen Helmut Gollwitzer. Ursprünglich wollte ich Philosophieprofessorin werden. Doch als ich 1964 Rudi in Deutschland kennen lernte, gab ich diesen Plan auf. Philosophie bestand zu jener Zeit hauptsächlich aus Sprachphilosophie und analytischer Philosophie, was mich nicht so sehr interessierte. Mit Rudi habe ich viel darüber diskutiert und mich stattdessen entschieden, Theologie als Hauptfach zu wählen, weil ich durch die Diskussionen mit ihm den Eindruck gewann, dass Theologie eher eine politische Seite hätte als Philosophie.

Ich konnte damals einfach nicht bleiben, wo meine Familie lebte. Aber ich konnte in die Welt hinausgehen. Dieser Mut kam vielleicht daher, dass ich als Kind immer sehr wenig mit anderen zu tun gehabt hatte und sehr eigen war. Dadurch fühlte ich mich nie gebunden an das, was andere dachten. Aber es war ein langsamer Prozess des Wegziehens aus den USA, und ich musste alles ablehnen, was von meiner Familie kam. Der erste Schritt bestand darin, mich dem Beatnik-Protest anzuschließen. Doch ich wollte einen Schritt weiter gehen.

Die kritische, antibürgerliche Seite, Rebellion und all das, hatte ich schon mit den Beatniks durchgemacht. Doch sie hatten keine eigenen Ziele, wie eine andere Gesellschaft aussehen könnte. Rudi ging einen Schritt weiter, indem er nicht nur opponierte, sondern eigene Ziele verfolgte. Und das erschien mir ganz logisch.

In der Schule und in meiner Familie war alles, was als politisch weit links oder gar kommunistisch galt, verpönt. Aber Rudis Heldin war Rosa Luxemburg, und er hat sich auch wissenschaftlich viel mit ihren Schriften befasst. Zu der Zeit habe ich Ernst Bloch gelesen, der sich vom sozialistischen Gesichtspunkt aus mit theologischen Fragen beschäftigte, und das fand ich spannend.

Rudi fing mit einem relativ schematischen Marxismus an, dessen Ziel eine sozialistische Gesellschaft war. Er hatte zwar große Bedenken gegenüber dem Sozialismus, wie er praktiziert wurde. Aber gegenüber den Schriften von Karl Marx war er nicht so kritisch eingestellt. Seinen ersten Schritt, Marx zu lesen, konnte ich noch nachvollziehen. Aber dann hätte er sofort Fragen stellen müssen, was er nicht tat. Ich hatte aber niemals ein dogmatisches Weltbild.

In Deutschland habe ich zuerst noch ein paar Gedichte geschrieben und dann ganz aufgehört, zu schreiben. Ich lernte Deutsch, sprach Deutsch und habe Englisch einfach vergessen, nicht grundlegend natürlich, aber doch so sehr, dass ich keine Gedichte mehr schreiben konnte.

In Berlin nahm mich Rudi zur «Subversiven Aktion» mit. Das war die Gruppe, der er angehörte, als ich ihn kennen lernte. Ich habe aber nichts verstanden, weil ich noch nicht genug Deutsch konnte. Dann gab es den SDS, und natürlich bin ich mit ihm auch dort hingegangen. Der SDS bestand aus einer Gruppe von Intellektuellen, die wahnsinnig überhebliche Menschen waren. Es gab zwar einige, die nicht so waren, aber die Hauptrichtung war so. Sie sprachen eine Sprache, die, außer ganz wenigen, niemand verstehen konnte. Sie klang wie eine Geheimsprache.

Und es war eine Organisation von Männern. Frauen waren zwar dabei, aber mit wenigen Ausnahmen hatten sie nichts zu sagen. Die Einstellung dieser Männer zu Frauen war, bis auf wenige Ausnahmen, sehr altmodisch und patriarchalisch bestimmt. Trotzdem hat der SDS eine große Rolle gespielt, um die 68er-Bewegung in Gang zu bringen.

Ich habe gleich ein paar Frauen kennen gelernt, die auch ziemlich sauer darüber waren, was dort vor sich ging. Der SDS war zwar auch unser Bezugspunkt, aber wir hatten keine Lust mehr hinzugehen. Wir waren sechs oder sieben Frauen, allesamt von Männern, die im SDS waren, und bildeten eine Frauengruppe. Gertrud Hemmer, die später in die K 2 ging, war dabei, Rosemarie und einige andere.

Meistens haben wir darüber geredet, wie sauer wir sind, und haben Bebels Buch «Die Frau und der Sozialismus» gelesen. Diese Frauengruppe lief aber nur einige Monate.

Sigrid Fronius war eine von ganz wenigen Frauen, die damals überhaupt öffentlich geredet haben und dabei nicht unmittelbar Lachen auslösten. Ich habe sie als einen sehr mutigen Menschen wahrgenommen, der gute Sachen gesagt hat. Da war noch eine andere Frau, Elke, die auch viel geredet und gute Sachen gesagt hat. Die Männer haben oft gelacht, wenn sie redete. Doch sie war sehr mutig, denn sie ist immer wieder aufgestanden.

Die Probleme mit dem SDS fand ich irgendwann nur noch unerträglich und wollte überhaupt nicht mehr hingehen. Für mich war es nicht akzeptabel, welche Rolle die Frauen spielen sollten, eben Haushalt machen, kochen und vielleicht auch noch für die Männer tippen. Sie sollten zwar an Demonstrationen teilnehmen, nicht aber an politischen Diskussionen. Doch weil es für Rudi so wichtig war, habe ich überlegt, wie man mit diesen Menschen sinnvoll reden kann.

Meine Idee war, dass sich daran etwas ändern würde, wenn man zusammenlebt. Dann könnte es so organisiert werden, dass Frauen und Männer an allem beteiligt sind. Die Frauen könnten mehr Politik, die Männer mehr Haushalt machen. Rudi hat diesen Gedanken vollständig akzeptiert und einige andere von den Männern theoretisch auch. So kam ich darauf, eine Kommune zu gründen. Als ich Rudi davon erzählte, fand er die Idee gut und meinte, wir sollten mit anderen Leuten darüber reden. Er würde einfach welche einladen. Doch ich habe gesagt, dass ich die Leute lieber selbst einladen würde, weil ich nicht alle dabeihaben wollte. Also habe ich eine Liste gemacht, und wir haben uns getroffen.

Als ich nach Deutschland kam, gab es in den USA bereits Versuche mit Kommunen, etwa in Kalifornien, über die ich gelesen hatte. Wir dachten, es wäre ein guter Einstieg, darüber zu reden. Zum ersten Treffen kamen vielleicht fünfzehn Leute. Ich habe über die verschiedenen historischen Kommuneversuche und über aktuelle Beispiele aus Amerika berichtet und anschließend haben wir darüber diskutiert. Andere hörten davon und wollten auch dabei sein. Nach kurzer Zeit waren wir in dieser Gruppe schon zwanzig bis dreißig und in der Hauptzeit sogar fünfzig Personen. Wir trafen uns wenigstens einmal in der Woche.

Zu der Zeit war ich mit Helga Reidemeister befreundet. Ihr Mann war Architekt. Beide waren zu dieser Kommunegruppe dazugestoßen So kamen wir darauf, ein Haus zu bauen, das so beschaffen ist, dass man als Kommune darin leben kann, weil es Platz für gemeinschaftliches Leben und Wirtschaften bietet. Wir haben auch überlegt, wie man das Geld dafür zusammenkriegen könnte.

Das allererste Treffen der Kommunegruppe fand im Frühjahr 1966 statt, zu einer Zeit, als Kunzelmann noch in München wohnte. Im Dezember 1965 hatte ich ihn von einer sehr unangenehmen Seite kennen gelernt, als wir an den Kochelsee fuhren, um gemeinsam mit einigen Leuten aus Berlin und

München Weihnachtsferien zu machen. Rudi kannte ihn aus der «Subversiven Aktion», und ich hatte ihn dort auch schon getroffen. Dieses Treffen hatte noch nichts mit unserer späteren Kommunegruppe zu tun. Kunzelmann hatte zu der Zeit zwei Frauen und beauftragte sie, Rudi zu verführen, weil er dachte, er könnte uns dadurch auseinander bringen. Rudi war aber nicht interessiert, und deshalb funktionierte sein Plan nicht. Aber mir gegenüber war das natürlich eine ganz böse Art.

Inzwischen hatte Kunzelmann von unserer Kommunegruppe gehört und ein zweites Treffen in Kochel organisiert, wahrscheinlich mit der Absicht, das Ganze mehr oder weniger in die Hand zu nehmen. In seinem Buch erwähnt Kunzelmann nur dieses zweite Treffen, das im Juni 1966 stattgefunden hat, die Zeit davor jedoch mit keinem Wort. Ich bin absichtlich nicht zu diesem zweiten Treffen mitgefahren, weil ich davon überzeugt war, dass es für uns schief gehen würde.

Ich wollte Kunzelmann auf keinen Fall in unserer Gruppe dabeihaben, denn ich wusste, dass er extrem patriarchalisch und autoritär war. Er hat alle Leute überrumpelt, und man hatte keine Chance gegen ihn. «Du musst ihn davon abbringen», habe ich Rudi gebeten. Doch er meinte, es sei sein freier Wille, wenn er nach Berlin kommen wolle. Auch seien so viele Leute in der Gruppe, dass ein Einzelner nie so viel Einfluss gewinnen könne.

Kunzelmann ist also dazugestoßen, und ich würde sagen, dass sein Kommunekonzept in erster Linie aus Psychoterror bestand. Denn er wollte, dass die Menschen sich gegenseitig allen psychischen Schutz niederreißen. Durch fundamentale Kritik sollten sie all ihre «bürgerlichen Denkweisen» verlieren. Jedes Mal, wenn jemand etwas tat, was irgendwie «bürgerlich» erschien, sollte er total kritisiert werden. Außerdem sollten alle ihre festen Beziehungen aufgeben und miteinander schlafen.

In Amerika hatte ich mir intensive Gedanken darüber gemacht, wie ich als Frau in dieser Gesellschaft leben konnte, ohne mich selbst aufzugeben, und Anfang der sechziger Jahre hatte das viel mit Sex zu tun. Als Frau sollte man einen Mann finden, heiraten und Kinder haben. Doch in diese Richtung wollte ich nicht gehen, und deswegen erschien es mir damals so, als ob die sexuelle Befreiung auch eine Befreiung für die Frau wäre. Doch wie diese Idee in der Kommunediskussion ausartete, konnte ich nicht ertragen. Letztendlich sollte freie Sexualität bedeuten, dass die Frauen den Männern immer zur Verfügung stehen.

*Initiatorin der ersten Berliner Kommunegruppe  283*

Wenn sich also die Männer das Recht anmaßten, zu schlafen, mit wem sie wollten, dann sollten es die Frauen auch tun können. Anfang der sechziger Jahre dachten wir noch, die einzige Art, uns zu beweisen, dass wir nicht unter männlicher Kontrolle stehen, wäre, zu schlafen, mit wem wir Lust hatten. Dazu gehörte aber die Möglichkeit, selbst zu entscheiden und keinesfalls sollten die Männer darüber bestimmen.

Die Leute vom SDS, mit denen Rudi meistens zu tun hatte, behandelten ihre Frauen nicht wie eine Partnerin, sondern wie ein Vorzeigeding, besonders wenn sie eine schöne Frau hatten. Und sobald die Frauen verheiratet waren, sollten sie sich wie eine verheiratete, also vom Mann abhängige Frau verhalten. Dass Rudi heiraten wollte, haben sie zuerst gar nicht akzeptiert. Aber danach wurde erwartet, dass ich mich als seine Frau «ordentlich» verhielt.

Die Heirat mit Rudi war aus meiner eigenen Sicht vielleicht tatsächlich ein Widerspruch zu dem, was ich in Amerika gedacht hatte. Aber ich glaube, dass ich es ganz gut schaffe, mit Widersprüchen zu leben. Der Hauptgrund, warum wir letzten Endes geheiratet haben, war, dass man 2000 Mark bekommen hat. Man hätte natürlich aus ideologischen Gründen auf das Geld verzichten können. Doch ich war nicht dogmatisch und fand dogmatische Ideen falsch. Aber dass mich so viele nur als «Frau von Rudi» gesehen haben, fand ich furchtbar.

### «Mit Psychoterror bürgerliche Reste auszumerzen war Blödsinn»

Einige Leute in der Kommunegruppe, Männer wie Frauen, fanden die Idee auch nicht gut, dass alle mit allen schlafen sollten. Wir hatten eine ganz andere Vorstellung von Kommune, wollten, dass man solidarisch miteinander umgeht, und vor allem, dass Männer und Frauen die gleiche Rolle spielen sollten. Unser Kommunekonzept sollte nicht nur auf uns selbst bezogen sein, sondern auf die Gesellschaft Auswirkungen haben. Doch die Vorstellung, mit Psychoterror bürgerliche Reste auszumerzen war für mich ein ausgemachter Blödsinn. Wenn wir die breite Bevölkerung erreichen wollten, dann konnte das keinesfalls mit solch bösartigen Umgangsweisen gelingen.

Es wurde immer schwieriger in der Kommunegruppe, und Leute brachen reihenweise zusammen. Dann ist eine kleine Gruppe, zu der Kunzelmann gehörte, ausgezogen und hat die Kommune 1 gegründet. Zuerst waren wir froh. Dann fingen einige an zu überlegen, ob es nicht vielleicht doch richtig war, was Kunzelmann tat, sodass die Kämpfe einfach weitergingen.

Rudi hatte allmählich immer weniger Lust auf Kommune. Er war überhaupt nicht daran interessiert, die sexuellen Beziehungen aufzubrechen, was auch die Leute der Kommune 2 tun wollten, die als nächste aus unserer Gruppe auszogen. Ich war nicht prinzipiell dagegen, hatte aber schon ein Problem bei der Vorstellung, mit allen Männern schlafen zu müssen. Noch schwieriger fand ich jedoch die Vorstellung, was man mit den Leuten machen sollte, mit denen niemand schlafen wollte. Unabhängig davon hatte ich überhaupt kein Interesse, mich von Rudi zu trennen. Denn die Kommuneidee hatte ich ja nicht deswegen verfolgt, um ihn zu verlassen, sondern ganz im Gegenteil, weil ich es als eine Möglichkeit ansah zusammenzubleiben.

Als die Kommune 2 auszog und Rudi nicht mit wollte, ist mir zwar schon in den Sinn gekommen, alleine mitzugehen. Aber ich habe Rudi wahnsinnig geliebt. Und wenn man vor dieser Wahl steht und obendrein sieht, dass diese Kommune voller Probleme steckt, dann wird mit der Zeit doch klar, was letztlich für einen gut ist und was nicht.

Die ursprüngliche Idee, ein großes Haus zu bauen oder zu kaufen, an dem alle irgendwie beteiligt wären und das alle durch Arbeit mit finanzieren sollten, war sowieso schon gescheitert. Es waren viele in dieser Kommunegruppe dabei, die nicht arbeiten wollten. Die Kommunen 1 und 2 haben dann alles auch ohne Geld gemacht. Und die Überlegungen, die helfen sollten, die Situation der Frauen zu verbessern, wurden von der Mehrheit abgelehnt.

Vor dem Attentat war es für mich immer wichtig gewesen, dass ich wenigstens eine Freundin hatte, mit der ich alles besprechen konnte und um Abstand zu bekommen von dieser Männerwelt, die mich sehr erschrocken hat. Wenn alle sagen, «du siehst das falsch», dann fängst du tatsächlich mit der Zeit an zu überlegen, «vielleicht ist irgendwas verkehrt mit mir». Doch Helga Reidemeister als meine Freundin hat meine Sicht der Dinge bestätigt. Mit ihr war es eine wirklich enge Freundschaft, und außerdem hatte ich damals Rudi, eigentlich hauptsächlich Rudi und eben auch Helga.

In dieser Zeit wurde ich schwanger, und die Leute, die mit Rudi im SDS waren, fanden es unmöglich, dass wir ein Kind bekamen. Überhaupt jemanden zu lieben war irgendwie falsch. Solche Dinge begriff ich einfach nicht. Das ist doch nicht unbedingt patriarchalisch oder bürgerlich, dass man lieben kann. Helga war aber eine sehr solidarische Person, die begriff, dass man sein Leben nicht von einer starren Ideologie kaputt machen lassen soll. Wir verstanden uns ja damals eigentlich als antiautoritär. Trotzdem wurden bestimmte Ideologien total autoritär auf jede Einzelheit des Lebens angewandt.

Irgendwann wurden Räume im SDS-Zentrum am Ku'damm frei, und wir sind dort eingezogen. Es waren noch Reste der Kommune 2 da und auch einige andere. Die Leute waren von der Kommuneidee ziemlich desillusioniert. Aber andererseits sahen sie auch Vorteile im Zusammenleben, sodass wir in dieser Gruppe einiges davon beibehielten.

Außer der Frauengruppe und der Kommunegruppe habe ich damals keine eigenen Aktionen gemacht. Aber ich war bei einigen Demonstrationen dabei. Ich erinnere mich noch ganz deutlich an eine, die in der Weihnachtszeit stattgefunden hat. Das muss Ende 1966 gewesen sein. Die Kommune 1 machte ein Happening mit Masken des US-Präsidenten Johnson und des südvietnamesischen Präsidenten. Sie hatten einen Weihnachtsbaum dabei und eine Vietcong-Fahne und wollten den Weihnachtsbaum verbrennen. Es war wahnsinnig viel Polizei da und viele Passanten, und dann stürmte die Polizei regelrecht in die Menschenmenge hinein.

Ich war mittendrin, hatte eine Kamera dabei und habe angefangen zu knipsen. Die Polizei nahm Leute fest, und ich sollte auch mit. Da habe ich englisch geredet und so getan, als ob ich ein Tourist wäre, und sie ließen mich los. Bei einer anderen Demonstration, die Spaziergangsdemonstration genannt wurde, sind wir einfach unter die gewöhnlichen Passanten am Kurfürstendamm spaziert und haben Flugblätter verteilt.

Rudi trug eine Kiste und muss deshalb aufgefallen sein. Die Polizei hat ihn gleich verhaftet. Ich kam zuerst frei, doch dann haben sie mich auch festgenommen. Ich war mit anderen Frauen in einer Zelle und hatte Wein dabei, den wir eigentlich an die Passanten verteilen wollten. Den haben wir schließlich selbst getrunken.

Es gab einen Kreis von Amerikanern, die in Berlin wohnten und sich regelmäßig trafen. Über John und Sue habe ich Kontakt zu diesen Leuten bekommen und auch Rudi davon erzählt. In diesem Kreis entwickelten sich Aktionen, um GIs beim Desertieren zu helfen. Leute aus dieser Gruppe gingen auch in Berliner Kneipen und haben mit den Soldaten geredet. Ich habe mich daran nur insofern beteiligt, als ich an den Treffen teilgenommen habe. Mehr wollten sie auch nicht von mir, weil ich zu bekannt war und die ganze Arbeit hätte gefährden können. Aber sie brauchten Adressen, wo die Soldaten unterwegs bleiben konnten, und da haben wir einige Kontakte vermittelt.

Zu dieser amerikanischen Gruppe gehörte Elsa. Ich kannte sie aber nicht näher. Später hatte sie eine Affäre mit Rudi, die sie vielleicht literarisch oder filmisch benutzen will. Mir ist das egal, denn ich finde sie okay. In den sechziger Jahren hatte Rudi überhaupt keine Affären. Es gab aber einige Frauen in den Arbeitskreisen, die er leitete. Ich wollte nicht eifersüchtig sein, und ich war es auch nicht. Aber ich wollte auch nicht dabei sein, weil ich es schon irgendwie schwierig fand, damit zurechtzukommen.

Ulrike Meinhof war natürlich auch nur an Rudi interessiert. Ich habe sie vielleicht einmal getroffen. Sie wollte überhaupt nicht *mit mir* reden, sie wollte nur *Rudi*. Wenn Leute kamen, die sich nur für Rudi interessierten, bin ich immer gleich gegangen. Ich hatte kein Interesse daran, mich weiter mit solchen Leuten zu beschäftigen.

Meistens bin ich alleine zu Demonstrationen gegangen, weil Rudi Reden halten musste und mit seiner Sprechtüte immer woanders hin ging. Bei manchen Veranstaltungen an der FU und bei vielen von den Sit-ins war ich zusammen mit ihm da. Hin und wieder fand ich ihn, manchmal auch nicht. Am 2. Juni 1967 war ich jedenfalls nicht dabei. Ich war erst kurz vorher schwanger geworden und musste mich ab und zu übergeben.

Nachdem Benno Ohnesorg gestorben war, haben sich Gollwitzers sehr um seine Frau Christa gekümmert, und dort habe ich sie kennen gelernt. Zu der Zeit war sie auch schwanger und erwartete Lukas. Wir fingen an zu reden. Ich wollte gerne, dass Rudi bei der Geburt dabei sein konnte, und Christa wusste ein Krankenhaus, wo das möglich war. Christa hat ihr Kind im November 1967 bekommen und ich meines im Januar 1968. So war sie mir immer ein bisschen voraus und konnte mir sagen, was auf mich zukam. Ich hatte mit ihr bis zu ihrem Tod immer noch guten Kontakt.

Der Tod Benno Ohnesorgs hat damals für mich gezeigt, dass sie von der staatlichen Seite aus bereit waren zu töten, und ich fing an, Angst zu haben. Bis dahin konnte man protestieren, ohne sehr viel Angst, auch wenn es immer mal wieder schlimme Dinge gab, etwa wenn Polizeiautos ganz bewusst und aggressiv mitten in die Demonstration hineinfuhren. Aber dass die Polizei wirklich bewusst Menschen tötet, gab einem plötzlich das Gefühl, dass man in einen Bürgerkrieg verwickelt werden könnte. Andererseits sah man auch, dass sich Teile der Bevölkerung zum ersten Mal gegen die Polizei und gegen den Staat auflehnten. Darunter waren auch Menschen, die überhaupt nichts mit uns im Sinn hatten und die plötzlich fanden, dass es zu weit ging.

Rudi war sehr viel unterwegs, und ich hatte natürlich ein bisschen Angst, dass er nicht da sein würde, wenn es mit der Geburt losging. Er wollte zwar dabei sein, war aber trotzdem immer unterwegs. Eigentlich sollte das Baby Ende Dezember geboren werden. Doch es kam einfach nicht. Am zwölften Januar meinte der Arzt, die Geburt müsse eingeleitet werden. Ich kam an den Tropf, und sie haben die Fruchtblase angestochen. Als auch das nicht funktionierte, haben sie mir irgendetwas zu trinken gegeben. Gott weiß, was es war, aber man akzeptiert alles, weil man denkt, sie wissen, was sie tun. Und dann ging es ganz schnell. Rudi war dabei.

Bei der Vietnam-Demonstration im Februar 1968 musste ich erst Hosea versorgen. Ich konnte nicht gleich hingehen, weil er nicht aufhörte zu weinen. Ich bin dann sogar losgegangen, obwohl er noch nicht ruhig war, und hatte Schuldgefühle dabei. Das habe ich auch in meinem Buch beschrieben. Ich habe Rudi gesucht und bin dann auch mitgelaufen. Beim Vietnam-Kongress war ich aber nicht dabei, weil ich beim Kind bleiben musste. Er war ja erst ein paar Wochen alt. Ich habe eigentlich wenig von den Diskussionen, die dort liefen, mitbekommen, und deshalb hatte es nicht so viel Bedeutung für mich.

Es gibt ein Foto von Rudi, wo er Hosea wickelt, wie er es oft getan hat. Das war am Cosimaplatz, nicht die erste Wohnung, in der wir gewohnt haben, nachdem er geboren war, und wir blieben dort auch nur ein paar Wochen. Denn sobald bekannt wurde, wo wir wohnten, setzten Schikanen ein, mit denen wir inzwischen regelrecht verfolgt wurden. Dazu gehörte, dass durch unsere Fenster Rauchbomben geworfen wurden und an unsere Wohnungstür Scheiße geschmiert wurde. Wir mussten deshalb ständig umziehen.

Ich hatte wahnsinnige Angst, weil ich es inzwischen auch für möglich hielt, dass sie Rudi umbringen. Ich hatte ein kleines Kind und bekam kaum Schlaf, weil das Kind immer aufwachte. Das war eine sehr schwere Zeit für mich. Ich war so müde, dass ich immerzu hätten schlafen können. Aber wir hatten nur das eine Zimmer, und es war ziemlich eng. Mit der Zeit habe ich gefühlt, dass meine Identität allmählich zerstört wird. Vorher hatte ich Gedichte geschrieben und verstand mich im Grunde als Dichterin. Doch wenn du deine Sprache verlierst, ist das, was du vorher gewesen bist, einfach weg. Außerdem sind wir oft umgezogen, und ich habe dadurch viel verloren. Wenn man von seinen persönlichen Dingen umgeben ist, kann man sich viel besser zu der eigenen Geschichte verhalten. Aber viele von meinen Sachen waren weg.

Manchmal denke ich, dass es meine Rolle im SDS war, dass sie jemanden hatten, den sie hassen konnten. Natürlich war das nicht bei allen so, aber bei vielen von den Männern. Zu einigen von den Frauen hatte ich gute Beziehungen, zu Helga, meiner engsten Freundin, zu Rosemarie und Lisbeth, zu Gertrud, mit der ich am Anfang sehr viel geredet habe. Aber nachdem sie zur Kommune 2 gegangen war, haben wir uns nicht mehr gesehen. Das war wie ein Totalbruch. Es war eigentlich sehr traurig, dass die Menschen über diese Auseinandersetzungen so viele Freundschaften kaputt gehen ließen.

Ich denke, dass die Männer eifersüchtig auf mich waren, wenn ich auch nicht so ganz begreife, was in ihren Köpfen vorging und warum diese Situation so bedrohlich für sie war. Aber es gab noch etwas anderes. Rudi hatte einen Freund, Gaston Salvatore, der aus Chile kam und anders war als die Leute im SDS. Er wurde auch sehr diesem Hass ausgesetzt. Der Grund war sicher, dass er so eng mit Rudi befreundet war.

Es war, als ob Rudi ein Besitztum wäre, das sie alle haben wollten. Doch zwei Menschen standen ihnen dabei im Wege, ich und Gaston, sein bester Freund. Und es kam noch etwas anderes dazu. Rudi und ich überlegten, zusammen nach Amerika und Südamerika zu gehen. Wir hatten bereits angefangen zu besprechen, wie das zu realisieren wäre.

Nach Meinung mancher Männer im SDS bestand mein Einfluss auf Rudi darin, dass ich ihn abhalten wollte, politisch aktiv zu sein. Doch das stimmte überhaupt nicht. Natürlich habe ich versucht, Rudi in dem Sinne zu beeinflussen, dass er sehen konnte, wie sich die Männer gegenüber den Frauen verhielten. Denn die meisten waren vollständig blind dafür. Ich habe zu ihm gesagt, «wenn *ich* etwas sage, werden die Männer nur lachen, aber *du* könntest etwas sagen, und sie werden nicht lachen». Doch Rudi hat auch nichts getan, vielleicht weil er nicht genug Mut hatte.

Mit der Zeit gab es so viele Probleme für uns als Familie, dass es uns praktisch unmöglich gemacht wurde, hier zu leben. Die Bewegung war sehr schnell gewachsen, und es schien, dass sie noch weiter wachsen würde. Aber da waren auch die Auseinandersetzungen um uns herum, und zwar in erster Linie unter den Männern. Unter den Frauen, die ich kannte, fanden solche persönlichen und regelrecht feindseligen Auseinandersetzungen hingegen nicht statt.

Viele im SDS waren inzwischen gegen Rudi, natürlich nicht alle. Aber als er mit mir darüber redete, wurde er irgendwie traurig. Doch wenn ich sagte, «wir müssen hier weg. Es ist sinnlos für dich im SDS», dann meinte er nur, dass er eben noch mehr kämpfen müsse. Doch nach dem Vietnam-Kongress hat Rudi gesagt: «Okay, wir gehen.»

Wir hatten unsere Sachen schon verschickt, als das Attentat geschah. Für mich war es ein totaler Schock, als ich begriff, dass Rudi angeschossen worden war. Es ging erst ganz lange hin und her, weil nicht klar war, ob es ihn oder jemand anders getroffen hatte. Als es klar wurde, dachte ich, er sei tot, und habe nur geschrien, ganz lange nur geschrien.

Dann haben wir erfahren, dass er doch nicht tot ist. So genau kann ich mich an diese Situation nicht mehr erinnern, aber ich glaube sogar, dass der Polizist zuerst gesagt hat, dass er tot sei. Gaston war auch mit im Haus und hat angefangen herumzutelefonieren, und irgendjemand hat ihm schließlich gesagt, dass Rudi lebte. Irgendwie hat Gaston endlich herausgefunden, in welchem Krankenhaus er lag. Und dann sind wir hingegangen und saßen da. Der Arzt sagte, dass er eine Chance hätte, zu überleben. Aber er machte uns keine großen Hoffnungen, weil er so schwer am Kopf verletzt war. Ich saß nur da und konnte im Grunde gar nicht richtig denken.

Es war nur Schrecken, einfach nur Schrecken, und das Einzige, was mir bewusst wurde, war, dass mein Sohn zu Hause war. Er war erst drei Monate alt, und ich dachte, er wird Hunger haben, weil er gestillt wurde. Deswegen wollte ich nach Hause. Jemand hat mich hingefahren, und dann kamen wir wieder zurück und warteten weiter, bis die Operation fertig war. Das war wie ein Schweben im Nichts. Man sitzt da, nur mit diesem Horrorgefühl, aber ohne zu denken.

*Gretchen Dutschke nach dem Attentat auf Rudi Dutschke beim Verlassen der Klinik mit Gaston Salvatore, 11. April 1968*

Als der Arzt kam und sagte, die Operation sei überstanden, konnte man schon eher hoffen, dass er überlebt. Dann habe ich gefragt: «Wird er überhaupt wieder denken können, wenn sein Kopf so schwer verletzt ist?» Doch der Arzt sagte nur, das könne er mir nicht sagen. Aber mein Hauptgedanke war, dass er lebt.

### «Ich habe meine Bedürfnisse und Ziele total zurückgesteckt»

Er hat überlebt, aber schon bald konnte man sehen, was alles fehlte. Doch am wichtigsten war für mich, dass er wieder gesund wird und wieder richtig denken kann. Die nächsten zwei Jahre waren nur von diesem Gedanken bestimmt. Ich habe in dieser Zeit meine eigenen Bedürfnisse und Ziele total zurückgesteckt. Vielleicht sollte man so etwas von einem ideologisierten Frauenstandpunkt aus nicht tun. Aber ich habe Rudi geliebt, und finde es nicht falsch, dass man einige Jahre für jemanden seine Zeit und Energie hergibt.

Dann war Rudi so weit, dass er sich an der Universität in Cambridge beworben hat. Wir waren zu diesem Zeitpunkt schon in England. Doch um angenommen zu werden, musste er einen Aufsatz schreiben, weil sie sehen wollten, ob er überhaupt schon wieder denken konnte. Er hat mir diesen Aufsatz gezeigt. Doch was er geschrieben hatte, war ohne jeden Sinn. Ich habe lange mit ihm über Georg Lukács geredet, denn um seine

Theorien ging es in diesem Aufsatz, und reden konnte er ganz klar. Danach habe ich aufgeschrieben, was er mir sagte. Damit wurde er angenommen.

1971 habe ich in Berlin die Theologieprüfung gemacht. Nachdem sich Rudi erholt hatte, etwa ab 1973, war er oft die Hälfte der Zeit weg, und ich blieb allein mit den zwei Kindern Hosea Che und Polly in Dänemark, wo wir inzwischen wohnten. Ich hielt einige Seminare an der theologischen Fakultät in Åarhus. Aber eigentlich war ich nicht mehr gläubig und wollte lieber Ernährungswissenschaften studieren.

Schließlich bekam ich ein Stipendium, und auf den Rat eines Professors hin habe ich die Themen Theologie und Ernährung verbunden, indem ich die Ernährungsgewohnheiten im Zusammenhang mit den religiösen Geboten untersuchte. Das hat mir viel Spaß gemacht. Ich bin in verschiedene Länder gefahren und hatte schon viele Informationen gesammelt, um so etwas Ähnliches wie eine Doktorarbeit zu schreiben, als Rudi starb. Das ganze Material stand da, aufgereiht in Aktenordnern. Ich guckte es an und wurde krank. Ich konnte einfach nicht weiterarbeiten.

Dann kam mein drittes Kind, Marek, der nach dem Tod von Rudi geboren wurde. Es wurde mir immer klarer, dass ich wohl niemals in Dänemark eine passende Arbeit kriegen würde. Die Voraussetzungen waren einfach

*Gretchen und Rudi Dutschke in London, 1970*

nicht gegeben. Aber man hatte immerhin eine Sicherheit durch das Arbeitslosengeld. Trotzdem bin ich 1985 wieder nach Amerika zurück. Als ich dort ankam, war es vollständig fremd für mich. Ich habe eine Videoausbildung gemacht und ein großes altes Haus in Cambridge gekauft. Bis 1987 habe ich darin ganz erfolgreich ein «Bed and Breakfast» betrieben. Doch dann kamen fast keine Leute mehr, und ich musste eine Stelle als Sekretärin bei der theologischen Fakultät in Harvard annehmen. Die ganze Zeit überlegte ich, wie ich mich bloß von dieser Sklaverei befreien könnte. Ein Freund von Rudi erzählte mir von einem Institut in Hamburg, das Stipendien vergibt. Ich habe ihnen ein Forschungsexposé für ein Buch über Rudi geschickt und wurde angenommen. Natürlich habe ich mich wahnsinnig gefreut und zog 1990 mit meinem Sohn nach Hamburg.

Erst 1995 war das Buch fertig, konnte aber noch nicht herauskommen. Ich hatte es auf Deutsch geschrieben, und es musste noch einiges korrigiert werden. Da die Arbeitslosenunterstützung auslief und ich kein Einkommen hatte, musste ich Deutschland wieder verlassen und bin mit meinem Sohn zurück nach Amerika. Dann habe ich wieder als Sekretärin gearbeitet, bis das Buch 1996 rauskam. Es verkaufte sich ganz gut.

1999 ging ich zum Priesterseminar, um die Ausbildung zum Priester der Unitarier-Kirche zu machen. Da man bei dieser Kirche nicht unbedingt an Gott glauben muss, dachte ich, es wäre eine Perspektive für mich. Aber die Ausbildung dauerte länger, als ich es erwartet hatte, und ich wäre kaum vor dem Pensionsalter fertig geworden. Ich bin aber in dieser Kirche aktiv, beteilige mich an den sozialen und politischen Aktivitäten, da sie einen Gegenpol zu den religiösen Fundamentalisten in Amerika bildet.

Wieder einen Bezug zur Kirche zu haben ist schon so etwas wie eine Rückkehr zu den Anfängen. Andererseits sind die Fragestellungen völlig andere. Damals ging es darum, an Gott zu glauben, und um die Frage, ob dieser fundamentalistisch-christliche Weg meiner Eltern überhaupt Sinn macht. Das ist für mich keine Frage mehr. Jetzt geht es mir mehr um humanistische Fragen und Gesellschaftskritik. Diese Kirche steht der Gesellschaft kritisch gegenüber, ist sehr offen, und akzeptiert mehr oder weniger alle Religionen. Ich schreibe jetzt wieder ein Buch und behandle darin meine Kindheit und Jugend, indem ich diese christlich-fundamentalistische Religion, in der ich erzogen wurde, beschreibe.

Viele Leute haben mein Buch über Rudi inzwischen gelesen, und ich hoffe, dass es einigen von ihnen etwas bedeutet. Als ich mit 22 Jahren nach Deutschland kam, begriff ich mich als Dichterin, und mein Ziel war es, Bücher zu schreiben. Als dieses Buch endlich fertig war, war ich 53. Also hat es 30 Jahre gedauert, eine sehr lange Zeit. Aber es ist gelungen, und das ist schon wie ein Sieg.

Was mit unserer Familie geschehen ist, ist natürlich ein Resultat von '68. Aber solche Etiketten wie «68erin» sind meistens viel zu vereinfachend. Ich kann mich aber nicht als etwas bezeichnen, wovon ich nicht richtig weiß, was es bedeutet. Wir haben zwar damals irgendwie gewusst, dass es geschichtlich bedeutend sein wird, was wir tun. Doch auf der anderen Seite wurde mein Mann angeschossen, es war ein Schrecken und auch ein Kampf, der mich und die ganze Familie mit einem Schlag vollständig aus dieser öffentlichen Szene herausgeschleudert hat.

Ich hatte immer gedacht, ich könnte mit einem Mann zusammen, vielleicht sogar auch mit Rudi, meine eigene Identität finden. Er hatte sehr großes Verständnis dafür und war ein sehr angesehener Mensch. Ich hatte das Ziel oder vielleicht den Glauben, dass es möglich sein könnte, mit diesem Mann unsere gemeinsame Identität zu finden. Es war ein wahnsinniger Kampf, aber ich denke schon, dass ich während seines Lebens Fortschritte gemacht habe.

Die ersten Jahre nach dem Attentat habe ich meine Aufgabe nur darin gesehen, ihn wieder gesund zu machen. Danach habe ich allmählich versucht, mich selbst zurückzugewinnen. Doch durch seinen Tod hat sich alles vollständig geändert. Denn der Mensch, an dessen Seite ich das alles versuchen wollte, war nicht mehr da, und deswegen musste ich mich neu orientieren.

Ich denke, die Hauptsache, die ich vor dem Attentat richtig gemacht habe, war, diese Kommunediskussion einzuleiten. Wie alles, was man tut, hatte auch dies widersprüchliche Folgen. Aber die Idee, dass man anders leben könnte und dass man Solidarität im täglichen Leben üben kann, auch wenn man unterschiedlich ist, bleibt für die Menschheit wichtig. Also hat dieser Teil meines Engagements vielleicht schon etwas bewirkt.

Was die Kommune 1 daraus gemacht hat, war schon ein historisches Ding. Vielleicht wären wir mit unserer freundlichen und solidarischen Art gar nicht so medienwirksam gewesen. Ich finde es trotzdem irgendwie schade, dass Kunzelmann meine Idee geklaut und etwas ganz anderes damit gemacht hat. Natürlich gibt er es nicht zu, weil er ein Mann ist. Ich habe es auch in meinem Buch geschrieben, aber das glaubt oft niemand, jedenfalls nicht von den Männern. Ich hoffe, dass es wenigstens die Frauen glauben werden.

Mit Organisationen wie dem SDS konnte ich mich überhaupt nicht identifizieren. Eine sozialistische Gesellschaft, in der Privateigentum abgeschafft wird, war mir zu abstrakt. Aber wenn es darum ging, eine andere Form zu finden, wie man zusammenleben kann, zum Beispiel in einer Kommune, dann habe ich mich vollständig damit identifiziert.

1968 ist ein Einschnitt in der Geschichte, der auf jeden Fall als Kulturrevolution bezeichnet werden kann. Die Diskussion darüber ist noch nicht beendet, besonders jetzt, wo eine neue, politisch radikale Generation entsteht und aktiv wird. Heute ist jedoch die ökonomische Seite weit wichtiger als damals, und die Reaktion auf die Globalisierung wird die nächsten Jahrzehnte bestimmen.

Es war damals eine antiautoritäre Bewegung, die sich hauptsächlich mit autoritären Strukturen beschäftigt hat und mit der Frage, wie man sie niederreißen kann. Dazu gehörten auch die patriarchalischen Strukturen, die dadurch stark angeknackst wurden. Ich denke, dass Frauen heute einen ganz anderen Ausgangspunkt haben als vor dieser Bewegung, denn die Frauenbewegung ist ja aus der 68er-Bewegung entstanden.

Die Frauen waren bei allen Demonstrationen dabei. Sie waren sehr nötig und haben sich nie zurückgehalten. Die Männer auch nicht, aber die Frauen standen ja auch hinter ihnen und nicht nur dort, sie standen auch immer in der ersten Reihe. Die Erfahrungen der Frauen im SDS waren die Grundlage für spätere Aktionen, auch wenn damals noch keine daran gedacht hat, die Frauen selbst zum Gegenstand der Diskussion zu machen.

Die Frauen haben getippt und diese Dinge, die Frauen zugeordnet wurden, gemacht, zunächst ohne zu protestieren. Doch allmählich hat sich das geändert. Ich habe auch getippt. Frauensolidarität gab es nur sehr minimal, würde ich sagen, und in der Kommunediskussion gab es Frauen auf beiden Seiten. Richtige Frauensolidarität kam erst später, vielleicht als die Frauen anfingen, sich selbst mehr zum Thema zu machen.

Warum Rudi nichts über die Lage der Frauen im SDS gesagt hat, darüber kann ich nur spekulieren. Aus dem, was er selbst darüber geschrieben hat, schließe ich, dass er selbst nicht richtig gewusst hat, warum er es nicht getan hat. Ich denke, dass er einerseits wirklich nicht mutig genug war und dass er andererseits sehr stark fixiert war, auf seine marxistische Analyse und die Kategorien, in denen er gedacht hat.

Wenn jemand kam und sagte, «es gibt da noch eine andere Kategorie, die du gar nicht berücksichtigt hast», dann sagte er, «aber das sind Frauenprobleme. Ich kann zwar sehen, dass es ein Problem gibt, was ich noch nicht berücksichtigt habe, aber ich sehe nicht, wie das hineinpasst in das Denkgebäude, das ich schon habe.» Er hätte natürlich versuchen können, daran zu arbeiten. Aber das hat er nicht getan. Für mich hatte das zur Folge, dass ich mit dem SDS nichts zu tun haben wollte, zumal ich erlebt hatte, wie Frauen ausgelacht wurden.

Von ihm war ich sicher ein bisschen enttäuscht, aber ich habe gehofft, dass es mit der Zeit doch noch möglich wäre, dass er seine Denkweise ein bisschen ändert. Ich war auch manchmal einsam, weil Rudi so stark gefordert war. Aber ich habe mir nicht gewünscht, dass er etwas anderes ist, als das, was er war, denn ich habe ihn deswegen als Partner gewählt.

Es gibt viele Gründe, warum der SDS zerbrach. Ein wichtiger Grund ist sicher, dass die Frauen einfach nicht mehr mitmachen wollten, und es hatte auch Einfluss auf die Männer, als sie sahen, dass ihre Frauen ausstiegen. Die sektiererischen Gruppen, die dann entstanden, wurden immer dogmatischer. Außerdem ist die Bewegung sehr schnell gewachsen, und die Strukturen konnten das gar nicht auffangen. Ich glaube auch, dass die Eifersucht auf Rudi die Stimmung vergiftet hat.

Ich finde es gut, dass die Frauen jetzt zu Wort kommen sollen und dass die Rolle, die sie dort gespielt haben, dargestellt wird, weil sich in den letzten dreißig Jahren und bis heute alle Medien immer nur mit den Männern dieser Bewegung beschäftigt haben und man denken könnte, dass überhaupt keine Frauen dabei waren. Ich selbst möchte kein Vorbild sein, weil ich so viele Fehler gemacht habe. Ich habe mich immer als ziemlich einsamer Mensch gefühlt. Ich war weder ein Führer noch ein Mitläufer, sondern eher ein Einzelgänger.

Ich denke, man muss immer neu Sinn schaffen. Die Geschichte ändert sich, die gesellschaftliche Situation ändert sich, und wir müssen uns immer neu dazu verhalten.

# Nachwort

Die Protestbewegung von 1968 lag vor Beginn meiner politisch aktiven Zeit. Doch die Themen, die in dieser Zeit angestoßen wurden, bestimmten meine Jugend in sehr starkem Maße. Eines der wichtigsten Themen war der Vietnamkrieg.

Ich lebte damals in der fränkischen Provinzstadt Hof. Auf den dortigen «Hofer Filmtagen» wurden wichtige politische Dokumentarfilme gezeigt, und ich sehe mich noch in diesem Kinosaal sitzen, fassungslos, während auf der Leinwand amerikanische Soldaten aus Hubschraubern heraus vietnamesische Frauen in den Reisfeldern einfach abknallten. «Winter Soldier» hieß der Film.

Mein einschneidendstes Erlebnis war jedoch die erste Hofer Vietnam-Demo. Damals war ich sechzehn. Mein Vater hatte es zwar ausdrücklich verboten, aber ich ging trotzdem hin. Als er es herausfand, wurde er so wütend, dass er regelrecht ausrastete. Doch Politik war damals schon so wichtig für mich, dass ich bereit war, mich gegen ihn als Autorität aufzulehnen.

Die Welt stand uns als Frauen, wenn wir uns an der traditionellen Frauenrolle orientierten, damals wirklich nicht offen, unabhängig davon, ob wir eine solide Berufsausbildung oder ein Studium hatten, und erst recht nicht, wenn wir weder das eine noch das andere vorweisen konnten. Und als Mütter waren Frauen klar benachteiligt. Damals war mir vieles noch unklar, aber es gab ein starkes Unbehagen.

Geöffnet wurde die enge Welt des Frauenlebens für mich erst durch politisches Handeln. Sich für Politik zu interessieren und aktiv zu werden bedeutete zugleich eine Rebellion gegen das autoritäre, patriarchalische Herrschaftsgefüge, das Frauen auf die Rolle festlegte, sich nicht mit Politik beschäftigen zu dürfen. Darauf wollte ich mich nicht einlassen, und das brachte vieles ins Rollen.

Zu dieser persönlichen Bemerkung haben mich die Lebensgeschichten der Frauen angeregt, die hier in diesem Buch porträtiert werden. Diesen Frauen gilt mein allergrößter Dank. Nur aufgrund ihrer Offenheit konnte dieses Buch in der von mir geplanten Form zustande kommen. Denn sie waren bereit, auf sehr persönliche Weise zu erzählen, zu reflektieren und sich selbstkritisch zu betrachten. Sie haben mir auch in jeder nur erdenklichen Form bei der Beschaffung der Fotos geholfen, indem sie geduldig in ihren Fotokisten nach geeigneten Motiven suchten.

Mein Buch versteht sich als erster Schritt, um den Anteil der Frauen an der Bewegung von 1968 umfassend historisch aufzuarbeiten. Dazu bedarf es noch weiterer historischer Forschungsarbeit, im Westen und vor allem im Osten. Ich freue mich sehr darüber, dass es gelungen ist, wenigstens eine Protagonistin aus der ehemaligen DDR mit dabeizuhaben. Ihr Porträt ermöglicht Einblicke in eine Welt, die praktisch unerreichbar war.

Fast vier Jahre lang habe ich an diesem Thema gearbeitet. Aufgrund eines zweijährigen Forschungsstipendiums des Berliner Senats war es überhaupt möglich, ausführliche historische Recherchen anzustellen und Interviews mit Protagonistinnen zu führen. Der Berliner Senatsverwaltung für Arbeit, Berufliche Bildung und Frauen, Förderprogramm Frauenforschung, möchte ich deshalb ganz herzlich für die Unterstützung danken. Ohne solche Forschungsstipendien würden wichtige Arbeiten zum Thema Frauen- und Geschlechtergeschichte nicht geschrieben werden können.

Die Basis für die Interviews bildete ein von mir erarbeiteter Gesprächsleitfaden. Durch eine möglichst offene Befragungssituation konnten die Frauen ihr ganz persönliches '68 erzählen und ihre eigenen Schwerpunkte setzen.

Den fachlich Interessierten sei gesagt, dass ich bei der Textarbeit meine eigene Methode entwickelt habe, um die Interviews für ein breiteres Publikum lesbar zu machen. Die transkribierten Interviews wurden literarisiert, also vom schwerfälligen Interview- und Protokollstil befreit. Der Erzählcharakter, den ich als O-Ton-Stil bezeichnen möchte, da er an die mündliche Erzählform in Rundfunksendungen erinnert, blieb aber erhalten.

Die porträtierten Frauen erhielten die Möglichkeit, den Text ausgiebig zu prüfen und auch zu verändern. Das Interview bildete die Vorstufe, das Ergebnis waren die Porträts. Sie sind wie eine Autobiographie in der Ich-Form erzählt, unterscheiden sich aber in zwei wesentlichen Punkten: Der Text kam auf gezielte Befragung hin zustande, und die Auswahl der Erzählpassagen aus den sehr viel umfänglicheren Originalinterviews wurde von mir vorgenommen.

Während des Arbeitsprozesses entstand bei vielen Frauen der Wunsch, den Text zu verändern. Die Erinnerungen waren bei vielen klarer geworden. Manche Frauen wollten bestimmte Passagen nachträglich streichen oder kürzen. In der Erzählsituation mit mir als persönlichem Gegenüber war es noch stimmig gewesen, so offen und persönlich zu berichten. Doch in geschriebener Form wirkte manches zu persönlich, ja kompromittierend.

Für einige Frauen war es nicht ganz leicht, das «fertige» Porträt freizugeben und gewissermaßen loszulassen. Es freut mich wirklich außerordentlich, dass die Arbeit mit allen zu einem guten Ende gebracht werden konnte.

Viele Menschen haben mich auf diesem oft nicht ganz einfachen Weg begleitet, bei dem es einige Klippen zu umschiffen galt. Ihnen möchte ich ganz herzlich Dank sagen, allen voran meiner Lebensgefährtin. Sie haben mit Anteilnahme und konstruktiver Kritik das Werden dieses Buches unterstützt.

Ich möchte mich weiter ausdrücklich bei der Fotografin Susanne Schwarz bedanken, die nicht nur den Großteil der aktuellen Porträts aufgenommen hat, sondern auch alle erforderlichen Reproduktionen schnell und zuverlässig anfertigte. Auch den anderen Fotografen und Fotografinnen sei herzlich gedankt.

Eine äußerst große Hilfe beim Gelingen dieses Buches waren meine Agentin Heike Wilhelmi und mein Lektor Jens Dehning. Mein besonderer Dank gilt Verlagsleiterin Dr. Siv Bublitz, die das Thema so spannend fand, es in ihr Verlagsprogramm aufzunehmen.

# Kurzbiographien

**Karin Adrian** studierte nach dem Abitur 1967 Bühnen- und Kostümbild an der Staatlichen Akademie für Werkkunst und Mode (heute HdK) in Berlin. Im Mai 1968 wurde ihre Tochter geboren. Zeitweise lebte sie in einer Berliner Großkommune und beteiligte sich an zahlreichen Aktionen der Studentenbewegung. Im Asta der Akademie setzte sie sich für die Errichtung eines Kindergartens ein. Ende 1968 spielte sie für einige Monate bei Hoffmanns Comic Teater mit. Daraus entwickelte sich später die Gruppe Ton Steine Scherben. Nach einem Zweitstudium der Islamischen Kunstgeschichte in Bonn war sie beruflich zunächst einige Jahre im Bereich Kostüm- und Bühnenbild tätig. Seit 1978 arbeitet sie als freiberufliche Kunsthistorikerin, Autorin und Journalistin für Fernsehen, Funk und Printmedien. Sie hat einige kunstgeschichtliche Bücher geschrieben und übersetzt Sachbücher aus dem Amerikanischen und Französischen. Von 1997 bis 1999 war sie Direktorin des Hermann Hesse Museums in der Schweiz. Karin Adrian organisiert und kuratiert weltweit Ausstellungs- und Kulturprojekte, insbesondere im Bereich außereuropäische Kunst und Kultur. Derzeit schreibt sie selbst an einem Buch über die 68er-Bewegung.

**Erika Berthold** wurde am 15. August 1950 in Gera-Langenberg in Sachsen geboren. Sie sympathisierte mit den Reformbestrebungen in der Tschechoslowakei. Im Frühjahr 1968 befreundete sie sich mit Frank Havemann, dem Sohn des Dissidenten Robert Havemann. Beim Verteilen von Flugblättern gegen den Einmarsch in Prag wurde sie festgenommen und am 29. 10. 1968 wegen «staatsfeindlicher Hetze» zu 22 Monaten Haft verurteilt, die in eine Bewährungsstrafe umgewandelt wurden. Sie musste das Gymnasium verlassen, konnte aber ihre Ausbildung zur Buchhändlerin beenden. Im Frühsommer 1969 gründete sie zusammen mit Frank Havemann, Franziska und Gert Groszer die Kommune 1 Ost, die bis 1971 bestand. 1972 heiratete sie Frank Havemann. Ihre anfängliche Begeisterung für die Ideen von DDR-Dissidenten endete, als Fidel Castro den Einmarsch in Prag verteidigte. Zusammen mit ihrem späteren zweiten Mann Klaus Labsch ging sie in die Fabrikarbeit. Ende der siebziger Jahre trat Erika Berthold in die SED ein. Erika Berthold arbeitet als freie Lektorin für den Luchterhand Verlag, Neuwied. Sie hat mehrere Bücher veröffentlicht, zuletzt zusammen mit anderen bei Rowohlt «So sollst du sein», über den persönlichkeitsprägenden Wert von Familiengeschichten. Sie war zweimal verheiratet und ist Mutter von vier Kindern.

**Gretchen Dutschke-Klotz**, geborene Klotz, wurde 1942 in Oak Park bei Chicago/USA geboren. Schon früh schrieb sie ungewöhnliche Gedichte, weswegen sie als «Beatnik» bezeichnet wurde. Ihre Gedichte und philosophischen Cartoons wurden in der Zeitschrift des Wheaton College gedruckt, wo sie Philosophie studierte, und sie bekam Lyrikpreise. 1965 begann sie mit dem Theologiestudium an der Berliner FU. Schon bei ihrem ersten Besuch ein Jahr zuvor hatte sie Rudi Dutschke kennen gelernt. Mit ihm nahm sie an Treffen der «Subversiven Aktion» und des SDS teil. Den SDS hielt sie für viel zu patriarchalisch und zog sich daraus zurück. Zusammen mit einigen anderen Frauen gründete sie deshalb 1966 eine Frauengruppe. Im Frühjahr 1966 initiierte sie die ersten Berliner Kommunetreffen. Doch der große Einfluss von Dieter Kunzelmann, der eine andere Art von Kommune wollte, schreckte sie ab. Daher nahmen weder sie noch Rudi Dutschke an der Gründung der Kommune 1 und der Kommune 2 teil. Seit Frühjahr 1966 war Gretchen mit Rudi Dutschke verheiratet. Im Januar 1968 wurde ihr Sohn Hosea Che geboren. Am 11. April 1968 wurde Rudi Dutschke bei einem Attentat schwer verletzt. Sie steckte eigene Ziele zurück und half ihm, wieder gesund zu werden. 1971 legte sie ihr Theologieexamen ab. Seit 1973 hielt sie in Åarhus in Dänemark theologische Seminare und begann mit einer Forschungsarbeit. Am 24. Dezember1979 starb Rudi Dutschke an den Folgen des Attentats, und sie brach ihre wissenschaftliche Arbeit ab. 1985 ging sie mit ihren drei Kindern in die USA zurück. 1990 erhielt sie ein Stipendium, um die Biographie ihres Ehemannes zu schreiben, die 1996 erschien. Gretchen Dutschke-Klotz lebt heute in den USA. Sie engagiert sich in der unitarischen Kirche und schreibt ein Buch über ihre vom christlichen Fundamentalismus geprägte Kindheit.

**Sigrid Fronius** wurde 1942 in Kronstadt/Rumänien geboren. 1962 begann sie mit dem Studium an der FU Berlin in Geschichte und Französisch. Sie schloss sich 1963 dem «Argument-Club» an, kandidierte 1965 auf der Liste des SDS für den Konvent und wurde 1966 Hochschulreferentin in Asta. Sie war 1967 die Initiatorin und Koordinatorin der «Kritischen Universität» in Berlin. Am 8. Mai 1968 wurde Sigrid Fronius im studentischen Konvent mit 32 von 60 Stimmen zur ersten Asta-Vorsitzenden der Berliner FU gewählt und war in dieser Position eine der wenigen Frauen in der BRD. Nach einem halben Jahr trat sie, wie vorher angekündigt, wieder ab, um ihr Studium fortsetzen zu können. Weil sie bei einer Rektoratsbesetzung am 10. Juli 1968 eine Scheibe eingeschlagen hatte, wurde sie zu zwei Monaten Haft verurteilt, die zur Bewährung ausgesetzt wurden. Im Frühjahr 1969 ging sie zum Arbeiten in die Fabrik und war mit einigen anderen Vorreiterin einer regelrechten Bewegung. 1970 schloss sie sich der Proletarischen Linken/Partei-Initiative an, kehrte ihr aber schon 1971 wegen des um sich greifenden Dogmatismus den Rücken. Nach ihrem Studienabschluss als Volksschullehrerin ging sie 1973 für zwei Jahre nach Chile und Argentinien. Wieder in Berlin, schloss sie sich der Frauenbewegung an und gründete 1976 zusammen mit anderen die feministische Zeitschrift «Courage». 1979 bis 1982 arbeitete sie als pädagogische Leiterin beim Deutschen Entwicklungsdienst (DED). Im Herbst 1983 wanderte sie nach Bolivien aus und lebt dort auf einem großen Gartengrundstück im subtropischen Teil der Anden. Sie betreibt ein kleines Hotel und plant eine Landkommune mit indianischen Freunden.

**Sarah Haffner** wurde am 27. Februar 1940 in Cambridge, England, als Margaret Pretzel geboren. Ihre Eltern waren nach England emigriert, weil die Mutter wegen ihrer jüdischen Abstammung verfolgt wurde. Um seine Familie in Deutschland zu schützen, benannte sich ihr Vater um in Sebastian Haffner. 1954 zog die Familie zurück nach Berlin. 1956/57 besuchte Sarah Haffner die Meisterschule für das Kunsthandwerk, anschließend die Hochschule der Künste in Berlin. 1960 wurde ihr Sohn David geboren, weswegen sie ihr Studium abbrach, jedoch weiterhin malte. 1965 fand ihre erste Einzelausstellung statt. Von ihr stammen zwei der bekanntesten politischen Bilder der APO, das «Stilleben für die Große Koalition» und das «Bildnis eines Bücherregals der bürgerlichen Linken». Ende 1969 ging sie mit ihrem Sohn nach England zurück und arbeitete an einer Kunstschule. 1971 zog sie wieder nach Berlin, war dort zehn Jahre lang Dozentin an der Ersten Staatlichen Fachschule für Erzieher und hatte von 1980 bis 1986 einen Lehrauftrag an der Hochschule der Künste. Seit 1986 ist sie freischaffende Malerin und hatte bisher 40 Einzelausstellungen. Sarah Haffner hat zahlreiche Artikel in Zeitschriften und mehrere Bücher geschrieben. 1976 war sie beteiligt an der Gründung des ersten autonomen Frauenhauses in Berlin und gab 1976 das Buch «Frauenhäuser. Gewalt in der Ehe und was Frauen dagegen tun» heraus. Sie ist Autorin des ersten deutschen Films zu diesem Thema mit dem Titel: «Schreien nützt nichts. Brutalität in der Ehe». Zu den Arbeiten von Sarah Haffner gibt es mehrere Ausstellungskataloge. 2001 erschien ihr autobiographischer Erzählband «Eine andere Farbe» im Transit Verlag.

**Frigga Haug,** geborene Langenberger, kam am 28. November 1937 in Mülheim an der Ruhr zur Welt. 1957 begann sie mit dem Studium der Soziologie an der Berliner FU, war Mitglied im Studentenkonvent, im «Argument-Club» und im SDS. Nach der Geburt ihrer Tochter 1963 brach sie die ihr Studium ab und ging nach Köln. 1965 kehrte sie mit Kind nach Berlin zurück und engagierte sich erneut beim «Argument» und im SDS. 1966 heiratete sie in 2. Ehe den «Argument»-Herausgeber Wolfgang Fritz Haug. 1968 schloss sie sich dem «Aktionsrat zur Befreiung der Frauen» an und wurde dort zur Gegenspielerin von Helke Sander. 1971 nannte sich der Aktionsrat um in «Sozialistischer Frauenbund West-Berlin». Frigga Haug war bis zu seiner Auflösung 1980 Mitglied. 1971 beendete sie ihr Soziologie-Studium, promovierte und habilitierte sich. Von 1978 bis Februar 2001 lehrte sie an der Hochschule für Wirtschaft und Politik in Hamburg. Sie wurde mehrfach als Gastprofessorin ins Ausland eingeladen. Frigga Haug hat viele Bücher und Artikel zu ihren Forschungsschwerpunkten Frauenvergesellschaftung, Frauenpolitik, empirische Methoden und Arbeit veröffentlicht. Sie ist unter anderem Mitherausgeberin der Zeitschrift «Das Argument» und Redakteurin beim 15-bändigen Historisch-Kritischen Wörterbuch des Marxismus. 1988 rief sie die erste deutsche Frauenkrimireihe, die Ariadne-Krimis, ins Leben.

**Christel Kalisch,** geborene Bookhagen, kam am 2. Januar 1947 in Berlin zur Welt. Nach dem Abitur studierte sie von 1967 bis 1969 Soziologie an der FU Berlin und wechselte dann auf die Pädagogische Hochschule, um Lehrerin zu werden. Im Januar 1968 zog sie in die Kommune 2, die als «Politkommune» galt und vor allem durch ihre psychoanalytischen Sitzungen bekannt war. Am 1969 gemeinsam verfassten Buch, «Kommune 2, Versuch der Revolutionierung des bürgerlichen Individuums. Kollektives Leben und politische Arbeit verbinden», arbeitete Christel Kalisch ebenso mit, wie am Artikel über «Kindererziehung in der Kommune» im legendären Kursbuch 17. Anfang 1969 endete das Experiment Kommune 2. Christel Kalisch arbeitete in der Basisgruppe Wedding mit und Anfang der 70er Jahre bei Osram in der Produktion. 1970 schloss sie sich der KPD/ML an. Von 1973 bis 1980 arbeitete sie als Lehrerin an einer Schöneberger Hauptschule, wurde Beamtin und ließ sich 1980 wegen der Erziehung ihrer beiden Kinder beurlauben. Noch im selben Jahr begann sie mit der Ausbildung zur Heilpraktikerin. Seit 1984 praktiziert sie, heute in eigener Praxis im Akupunkturzentrum Berlin-Mitte, mit den Schwerpunkten Akupunktur, Homöopathie und Qigong. Sie ist Dozentin der Medizinischen Gesellschaft für Qigong-Yangsheng in Bonn. Christel Kalisch ist seit 1974 verheiratet und hat zwei Kinder.

**Hedda Kuschel,** geborene Spaeth, kam am 11. August 1940 in Berlin zur Welt. Nach der mittleren Reife machte Hedda Kuschel eine Lehre in einer Gestaltungswerkstatt in Stuttgart. 1958 brach sie die Lehre ab und heiratete einen freischaffenden Maler. Sie bekam drei Kinder. 1965 zog die Familie nach Berlin. 1967 fing Hedda Kuschel an, mit Drogen zu experimentieren. Sie beteiligte sich an Demonstrationen und initiierte zusammen mit anderen, in erster Linie Müttern, die Kinderbetreuung beim Internationalen Vietnam-Kongress in Berlin. Im Anschluss daran gründete sie mit einer Gruppe von Eltern einen antiautoritären Kinderladen in der Jebensstraße in Berlin. Sie beendete ihre Ehe. Die nächsten Jahre waren bestimmt vom Leben in verschiedenen Kommunen, Drogenkonsum und von politischen Aktivitäten, unter anderem zusammen mit militanten Gruppen. 1970 machte Hedda Kuschel ihren ersten erfolglosen Drogenentzug. Seit Dezember 1974 lebt sie ohne Drogen. Von 1979 bis 1987 fuhr sie Taxi. Mehrere Jahre lang unterstützte sie politische Gefangene aus der RAF und der Bewegung 2. Juni. Sie selbst hatte mehrere Ermittlungsverfahren wegen § 129a, «Unterstützung und Werbung für eine terroristische Vereinigung», die niedergeschlagen wurden. Seit 1998 arbeitet Hedda Kuschel in einer Drogenberatungsstelle.

**Dagmar Przytulla,** geborene Seehuber, kam am 1. Februar 1938 in München zur Welt. Nach der mittleren Reife wurde sie Sekretärin. 1964 schloss sie sich in München einem Arbeitskreis an, der Texte sozialistischer Klassiker las. Im Sommer 1965 lernte sie Dieter Kunzelmann kennen und zog bald darauf zu ihm. Obwohl die Beziehung beendet wurde, ging sie im Herbst 1966 nach Berlin, um zusammen mit ihm und anderen die legendäre Kommune 1 zu gründen. Sie beteiligte sich an wichtigen Aktionen der K 1, an zahlreichen Demonstrationen und Aktionen der APO und wurde mehrmals verhaftet. Dagmar Przytulla gehört zu den sieben Erwachsenen aus den Kommunen 1 und 2, die sich auf dem bekannten Nacktfoto ablichten ließen. Im Sommer 1967 verließ sie die K 1 und ging zurück nach München, wo sie weiterhin in der APO aktiv war. Am 10. Februar 1969 wurde ihre Tochter geboren, die spastisch gelähmt ist. Fortan engagierte sich Dagmar Przytulla sehr stark in der Arbeit mit behinderten Menschen. Im Alter von 37 Jahren machte sie das Fachabitur und studierte Sozialpädagogik. Von 1980 bis Februar 2001 arbeitete sie in der Beratungsstelle für Schwangerschaftsfragen des Referates für Gesundheit und Umwelt der Stadt München. Nach ihrer Pensionierung im April 2001 ging Dagmar Przytulla zusammen mit ihrem Ehemann für ein Jahr im Wohnwagen nach Spanien.

**Elsa Rassbach** wurde am 15. Juni 1943 in Detroit/USA in einer deutsch-amerikanischen Familie geboren. Nach ihrem Abschluss auf dem Smith-College ging sie 1965 nach Berlin, wo sie bis 1968 als DAAD-Stipendiatin Religionswissenschaft, Philosophie und Kunstgeschichte studierte. 1968 begann sie mit dem Studium an der Deutschen Film- und Fernsehakademie in Berlin, um politische Dokumentarfilme zu drehen. 1966 engagierte sich Elsa Rassbach in der «US-Campaign to End the War in Vietnam», organisiert von amerikanischen Bürgern in Berlin. 1968 schloss sie sich den amerikanischen SDS an. Sie arbeitete an der Berliner Zeitschrift für amerikanische Soldaten mit, und diese GI-Arbeitsgruppe blieb lange ihr politischer Schwerpunkt. 1972 ging sie zurück in die USA. Als erster weiblicher «Executive Producer» und «Story Editor» der größten öffentlich-rechtlichen Fernsehanstalt entwickelte sie ab 1975 eine Reihe von zehn Spielfilmen über die Geschichte der Arbeiterbewegung in Amerika, die aber nur zum Teil verwirklicht werden konnten. 1977 gründete sie ihre eigene Produktionsfirma und realisierte unter anderem den Spielfilm «The Killing Floor», der in Cannes gezeigt wurde. Derzeit arbeitet sie an verschiedenen Projekten. Elsa Rassbach lebt seit 1995 mit ihrem 17-jährigen Sohn wieder in Berlin. Seit drei Jahren trifft sie sich regelmäßig mit anderen 68ern und 68erinnen einer Biographiegruppe. Sie ist unter anderem Mitglied der «Writers Guild of America» und der «New York Women in Film».

**Elke Regehr** wurde am 8. Februar 1935 in Elbing in Ostpreußen geboren. Nach der Flucht in den Westen 1945 lebte die Familie in Düsseldorf. Nach dem Abitur 1954 studierte sie Kunst, zunächst in Stuttgart und dann in Berlin. 1961 machte sie Examen und lebte als freischaffende Künstlerin. Seit 1967 nahm sie regelmäßig an den Sitzungen des Berliner SDS teil, ohne Mitglied zu sein. Als Graphikerin gestaltete sie zahlreiche bekannte Plakate, Aufkleber und Raubdrucke, die sie auch verkaufte. Für die «Kritische Universität» 1967 in Berlin organisierte sie den Arbeitskreis zu Schriften von Max Horkheimer und Wilhelm Reich. Von 1969 bis 1971 arbeitete sie in einem der Kinderläden mit. Angeregt durch diese Arbeit absolvierte sie ab 1970 ein Psychologiestudium und eine Ausbildung zur Analytikerin und Gruppentherapeutin. Seit ihrem Umzug nach München 1976 betreibt Elke Regehr eine eigene Praxis als Analytikerin, Gruppen- und Kindertherapeutin. In den achtziger und neunziger Jahren beteiligte sie sich an der Friedens- und Umweltbewegung. Sie forscht über die Ursachen von Krieg, Gewalt, Umweltzerstörung und Terrorismus aus sozialpsychologischer Sicht und über das Phänomen rechter Jugendgewalt. Dabei interessierte sie sich besonders für die Verantwortung der Frauen und Mütter und hat dazu einige Artikel in Fachzeitschriften veröffentlicht. Elke Regehr arbeitet auch an einer Dissertation aus diesem Themenbereich. Ihre Arbeiten als Malerin waren und sind seit 1961 bei zahlreichen Einzel- und Gemeinschaftsausstellungen zu sehen.

**Helke Sander** wurde am 31. Januar 1937 in Berlin geboren. Nach dem Abitur besuchte sie die Schauspielschule an den Hamburger Kammerspielen. 1959 heiratete sie in Finnland, und ihr Sohn wurde geboren. Ab 1962 arbeitete sie dort als Regisseurin an verschiedenen Theatern und bei zwei Fernsehsendern. 1965 kehrte sie mit ihrem Sohn nach Berlin zurück und begann 1966 mit dem Studium an der Deutschen Film- und Fernsehakademie in Berlin (dffb). 1967 trat sie in den SDS ein. Im Januar 1968 gründete sie zusammen mit anderen den «Aktionsrat zur Befreiung der Frauen», aus dem die ersten Berliner Kinderläden hervorgingen. Am 13. September 1968 hielt sie die legendäre Rede bei der 23. SDS-Delegiertenkonferenz, in deren Folge aus Protest gegen die Ignoranz der Genossen die sprichwörtlichen Tomaten flogen und in vielen Städten Frauengruppen gegründet wurden. Ende 1969 war sie Mitgründerin der Frauengruppe «Brot und Rosen», die 1972 das Frauenhandbuch Nr. 1 herausgab, mit ersten gründlichen Informationen über Verhütung und Abtreibung in der BRD. Helke Sander hat bisher zahlreiche Filme gedreht, die auf vielen nationalen und internationalen Festivals liefen und viele Auszeichnungen und Preise erhielten. Sie war 1973 Mitbegründerin des ersten Frauenfilmfestivals in Deutschland und 1974 Gründerin und bis 1980 Herausgeberin der feministischen Filmzeitschrift «frauen und film». Die Zeit um 1968 bildet den Hintergrund der Filme «Brecht die Macht der Manipulateure» über die Springer-Kampagne (1968) und «der subjektive faktor» (1981) über die Entstehung des Aktionsrates. Ihr neuester Dokumentarfilm von 2001 trägt den Titel «Dorf». Seit den 80er Jahren ist Helke Sander auch als Autorin tätig. Von 1981 bis Frühjahr 2001 war sie als Professorin an der Hochschule für Bildende Künste in Hamburg. In verschiedenen Ländern in Europa, Asien, Australien und Amerika wurde ihre Arbeit in Filmretrospektiven gewürdigt.

**Susanne Schunter-Kleemann** wurde am 2. Mai 1942 in Berlin geboren. 1962 begann sie mit dem Studium der Soziologie, Politikwissenschaften, Philosophie und Psychologie in Marburg. 1963 wechselte sie an die FU Berlin. Im Frühjahr 1964 trat sie dem SDS bei und beteiligte sich in den nächsten Jahren an vielen Aktionen und Demonstrationen der Studentenbewegung. Als Leiterin des SDS-Arbeitskreises «Hochschule» gehörte sie seit Februar 1965 dem Berliner SDS-Landesbeirat an. 1965 und 1966 wurde sie für den SDS in den Konvent, die damalige Studentenvertretung, gewählt. 1968 beendete sie ihre Diplomarbeit über «Ursachen und Folgen amerikanischer Studentenproteste», die 1971 bei der Edition Suhrkamp veröffentlicht wurde. 1971 heiratete sie den Kunstmaler Peter Schunter und lebte mit ihm und seiner Tochter Judith zusammen. Anfang der siebziger Jahre engagierte sie sich für die maoistische KPD, stellte die politische Arbeit aber zugunsten ihrer Dissertation zurück. Seit 1976 ist Susanne Schunter-Kleemann Hochschullehrerin in Bremen im Fachbereich Wirtschaft und hat zahlreiche Bücher und Artikel über die europäische Arbeitsmarkt-, Sozial- und Geschlechterpolitik veröffentlicht, neuerdings auch zum Thema Gender Mainstreaming. Politisch engagierte sie sich in der Gewerkschaft Erziehung und Wissenschaft (GEW) und in der Deutschen Kommunistischen Partei (DKP). 1994 kandidierte sie als Parteilose auf der Liste der PDS für das Europaparlament.

**Annette Schwarzenau,** geborene Siepmann, kam am 30. August 1943 in Bünde in Westfalen zur Welt. Sie brach das Gymnasium ab, machte eine Optikerlehre und eine Ausbildung zur Krankenschwester. Mit 22 Jahren heiratete sie, und 1966 wurde ihr Sohn geboren. Sie lebte mit Mann und Kind in Tübingen, arbeitete als Krankenschwester und orientierte sich am SDS. Auf ihre Initiative hin störte eine Gruppe von Leuten 1967 den Tübinger Weihnachtsgottesdienst als Protest gegen den Vietnamkrieg. Im Frühjahr 1967 zog sie mit Mann und Kind nach Berlin. Der Sohn kam in einen Kinderladen, sie war Delegierte im «Zentralrat der Kinderläden». Beim «Anschlag» auf die «Stern»-Redaktion im Jahr 1969, als Protest gegen die Berichterstattung über Kinderläden, war sie federführend beteiligt. Ende der sechziger Jahre wirkte sie am erfolgreichen «Haubenkampf» der Krankenschwestern mit. 1971 trennte sie sich von ihrem Mann, der Sohn blieb beim Vater. Annette Schwarzenau wurde Funktionärin bei der ÖTV, Abteilung Krankenpflege, und organisierte zahlreiche Veranstaltungen und Demonstrationen. Von 1972 bis 1980 arbeitete sie in der SEW mit, bis sie wegen mangelnder Linientreue ausgeschlossen wurde. Ihre berufliche Laufbahn verlief von der Stationsschwester bis zur Pflegeheimleitung. Von 1985 bis 1995 war sie für die Berliner Grünen als Gesundheitsstadträtin tätig. Seit 1996 ist sie im einstweiligen Ruhestand und engagiert sich in verschiedenen Bereichen ehrenamtlich.

## Zeittafel

| | |
|---|---|
| 1. Januar 1967 | Drei Frauen und fünf Männer gründen nach monatelangen Diskussionen in Berlin die Kommune 1. |
| 25. März 1967 | Am Rande einer Demonstration für Abrüstung wird das Amerika-Haus in Berlin mit roten Farbbeuteln beworfen. |
| 5. April 1967 | Kurz vor der Ausführung wird das «Pudding-Attentat» der Kommune 1 in Berlin auf den amerikanischen Vizepräsidenten Hubert Humphrey vereitelt. |
| 3. Mai 1967 | Die Kommune 1 wird aus dem Berliner SDS ausgeschlossen. |
| 1. Juni 1967 | Bahman Nirumand spricht in Berlin bei einem Teach-in über die politische Situation in seinem Heimatland Persien und die Machenschaften des persischen Geheimdienstes SAVAK. |
| 2. Juni 1967 | Der Schah von Persien, Resa Pahlewi, besucht mit seiner Frau Farah Diba Berlin. Bei den Demonstrationen kommt es zu schweren Übergriffen durch lattenbewehrte «Jubelperser». Die Polizei sieht tatenlos zu. Am Abend zwingt die Polizei die Demonstranten durch die so genannte Leberwursttaktik in eine enge Gasse zwischen den Absperrungen und prügelt auf sie ein. In einem Hinterhof des Hauses Krumme Straße 66/67 schießt der Kriminalobermeister Karl-Heinz Kurras auf den Studenten Benno Ohnesorg und verletzt ihn schwer. Ohnesorg stirbt kurz darauf. |
| Juli 1967 | In Frankfurt gründen Eltern eine Kinderschule. |
| 10. Juli 1967 | Herbert Marcuse kommt zu vier Vorträgen nach Berlin, die unter dem Motto stehen «Das Ende der Utopie». |
| August 1967 | Die Gruppe, die sich seit Februar Kommune 2 nennt, zieht aus dem Berliner SDS-Zentrum aus und vollzieht auch räumlich den Schritt zur Kommune 2, mit dabei drei Frauen, vier Männer und zwei Kinder. |
| 17. Oktober 1967 | Uraufführung von «The American Tribal Love-Rock Musical» in New York, das als Musical «Hair» weltweit Riesenerfolge erzielte (dt. Erstaufführung 24.10.1968 in München). |

| | |
|---|---|
| 1. November 1967 | Die «Kritische Universität» (KU) wird in Berlin gegründet. |
| 28. November 1967 | In Berlin wird der Prozess gegen Fritz Teufel eröffnet, dem vorgeworfen wird, bei der Demonstration gegen den Schah Steine geworfen zu haben. Über 1000 Menschen demonstrieren vor dem Gerichtsgebäude und werden mit Wasserwerfern auseinander getrieben. |
| 24. Dezember 1967 | Rudi Dutschke spricht während des Weihnachtsgottesdienstes in der Berliner Gedächtniskirche über den Vietnamkrieg. Nach Verlassen der Kirche wird er niedergeschlagen. In Tübingen stören Mitglieder der APO den Weihnachtsgottesdienst mit Spruchbändern. |
| 26. Januar 1968 | Erste Frauenversammlung an der Berliner TU: Beschluss zur Gründung erster selbst organisierter Kinderläden. |
| Januar 1968 | In Berlin wird der «Aktionsrat zur Vorbereitung der Befreiung der Frauen» gegründet, der sich schon bald umbenennt in «Aktionsrat zur Befreiung der Frauen». |
| 30. Januar 1968 | Im Verlauf der «Tet-Offensive» dringen Vietcong-Streitkräfte bis nach Saigon vor. Die US-Regierung willigt in die Aufnahme von Friedensgesprächen ein. |
| 17. Februar 1968 | Internationaler Vietnam-Kongress in Berlin: Zum ersten Mal organisieren Mütter eine Kinderbetreuung bei einer Großveranstaltung der APO. |
| 18. Februar 1968 | Große Vietnam-Demonstration in Berlin mit 12000 Teilnehmenden: Das vom Senat verhängte Demonstrationsverbot war gerichtlich aufgehoben worden. |
| 21. Februar 1968 | DGB, Berliner Senat und der Springer-Konzern rufen zu einer Gegenkundgebung auf unter dem Motto «Berlin darf nicht Saigon werden!» Es beteiligen sich ca. 60000–80000 Menschen. Auf den Transparenten steht: «Dutschke Volksfeind Nummer 1». |
| 16. März 1968 | Massaker im südvietnamesischen Dorf My Lai durch US-Soldaten der «Charlie-Kompanie». Über 100 Frauen und Kinder werden erschossen. |
| 2. April 1968 | Beate Klarsfeld ruft von der Zuschauertribüne des Deutschen Bundestags «Nazi-Kiesinger abtreten!». |
| 2./3. April 1968 | Gudrun Ensslin und Andreas Baader legen in zwei Frankfurter Kaufhäusern Brandsätze, um gegen den Vietnamkrieg zu protestieren. |
| 4. April 1968 | Martin Luther King wird in Memphis/USA ermordet. In vielen Städten der USA kommt es zu schweren Unruhen. |
| 6. April 1968 | Neue Verfassung für die DDR: «Mann und Frau sind gleichberechtigt, haben die gleiche Rechtsstellung in allen Bereichen des gesellschaftlichen, staatlichen und persönlichen Lebens. Die Förderung der Frau, besonders in der beruflichen Qualifikation, ist eine gesellschaftliche und staatliche Aufgabe.» Trotz des Gleichberechtigungsparagraphen im Grundgesetz gilt in der BRD noch bis 1977 die «Hausfrauenehe». Das heißt, die Ehefrau durfte nur berufstätig sein, soweit dies mit ihren Pflichten in Ehe und Familie vereinbar war (BGB, § 1356, Ehegesetz von 1957). |
| 8. April 1968 | Das Reformprogramm der tschechoslowakischen Kommunisten um Alexander Dubček wird veröffentlicht. Der «Prager Frühling» beginnt. |
| 11. April 1968 | Der Arbeiter Josef Bachmann aus München verletzt Rudi Dutschke |

| | |
|---|---|
| | mit drei Schüssen lebensgefährlich. In der ganzen Bundesrepublik kommt es zu Straßenschlachten, die Auslieferung der «Springer-Zeitungen» wird gestört. Die Osterunruhen sind die bis dahin schwersten Auseinandersetzungen zwischen Polizei und Demonstranten. |
| Mai/Juni 1968 | Pariser Mai: Die französischen Gewerkschaften schließen sich den protestierenden Studenten an. Es kommt zum Generalstreik. Staatspräsident de Gaulle steht kurz davor, den Aufstand durch das Militär niederschlagen zu lassen. |
| 9. Mai 1968 | Beate Klarsfeld kündigt bei einer Diskussionsveranstaltung im Audimax der Berliner TU an, sie werde Bundeskanzler Kiesinger ohrfeigen. |
| 11. Mai 1968 | Als Höhepunkt der Anti-Notstands-Bewegung findet der Sternmarsch auf Bonn statt, organisiert vom Kuratorium «Notstand der Demokratie». Es beteiligten sich mehr als 60000 Menschen. Die Gewerkschaften halten in der Dortmunder Westfalenhalle mit 15000 Teilnehmerinnen und Teilnehmern ihre eigenen Veranstaltung ab, unter dem Motto «Keine Notstandsgesetze». Der vom SDS erhoffte Aufruf der Gewerkschaften zum Generalstreik ist damit in weite Ferne gerückt. |
| 30. Mai 1968 | Der deutsche Bundestag verabschiedet die Notstandsgesetze. |
| 3. Juni 1968 | Die lesbische Schriftstellerin und Feministin Valerie Solanas verübt ein Attentat auf den Künstler Andy Warhol und verletzt ihn schwer. Sie war Mitbegründerin der SCUM, der «Gesellschaft zur Vernichtung der Männer» und schrieb das gleich lautende Manifest, das hohe Auflagen erzielte. |
| 5. Juni 1968 | Robert Kennedy wird ermordet. |
| 10. August 1968 | In Berlin wird der «Zentralrat der Kinderläden» gegründet. |
| 20.–21. August 1968 | Einmarsch der Warschauer-Pakt-Staaten in Prag und gewaltsames Ende des Prager Frühlings. |
| 21. August 1968 | In Erfurt, Weimar und Zwickau protestieren Jugendliche gegen den Einmarsch in Prag. In Berlin werden einige junge Leute festgenommen, die versucht hatten, Flugblätter zu verteilen. |
| 13. September 1968 | 23. SDS-Delegiertenkonferenz in Frankfurt/Main: Rede von Helke Sander und Tomatenwurf von Sigrid Rüger. |
| Oktober 1968 | In Vietnam endet die Operation «Rolling Thunder». Seit März 1965 hatte die US-Armee den Norden Vietnams mit einem Flächenbombardement überzogen, bei dem doppelt so viele Bomben fielen wie im Zweiten Weltkrieg. In Paris beginnen nun die Friedensverhandlungen und der Abzug der US-Truppen. |
| 12. Oktober 1968 | Frauen aus dem Frankfurter SDS stören die Festversammlung in der Frankfurter Paulskirche zu «50 Jahre Wahlrecht der Frauen». Im Anschluss gründen sie den «Aktionsrat zur Befreiung der Frau, Gruppe Frankfurt», schon bald umbenannt in «Frankfurter Weiberrat». |
| 4. November 1968 | Bei der «Schlacht am Tegeler Weg» in Berlin anlässlich des Ehrengerichtsverfahrens gegen den Rechtsanwalt Horst Mahler zwingen die rund 1000 Demonstranten erstmals die Polizei zur Flucht. |
| 7. November 1968 | Beate Klarsfeld ohrfeigt Bundeskanzler Kiesinger während des CDU-Parteitages in der Berliner Kongresshalle. |
| 20. November 1968 | Der Frankfurter Weiberrat verteilt auf der 24. SDS-Delegiertenkonferenz in Hannover das «Schwänzeflugblatt». |
| 31. Dezember 1968 | Die KPD/ML (Marxisten-Leninisten) wird gegründet. |

| April – Juni 1969 | An Hochschulen in West-Berlin und im Bundesgebiet sprengen protestierende Studenten Vorlesungen, vereinzelt werden Institute und Rektorate besetzt und von der Polizei geräumt. |
|---|---|
| Frühsommer 1969 | Erika Berthold, Frank Havemann, Franziska und Gert Groszer gründen die Kommune 1 Ost. |
| 11.–13. Juni 1969 | Frauenkongress in der DDR: «Der Frauen Herz, Wissen und Tat für einen sozialistischen Friedensstaat». |
| Juni 1969 | Kursbuch 17 erscheint zu «Frau – Familie – Gesellschaft», u. a. mit Beiträgen der Kommune 2 zur Kindererziehung und von Karin Schrader-Klebert über «Die kulturelle Revolution der Frau». |
| Juli 1969 | Im Berliner Tiergarten wird beim ersten «Smoke-in» öffentlich Haschisch geraucht. Ziel: Die Legalisierung von Haschisch und Marihuana. |
| 21. Oktober 1969 | Willy Brandt wird Bundeskanzler der ersten sozialliberalen Koalition. In seiner Regierungserklärung am 28. Oktober kündigt er an: «Wir wollen mehr Demokratie wagen.» |

## Glossar

**Aktionsrat zur Befreiung der Frauen:** Im Januar 1968 u. a. von Marianne Herzog und Helke Sander gegründete Aktionsgruppe, die immer mehr Zulauf erhielt und sich im Republikanischen Club traf. Die Frauen des Aktionsrates wollten erreichen, dass der SDS die Situation von Frauen stärker in seine theoretischen Überlegungen aufnahm. Der Aktionsrat betrieb aber auch Hilfe zur Selbsthilfe und gründete die ersten Berliner Kinderläden.

**Das Argument:** Die Zeitschrift wurde am 2. Mai 1959 in Berlin gegründet, war lange Zeit das Forum für die intellektuellen Debatten innerhalb der Studentenbewegung und stieß auch seinerseits Debatten an, zum Beispiel zum Thema «Sexualität und Herrschaft». Die Zeitschrift existiert heute noch.

**Argument-Club:** Er entstand 1961 innerhalb des SDS als eine Strömung um die gleichnamige Zeitschrift.

**Antiautoritärer Kinderladen:** Von den Eltern selbst verwaltet, ohne staatliche Zuschüsse geführt und ohne erzieherische Zwangsmaßnahmen», weder in Bezug auf Sauberkeit noch in Bezug auf Disziplin oder Ordnung ganz generell.

**APO:** Ende 1966 formierte sich die «Außerparlamentarische Opposition» aus der Opposition gegen die Notstandsgesetze, der Ostermarschbewegung und dem SDS.

**Berkeley:** Universitätsstadt in Kalifornien/USA, bekannt durch zahlreiche Studentenaktionen, die auch in Deutschland zum Vorbild wurden. Im September 1964 fanden dort Massenstreiks und eine Universitätsbesetzung statt, weil der Black-Power-Führer Malcolm X Redeverbot erhalten hatte. Die Auseinandersetzungen zwischen Polizei und Studenten dauerten, bis am 8. 12. alle Forderungen der Studenten erfüllt und Inhaftierte freigelassen wurden.

**Consciousness-Raising-Group:** Die amerikanische Frauenbewegung entwickelte Ende der sechziger Jahre diese Arbeitsmethode zur «Bewusstseinserweiterung», mit dem Ziel, vor allem bei den Frauen Bewusstsein dafür zu schaffen, dass das Persönliche das Politische ist («the personal is the political»). Die neue deutsche Frauenbewegung griff den Spruch Anfang der 70er Jahre auf mit: «Das Private ist politisch».

**Angela Davis:** Die amerikanische Bürgerrechtlerin und Kommunistin war mit ihrem auffallenden Afro-Look auf vielen Plakaten abgebildet. In den sechziger Jahren studierte sie bei

Herbert Marcuse in Frankfurt. 1970 wurde sie wegen Vorwurf des Mordes und der erpresserischen Entführung verhaftet. Nach 16 Monaten Haft wurde sie entlassen. Sie musste von allen Vorwürfen freigesprochen werden.

**Eurokommunismus:** Sammelbegriff für Tendenzen innerhalb westeuropäischer kommunistischer Parteien, die seit den siebziger Jahren bestimmte Grundannahmen des russischen und DDR-Kommunismus anzweifelten, wie die «Diktatur des Proletariats» und den Führungsanspruch der KPdSU.

**Extra-Dienst:** Zeitschrift der Berliner Linken, erschien von 1967 bis 1979.

**FU:** Freie Universität Berlin

**Betty Friedan:** Die amerikanische Autorin und Feministin veröffentlicht 1963 ihr Buch «The Feminine Mystique», das sofort zum umstrittenen Bestseller avancierte und in viele Sprachen übersetzt wurde (dt. Titel: «Der Weiblichkeitswahn», Reinbek 1966).

**GI:** Bezeichnung für US-Soldat. Der Begriff kommt von «government issue» und stand auf US-Armeeigentum zur Versorgung der Truppe.

**Go-in:** Aus dem amerikanischen Studentenprotest übernommene Aktionsform, bei der unangemeldet dort eingedrungen wird, wogegen protestiert werden soll.

**Große Koalition:** CDU/CSU und SPD bildeten nach der Bundestagswahl von Dezember 1966 bis zur Bundestagswahl 1969 eine Große Koalition, mit Kurt-Georg Kiesinger von der CDU als Kanzler. Vizekanzler und Außenminister wurde der SPD-Politiker Willy Brandt. Die große Koalition endete, als sich 1969 eine SPD/FDP-Koalition unter Willy Brandt bildete.

**Ernesto «Che» Guevara:** Kubanischer Revolutionär und Politiker, am 9. 10. 1967 von Militärs in Bolivien erschossen, beim Versuch, die Revolution dorthin zu tragen.

**Haschrebellen:** Sie nannten sich auch «Umherschweifende Haschrebellen» und veranstalteten im Juli 1969 das erste «Smoke-in» im Berliner Tiergarten, bei dem öffentlich Haschisch geraucht wurde. Ziel war die Legalisierung von Haschisch und Marihuana. Die Haschrebellen beteiligten sich auch an vielen Demonstrationen und befürworteten militante Aktionen.

**Haubenkampf:** Kampf der Krankenschwestern, im Dienst keine Haube mehr tragen zu müssen, der 1968 in Berlin begann.

**Honnefer Modell:** 1955 in Bad Honnef beschlossenes und 1957 eingeführtes Studienförderungssystem, das 1971 durch das Bundesausbildungsförderungsgesetz (BAföG oder Bafög) abgelöst wurde.

**Ho Chi-Minh:** Kommunistischer Politiker der Demokratischen Republik Nord-Vietnam (19. 5. 1890–3. 9. 1969), bekämpfte die von den USA unterstützte Republik Südvietnam zunächst politisch, dann auch militärisch und war eine Symbolfigur der Protestbewegung gegen den Vietnamkrieg.

**Jubelperser,** auch **Prügelperser:** Persische Staatsbürger, die anlässlich des Besuches des persischen Kaiserpaares in Berlin weitgehend unbehindert durch die deutsche Polizei mit Holzlatten auf deutsche Anti-Schah-Demonstranten einschlugen.

**K-Gruppen:** Sie entstanden als Gegenbewegung zur 1968 gegründeten Deutschen Kommunistischen Partei (DKP). Bezeichnet werden damit Gruppen, die mit der Politik Mao Tse-tungs in der Volksrepublik China sympathisierten, wie z. B. die KPD/ML (Marxisten-Leninisten), die KPD/AO (Aufbauorganisation) und der Kommunistische Bund Westdeutschland (KBW).

**Kampf dem Atomtod-Bewegung:** 1957 entstanden als Protest gegen die Aufrüstung der Bundeswehr mit Atomwaffen.

**Kindergärtnerinnenstreik:** Unter Federführung des «Aktionsrates zur Befreiung der Frauen» wurde für den 10. Juni 1969 der erste Berliner Kindergärtnerinnenstreik geplant.

Einen Tag lang sollte ein großer Teil der Berliner Wirtschaft lahm liegen, da die berufstätigen Mütter nicht zur Arbeit hätten gehen können. Die zuständigen Gewerkschaften stimmten zunächst den Plänen zu, verhinderten dann aber durch langwieriges Taktieren eine gemeinsame Aktion. Schließlich riefen die Gewerkschaften zu einem Warnstreik am 13. Juni auf, während der Aktionsrat seine Aktion auf den 22. September verschob.

**Kommune 1:** Am 1. Januar 1967 gründeten Dagmar Przytulla, damals Seehuber, Dorothea Ridder, Dagrun Enzensberger, Ulrich Enzensberger, Hans-Joachim Hameister, Fritz Teufel, Rainer Langhans und Dieter Kunzelmann in Berlin die K 1 als Alternative zur bürgerlichen Lebensform. Sie wurde durch die Medien zum Bürgerschreck hochstilisiert, trug aber auch selbst durch provokante Aktionen und Happenings bewusst dazu bei. Die Frauen blieben meistens nicht lange, sodass schließlich Langhans und Kunzelmann mit der K 1 identifiziert wurden. Sie bestand bis 1969. In der letzten Phase verschaffte Fotomodell Uschi Obermaier, die mit Langhans befreundet war, der K 1 die meiste Publicity.

**Kommune 2:** Sie entstand kurz nach der K 1 und beschäftigte sich stärker als diese mit politischer Theorie. Ihre Besonderheit war die regelmäßig stattfindende Gruppenanalyse. Die K 2 bestand bis 1969.

**Konvent:** Von den Studenten anhand verschiedener Listen und Einzelpersonen gewähltes Studentenparlament

**KU:** Die Kritische Universität wurde in Berlin am 1.11.1967 mit 33 Arbeitskreisen gegründet. Die KU wollte zum einen Parallelveranstaltungen zum offiziellen Universitätsbetrieb anbieten, zum anderen die bereits bestehenden SDS-Arbeitskreise weiterführen und zum Dritten größere Kampagnen vorbereiten, wie das Springer-Tribunal und den Vietnam-Kongress.

**Kursbuch:** Am 1.6.1965 erscheint in Frankfurt am Main bei Suhrkamp das erste «Kursbuch», herausgegeben von Hans Magnus Enzensberger und Karl Markus Michel. Über Jahre spürte das Kursbuch allen Trends in der linken Szene nach und bot ihnen ein Forum. Das Kursbuch erscheint seit 1990 im Rowohlt · Berlin Verlag.

**Kurt-Georg Kiesinger:** Der CDU-Politiker wurde am 1.12.1966 zum Kanzler einer Großen Koalition aus CDU/CSU und SPD gewählt. Während der NS-Zeit war Kiesinger Mitglied der NSDAP und von 1940 bis 1945 Mitarbeiter im Auswärtigen Amt.

**Rosa Luxemburg:** Sozialistische Politikerin, am 15.1.1919 in Berlin ermordet, verurteilte die Burgfriedenspolitik der SPD im Ersten Weltkrieg, gründete den Spartakusbund und die KPD mit. Sie war für viele 68erinnen und 68er ein großes Vorbild, vor allem aufgrund ihrer theoretischen Arbeiten zur politischen Ökonomie.

**Mao Tse-tung** (26.12.1893–9.9.1976): Chinesischer Politiker und Kommunist, der die Gleichberechtigung der chinesischen und sowjetischen KP betonte und mit der «Kulturrevolution» seinen innerchinesischen Machtanspruch stärken wollte. Seine 1966 gedruckten Gedanken und Sprüche, die «Mao-Bibel» genannt wurden, erreichten eine Riesenauflage.

**Herbert Marcuse** (1898–1979): Deutscher Philosoph, Vertreter der Kritischen Theorie der von Max Horkheimer und Theodor W. Adorno gegründeten Frankfurter Schule, hat durch seinen Aufruf zur radikalen Opposition gegen die bestehende Ordnung die Studentenbewegung entscheidend stimuliert. Später distanzierte er sich ausdrücklich davon, mit gewaltsamen Aktionen in Zusammenhang gebracht zu werden.

**McCarthy-Ära:** Epochenbegriff für die amerikanische Geschichte Mitte der 50er Jahre, in der es zu einer äußerst kommunistenfeindlichen Stimmung kam und Kritiker des amerikanischen Regierungssystems streng verfolgt wurden.

**ML-Zirkel:** Marxistisch-Leninistische Gruppen

**Neues Deutschland** (ND): Zentralorgan der Sozialistischen Einheitspartei (SED) in der DDR.

**Notstandsgesetze:** Am 30. 5. 1968 verabschiedete der deutsche Bundestag mit 384:100 Stimmen Notstandsverfassung und Notstandsgesetze, die auch unter juristischen Experten umstritten waren. Durch Stimmen der SPD konnte die erforderliche Zweidrittelmehrheit für die Änderung des Grundgesetzes erreicht werden. Die Gesetze erlaubten einen erweiterten Einsatz von Polizei, Bundesgrenzschutz und Bundeswehr.

**NPD:** Am 28. 11. 1964 wurde die Nationaldemokratische Partei Deutschlands in Hannover gegründet. Sie zog zwischen 1966 und 1968 in sieben Landtage ein, teilweise mit mehr als 10 Prozent der Stimmen.

**Orgasmustheorie:** Von Wilhelm Reich in seinen Schriften publizierte Theorie über Funktion und Wirkungsweise des Orgasmus.

**Ostermärsche:** Der erste Ostermarsch in Deutschland fand 1960 statt. Mit einem mehrtägigen Marsch zum Raketengelände Bergen-Lohne protestierten die Teilnehmenden gegen die Stationierung von Atomraketen in der Lüneburger Heide. Die Protestmärsche der folgenden Jahre wurden von der deutschen Friedensbewegung getragen, mit Unterstützung linker Kräfte aus den Gewerkschaften, Kirchen, Parteien und auch des SDS.

**Pille:** Am 1. Juni 1961 brachte die Schering AG, Berlin, das erste hormonale Verhütungsmittel für die Frau auf den Markt, das schon bald nur noch unter dem Begriff «die Pille» bekannt war. Dass mit der Einnahme zum Teil schwerwiegende gesundheitliche Schäden verbunden sein könnten, wurde damals noch überhaupt nicht in Erwägung gezogen. 1969 wurde die Antibabypille in der DDR eingeführt.

**Pudding-Attentat:** Hubert Humphrey (1911–1978), amerikanischer Politiker der demokratischen Partei, 1965–69 Vizepräsient der USA unter L. B. Johnson, besuchte am 6. 4. 1967 West-Berlin. Aus diesem Anlass demonstrierten rund 2000 Menschen gegen den Vietnamkrieg. Die Kommune 1 wollte auf Humphrey ein «Attentat» mit Puddingpulver verüben, das jedoch vorher von der Polizei vereitelt wurde.

**Repressionsfreie Kinderläden:** Gegenbewegung zu den antiautoritären Kinderläden, mit mehr Anleitung und Regeln für die Kinder, unter Berufung auf das repressionsfreie Erziehungskonzept von A. S. Neill in «Summerhill».

**Republikanischer Club:** Am 30. 4. 1967 wurde in Berlin der erste Republikanische Club gegründet. Weitere RCs in anderen deutschen Städten folgten. Er diente als Treffpunkt und vernetzte die politischen Gruppierungen, die mit der Studentenbewegung sympathisierten.

**Schlacht am Tegeler Weg:** Am 4. 11. 1968 fand im Berliner Landgerichtsgebäude am Tegeler Weg die Ehrengerichtsverhandlung gegen den Rechtsanwalt Horst Mahler statt. Er wurde als Einziger für die Schäden angeklagt, die bei gewalttätigen Demonstrationen und dem Angriff auf das Springer-Hochhaus nach dem Attentat auf Rudi Dutschke entstanden waren. Bei der Straßenschlacht vor dem Gebäude zwangen die rund 1000 Demonstrierenden erstmals die Polizei zur Flucht. 130 Polizisten und viele Demonstranten wurden durch Pflastersteine zum Teil schwer verletzt.

**«Schwänzeflugblatt»:** Verteilt bei der 24. SDS-Delegiertenkonferenz am 20. November 1968 in Hannover. Der Frankfurter Weiberrat rechnete in seinem legendär gewordenen Flugblatt mit den «repressiven Kommunikationsstrukturen» und dem wichtigsten Körperteil der Genossen ab. Die viel zitierte Losung auf der Rückseite lautete: «Befreit die sozialistischen Eminenzen von ihren bürgerlichen Schwänzen!» Mit dieser Aktion reagierten die Frauen auf die Vorkommnisse bei der SDS-Tomatenkonferenz zwei Monate zuvor.

**SDS:** Sozialistischer Deutscher Studentenbund, bis zum Unvereinbarkeitsbeschluss 1961 Studentenorganisation der SPD. Nach dem 2. Juni 1967 wurde er mehr und mehr zur Sammelbewegung linker und gesellschaftspolitisch radikaler Kräfte, auch außerhalb der Universitäten. Er löste sich am 21. März 1970 selbst auf.

**Amerikanische SDS:** Linke Organisation der amerikanischen Studentenbewegung, die «Students for a Democratic Society», «Studenten für eine demokratische Gesellschaft». Anders als der deutsche SDS führten die amerikanischen SDS nicht die Bezeichnung «sozialistisch».

**SDS-Tomatenkonferenz 1968:** 23. SDS-Delegiertenkonferenz vom 12. bis 16. September 1968 in Frankfurt/Main, bei der Helke Sander am 13.9. in ihrer Rede die Genossen aufforderte, bei ihren Analysen endlich die Situation der Frauen und Kinder mit einzubeziehen. Als das Thema übergangen werden sollte, warf Sigrid Rüger vom Berliner SDS aus Protest Tomaten in Richtung Rednerpult. Diese Rede, die heute auch als «Tomatenrede» bezeichnet wird, und der anschließende Tomatenwurf brachten die «Revolte in der Revolte» hervor: Im Umkreis der APO gründeten sich viele Frauengruppen. Daher gilt dieses Ereignis für viele als Geburtsstunde der Neuen Frauenbewegung in Deutschland.

**SEW:** Sozialistische Einheitspartei Westberlin, marxistisch-leninistische Partei, die 1961 entstand, als sich die West-SED selbständige Statuten gegenüber der Ost-SED gab. Die SEW orientierte sich weiterhin stark an der SED.

**SED:** Sozialistische Einheitspartei Deutschlands, Staatspartei der DDR, gegründet 1946.

**Sit-ins:** Von der studentischen Bürgerrechtsbewegung in den USA seit Beginn der sechziger Jahre praktizierte Form des zivilen Ungehorsams. Die amerikanischen SDS übernahmen diese Protestform und weiteten sie aus, um «Teach-ins», «Love-ins», «Work-ins» etc. Der deutsche SDS übernahm schon bald diese Protestformen aus den USA.

**Smoke-in:** Öffentliches Rauchen von Haschisch, um für die Legalisierung zu kämpfen.

**Sozialistischer Frauenbund West-Berlin:** Neue Bezeichnung des «Aktionsrates zur Befreiung der Frauen» seit 1971. Er bestand bis 1980. Darin organisierten sich Frauen, die sich sowohl als Sozialistin als auch als Feministin verstanden.

**Subversive Aktion:** Von Dieter Kunzelmann u.a. 1962/63 gegründet.

**Summerhill:** Name der Internatsschule, die Alexander Sutherland Neill 1921 in England gründete. Er wollte dort den Gedanken einer repressionsfreien Erziehung verwirklichen, indem er auf Autorität und Zwang verzichtete und den Schülerinnen und Schülern größtmögliche Freiheiten gewährte. Seine Erfahrungen schrieb er in dem gleichnamigen Buch nieder. Sie fanden weltweite Verbreitung und lösten heftige Diskussionen aus.

**Teach-in:** Öffentliche Diskussion über ein brisantes Thema.

**Tomatenkongress 1998:** Von der Berliner Feministin und Soziologin Halina Bendkowski 1998 in Berlin initiierter Kongress der Heinrich-Böll-Stiftung zur Erinnerung an und Reflexion über die SDS-Tomatenkonferenz von 1968 und ihre Folgen für den Feminismus.

**Vietcong:** Bezeichnung der Amerikaner für die kommunistische Guerilla der nordvietnamesischen Befreiungsarmee (NFL), die ab 1957 in der vietnamesischen Bevölkerung mehr und mehr Unterstützung fand.

**Vietnamkrieg:** Ende der fünfziger Jahre schleuste die Volksrepublik Nordvietnam über den Ho-Chi-Minh-Pfad 40000 Guerillakämpfer und -kämpferinnen nach Südvietnam, um Präsident Ngo Dinh Diem zu stürzen. Seit 1954 war Vietnam geteilt. Im August 1964 beschossen nordvietnamesische Patrouillenboote zwei US-Kreuzer. Die USA behaupteten, das sei in internationalen Gewässern geschehen. Der Konflikt eskalierte – der Vietnamkrieg begann. 1973 verließen die letzten US-Truppen Vietnam. Am 30. April 1975 wurde der Vietnamkrieg beendet. Drei Millionen Menschen starben, darunter viele Zivilisten und Zivilistinnen.

**Zentralrat der sozialistischen Kinderläden Westberlins:** Als Organisation derjenigen Berliner Kinderläden gegründet, deren Hauptziel die antiautoritäre Kindererziehung war. Der Zentralrat verstand sich als Gegenspieler zum «Aktionsrat zur Befreiung der Frauen» und dessen Kinderladenkonzept, das die Reproduktionsarbeit von Frauen politisieren wollte.

# Literaturauswahl

**Autobiographien/Biographien Frauen**

Buhmann, Inga, Ich habe mir eine Geschichte geschrieben, 5. Aufl. Frankfurt/Main 1998. (Zeitzeugin SDS, APO)

Davis, Angela, Mein Herz wollte Freiheit. Eine Autobiografie, München, Wien 1975.

Dünnebier, Anna/Paczensky, Gert v., Das bewegte Leben der Alice Schwarzer. Die Biographie, Köln 1998.

Herzog, Marianne, Nicht den Hunger verlieren, Berlin 1981. (Mitgründerin des Aktionsrates zur Befreiung der Frauen)

Krebs, Mario, Ulrike Meinhof. Ein Leben im Widerspruch, Reinbek 1988.

Mika, Bascha, Alice Schwarzer. Eine kritische Biographie, Reinbek 1999.

Obermaier, Uschi, Das wilde Leben, aufgezeichnet von Claudius Seidl, Hamburg 1994. (Zeitzeugin Kommune 1)

Viett, Inge, Nie war ich furchtloser. Autobiographie, Hamburg 1996. (Zeitzeugin Bewegung 2. Juni und RAF)

**Autobiographien/Biographien Männer**

Baumann, Bommi, Wie alles anfing, Frankfurt/Main 1976. (Zeitzeuge APO, Haschrebellen und Bewegung 2. Juni)

Chaussy, Ulrich, Die drei Leben des Rudi Dutschke, Darmstadt, Neuwied 1983.

Cohn-Bendit, Daniel, Wir haben sie so geliebt, die Revolution, Frankfurt/Main 1987. (Zeitzeuge APO und Pariser Mai 1968)

Dutschke, Gretchen, Wir hatten ein barbarisches, schönes Leben, Rudi Dutschke. Eine Biografie, Köln 1996.

Dutschke, Rudi, Mein langer Marsch. Reden, Schriften und Tagebücher aus zwanzig Jahren, hg. v. Gretchen Dutschke-Klotz, Helmut Gollwitzer und Jürgen Miermeister, Reinbek 1980.

Krause-Burger, Sibylle, Joschka Fischer. Der Marsch durch die Illusionen, Reinbek 2000.

Kunzelmann, Dieter, Leisten Sie keinen Widerstand! Bilder aus meinem Leben, Berlin 1998. (Zeitzeuge APO und Mitgründer der Kommune 1)

Miermeister, Jürgen, Rudi Dutschke, Reinbek 1986.

Reinders, Ralf/Fritzsch, Ronald, Die Bewegung 2. Juni. Gespräche über Haschrebellen, Lorenzentführung, Knast, Berlin 1995. (Zeitzeugen Haschrebellen und Bewegung 2. Juni)

Schwelien, Michael, Joschka Fischer. Eine Karriere, München 2001.

**Auswahlliteratur zu 1968 in der DDR**

Groszer, Franziska, Aufbruch und andere Brüche. Die Kommune 1 Ost, in: Wie weit flog die Tomate? Eine 68erinnen-Gala der Reflexion, hg. v. der Heinrich-Böll-Stiftung und dem Feministischen Institut, Berlin 1999, S. 141–143. (Zeitzeugin Kommune 1 Ost)

Havemann, Robert, Dialektik ohne Dogma, Naturwissenschaft und Weltanschauung, Reinbek 1964.

Kaiser, Paul/Petzold, Claudia, Boheme und Diktatur in der DDR. Gruppen, Konflikte, Quartiere, 1970–1989, Berlin 1997.

Kebir, Sabine, Am Grunde der Moldau. Der Angang eines langen Abschieds von der DDR, in: Freitag, 31.7.1998, S. 13. (Zeitzeugin)

## Allgemeine Literatur

Albrecht, Willy, Der Sozialistische Deutsche Studentenbund (SDS). Vom parteikonformen Studentenverband zum Repräsentanten der Neuen Linken, Bonn 1994.

Becker, Thomas P./ Schröder, Ute (Hg.), Die Studentenproteste der 60er Jahre, Archivführer – Chronik – Bibliographie, Köln, Weimar, Wien 2000.

Bott, Gerhard (Hg.), Erziehung zum Ungehorsam. Kinderläden, Frankfurt/Main 1970. (Berichte aus der Praxis der antiautoritären Erziehung)

Breiteneicher, Hille Jan/ Mauff, Rolf/ Triebe, Manfred und Autorenkollektiv Lankwitz, Kinderläden. Revolution der Erziehung oder Erziehung zur Revolution?, Reinbek 1970.

Fichter, Tilman/ Lönnendonker, Siegward, Kleine Geschichte des SDS. Der Sozialistische Deutsche Studentenbund von 1946 bis zur Selbstauflösung, Berlin 1977.

Gilcher-Holtey, Ingrid, 1968 – Vom Ereignis zum Gegenstand der Geschichtswissenschaft, Göttingen 1998.

Dies., Die 68er-Bewegung. Deutschland – Westeuropa, USA, München 2001

Hart und Zart. Frauenleben 1920–1990, Berlin 1990, S. 481–86.

Helwerth, Ulrike/ Schwarz, Girlinde, Von Muttis und Emanzen. Feministinnen in Ost- und Westdeutschland, Frankfurt/ Main 1995.

Koenen, Gerd, Das rote Jahrzehnt. Unsere kleine deutsche Kulturrevolution 1967–1977, Köln 2001.

Kommune 2, Versuch der Revolutionierung des bürgerlichen Individuums, Kollektives Leben mit politischer Arbeit verbinden!, Berlin 1969.

Kraushaar, Wolfgang, 1968. Das Jahr, das alles verändert hat, München, Zürich 1998.

Ders. (Hg.), Frankfurter Schule und Studentenbewegung. Von der Flaschenpost zum Molotowcocktail 1946–1995, Bd. 1: Chronik, Bd. 2: Dokumente, Bd. 3: Aufsätze und Kommentare, Register, Hamburg 1998.

Ders., 1968 als Mythos, Chiffre und Zäsur, Hamburger 2000.

Landgrebe, Christiane/Plath, Jörg (Hg.), '68 und die Folgen. Ein unvollständiges Lexikon, Berlin 1998.

Lönnendanker, Siegward/ Fichter, Tilman, u. a., Freie Universität Berlin 1948–1973. Hochschule im Umbruch, Teil IV: 1964–1967, Die Krise, Berlin 1975, Teil V: 1967–1969, Gewalt und Gegengewalt, Berlin 1983.

Protest! Literatur um 1968, Eine Ausstellung des Deutschen Literaturarchivs Marbach, Marbacher Kataloge 51, Marbach 1998.

Schlaeger, Hilke (Hg.), Mein Kopf gehört mir. Zwanzig Jahre Frauenbewegung, München 1988.

Wie weit flog die Tomate. Eine 68erinnen-Gala der Reflexion, Heinrich-Böll-Stiftung und Feministisches Institut (Hg.), Berlin 1999.

Dietz, Gabriele, u. a., Wild + Zahm. Die siebziger Jahre, Berlin 1997.

# Namenregister

# Bildnachweis